围棋从入门到九段

职业九段之路1000题

陈禧
胡啸城
卫泓泰 著

化学工业出版社
·北京·

图书在版编目（CIP）数据

围棋从入门到九段. 10，入神：职业九段之路1000题 / 陈禧，胡啸城，卫泓泰著. —北京：化学工业出版社，2022.10
ISBN 978-7-122-42047-3

Ⅰ. ①围… Ⅱ. ①陈… ②胡… ③卫… Ⅲ. ①围棋–教材
Ⅳ. ①G891.3

中国版本图书馆CIP数据核字（2022）第156408号

责任编辑：史　懿　　封面设计：溢思视觉设计 / 尹琳琳
责任校对：王鹏飞　　装帧设计：宁小敬

出版发行：化学工业出版社（北京市东城区青年湖南街 13 号　邮政编码 100011）
印　　装：河北京平诚乾印刷有限公司
787mm × 1092mm　1/16　印张 13　字数 180 千字　2023 年 1 月北京第 1 版第 1 次印刷

购书咨询：010–64518888　　售后服务：010–64518899
网　　址：http://www.cip.com.cn
凡购买本书，如有缺损质量问题，本社销售中心负责调换。

定　　价：79.80 元

序　言

我和奇略合作“从入门到九段”有不少时间了。这套选题最早来自于一次吃饭，泓泰说：上次出版的《零基础学围棋：从入门到入段》反响不错，再挑战一次“从入门到九段”怎么样？

于是经过近两年的设计、制作、编排，这套书终于要和大家见面了。题目全部是陈禧职业五段原创的。他热爱创作死活题，这些题目在网上有数千万人次的做题量和大量的反馈，经过了充分地检验和锤炼。其中高段分册的有些题目我看到了也需要思考一段时间，做完之后，感受很好，确实有助于基本功的训练。

围棋学习是提升自己思维素养的过程，最讲究记忆力和计算力的训练。

常用的棋形，需要记得快，还要记得准、记得牢。必须要养成良好的学习习惯：多下棋，下棋之后复盘，长此以往会慢慢养成过目不忘的能力，下过的棋全部摆得出来。围棋的记忆，不仅要了解一个形状，还要记住上下关联的变化，理解得越深，记得越全面。记的东西多了，分门别类在头脑中整理好，就有了一套自己的常用知识体系，形成了实战中快速反应的能力。

实战中总有记不完的新变化，围棋对弈还尤其考验临机应变的能力。出现新变化的时候，需要进行计算。计算是在头脑中形成一块棋盘，一步一步地在上面落子，进行脑算；同时还需要有一个思维体系，从思考为什么会有这样的棋形开始，到思考这个变化为什么可行，那个变化为什么不行。这里说的计算，包含了大家平时说的分析和判断。通过综合训练，逐渐拥有强大的想象力，形成围棋中克敌制胜的计算力。

围绕训练这两种能力，奇略做了错题本和死活题对战的新功能，比我们那个时候训练的条件还要更进一步。一套好书，可以是一位好的教练，一位好的导师。希望通过这套书能够让围棋爱好者和学员们真正提高自己的硬实力，涌现出更多优秀的围棋人才，超越我和我们这一代棋手。

职业九段是我职业生涯中重要的里程碑，是我新征程的开始。而对于广大爱好者来说，从入门到九段，可能是一段长长的征程，有着无数的挑战。这里引用胡适先生论读书的一段话，与大家共勉：“怕什么真理无穷，进一寸有一寸的欢喜。即使开了一辆老掉牙的破车，只要在前行就好，偶尔吹点小风，这就是幸福。”

柯洁

2022年8月

前 言

很高兴这套书遇到了您。

这套书，献给那些对自己有要求的爱好者和对提升学生棋力最热忱、最负责任的围棋老师们。

奇略是一家以做围棋内容和赛事起步的公司，目前是业内最主要的围棋内容，尤其是围棋题目的供应方之一。我们长期支持各类比赛，包括北京地方联赛和全国比赛。进入人工智能时代，我们相信，围棋的学习一定是围绕着提升棋手自身综合素养进行的。通过学习围棋，每位棋手都可以成为有创新意识，有独立分析能力的优秀人才。

奇略坚持创新和创作，坚信天道酬勤。当我们开始创作这样一套综合题库时，我们合理安排每一道题，每一章都为读者设计了技巧提示和指引，每一项围棋技能都邀请了顶尖的职业棋手寻找更好的训练方式。

从入门到九段，不仅要有充足的训练资源，还要有有效的训练方式和成长计划。今天这份成长秘籍已送到您的手边。我们从十年来原创的题目中，选取了棋友反馈最多的题目——10000道！按照难度进行编排。它们将会推动您一点一点成长，我们可以想象出无数孩子和爱好者一道一道做下去时兴奋的表情。

日常训练的时候，最头疼的就是：很多时候想这么下，但是答案没有这个分支，一道一道都去问老师要花很多时间，想自己摆棋，棋子太多也要摆好久。

如今奇略将答案全部电子化，更找到北京大学生围棋联赛的同学们，根据爱好者的反馈，给每一道题加上了详细的变化。为了方便大家提升，我们还做了电子错题本和知识点图解。我们会结合您做题中的反馈，对您的专注力、计算力和记忆力做出分析，让您的成长走捷径。

千里之行，始于足下，让我们现在开始吧。

本套书的成书过程得到了太多人的支持，在此感谢科大讯飞联合创始人胡郁，海松资本陈飞、王雷，北京大学校友围棋协会会长曾会明的大力支持。成书期间，周睿羊九段多次来奇略为我们摆棋指导，感谢周睿羊九段的意见让这套书更完善。

卫泓泰　胡啸城　陈　禧

2022年8月

目 录

● 凡例

○ 高阶问题的解题思路…………………………… 1

● 高阶问题……………………………………………… 2
（9001~10000）

○ 后记一………………………………………………… 199

● 后记二………………………………………………… 200

凡　例

1. 本书题目均为黑先，答案为无条件净活 / 净杀或有条件劫活 / 劫杀。

2. 本书题目大致按照知识点、难度排序，建议读者循序渐进，按照舒适的节奏安排练习。

3. 读者可以直接在书中作答，也可扫描书友卡中的二维码，在电子棋盘上进行互动答题并用错题本记录错题。

4. 读者在进入答题界面后，可以按照下列操作进行答题，也可以输入题目序号，找到对应题目后直接作答。

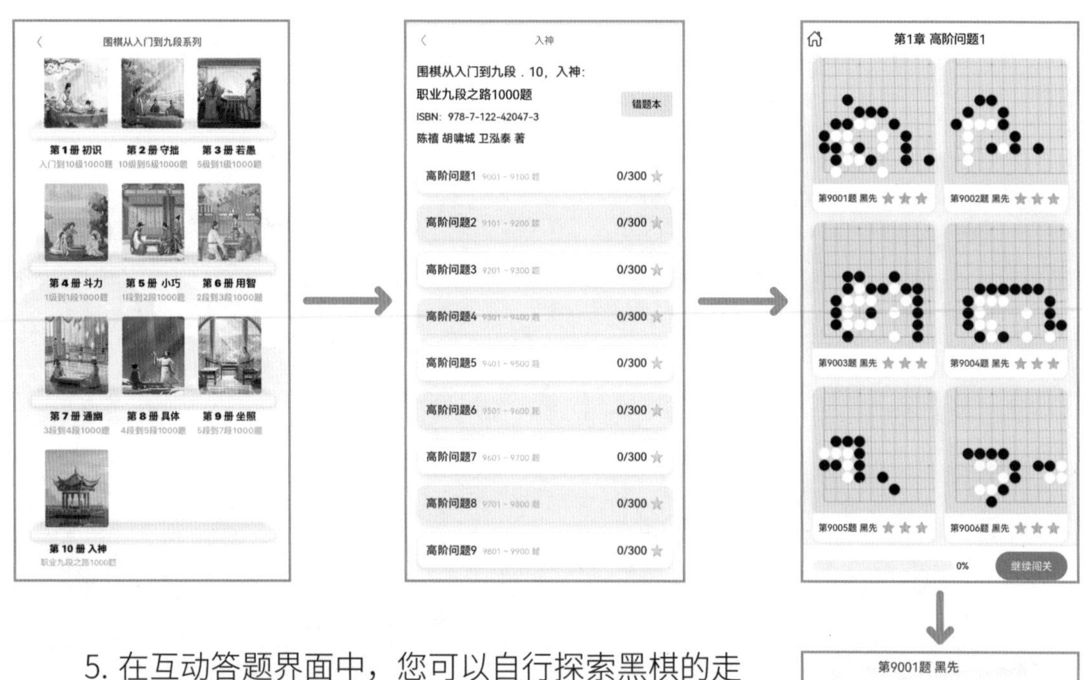

5. 在互动答题界面中，您可以自行探索黑棋的走法，系统将会自动给出白棋的最强应对，并在达到正确结果或失败结果时做出说明。

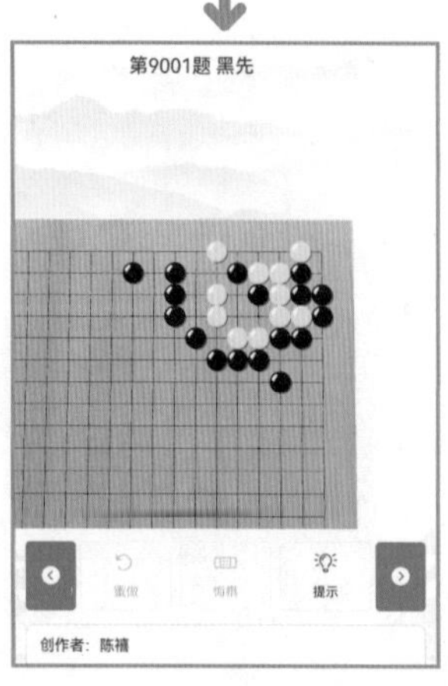

我们的答题界面、解题过程会持续优化、更新。愿我们的小程序和 App 一直陪伴您的学棋之路，见证您棋艺的提高。

高阶问题的解题思路

本书共由1000道高阶问题组成，按照难度循序渐进。当我们面对一道形状陌生、错综复杂的新题时，不妨采用前几册书中学到的方法和技巧，并运用扎实的基本功找出正解。

面对一道有难度的高阶问题，可以参考以下的解题思路。

1. 如果第一手棋显而易见，可以通过对棋形的感觉或者“敌之要点即我之要点”的思路，推理出双方必然的应对，达到化繁为简的效果。
2. 如果第一手棋并不容易看出，可以使用“排除法”逐一去掉不成立的选择；当某一区域的错误变化分支具有相同特点，可以采用更快捷、节省时间的“剪枝法”。
3. 找到正确的第一手后，可以将接下来的棋形看做一道新的、略微简单一些的题，继续用上述的思路找到正确的下一手，直至正解达成。当然，过程中也要注意次序，并提防对手顽强的抵抗手段，尤其是在“盲点”位置的反击。

大量的死活题训练，是所有围棋高手的必经之路，不仅可以培养棋感和计算力，也可以在实战对局中用更短的时间拆解复杂的变化，立于不败之地。

图 1

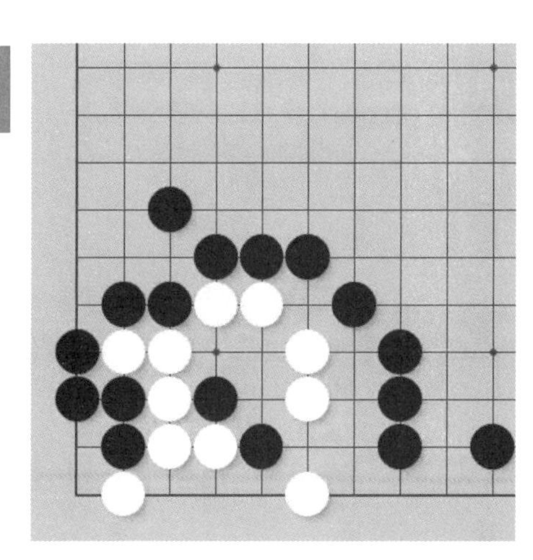

如图 1，白棋被团团围住，虽然腹中有两颗黑子，但是眼位尚不明确。看上去白棋似乎已经不行了，然而黑棋只要在行棋过程中有一丝松懈，就会遭到顽强的抵抗。

黑先，该如何运用上文中提到的解题思路找出正解呢?

图 2

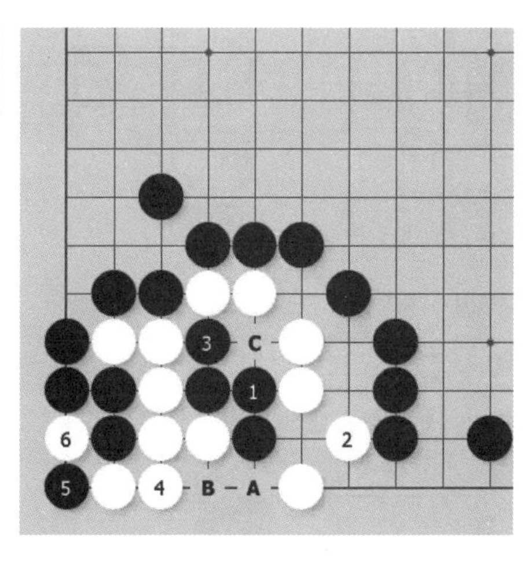

如图 2，黑 1 粘破坏白棋眼形，是必要的第一手。如果被白棋抢占到 1 位的要点，上下两个眼位将形成“见合”，白棋可以安然做活。此时白 2 虎是最顽强的抵抗，最大限度地扩大了己方的眼位。

接下来黑 3 断是正解的延续，而白 4 粘也是局部的最强手，这样黑 5 只能主动开劫，最后以劫杀作为本题的正解。假如白 4 改在 A 位挡，黑 4 位扑，白 B 位提，黑 C 位团即形成“刀把五”净死。另外，黑 3 如果改在 4 位先扑，白 C 位团是意想不到的“盲点”。这样黑 5 位提、白 B 位挡之后形成双活，黑棋是不能接受这个结果的。

高阶问题

9001

检查

9002

检查

9003

检查

9004

检查

9005

检查

9006

检查

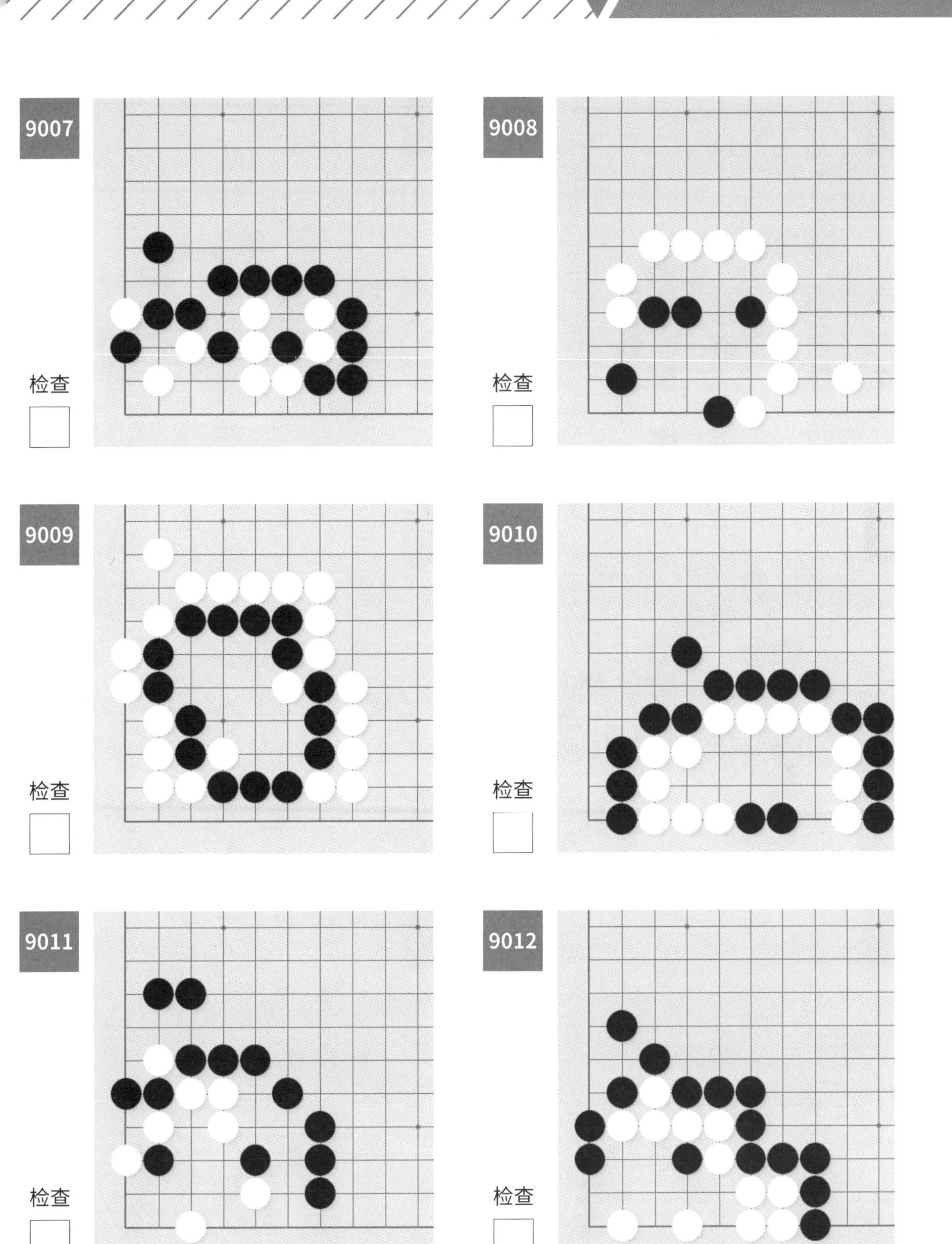
9007
检查
9008
检查
9009
检查
9010
检查
9011
检查
9012
检查

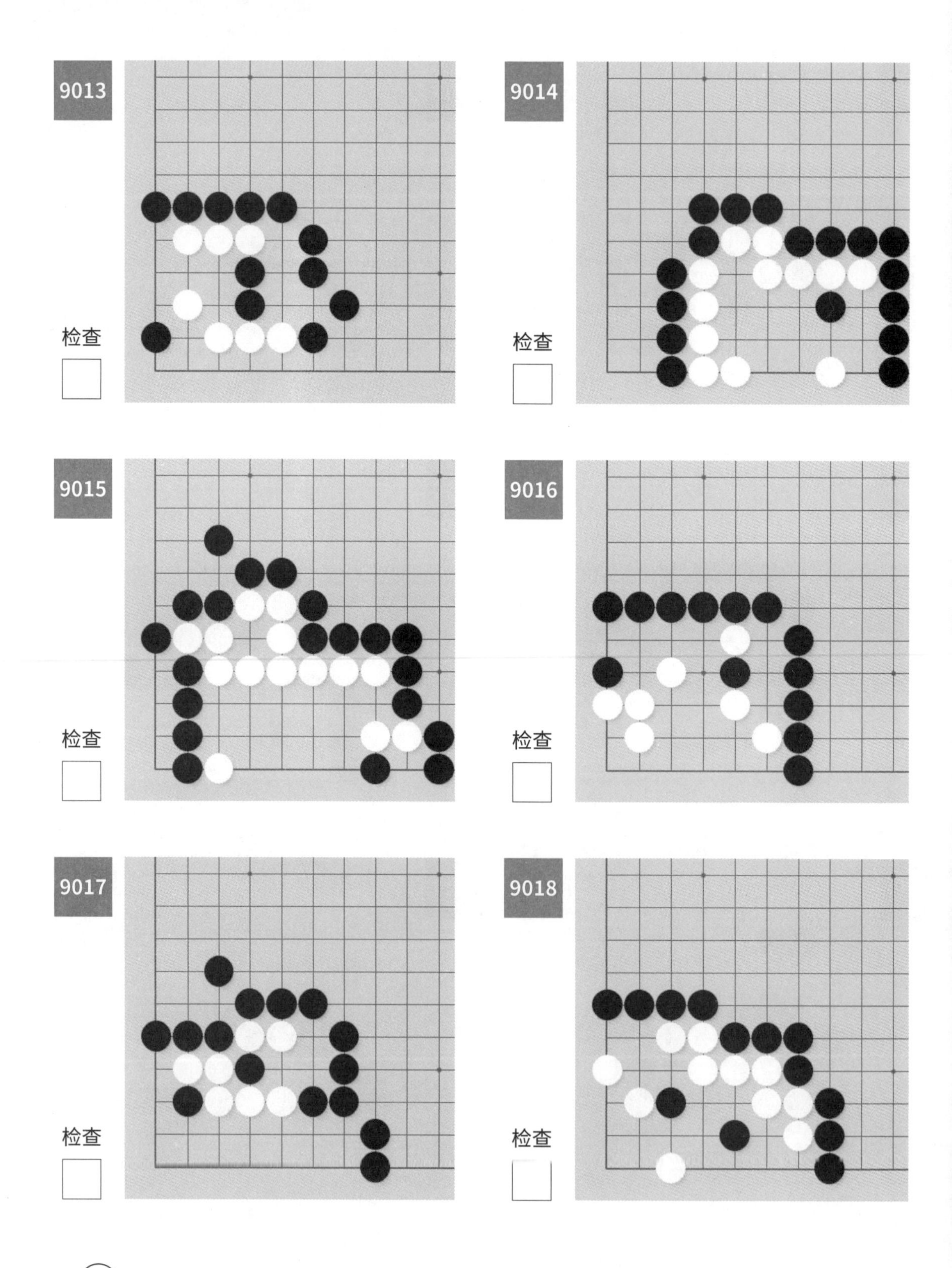
9013
检查
9014
检查
9015
检查
9016
检查
9017
检查
9018
检查

9019

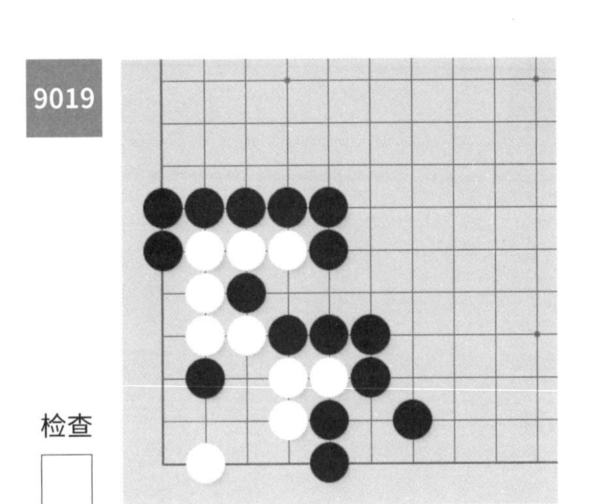

检查

9020

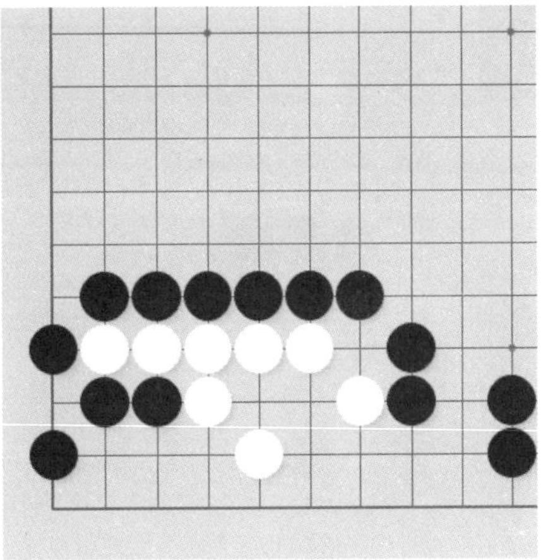

检查

9021

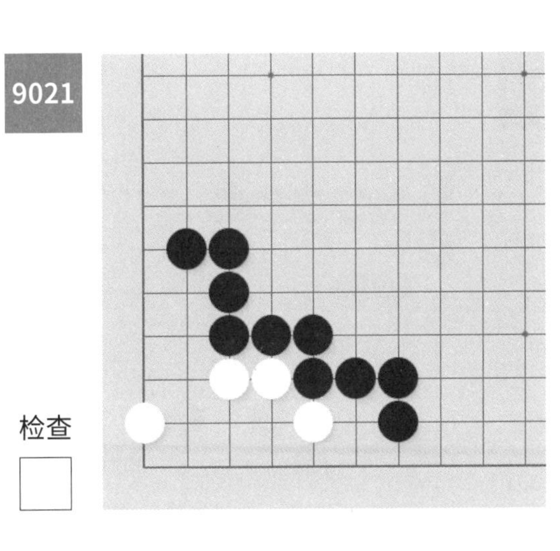

检查

9022

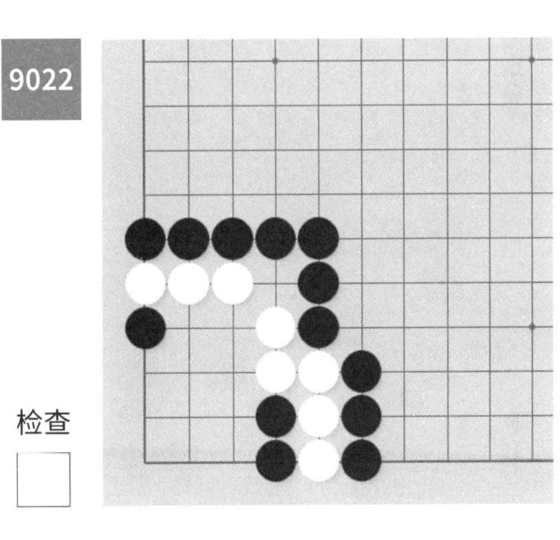

检查

9023

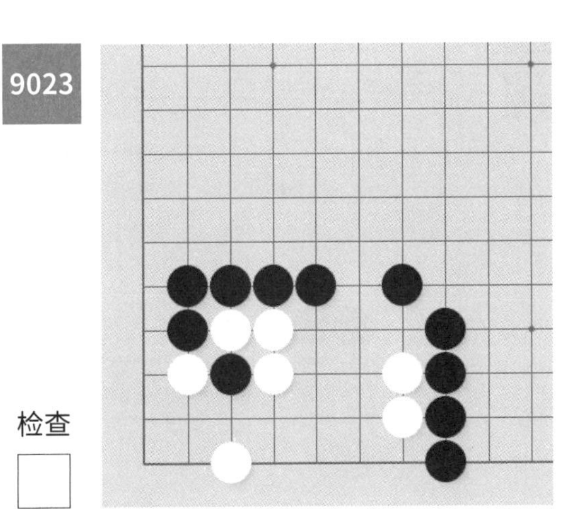

检查

9024

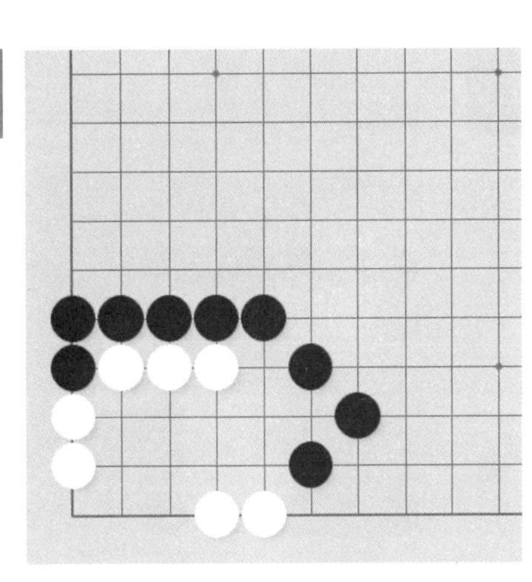

检查

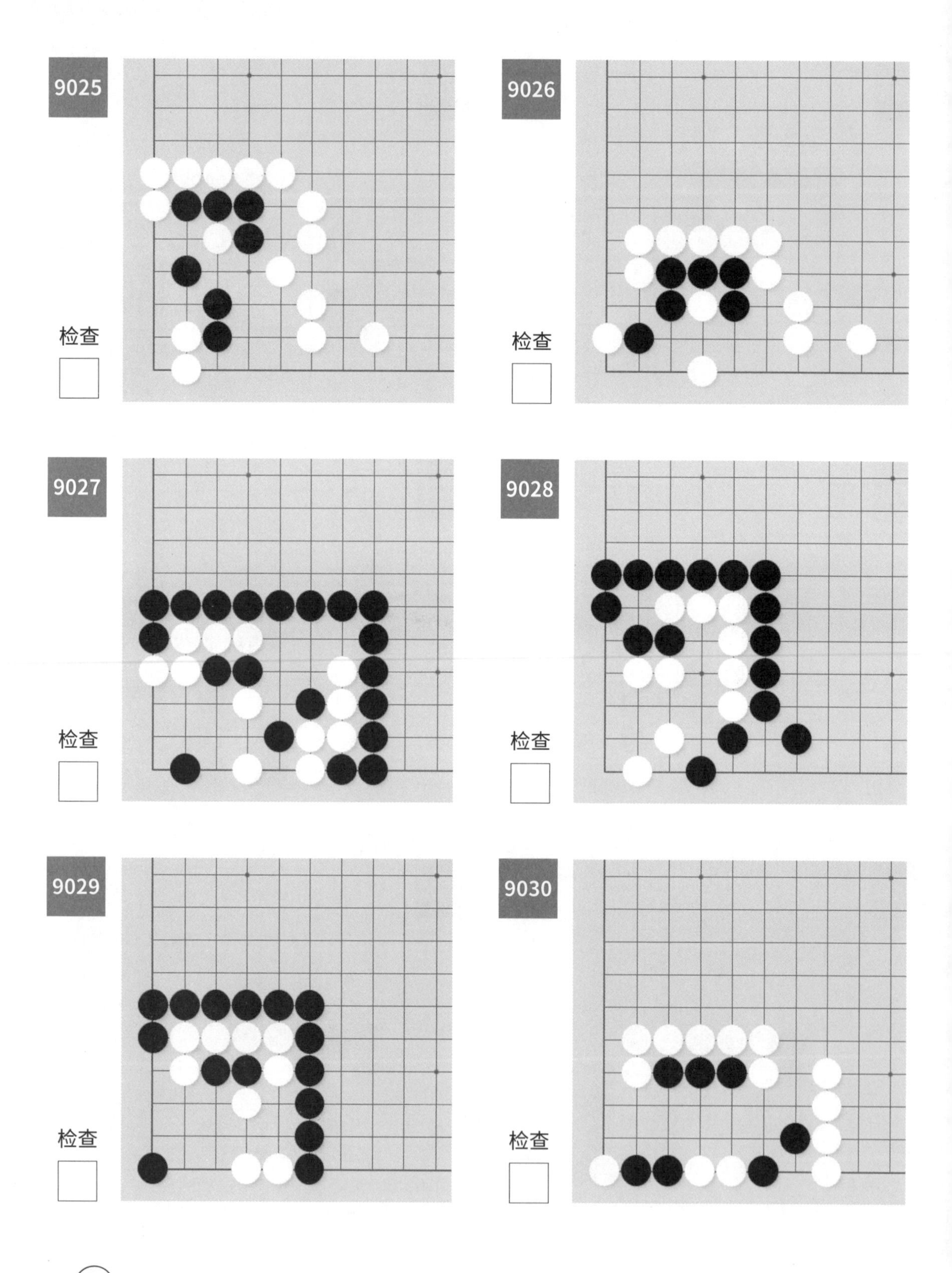
9025
检查
9026
检查
9027
检查
9028
检查
9029
检查
9030
检查

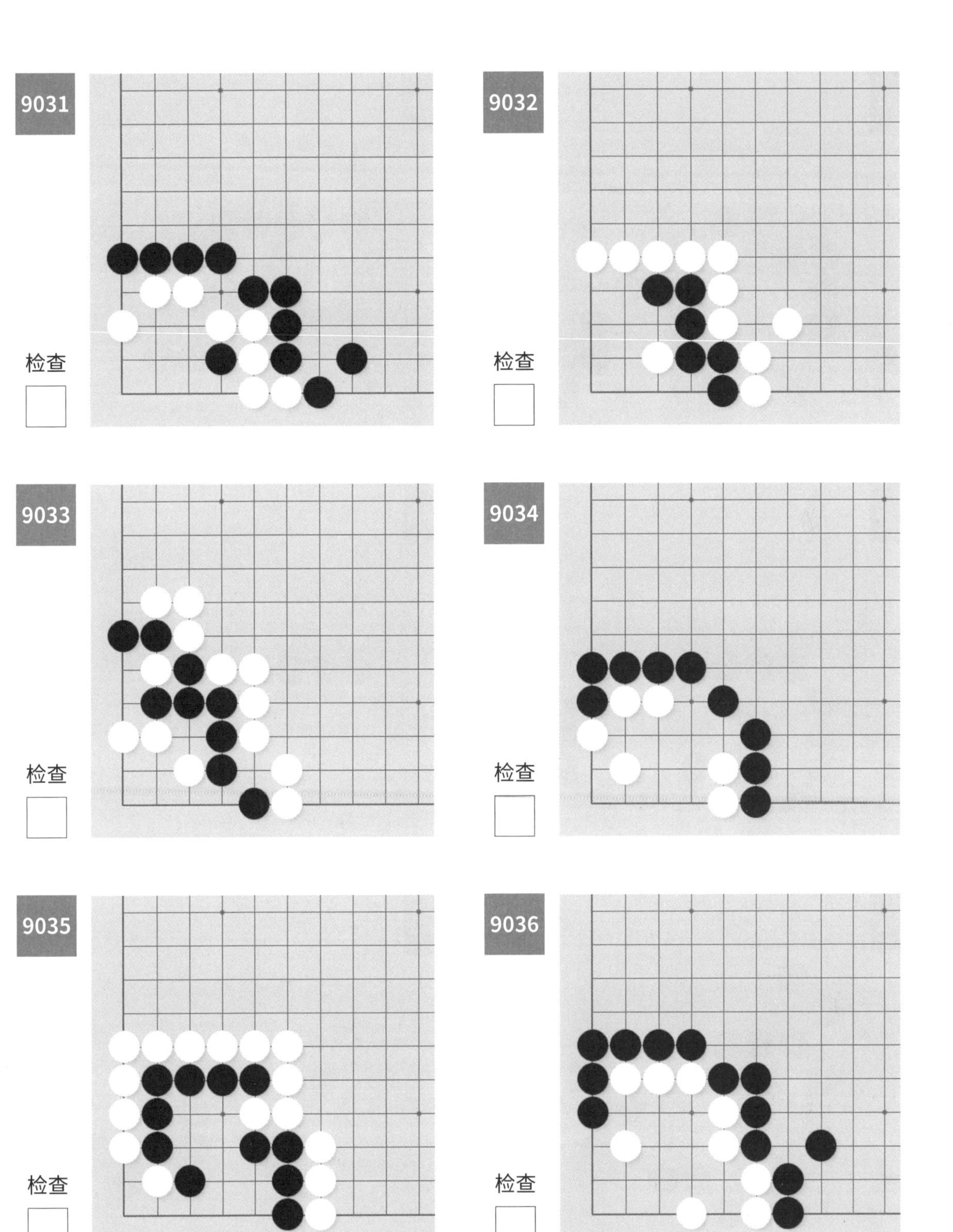
9031
检查
9032
检查
9033
检查
9034
检查
9035
检查
9036
检查

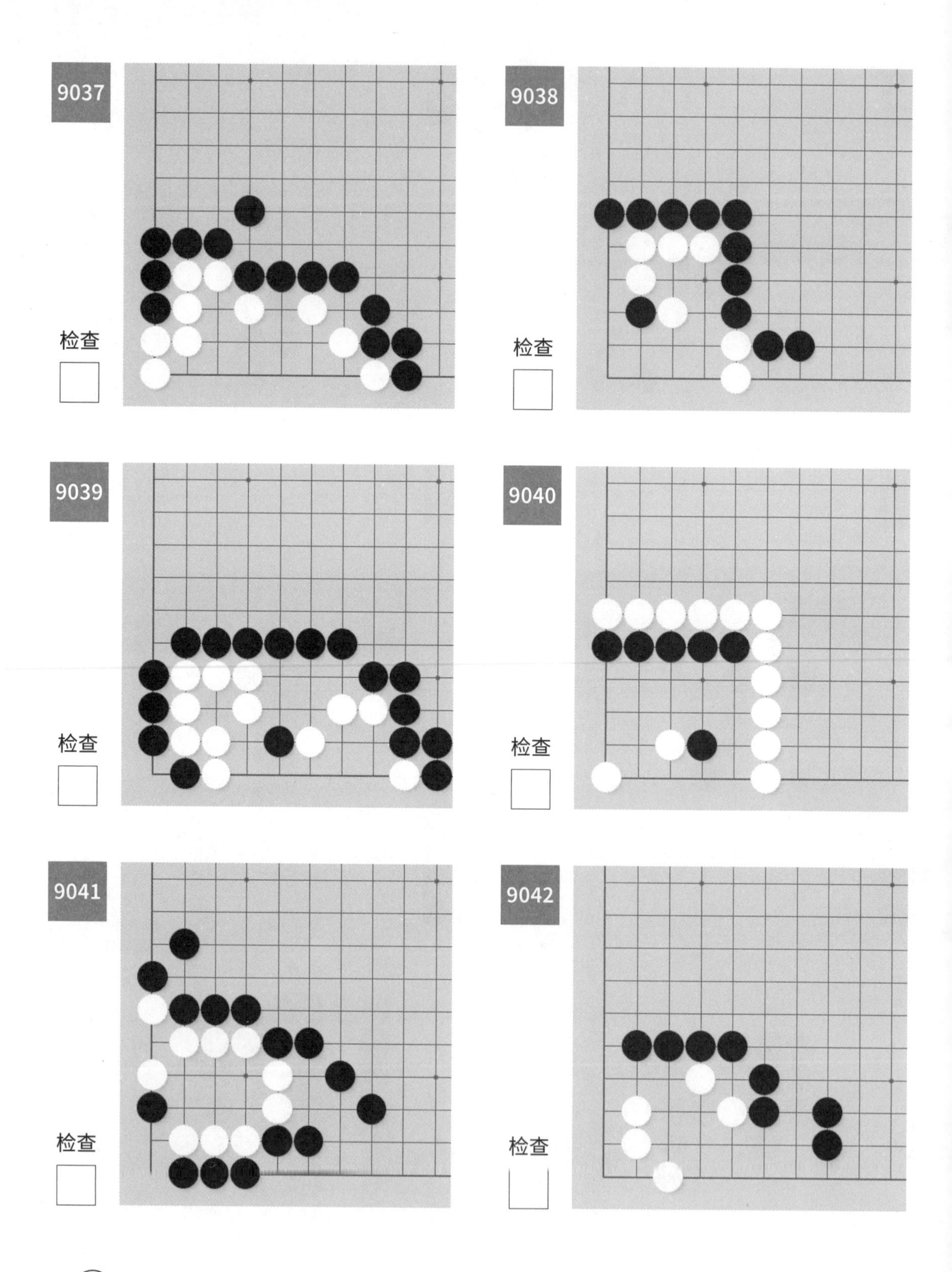
9037
检查
9038
检查
9039
检查
9040
检查
9041
检查
9042
检查

9043

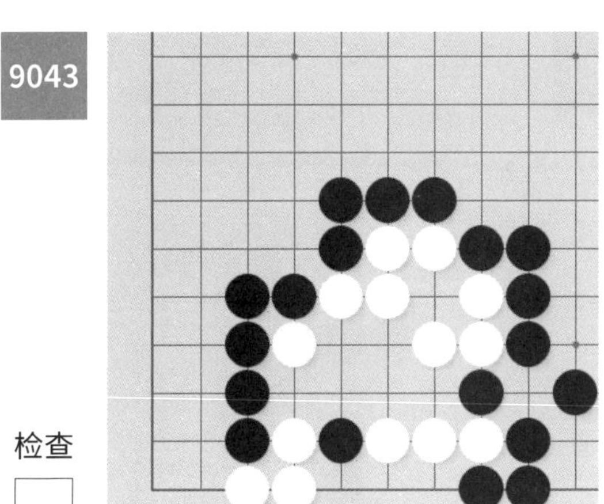

检查

9044

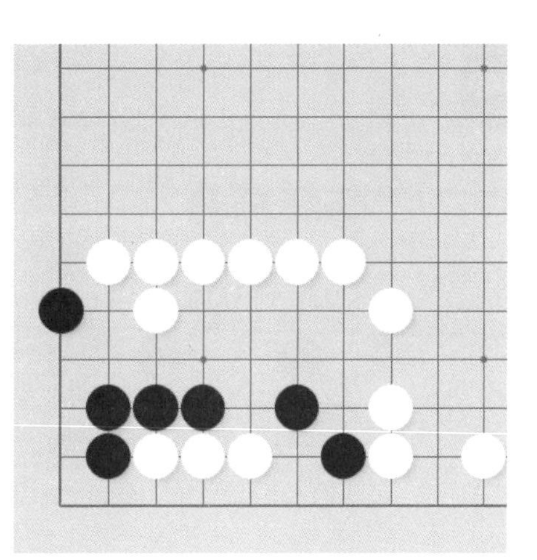

检查

9045

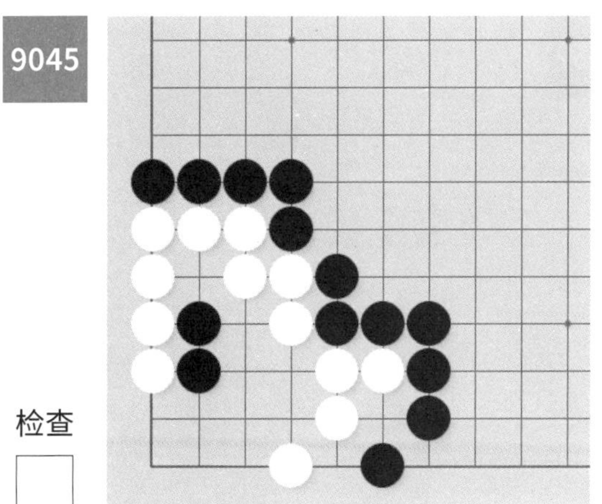

检查

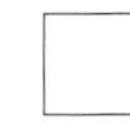

9046

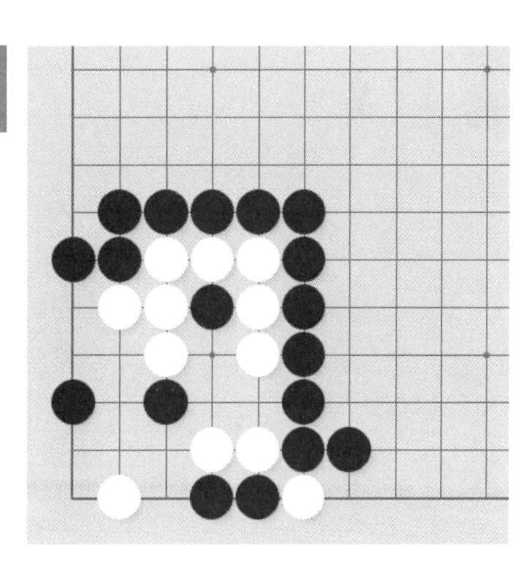

检查

9047

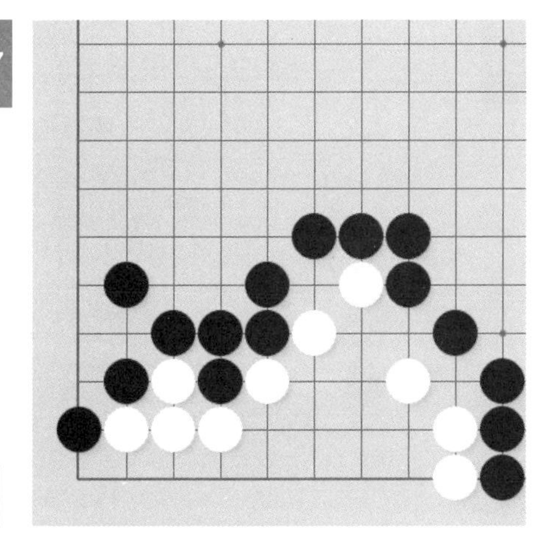

检查

9048

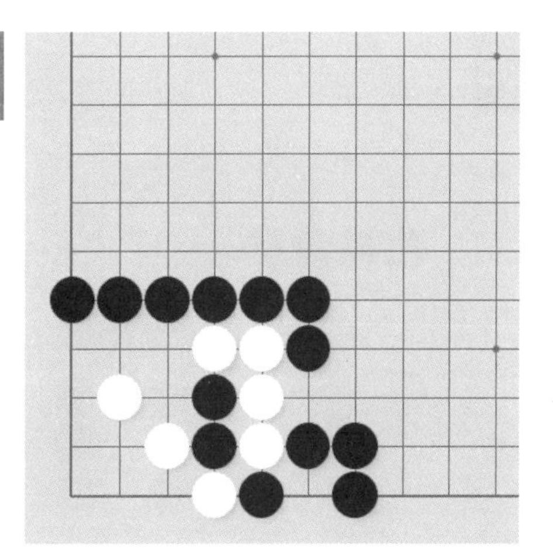

检查

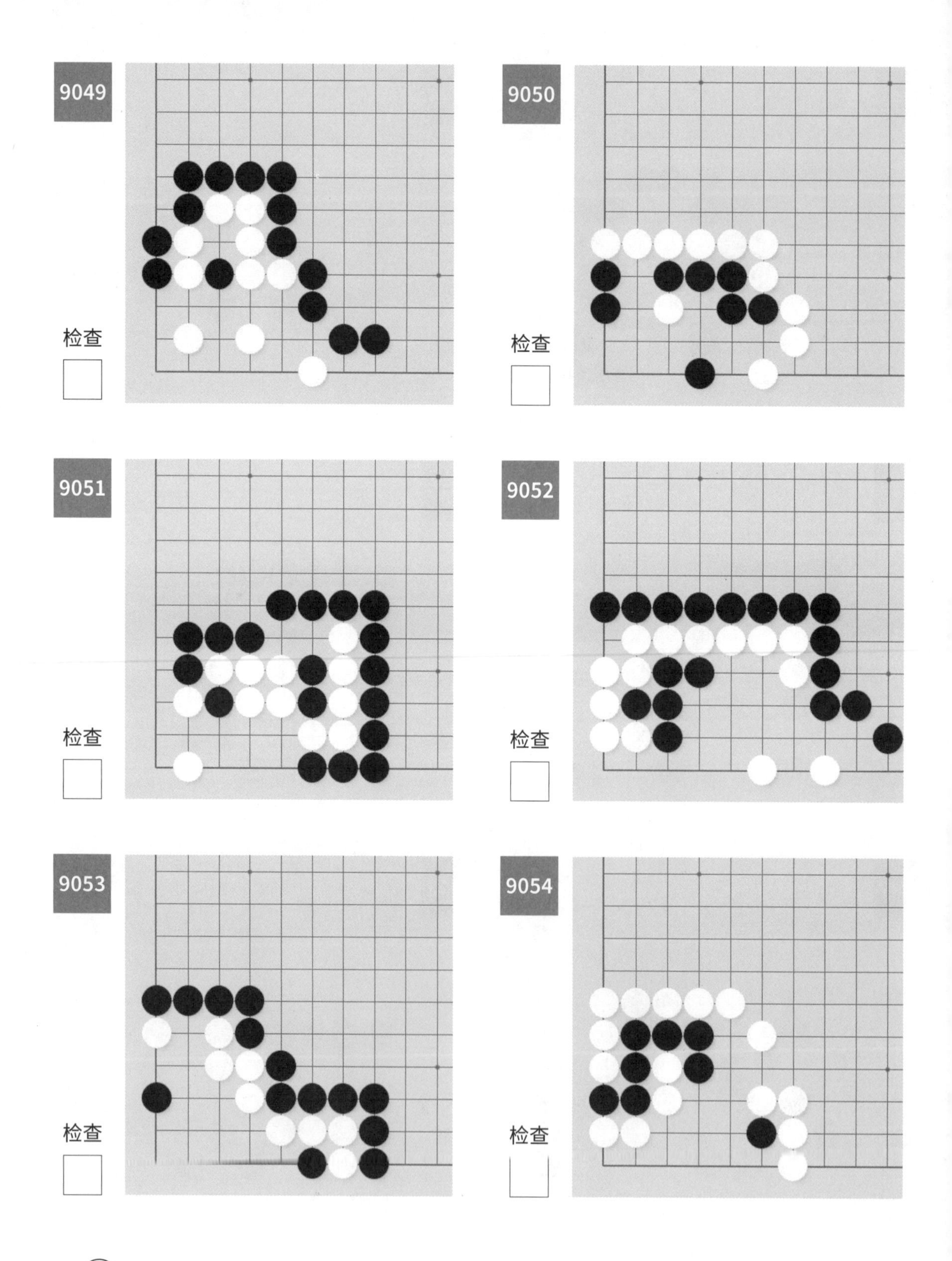

9049
检查
9050
检查
9051
检查
9052
检查
9053
检查
9054
检查

9055

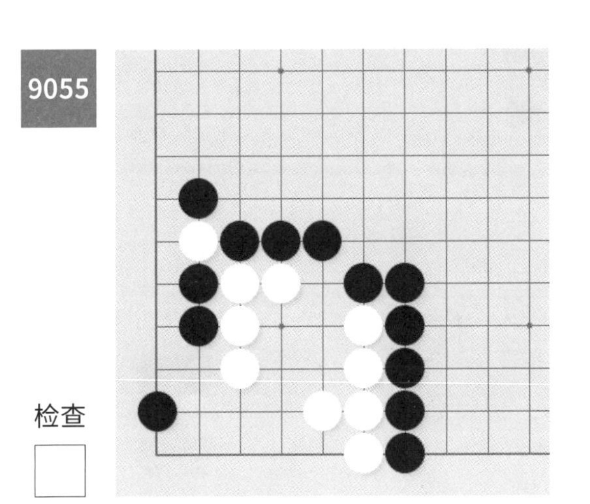

检查 □

9056

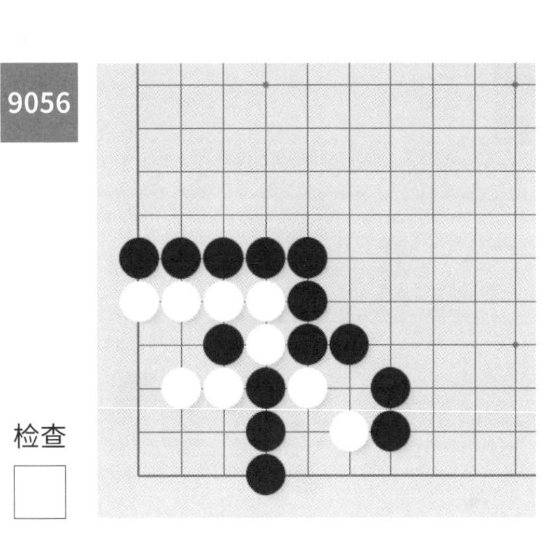

检查 □

9057

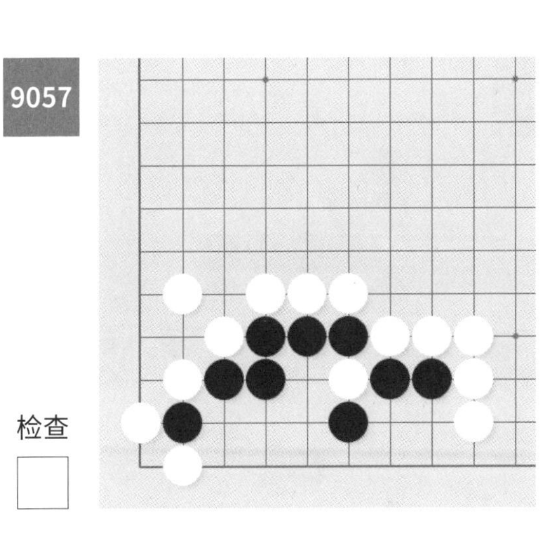

检查 □

9058

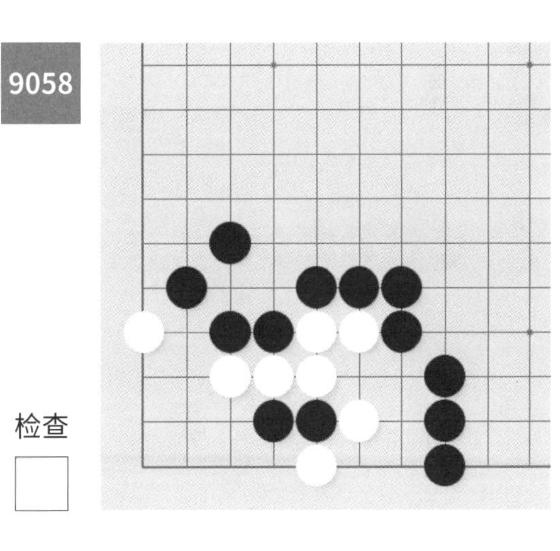

检查 □

9059

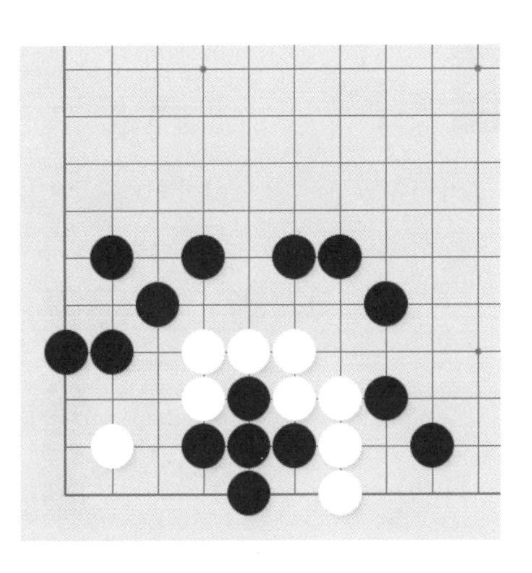

检查 □

9060

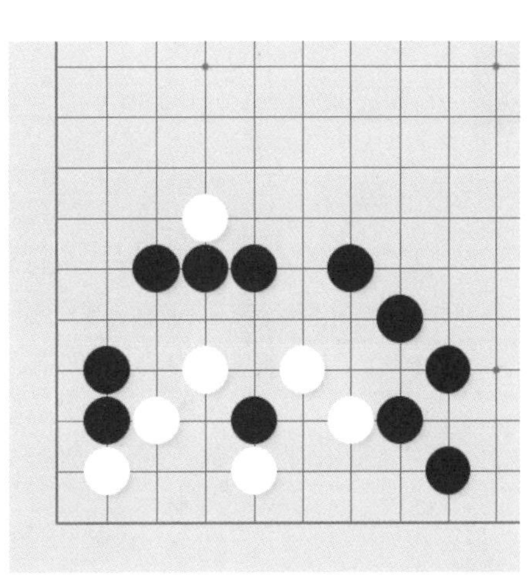

检查 □

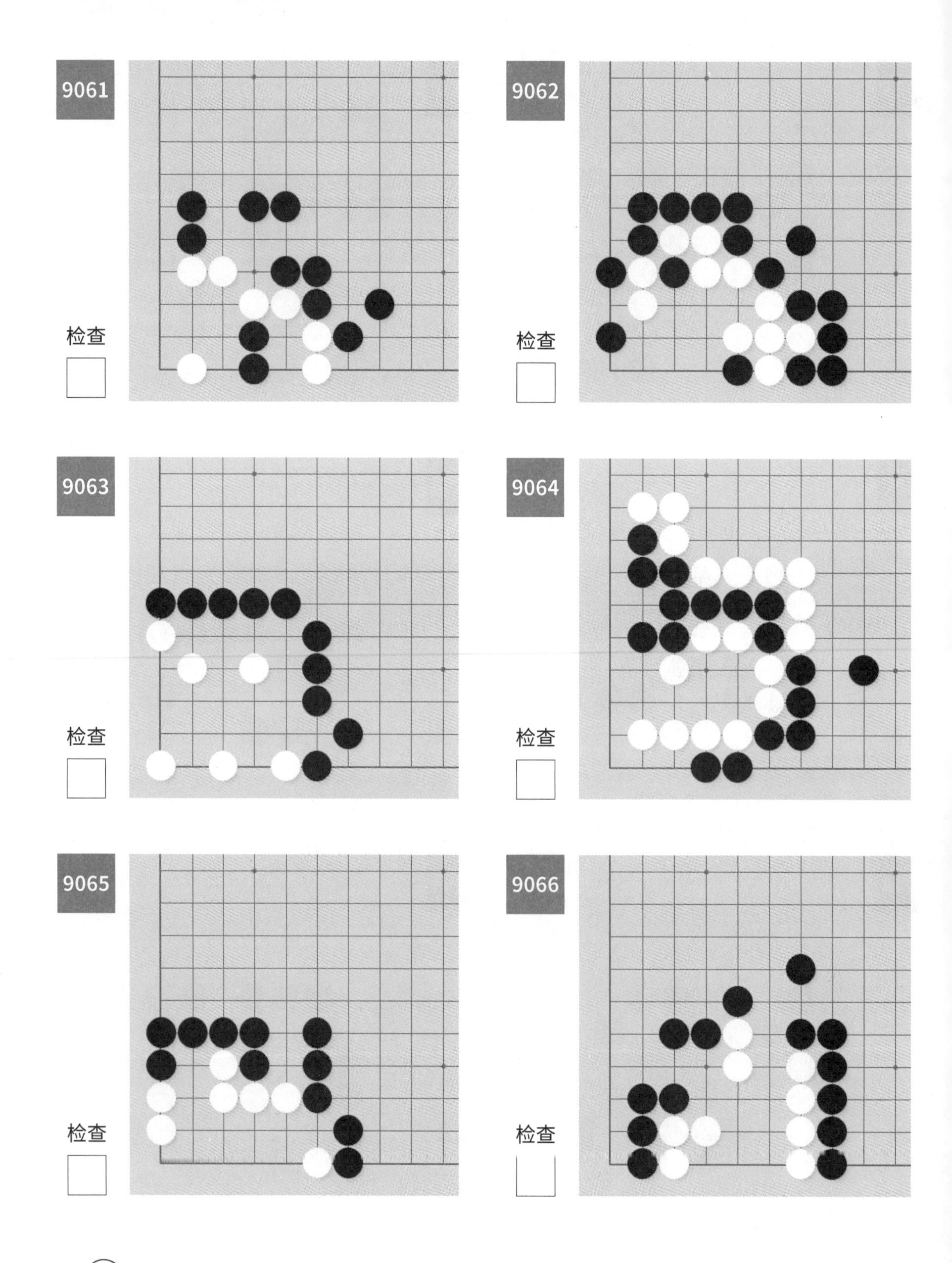
9061
检查
9062
检查
9063
检查
9064
检查
9065
检查
9066
检查

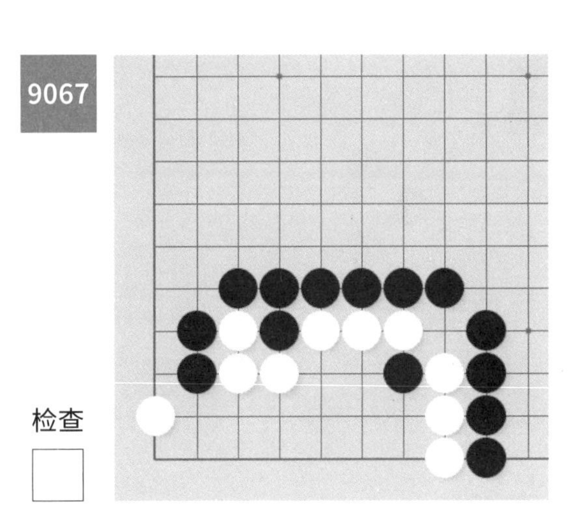
9067
检查

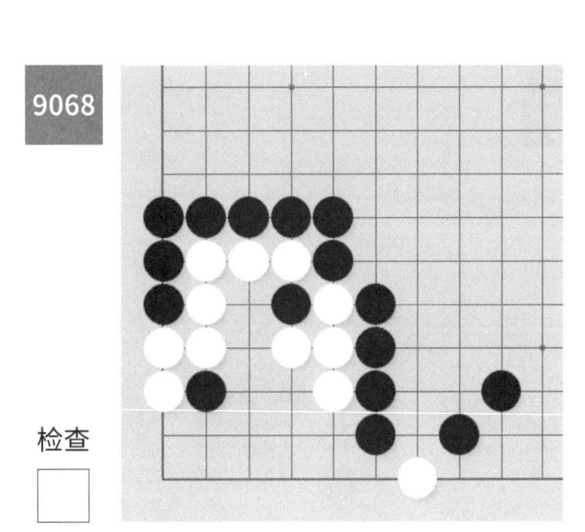
9068
检查

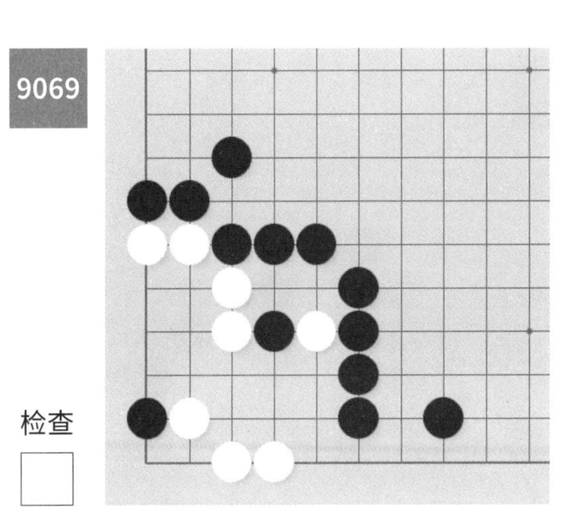
9069
检查

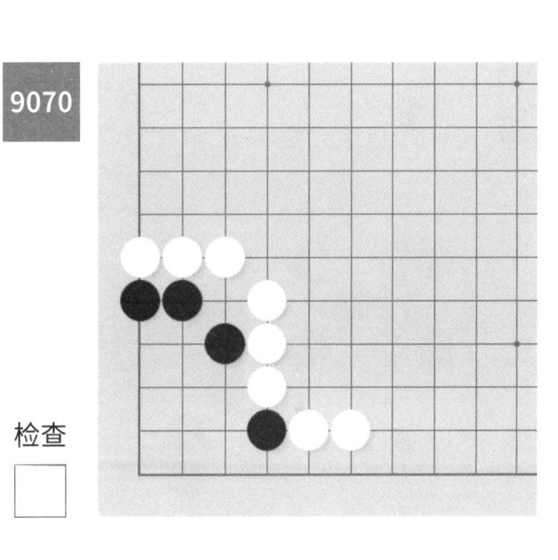
9070
检查

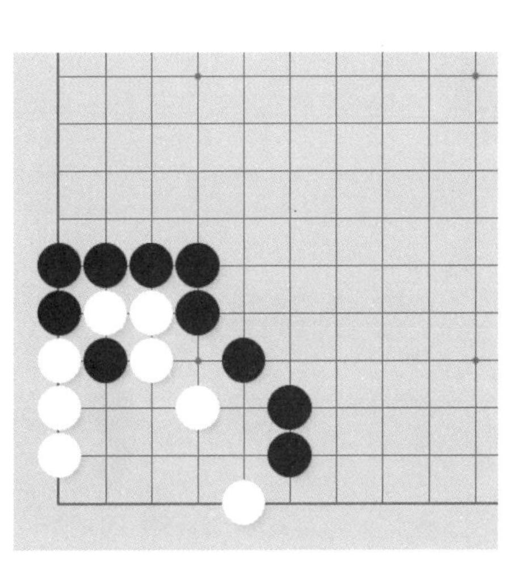
9071
检查

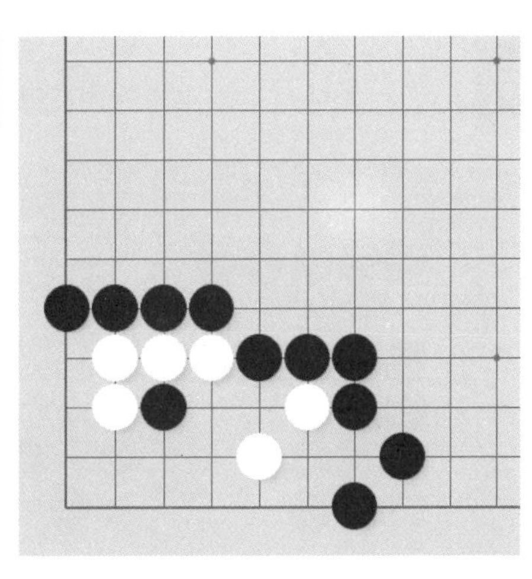
9072
检查

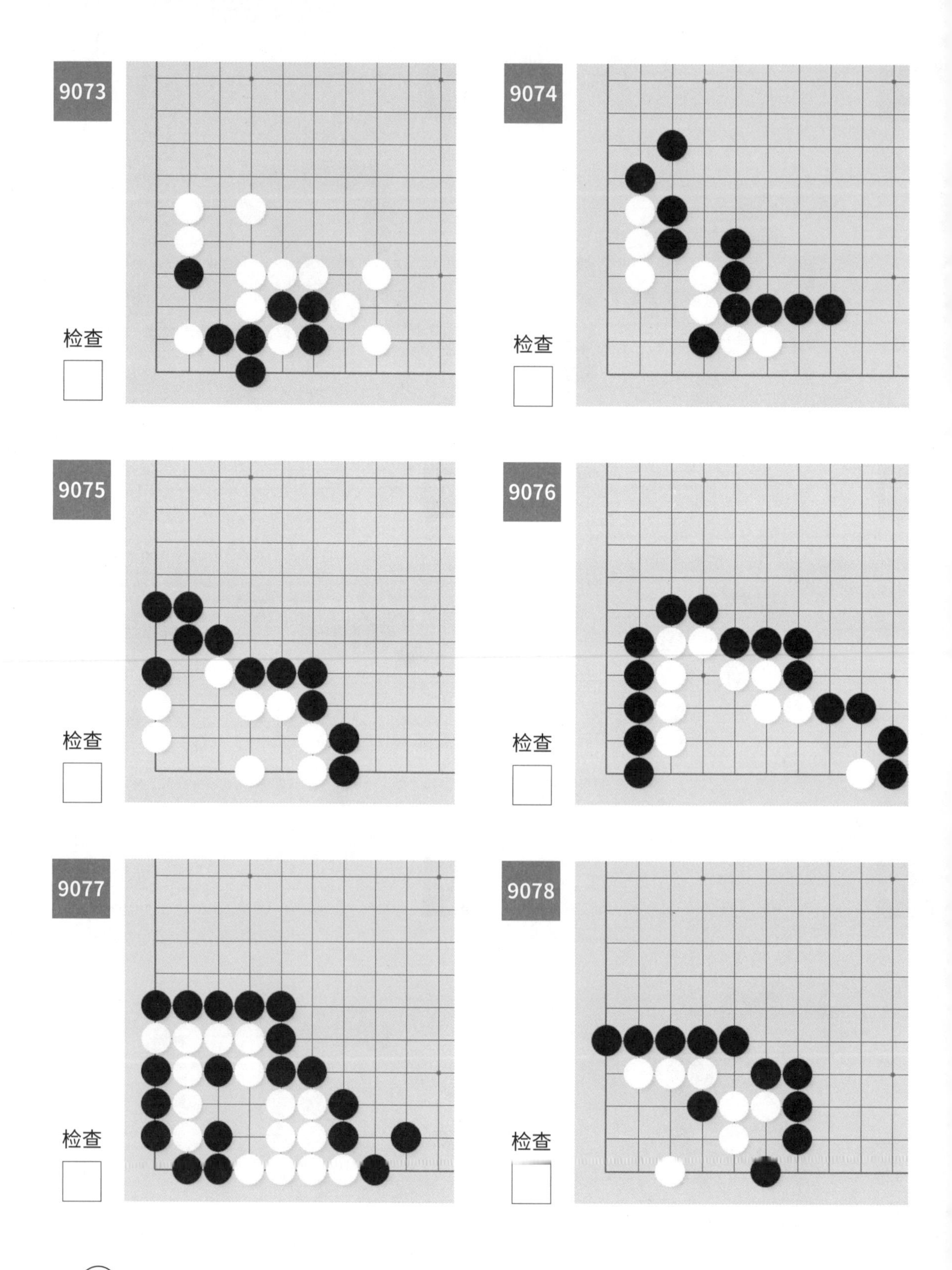
9073
检查
9074
检查
9075
检查
9076
检查
9077
检查
9078
检查

9079

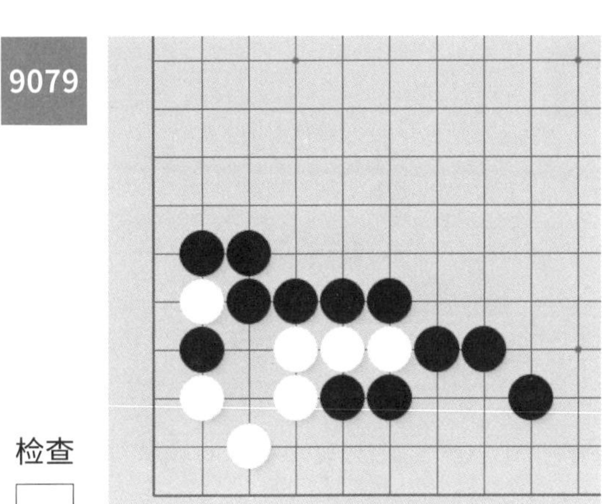

检查

9080

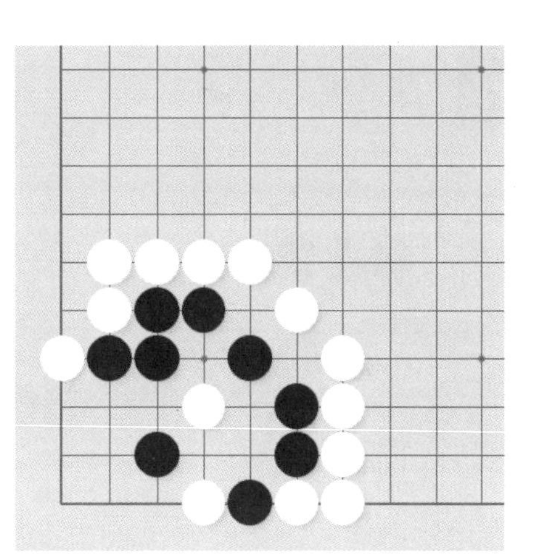

检查

9081

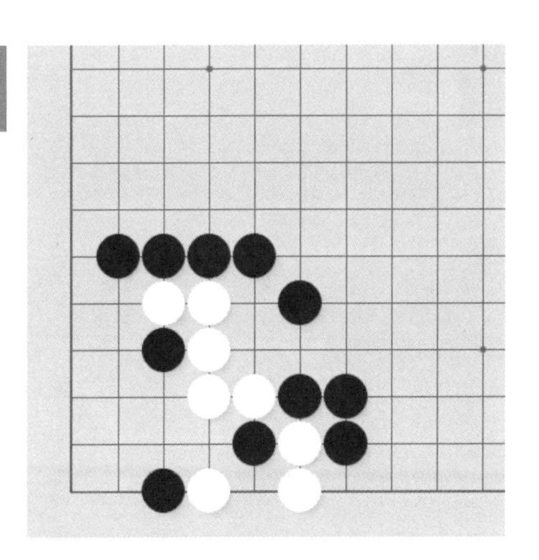

检查

9082

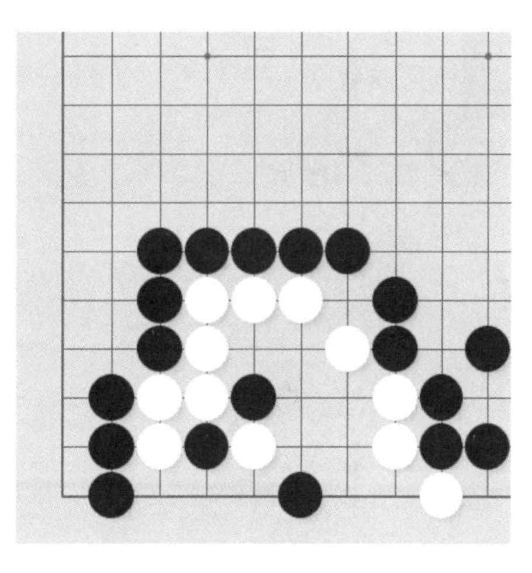

检查

9083

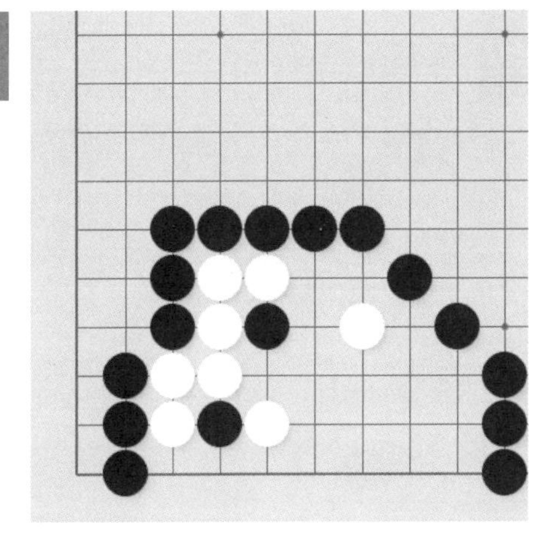

检查

9084

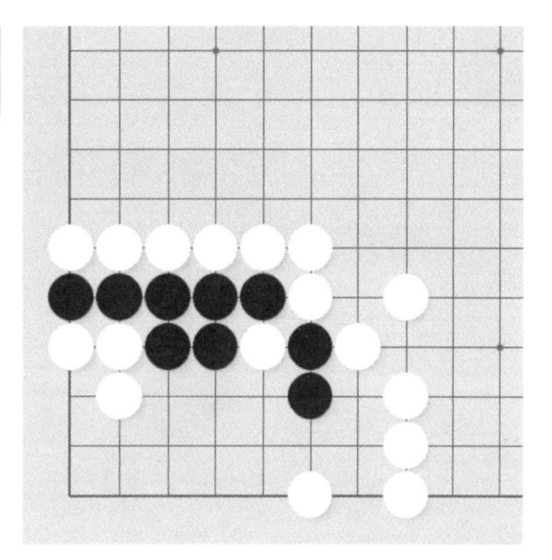

检查

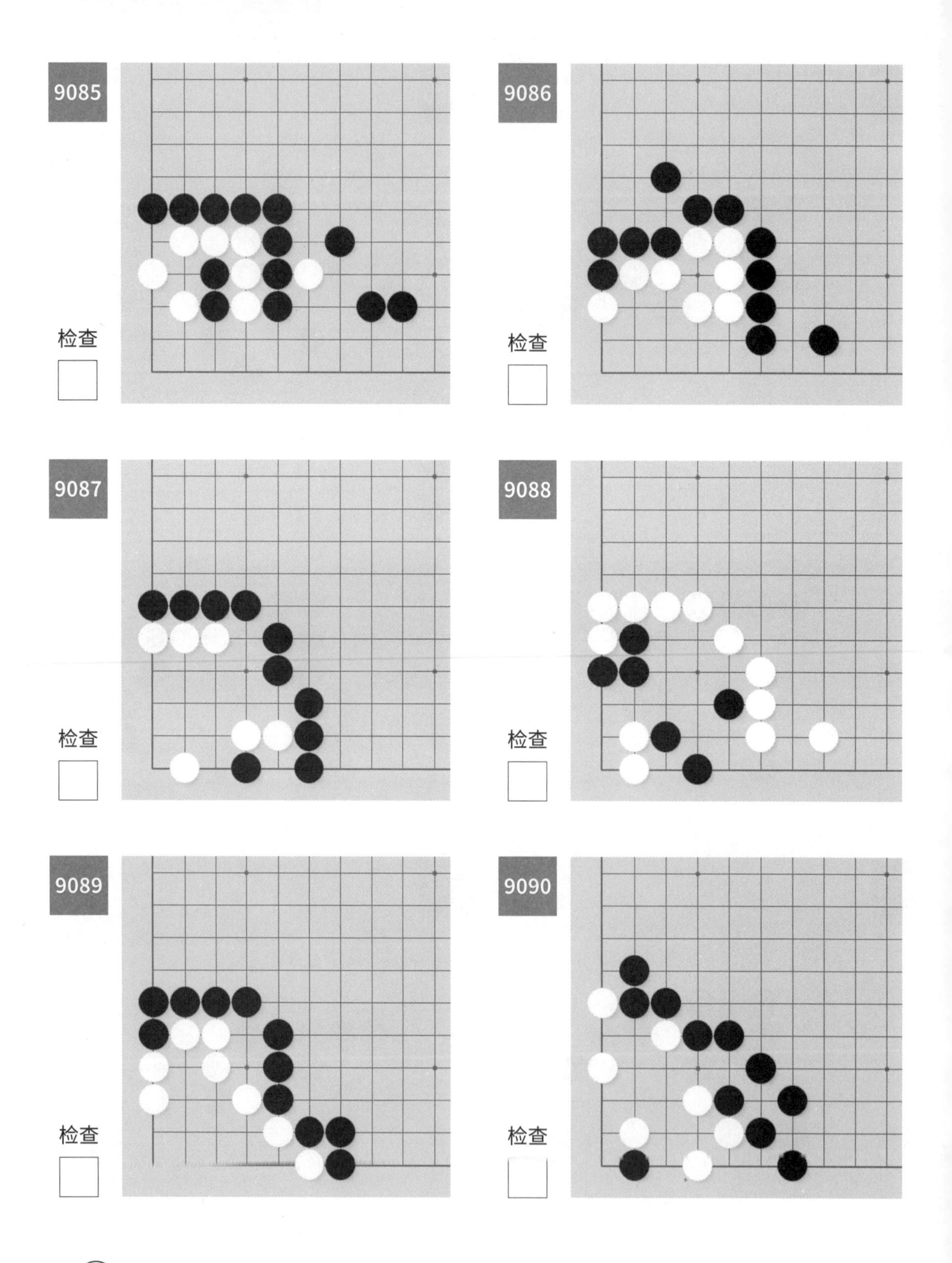
9085
检查
9086
检查
9087
检查
9088
检查
9089
检查
9090
检查

9091

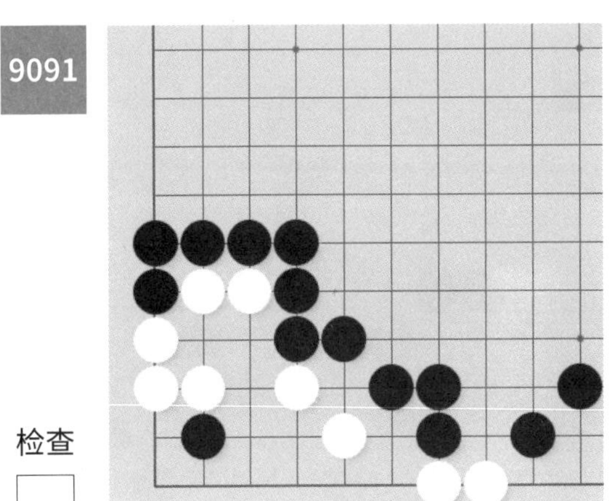

检查

9092

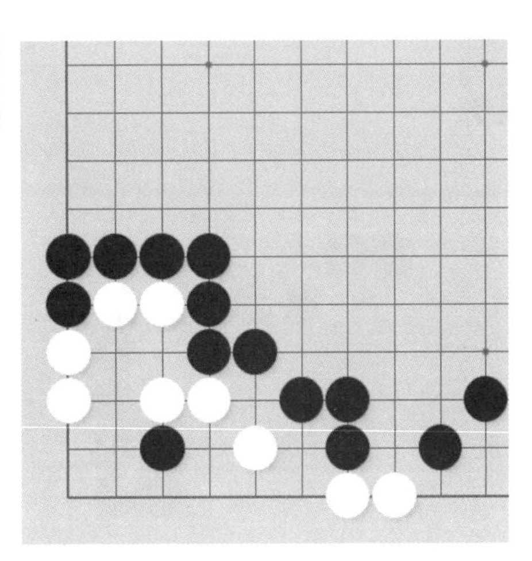

检查

9093

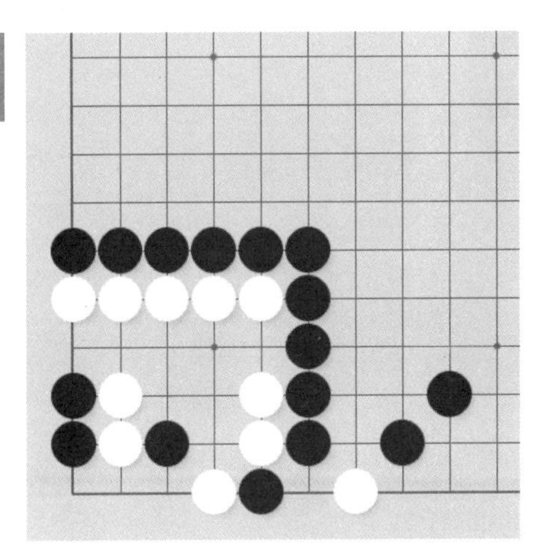

检查

9094

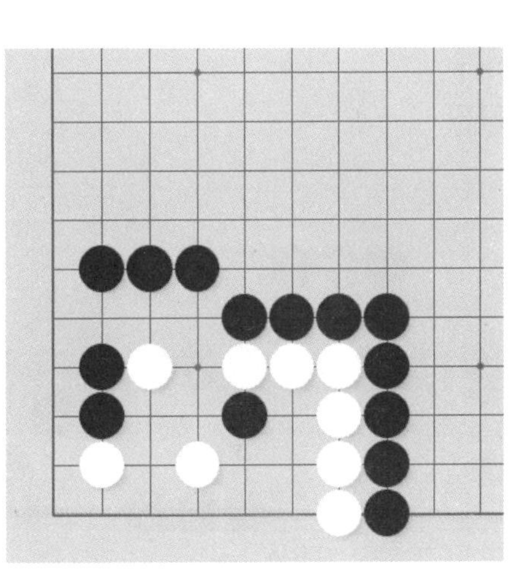

检查

9095

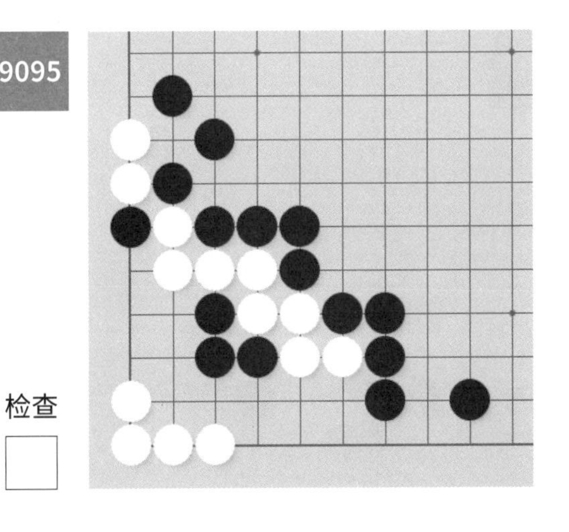

检查

9096

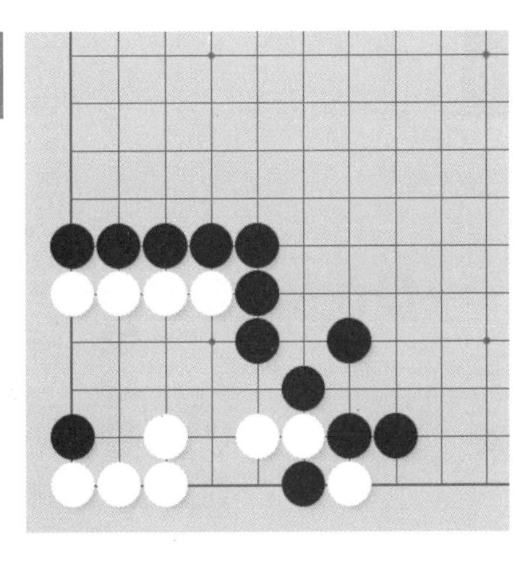

检查

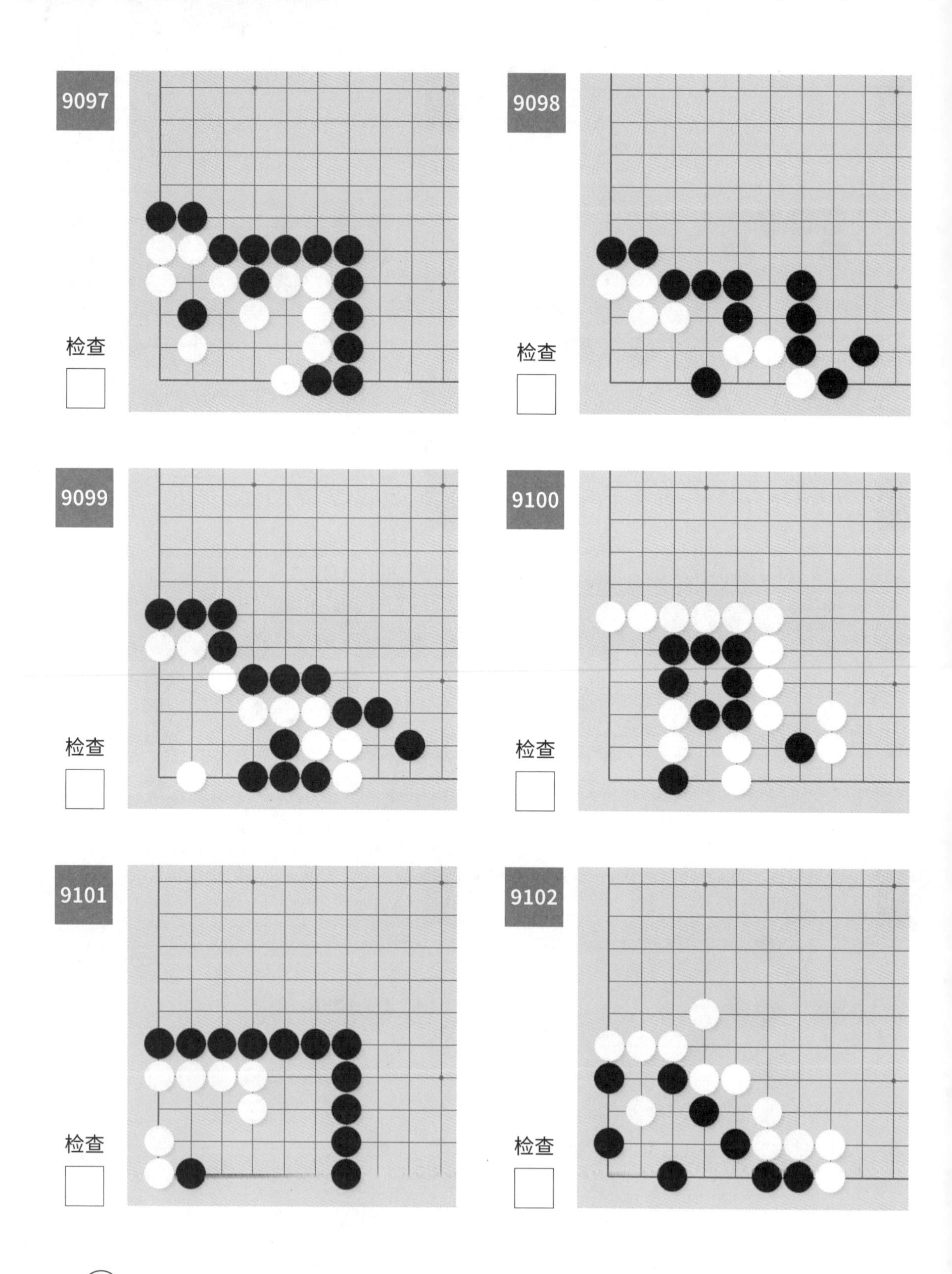
9097
检查
9098
检查
9099
检查
9100
检查
9101
检查
9102
检查

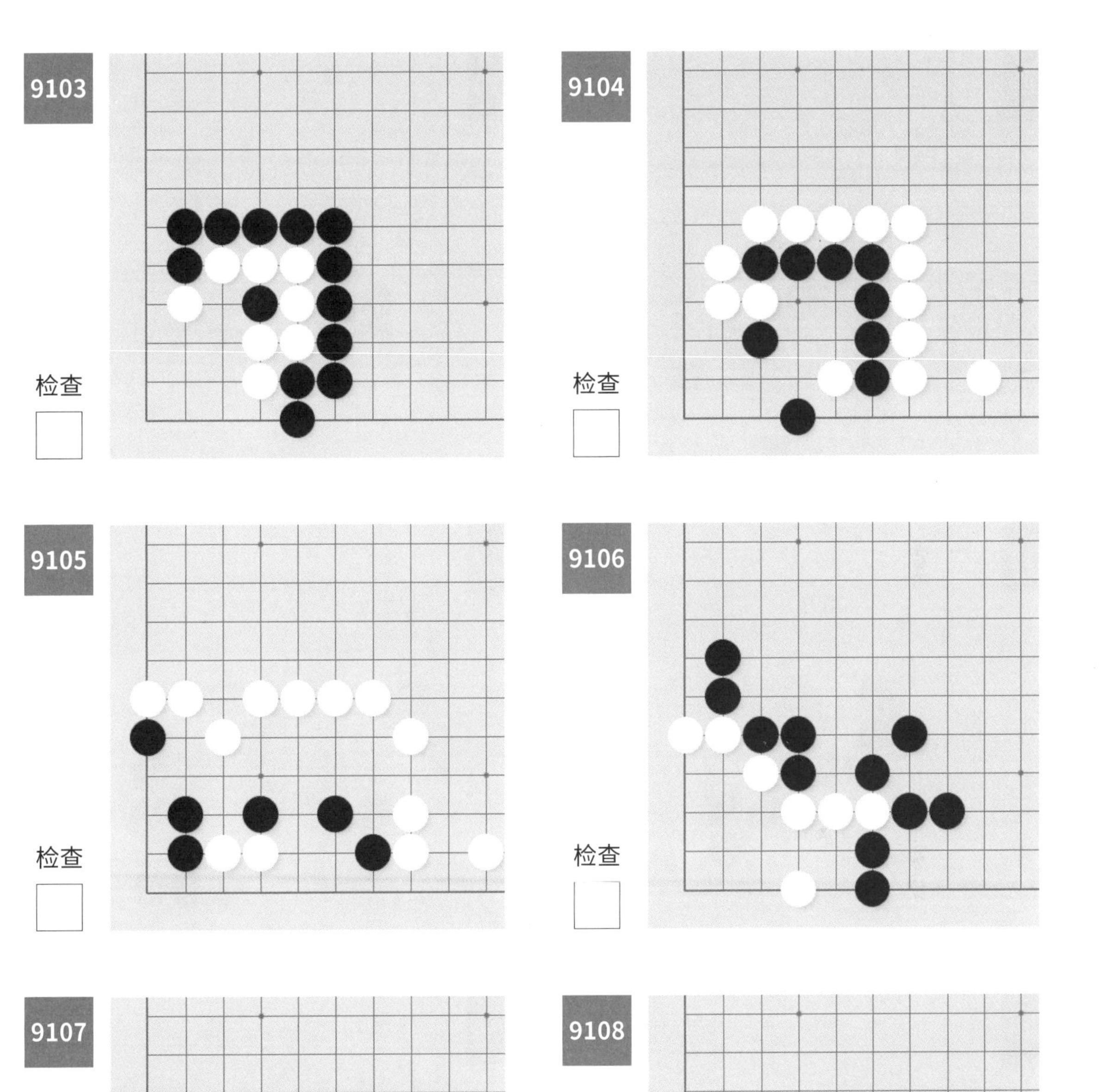
9103
检查
9104
检查
9105
检查
9106
检查
9107
检查
9108
检查

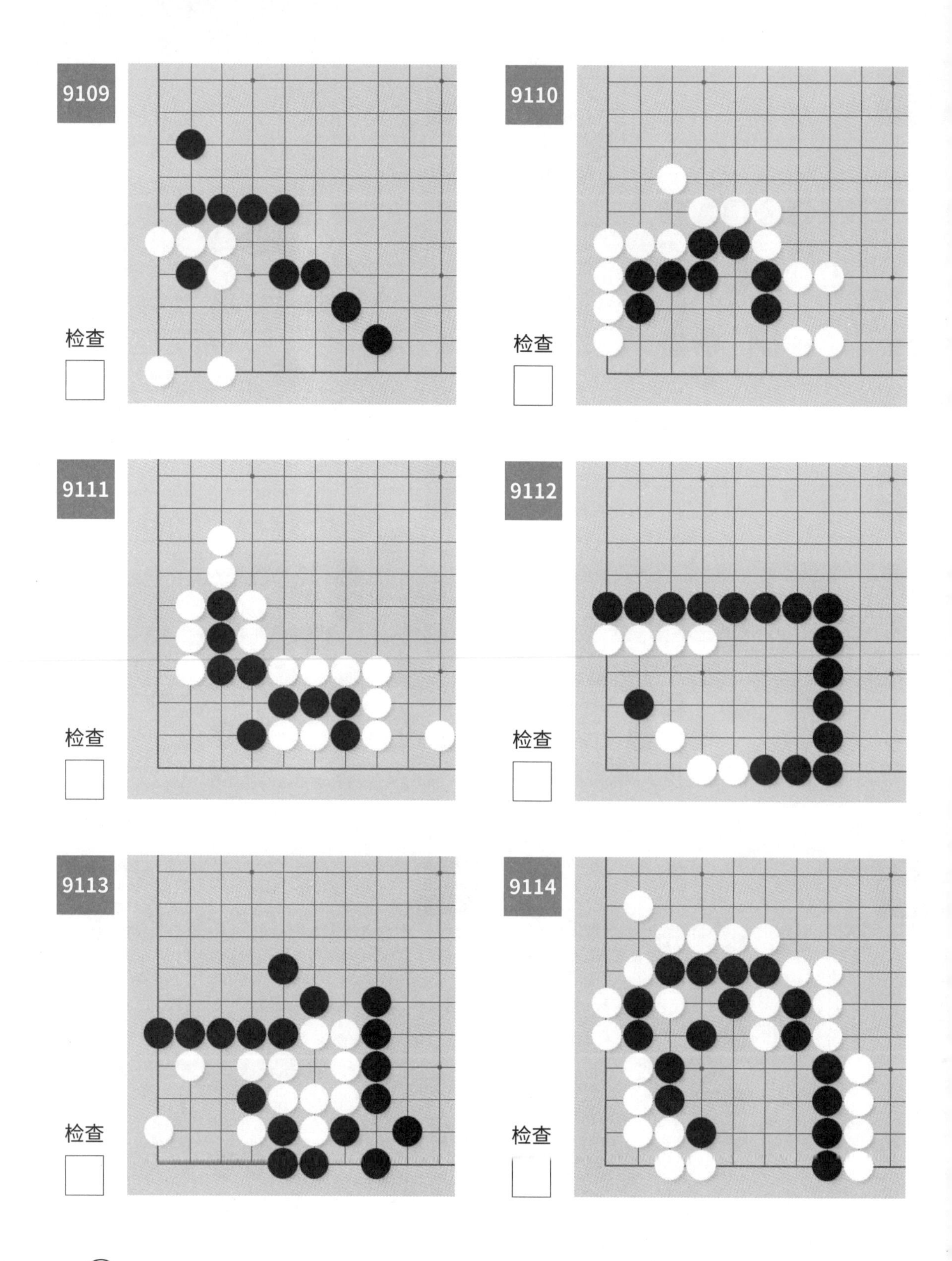
9109
检查
9110
检查
9111
检查
9112
检查
9113
检查
9114
检查

9115

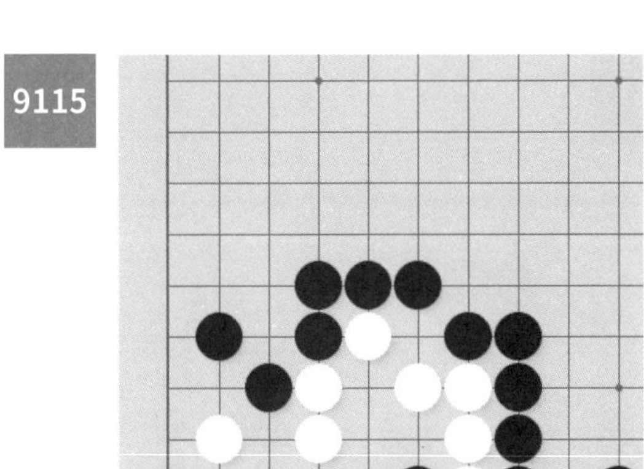

检查

9116

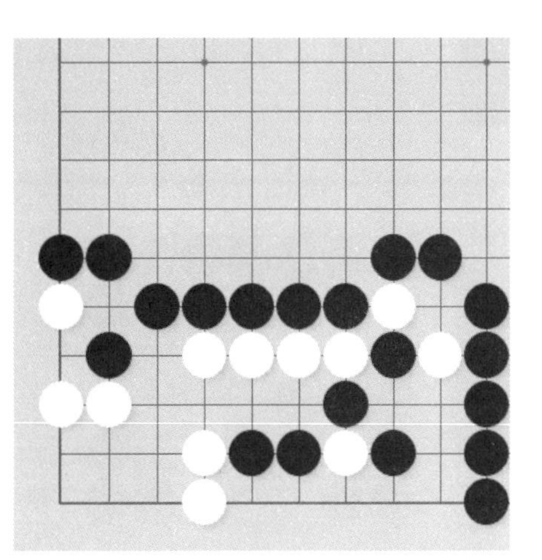

检查

9117

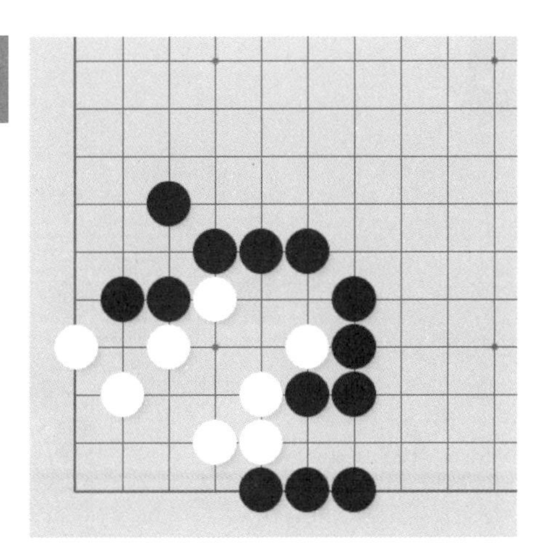

检查

9118

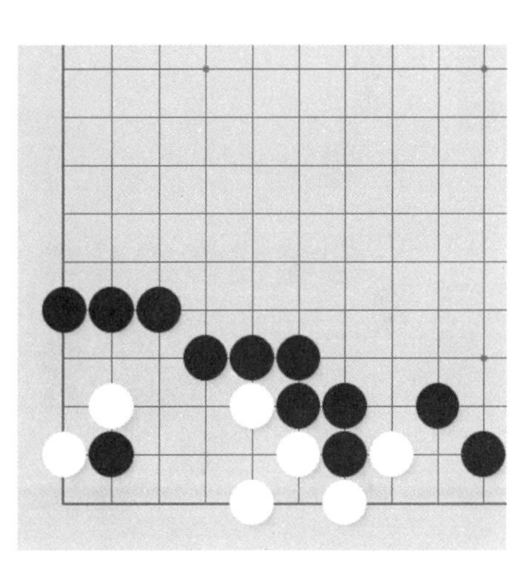

检查

9119

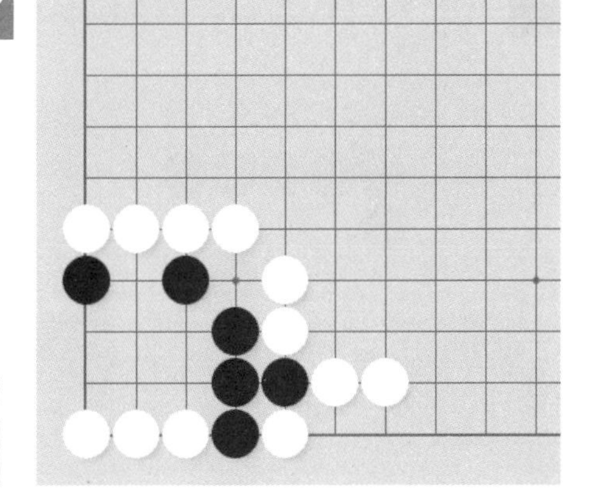

检查

9120

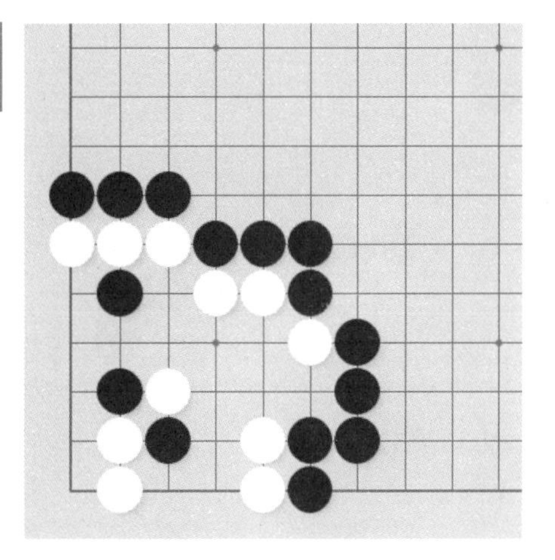

检查

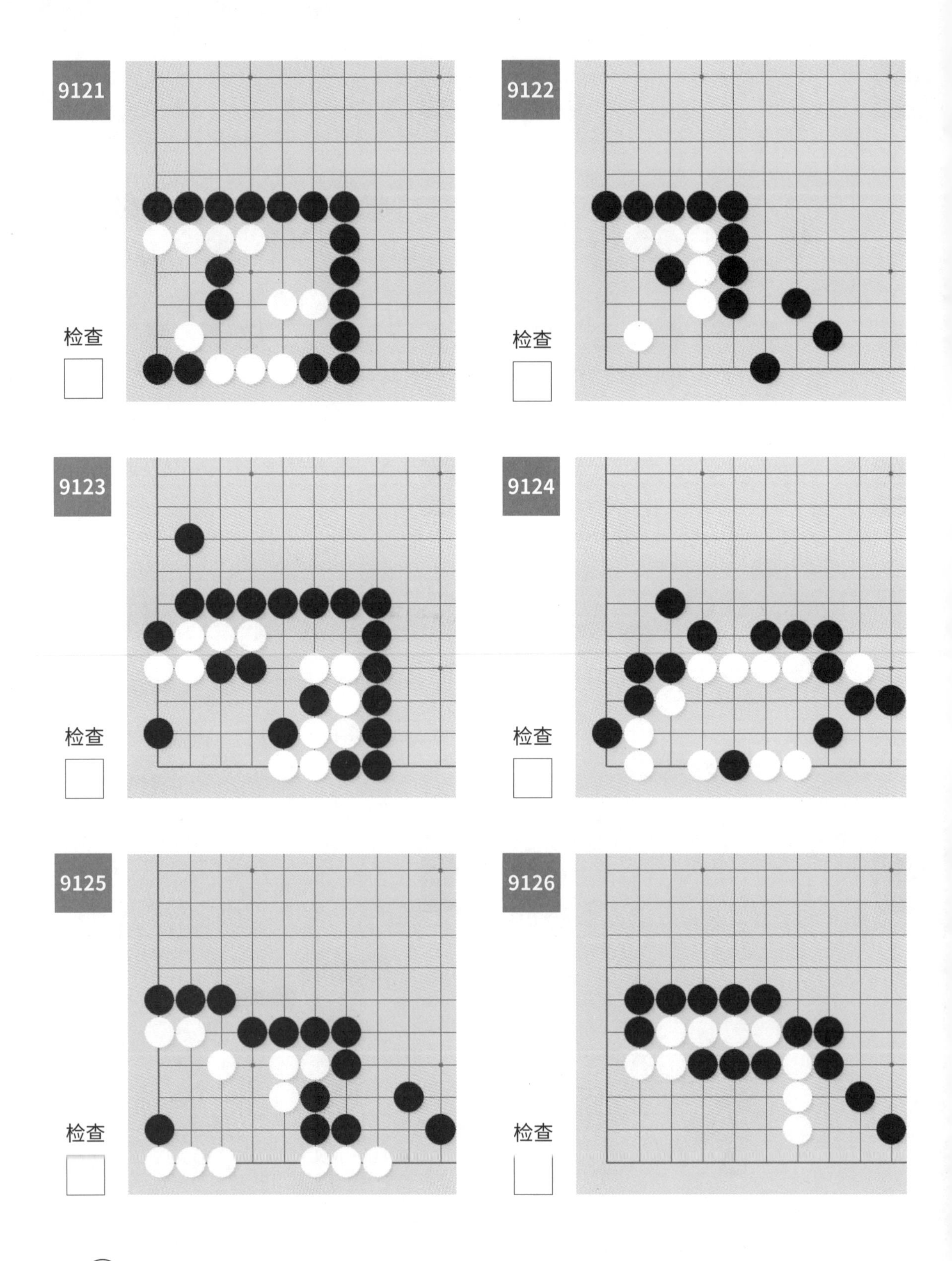
9121
检查
9122
检查
9123
检查
9124
检查
9125
检查
9126
检查

9127

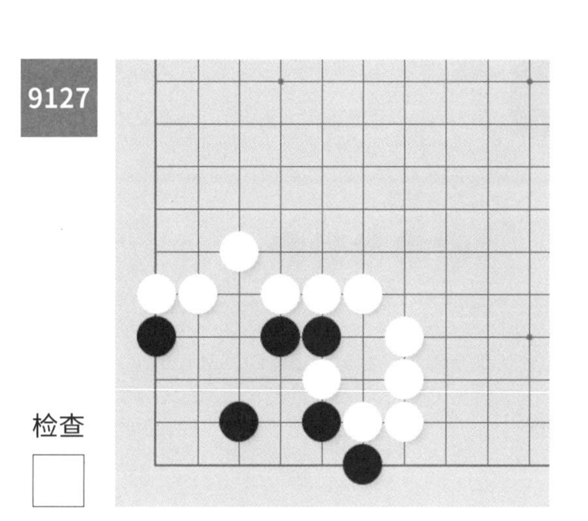

检查

9128

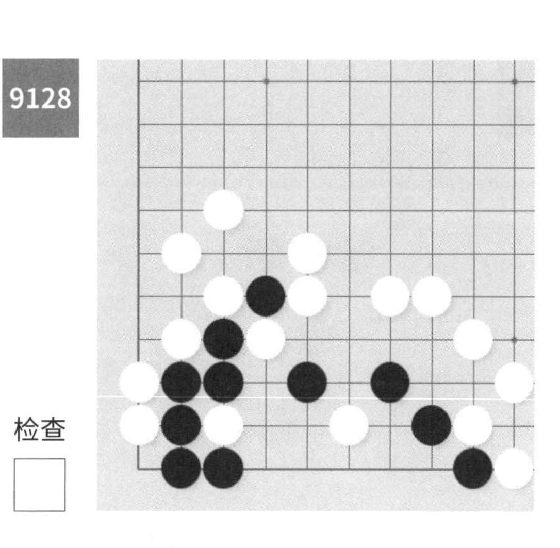

检查

9129

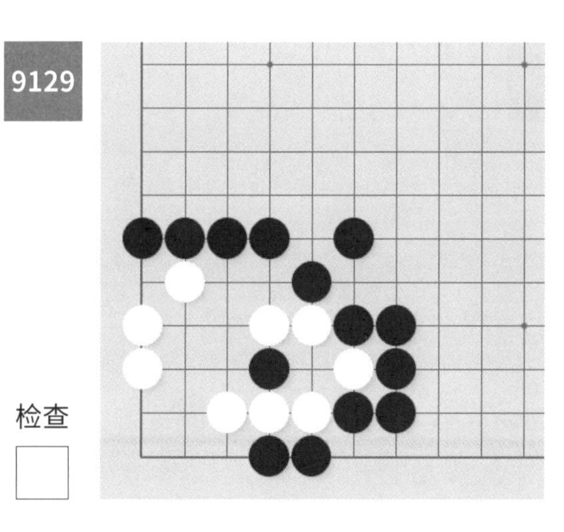

检查

9130

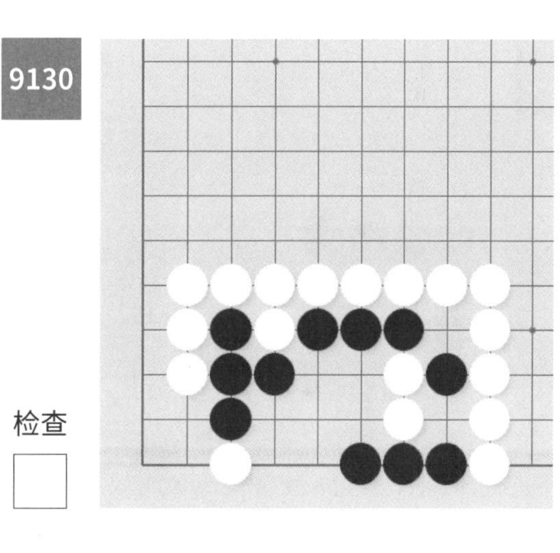

检查

9131

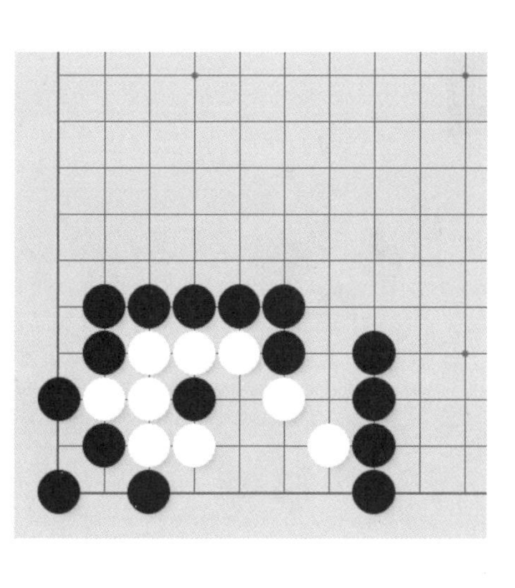

检查

9132

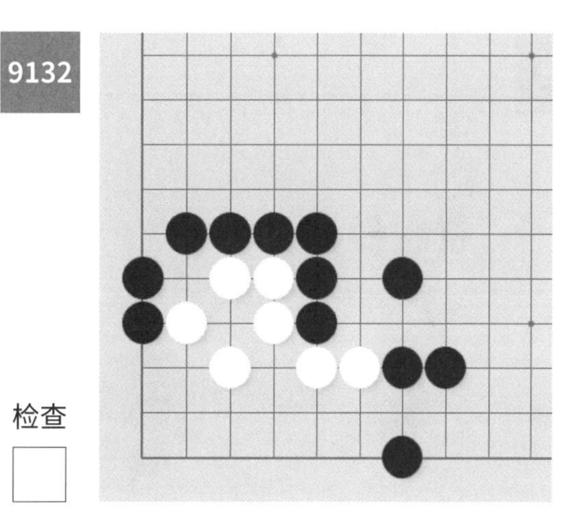

检查

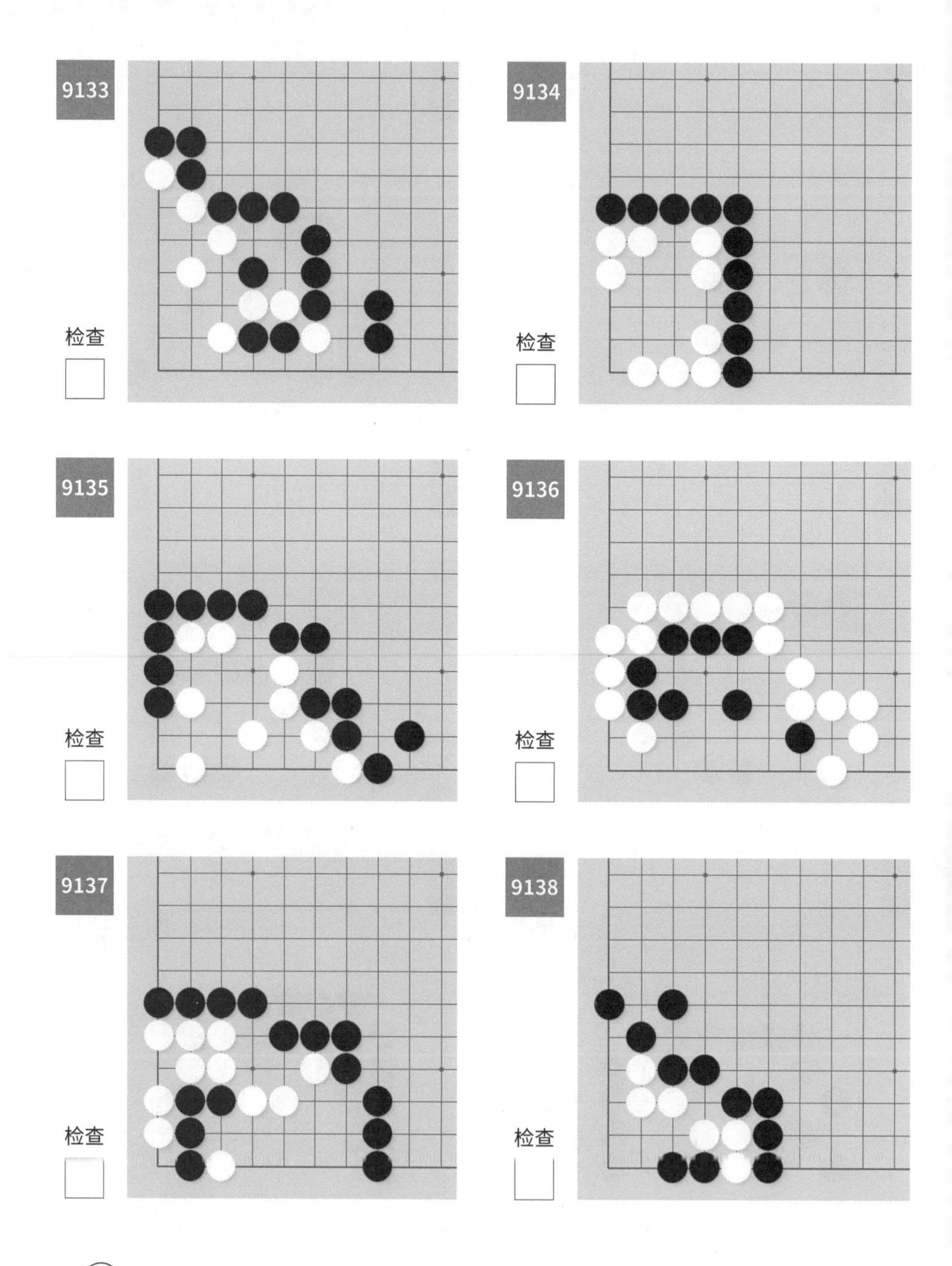
9133
检查
9134
检查
9135
检查
9136
检查
9137
检查
9138
检查

9139

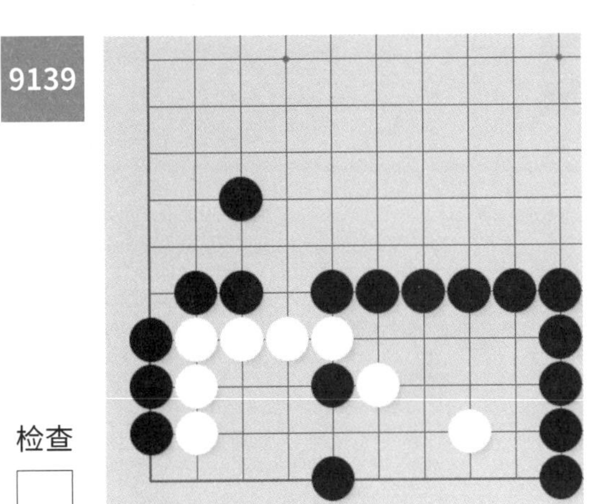

检查

9140

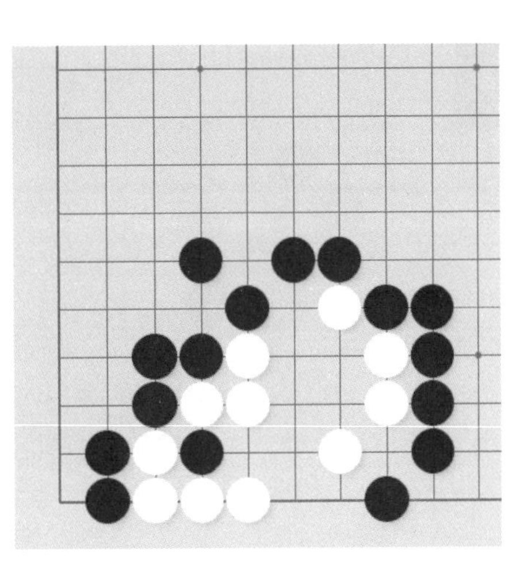

检查

9141

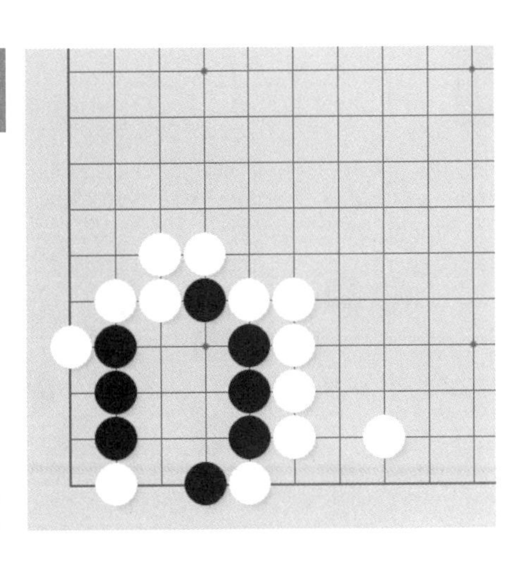

检查

9142

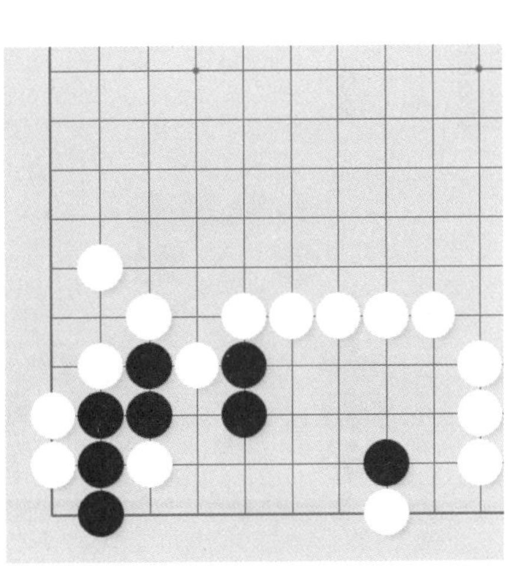

检查

9143

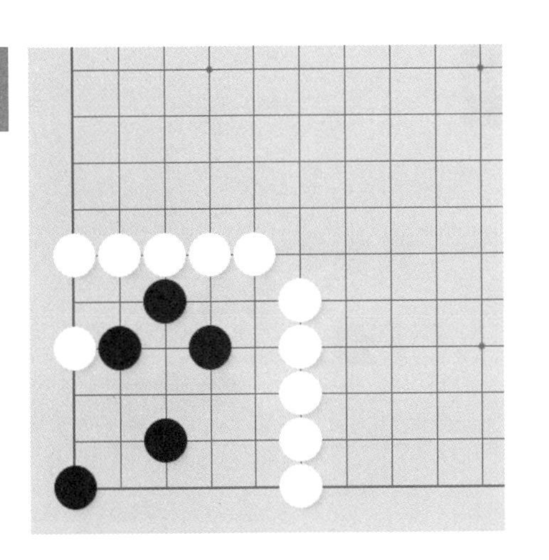

检查

9144

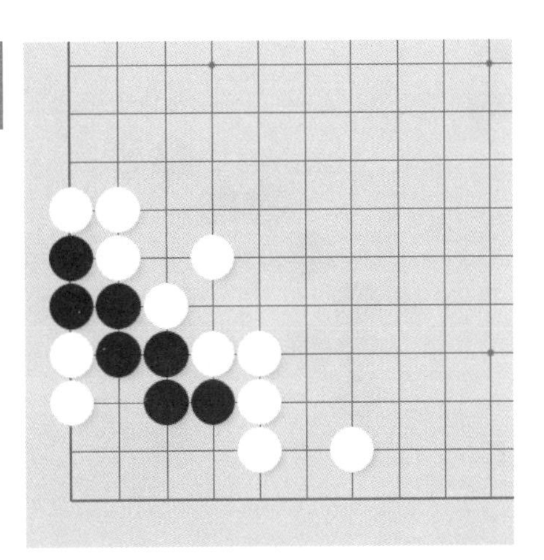

检查

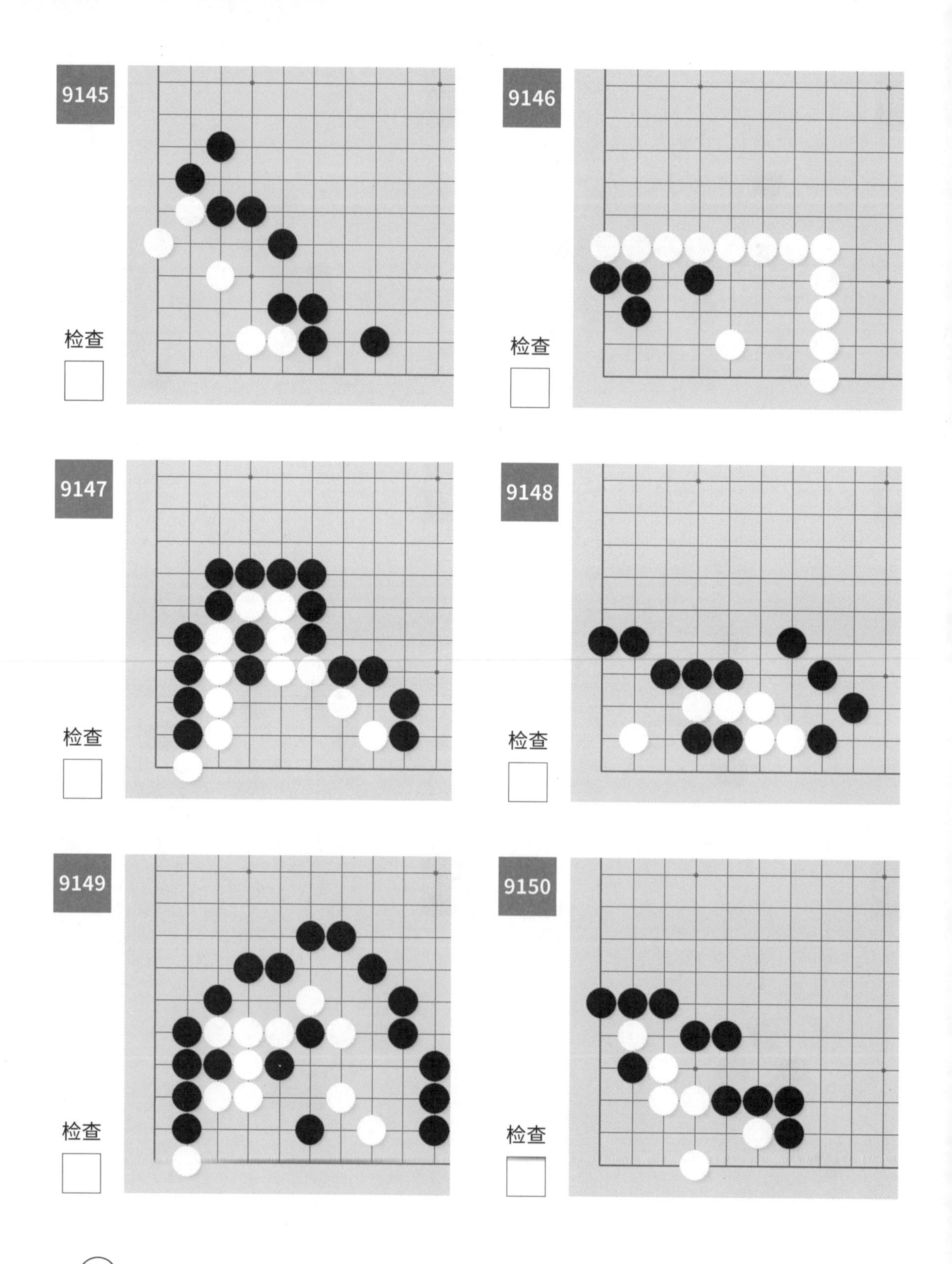
9145
检查
9146
检查
9147
检查
9148
检查
9149
检查
9150
检查

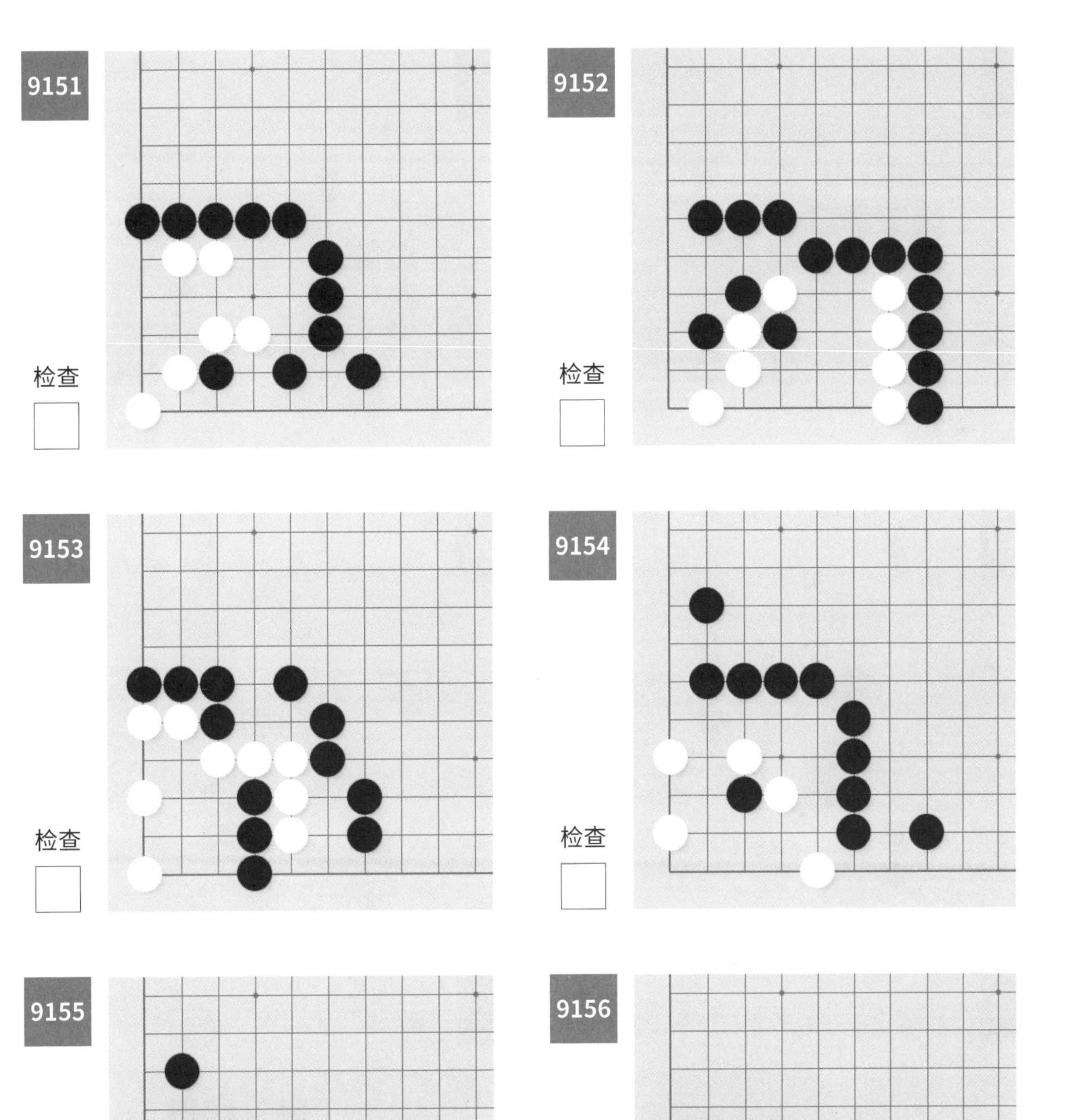

9155

检查

9156

检查

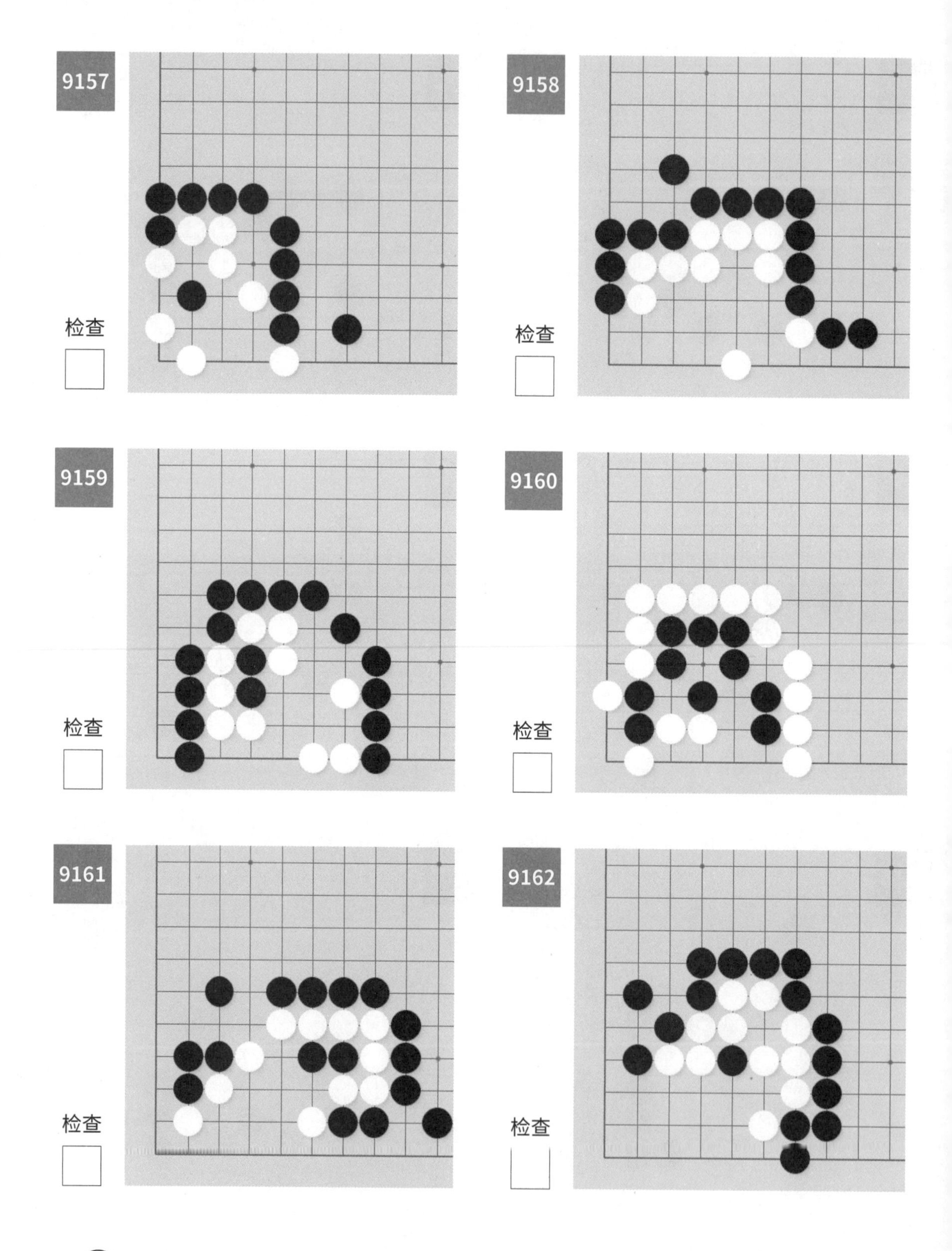
9157
检查
9158
检查
9159
检查
9160
检查
9161
检查
9162
检查

9163

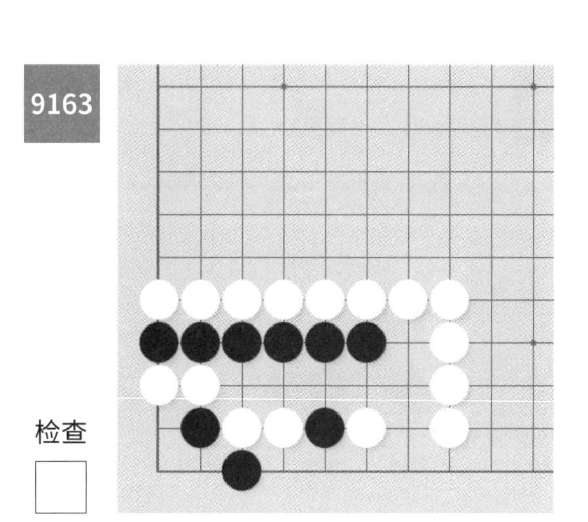

检查

9164

检查

9165

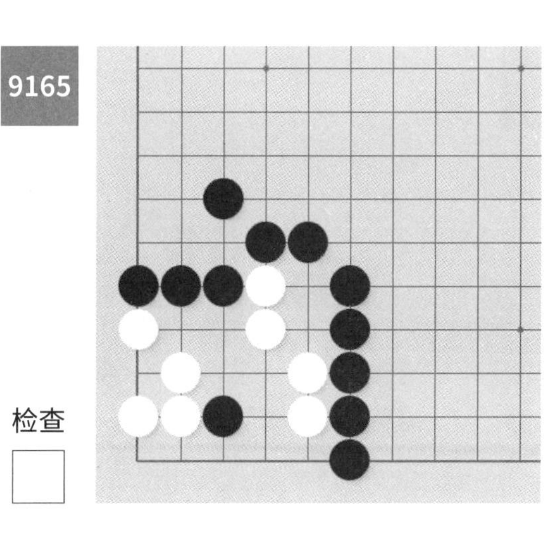

检查

9166

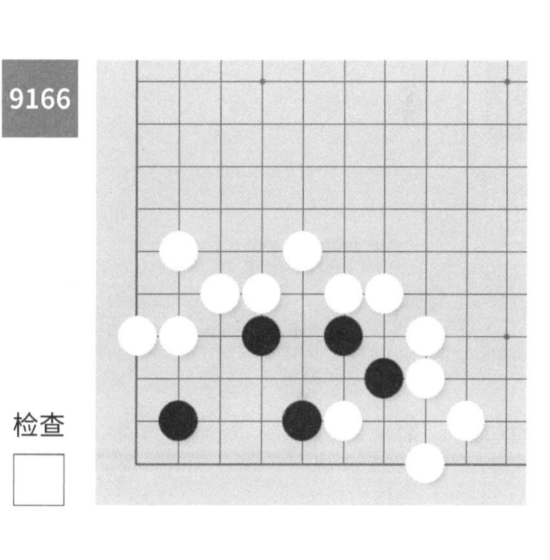

检查

9167

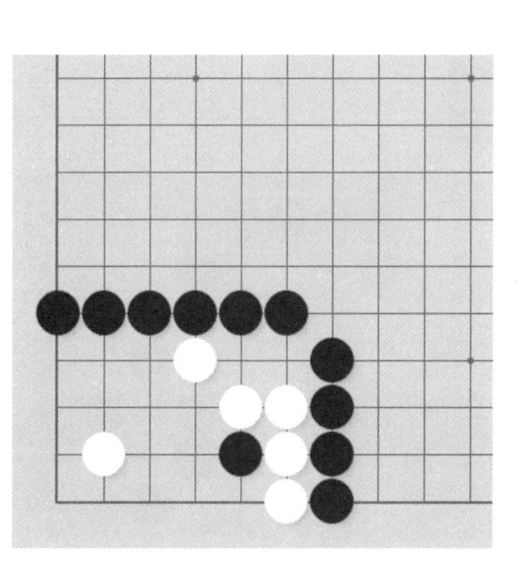

检查

9168

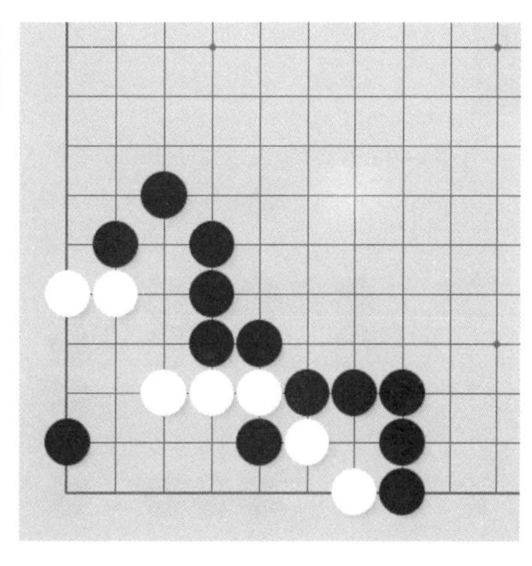

检查

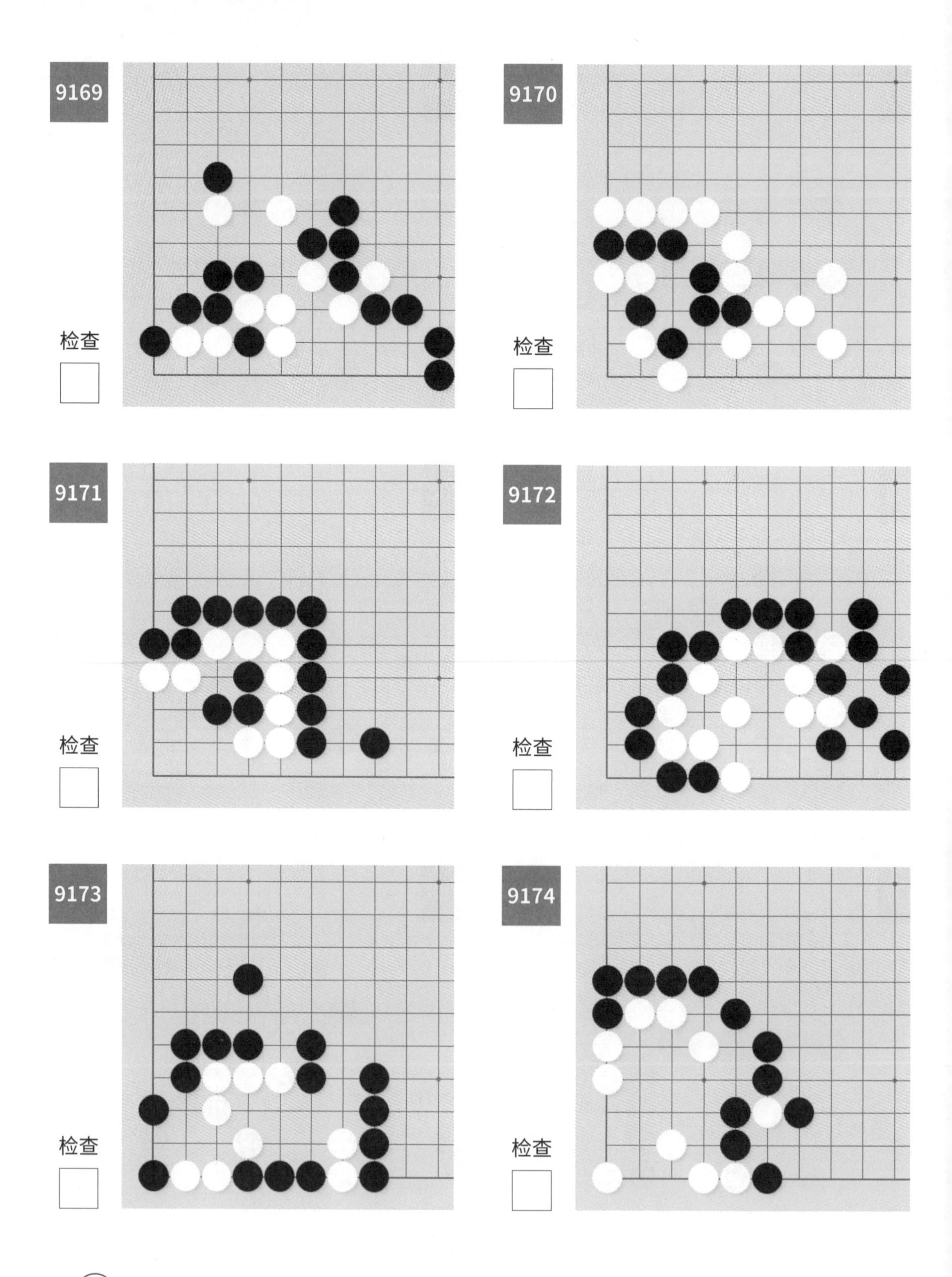
9169
检查
9170
检查
9171
检查
9172
检查
9173
检查
9174
检查

9175

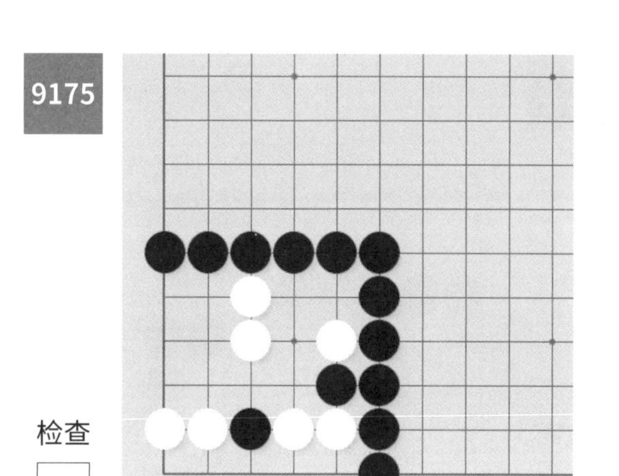

检查

9176

检查

9177

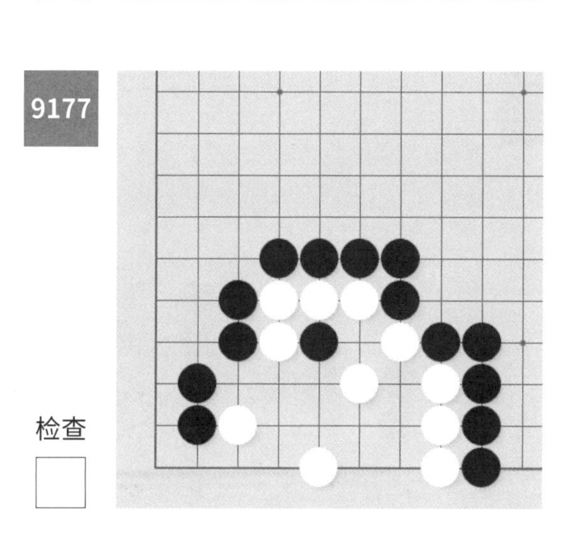

检查

9178

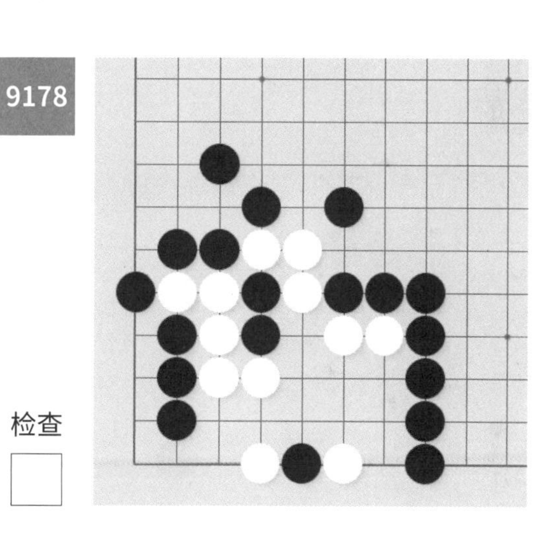

检查

9179

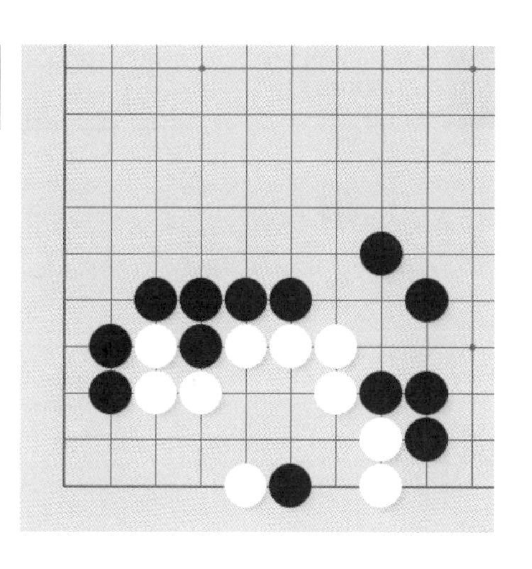

检查

9180

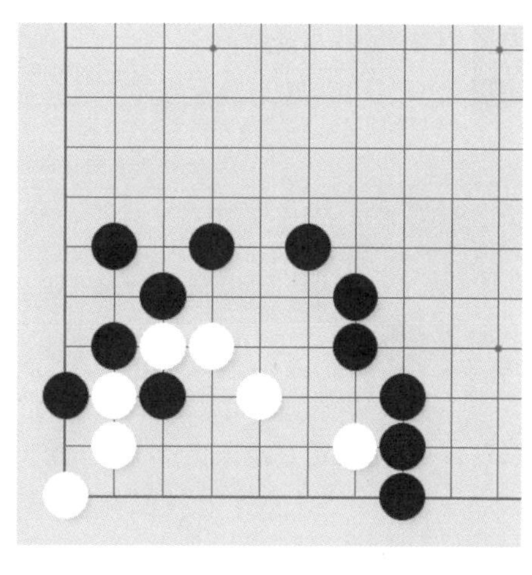

检查

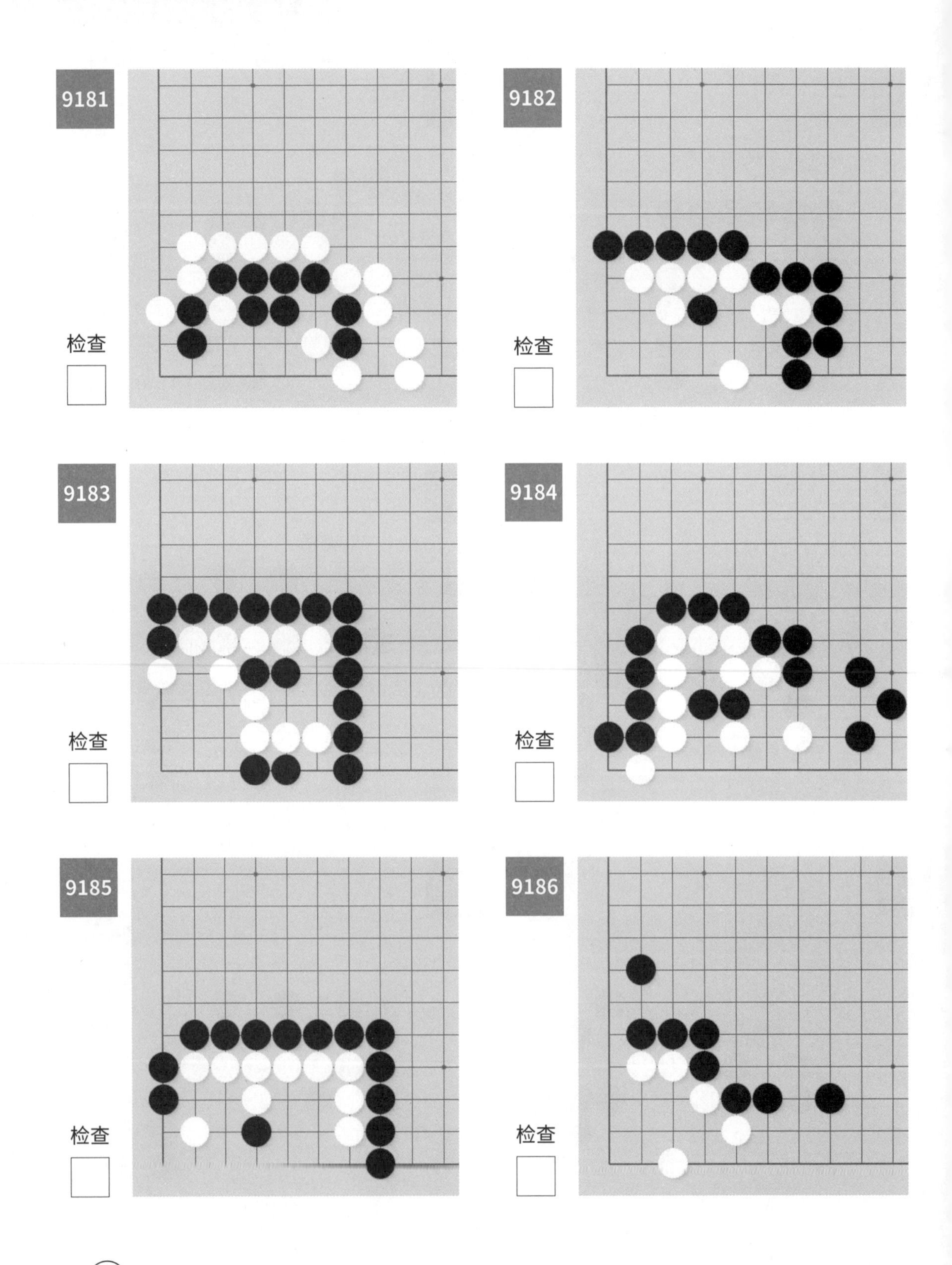
9181
检查
9182
检查
9183
检查
9184
检查
9185
检查
9186
检查

9187

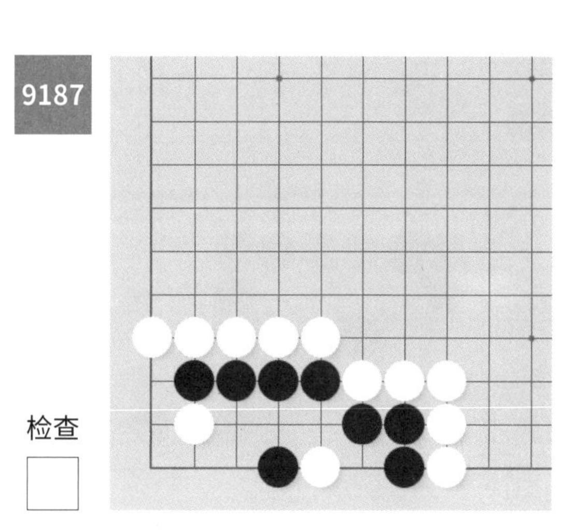

检查 □

9188

检查 □

9189

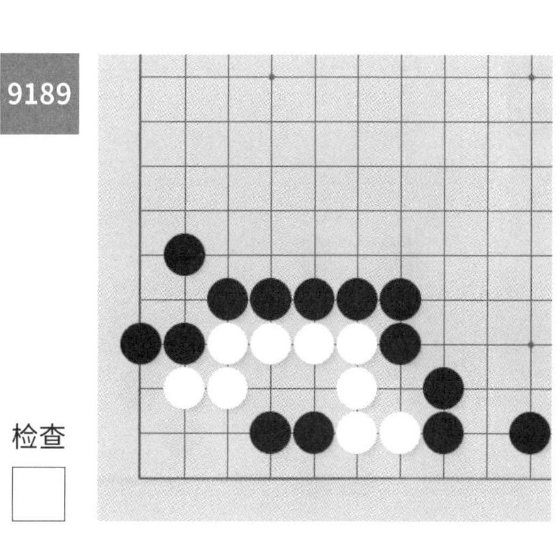

检查 □

9190

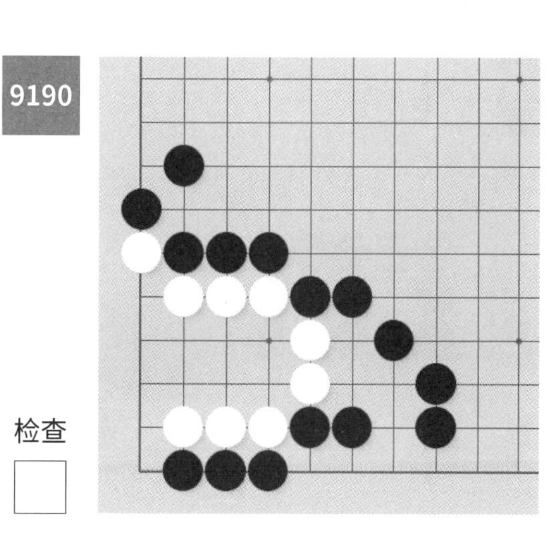

检查 □

9191

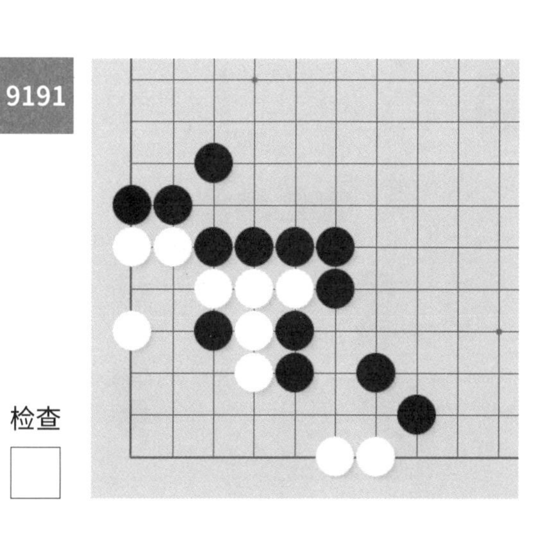

检查 □

9192

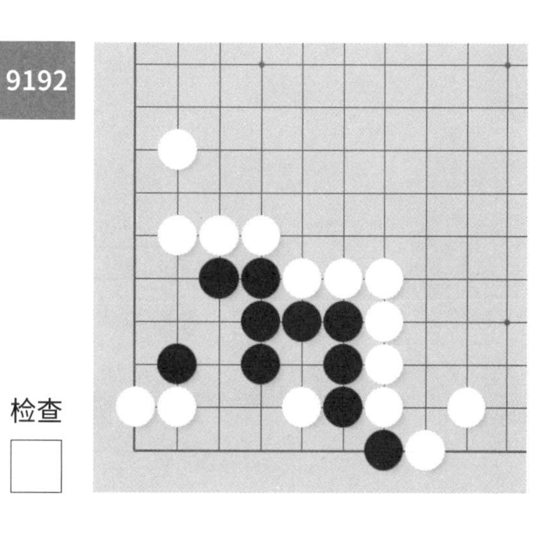

检查 □

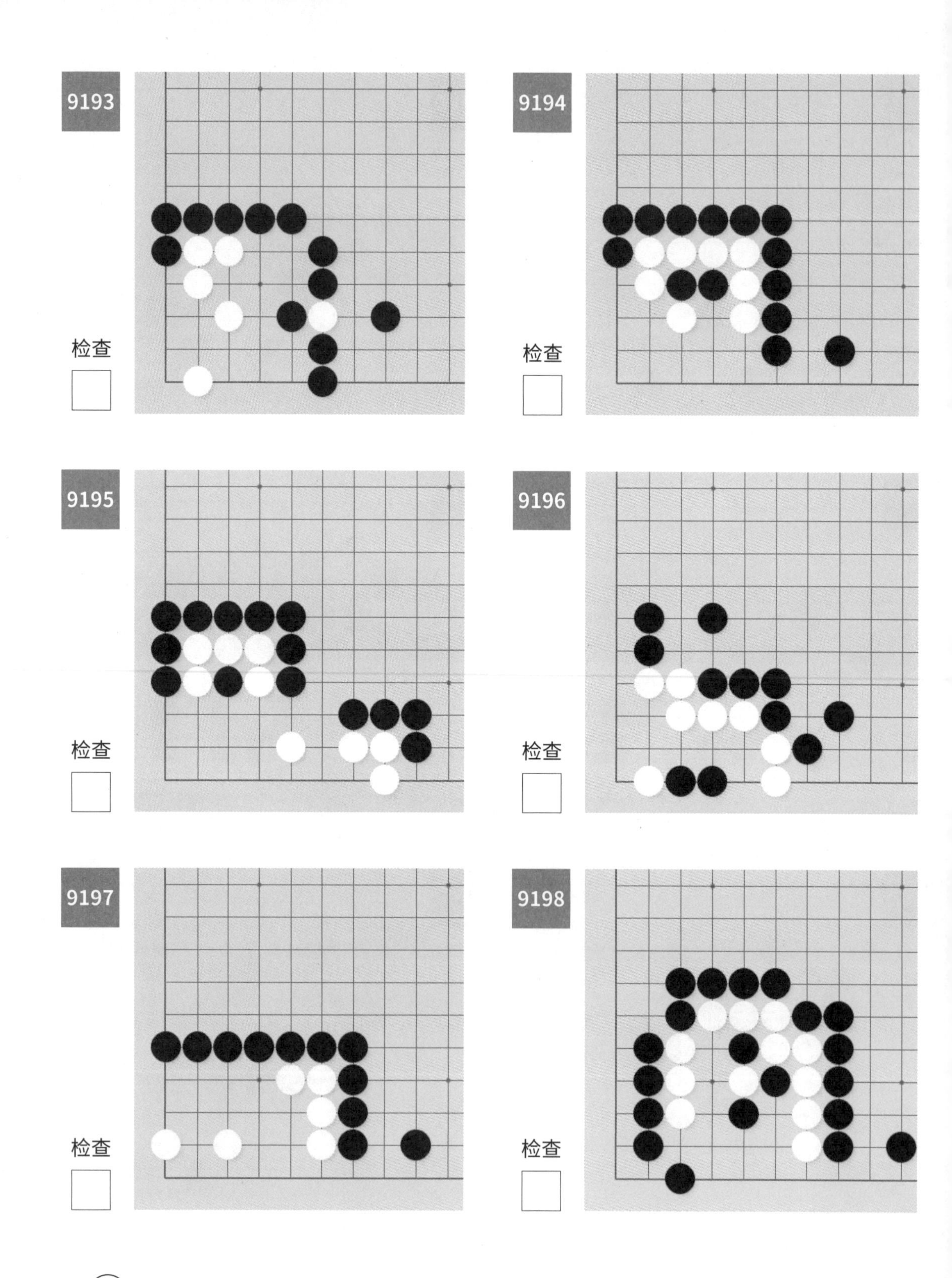
9193
检查
9194
检查
9195
检查
9196
检查
9197
检查
9198
检查

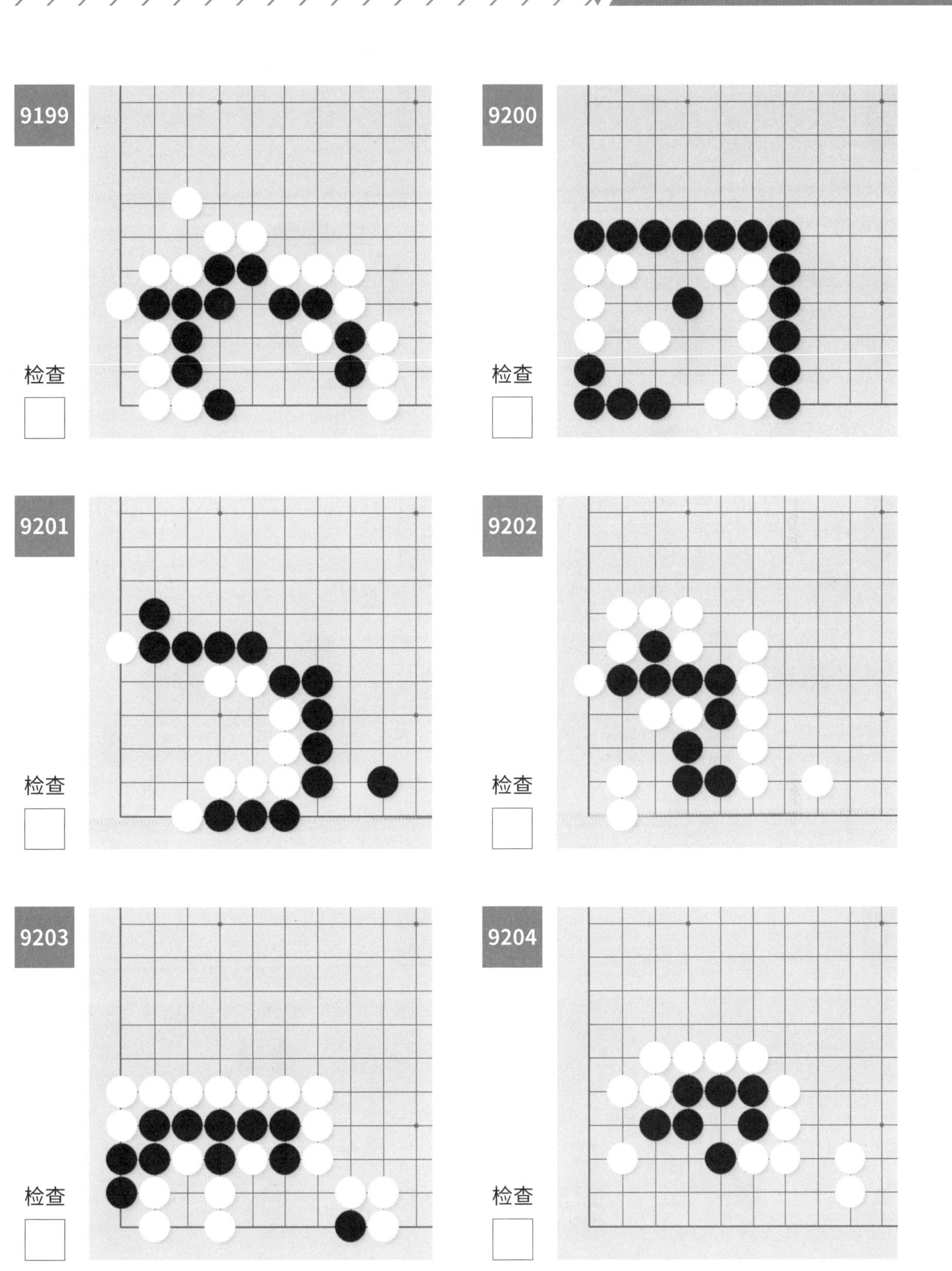
9199
检查
9200
检查
9201
检查
9202
检查
9203
检查
9204
检查

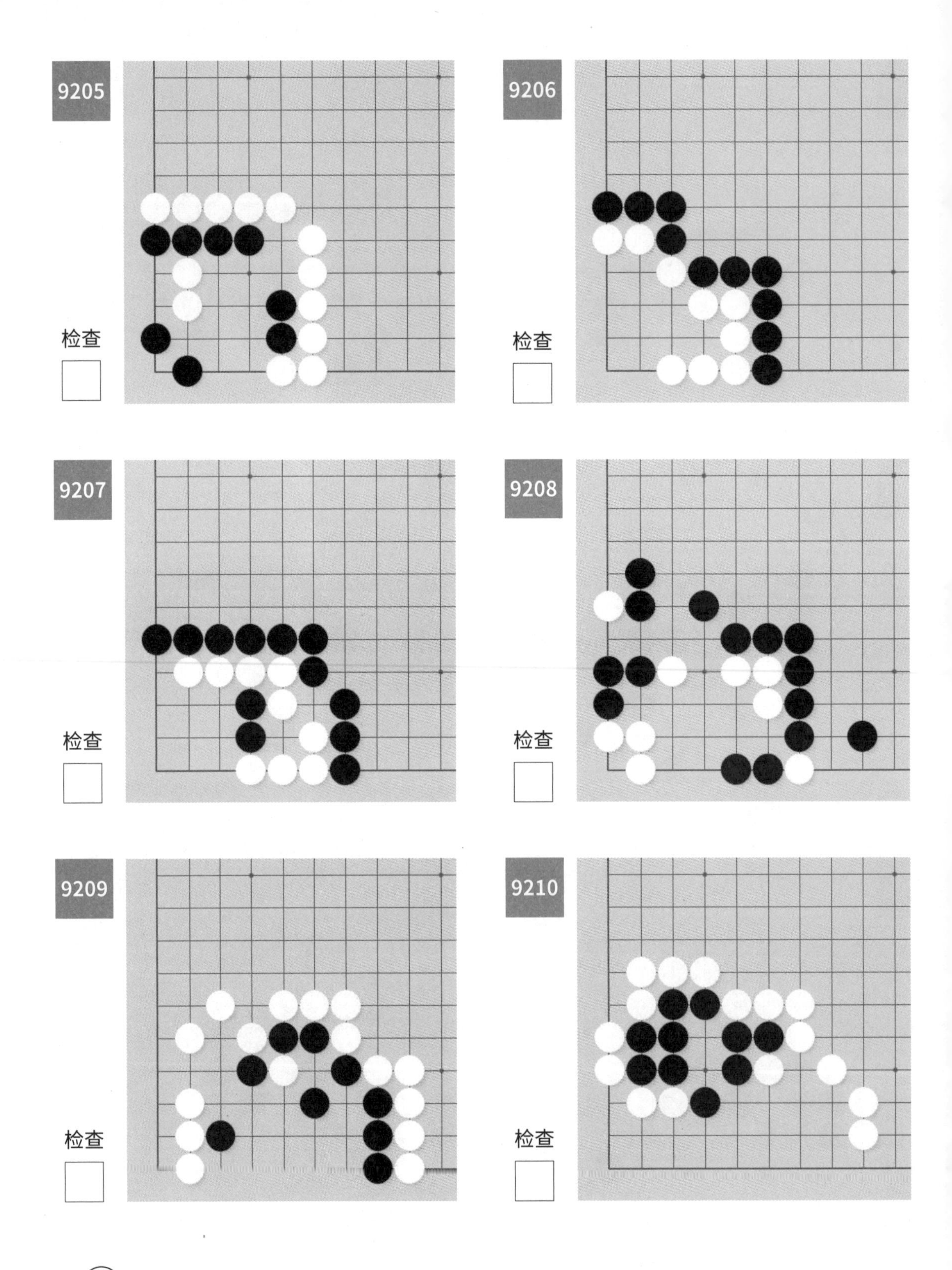
9205
检查
9206
检查
9207
检查
9208
检查
9209
检查
9210
检查

9211

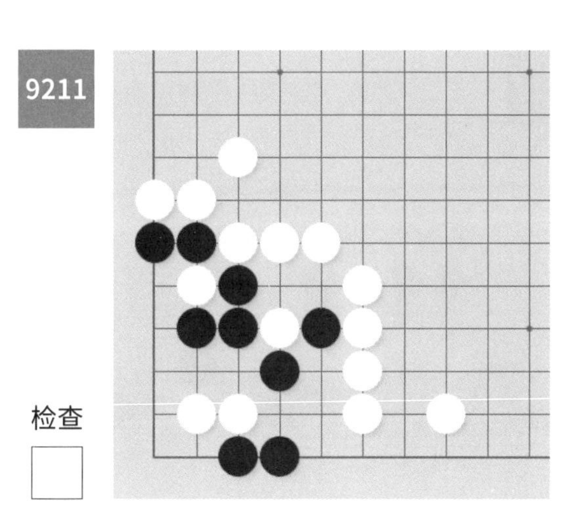

检查

9212

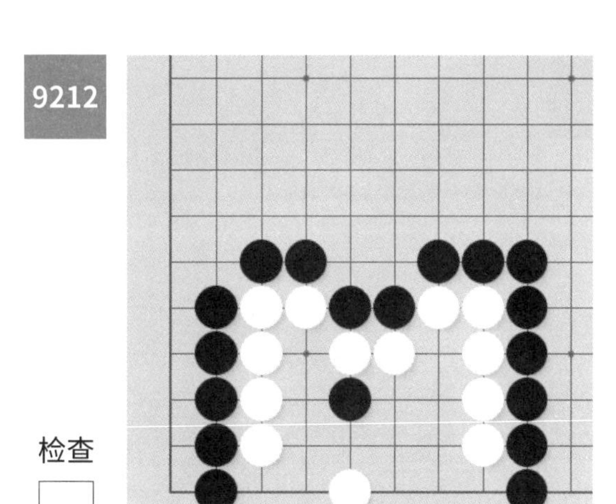

检查

9213

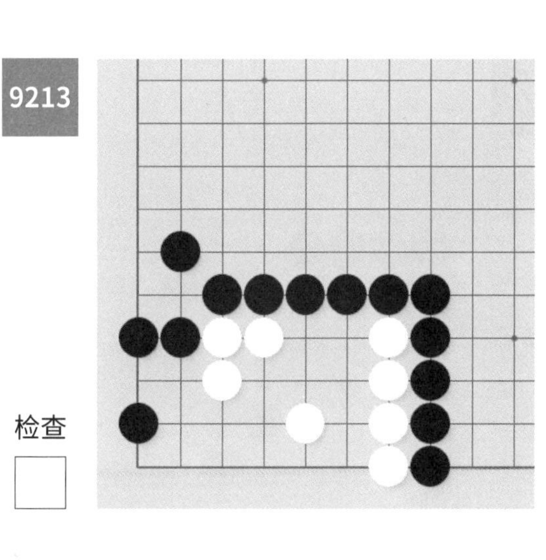

检查

9214

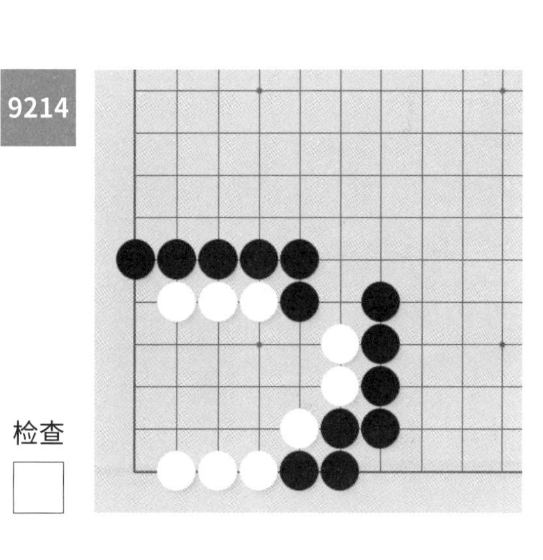

检查

9215

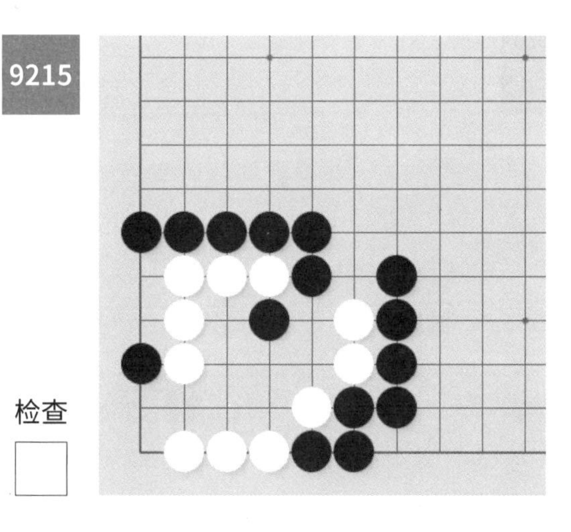

检查

9216

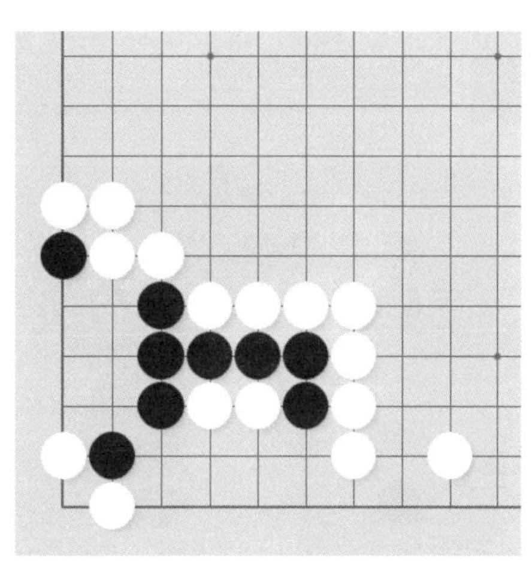

检查

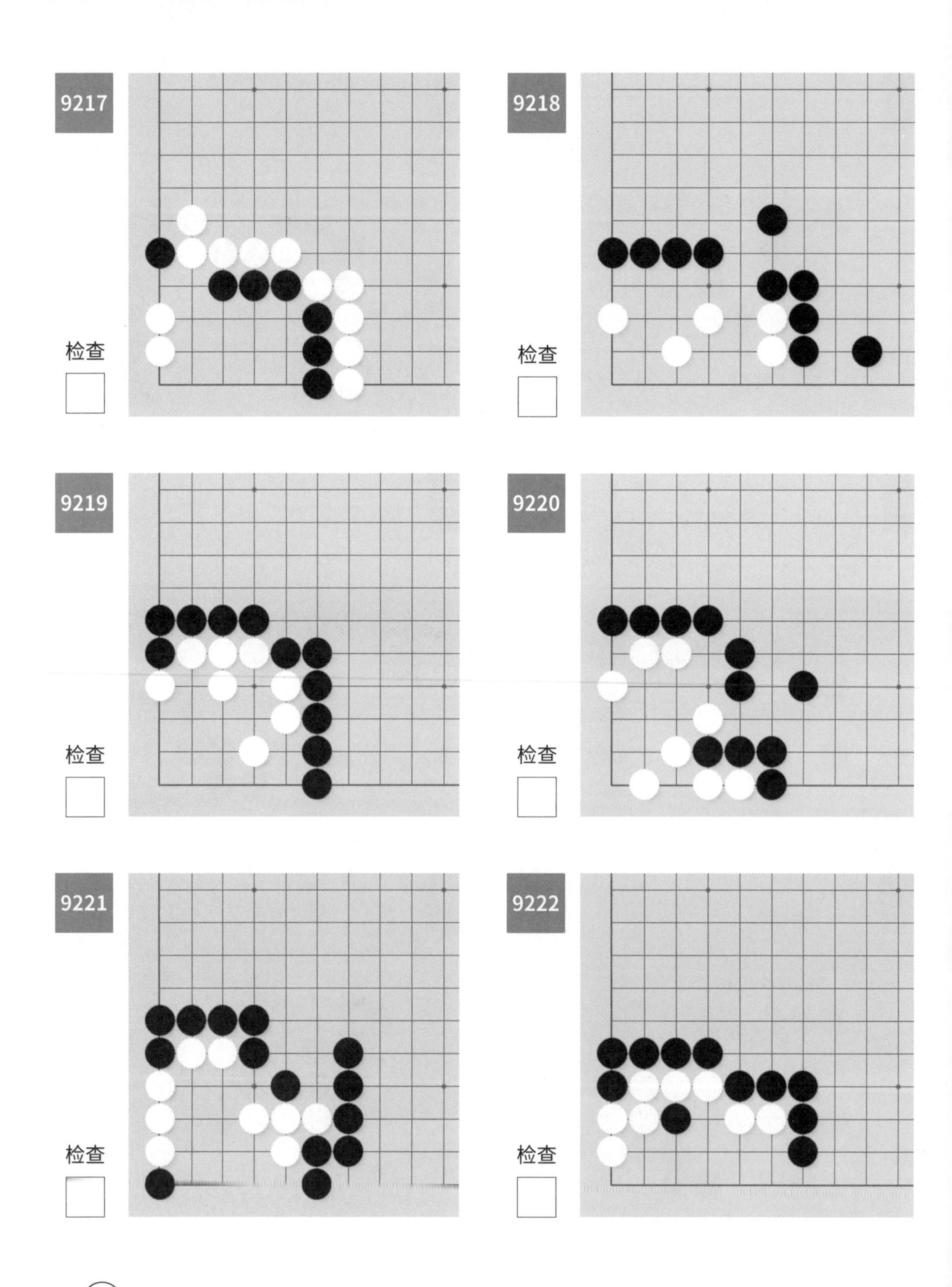
9217
检查
9218
检查
9219
检查
9220
检查
9221
检查
9222
检查

9223

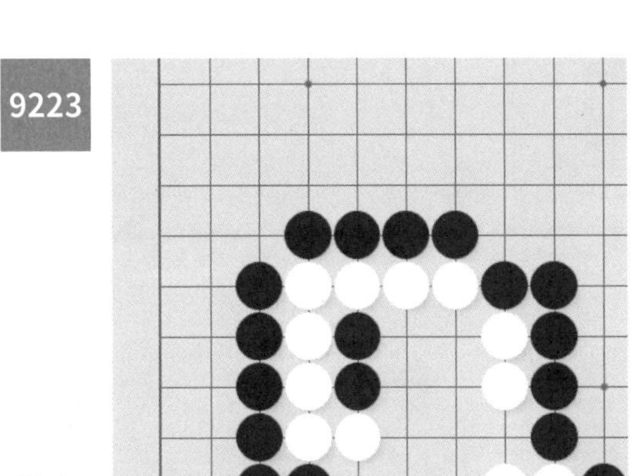

检查

9224

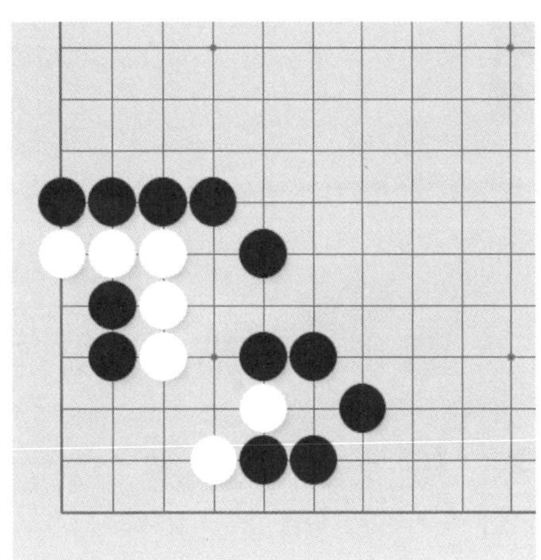

检查

9225

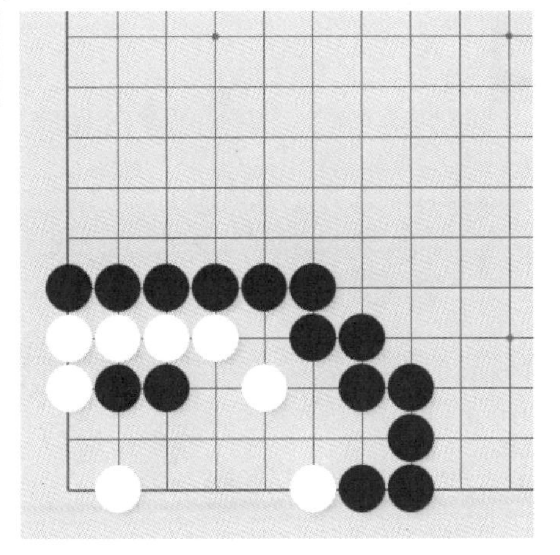

检查

9226

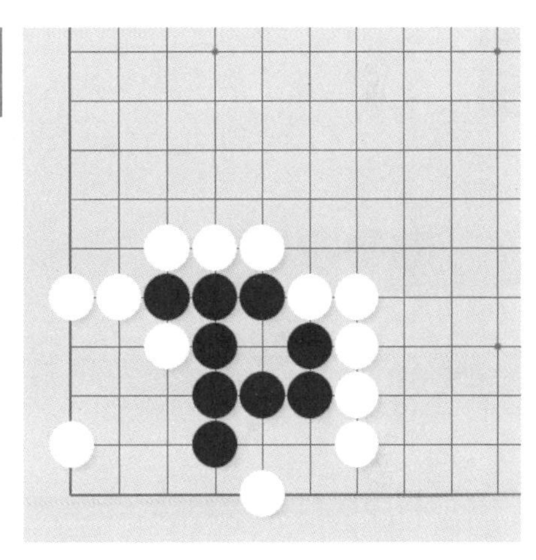

检查

9227

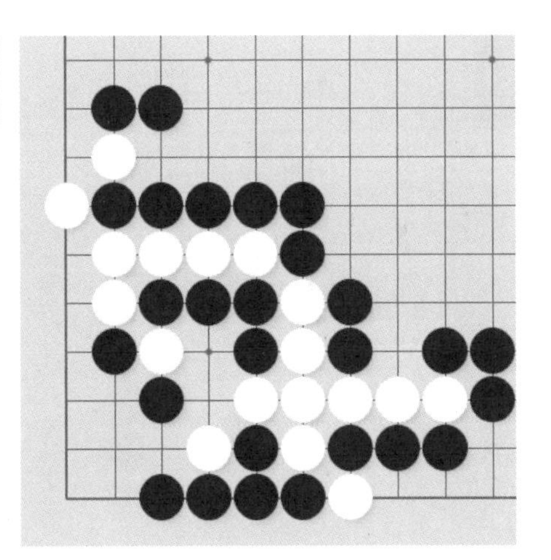

检查

9228

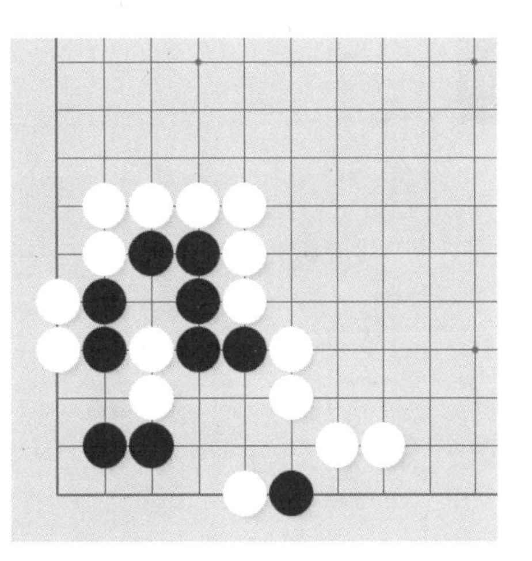

检查

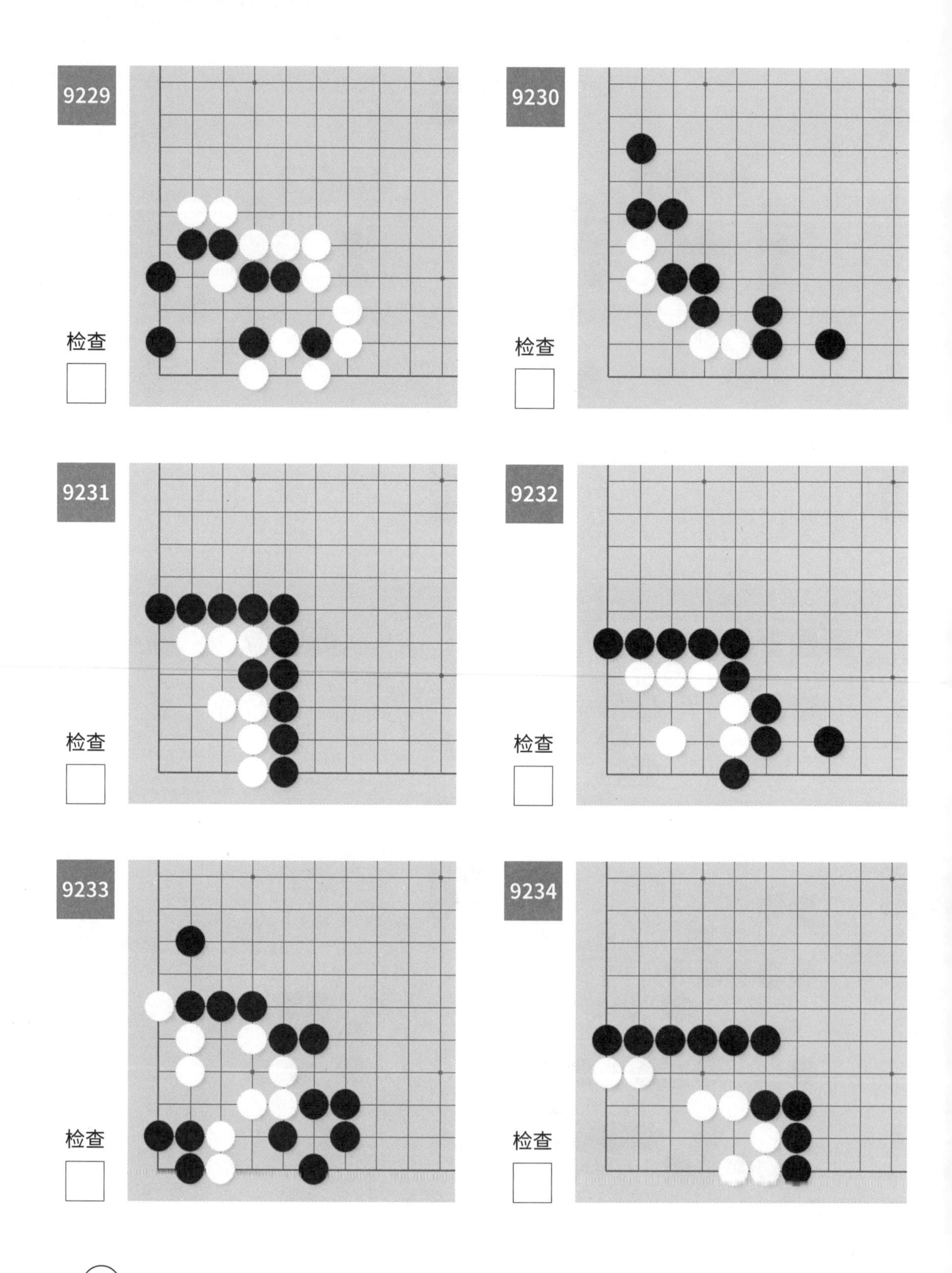
9229
检查
9230
检查
9231
检查
9232
检查
9233
检查
9234
检查

9235

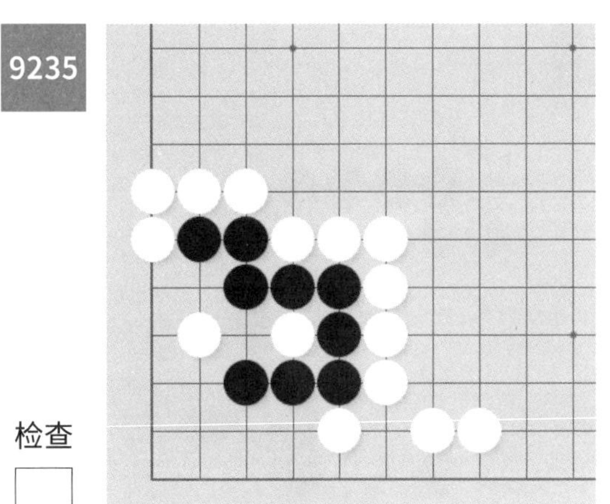

检查

9236

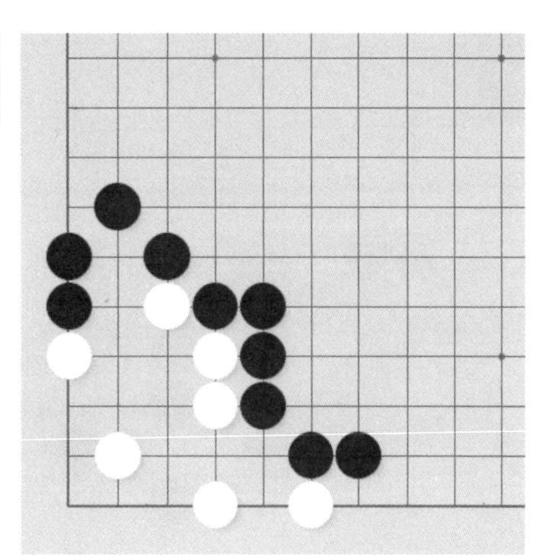

检查

9237

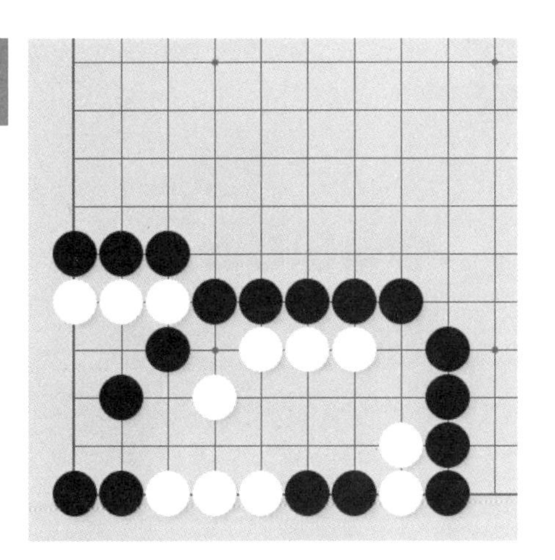

检查

9238

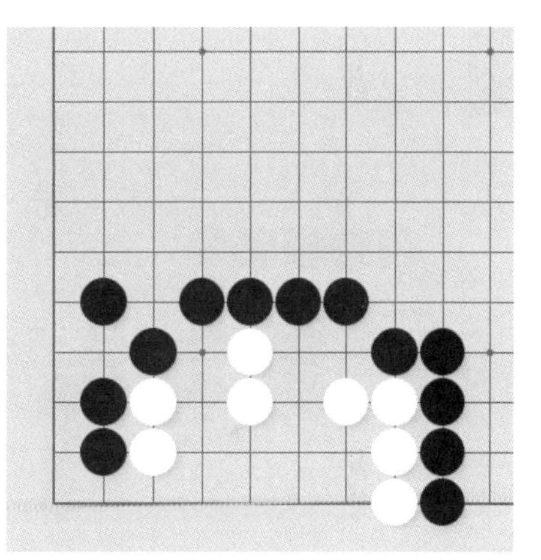

检查

9239

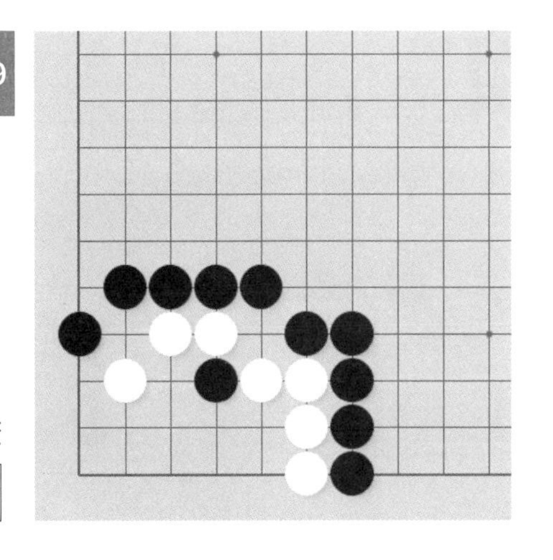

检查

9240

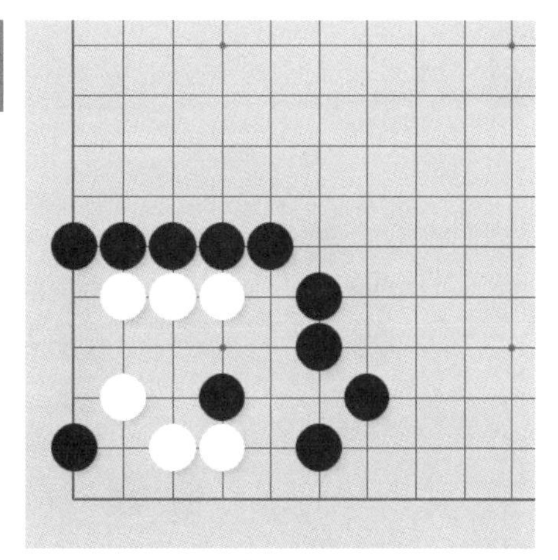

检查

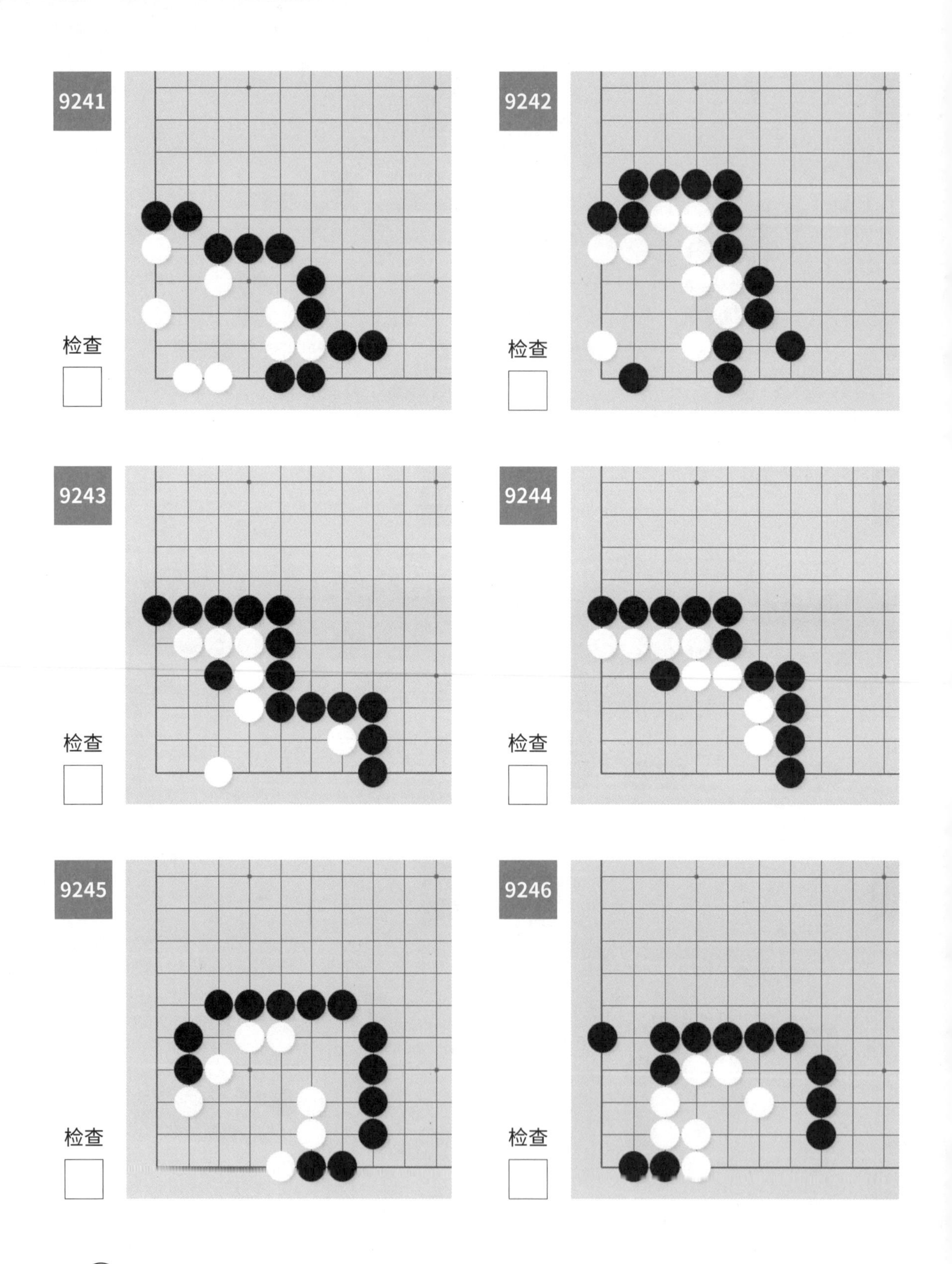
9241
检查
9242
检查
9243
检查
9244
检查
9245
检查
9246
检查

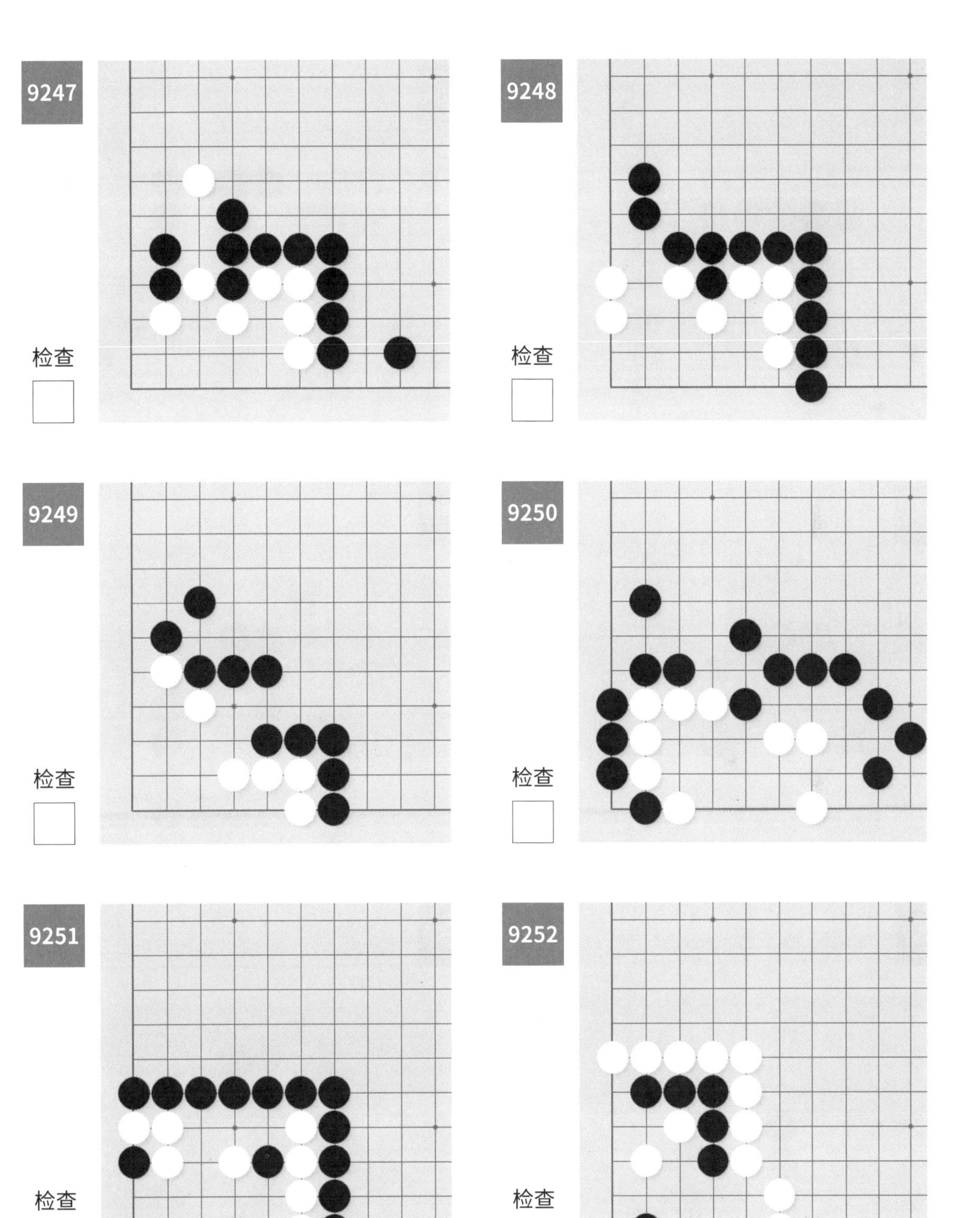
9247
检查
9248
检查
9249
检查
9250
检查
9251
检查
9252
检查

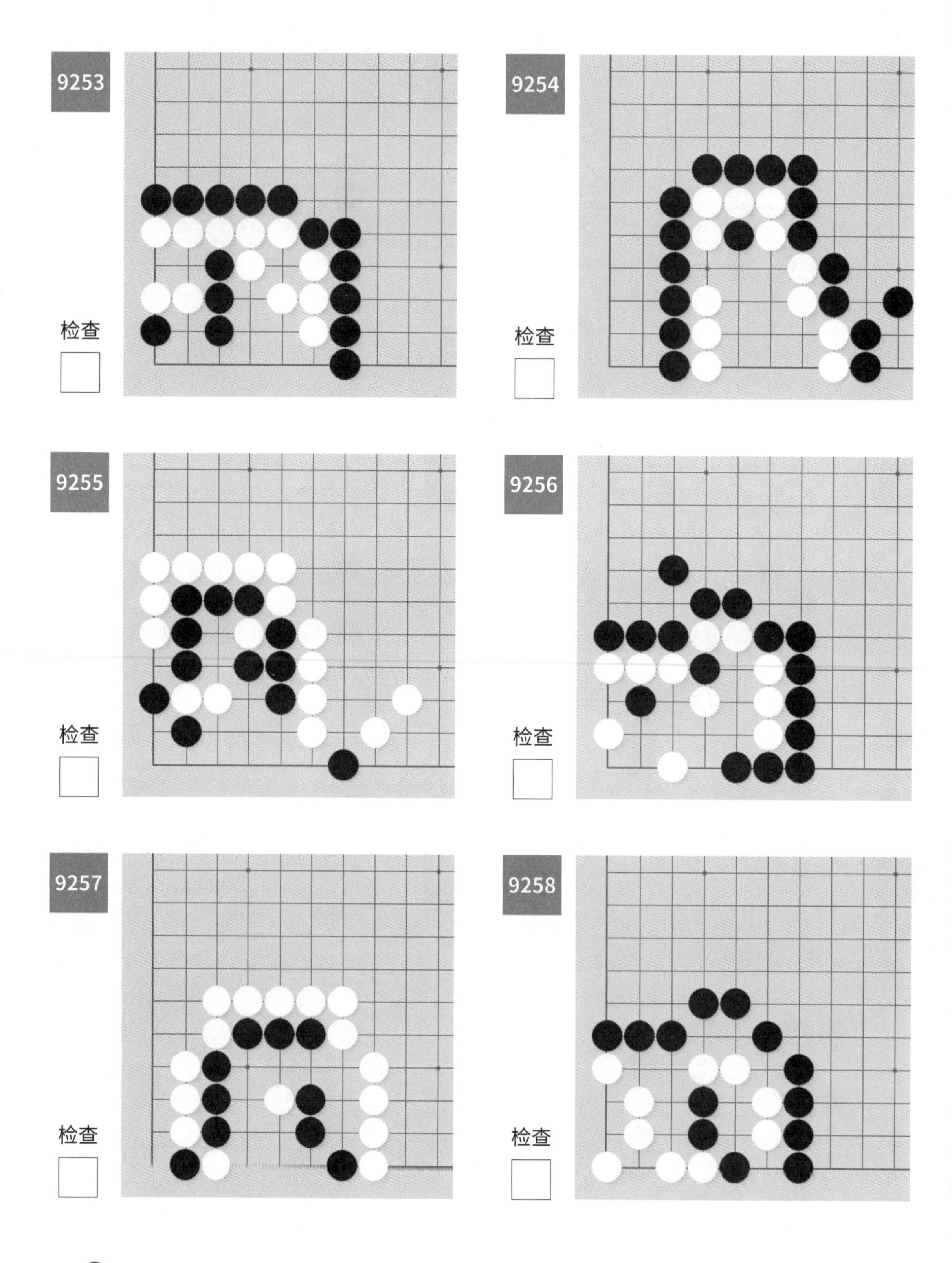
9253
检查
9254
检查
9255
检查
9256
检查
9257
检查
9258
检查

9259

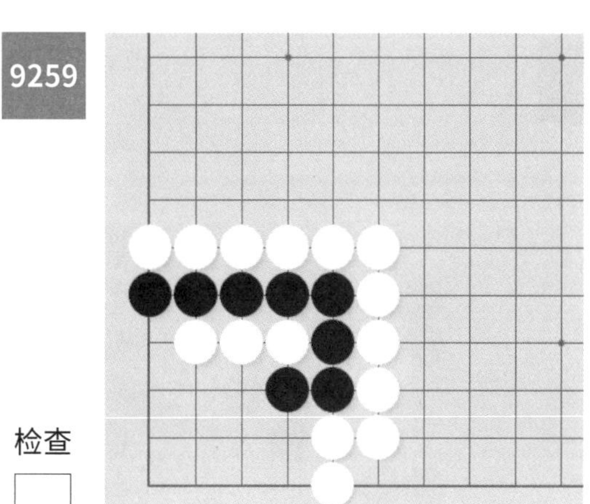

检查

9260

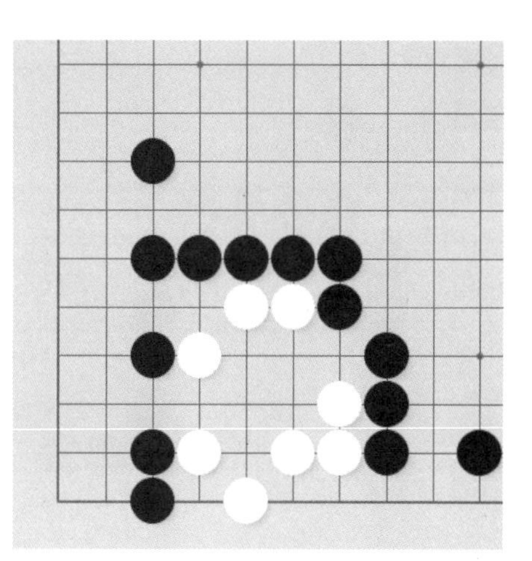

检查

9261

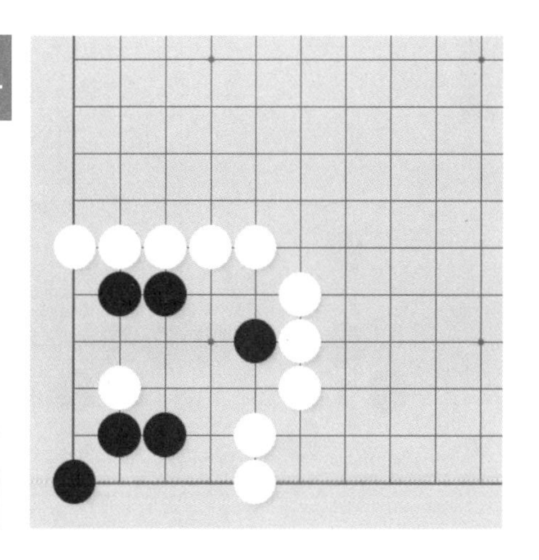

检查

9262

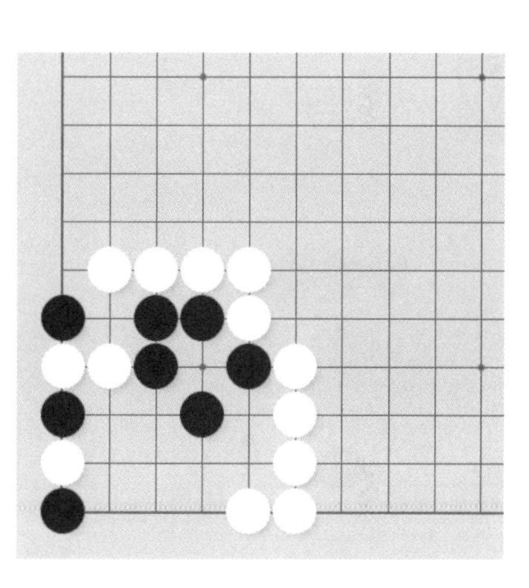

检查

9263

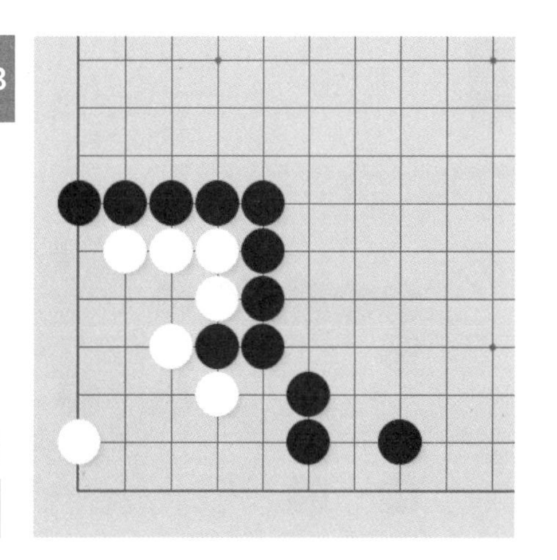

检查

9264

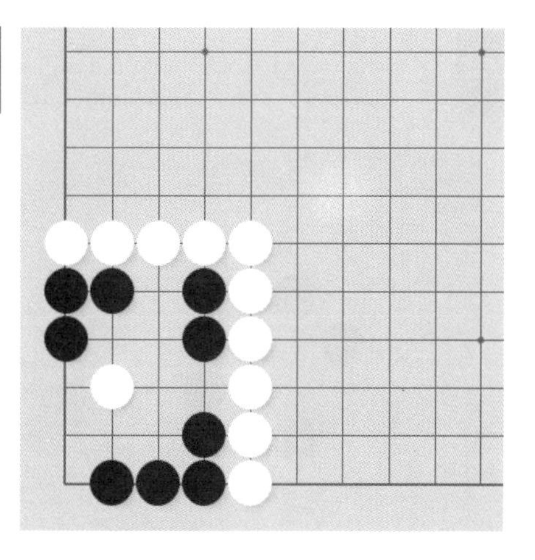

检查

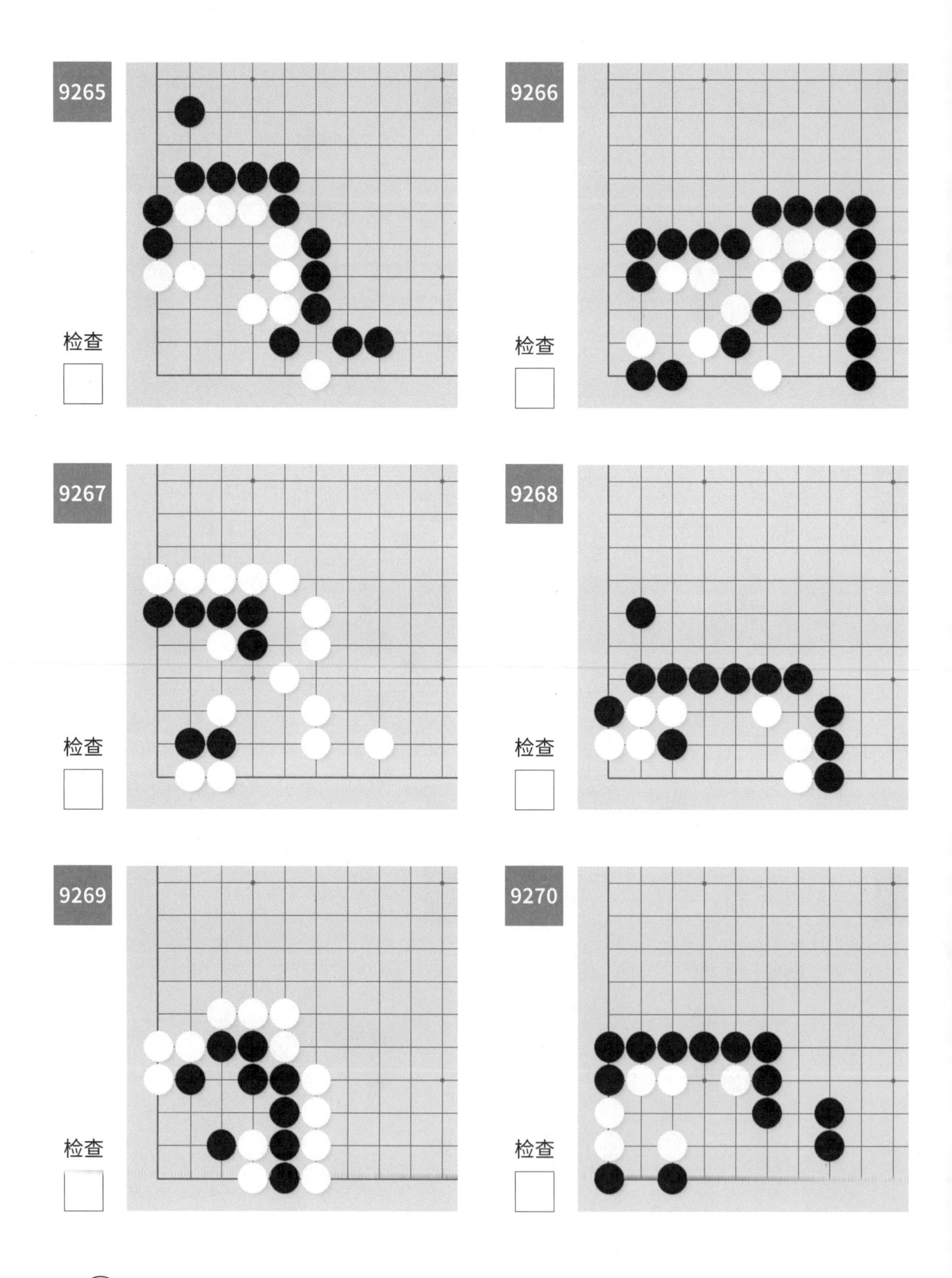
9265
检查
9266
检查
9267
检查
9268
检查
9269
检查
9270
检查

9271

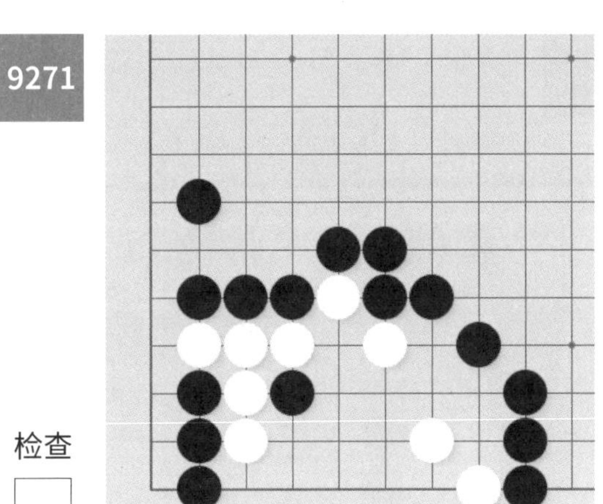

检查
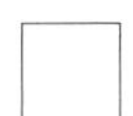

9272

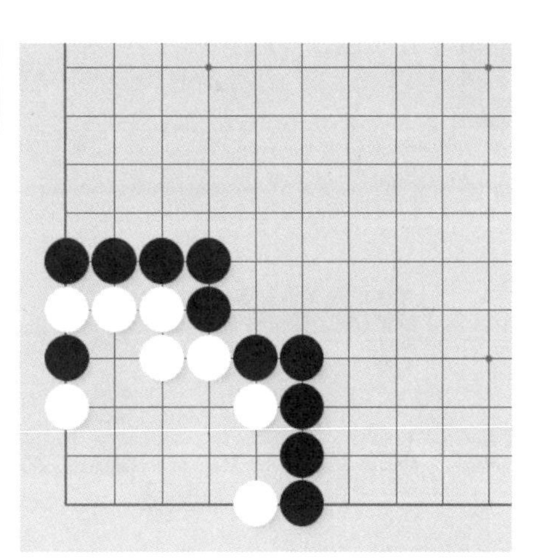

检查

9273

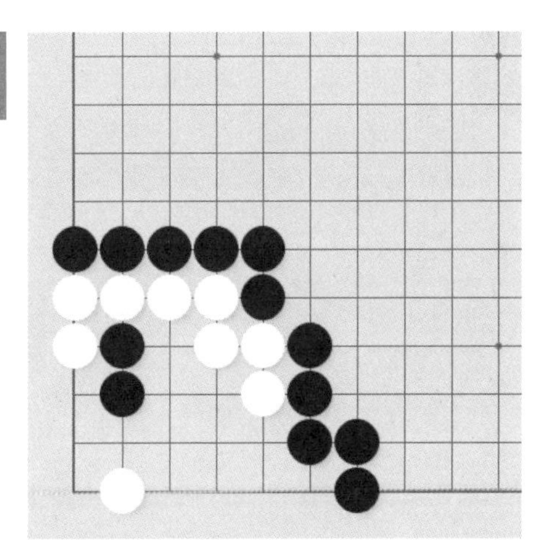

检查

9274

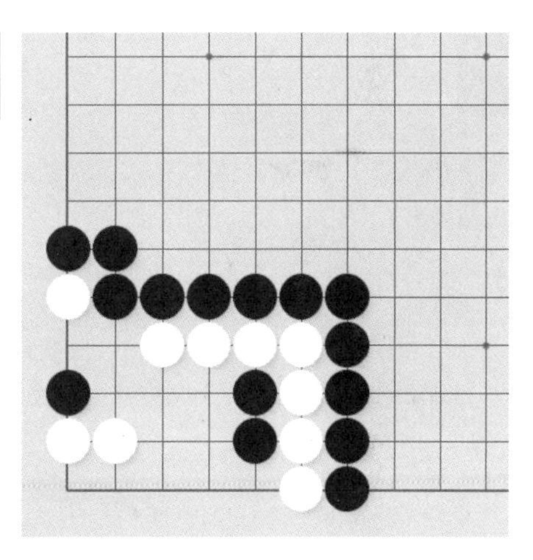

检查

9275

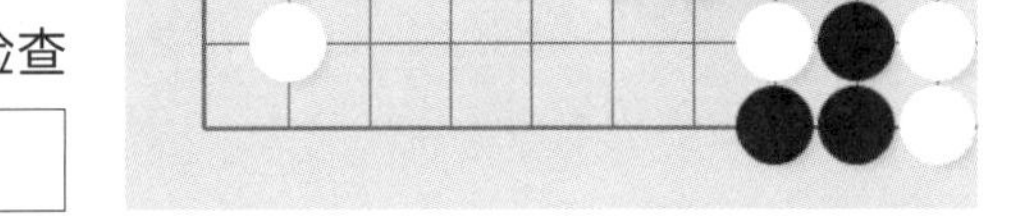

检查

9276

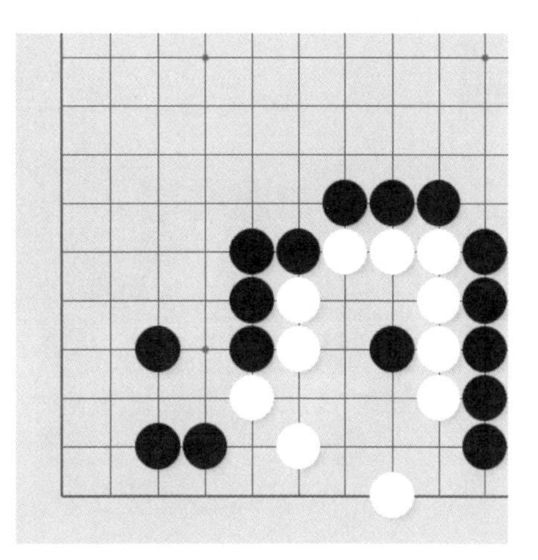

检查

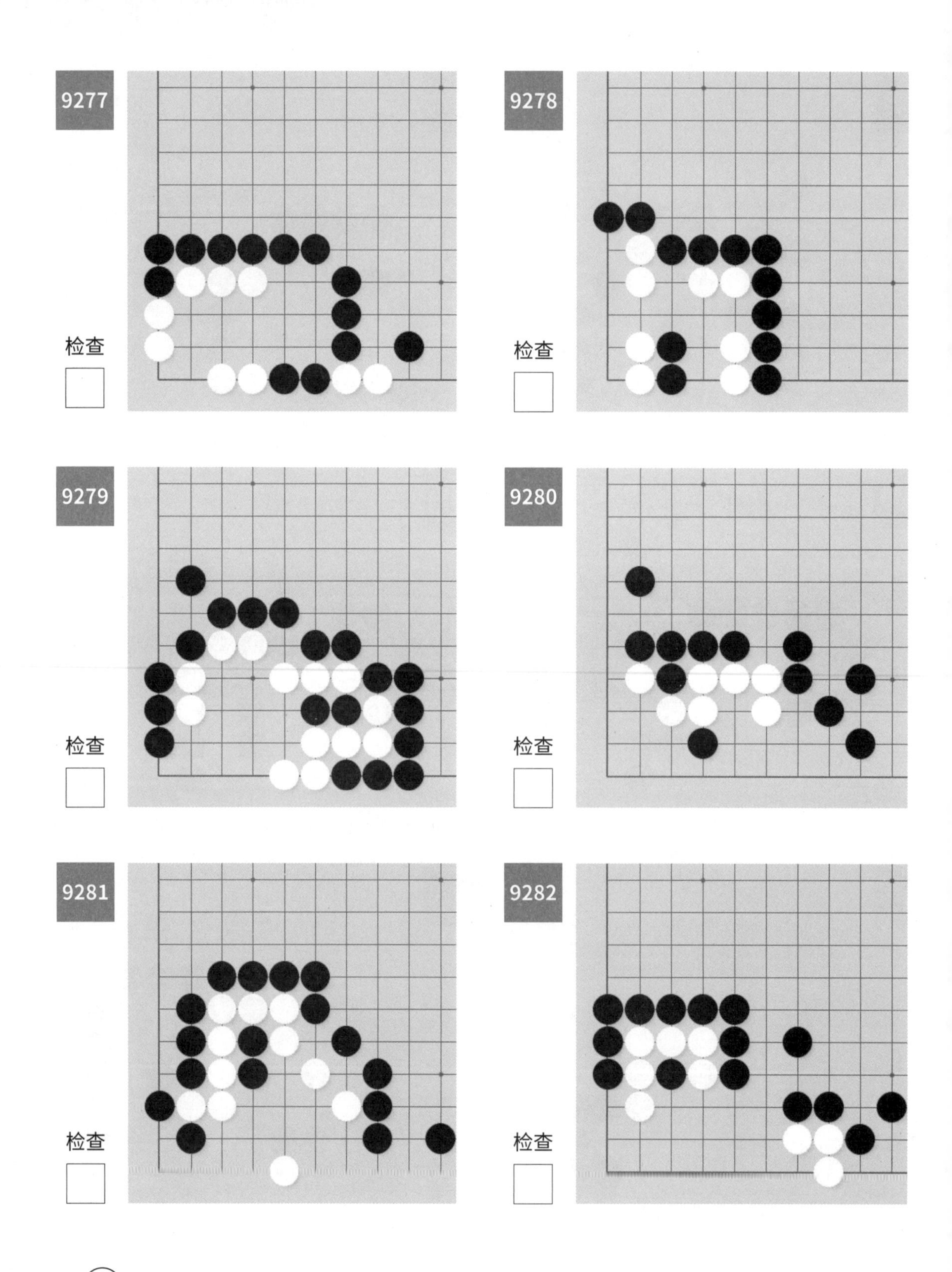
9277
检查
9278
检查
9279
检查
9280
检查
9281
检查
9282
检查

9283

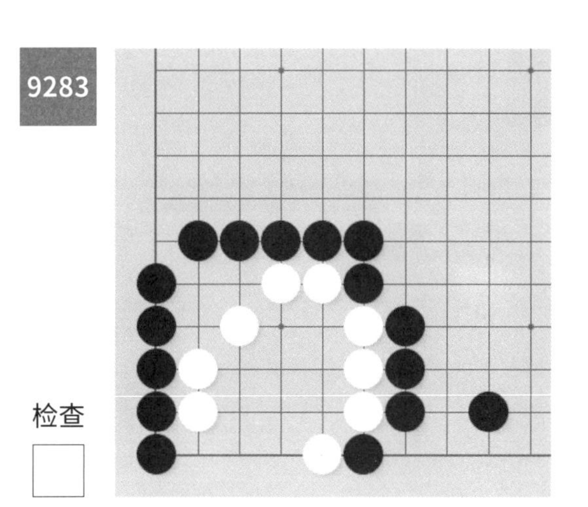

检查 □

9284

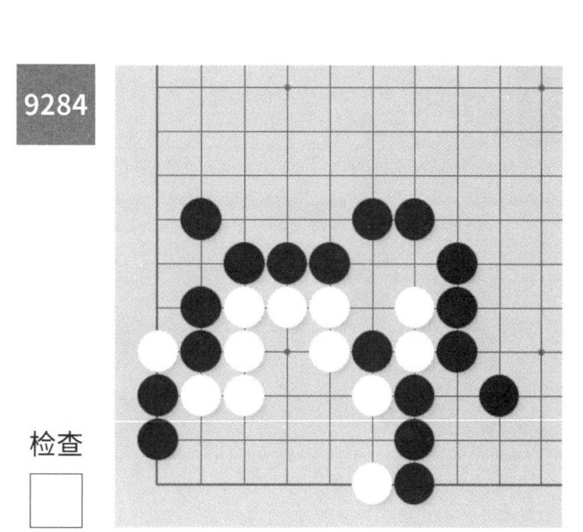

检查 □

9285

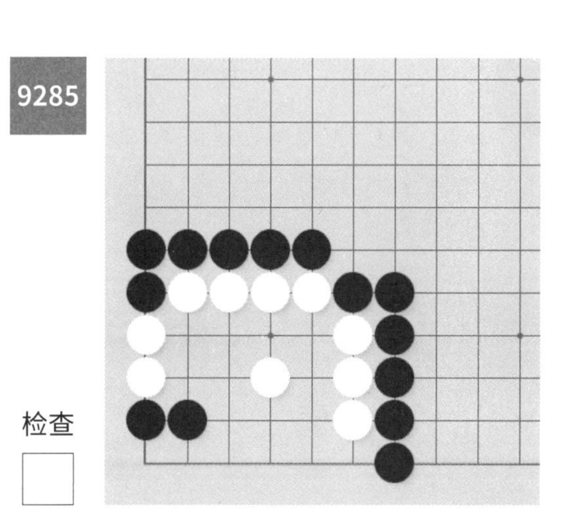

检查 □

9286

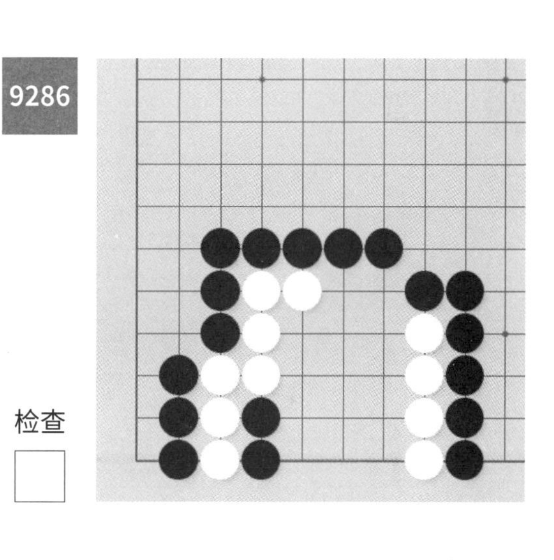

检查 □

9287

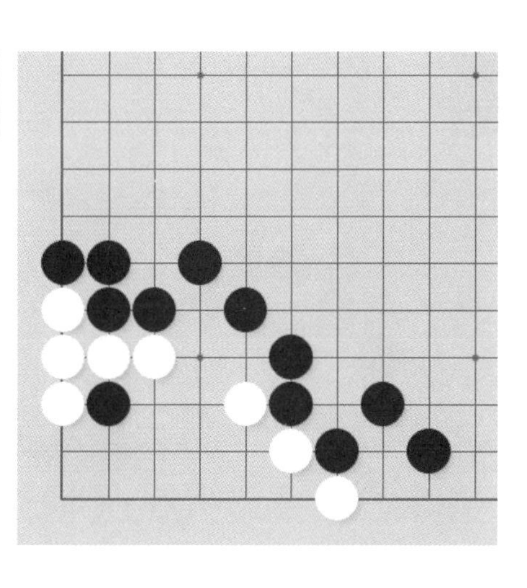

检查 □

9288

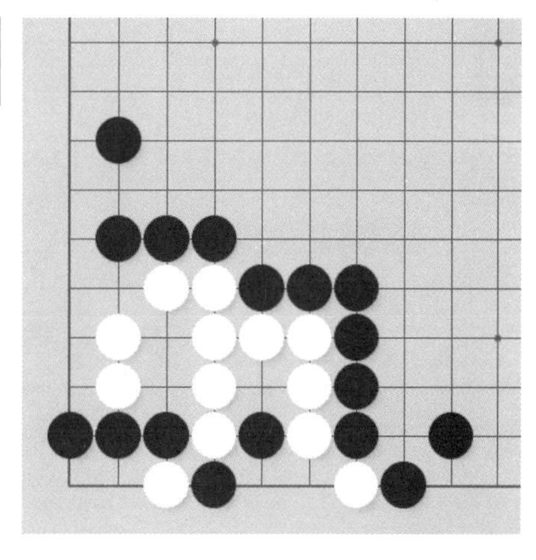

检查 □

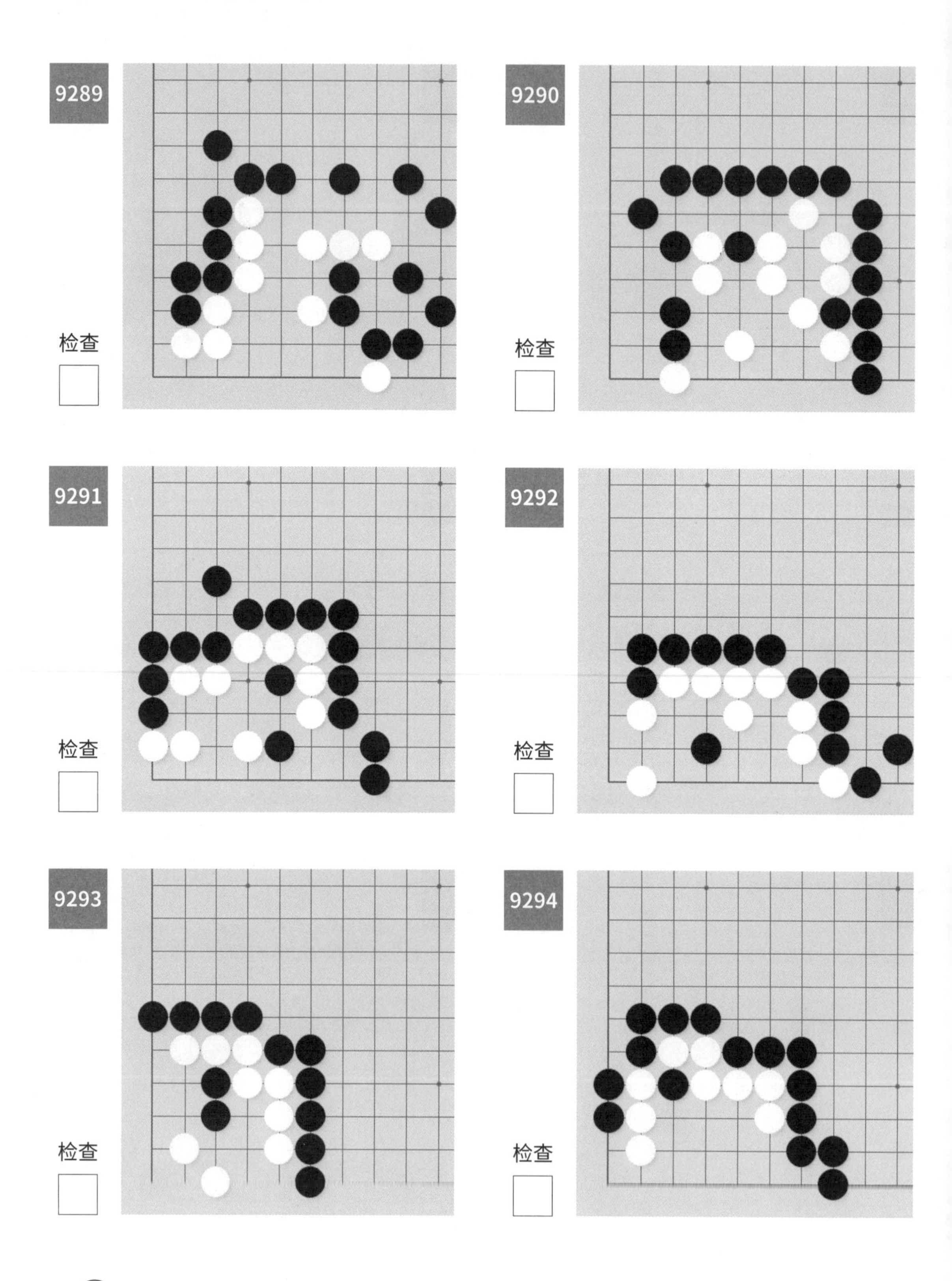
9289
检查
9290
检查
9291
检查
9292
检查
9293
检查
9294
检查

9295

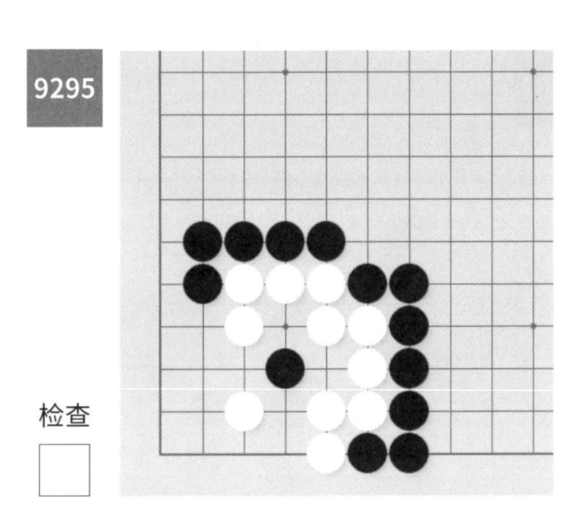

检查

9296

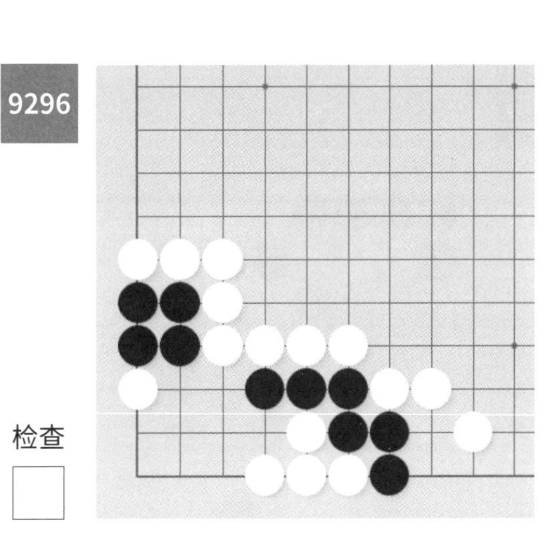

检查

9297

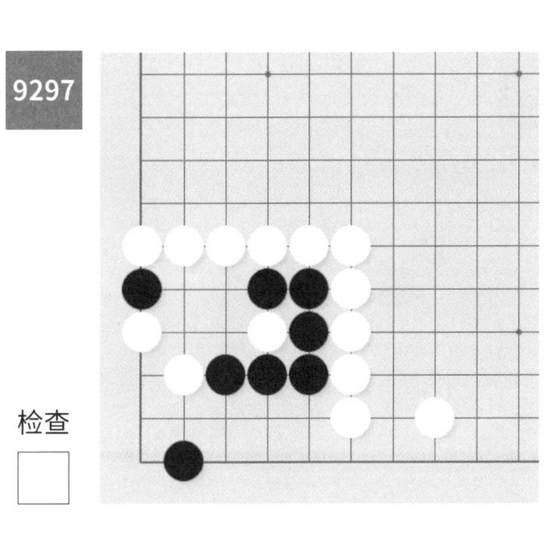

检查

9298

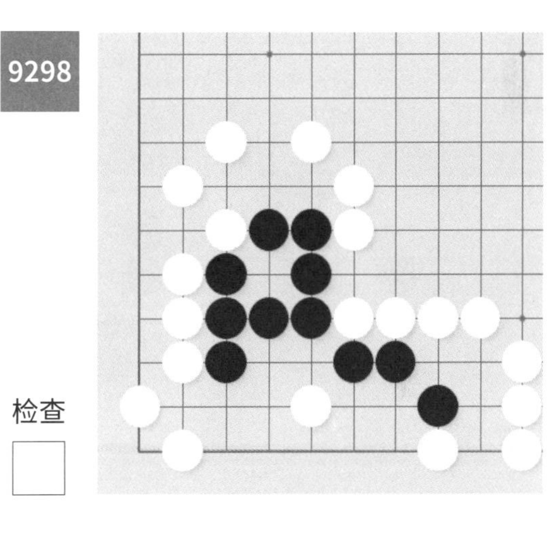

检查

9299

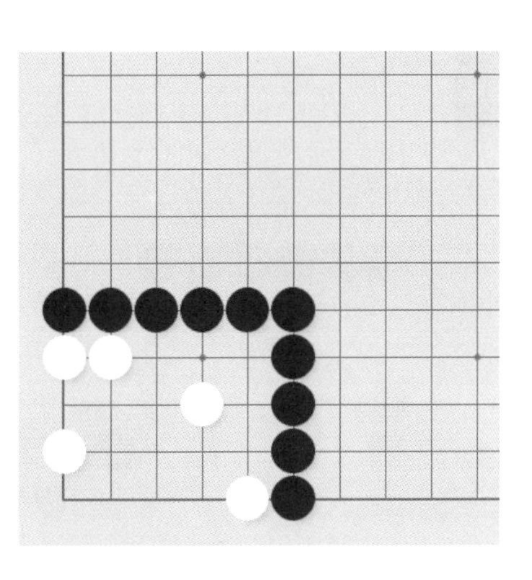

检查

9300

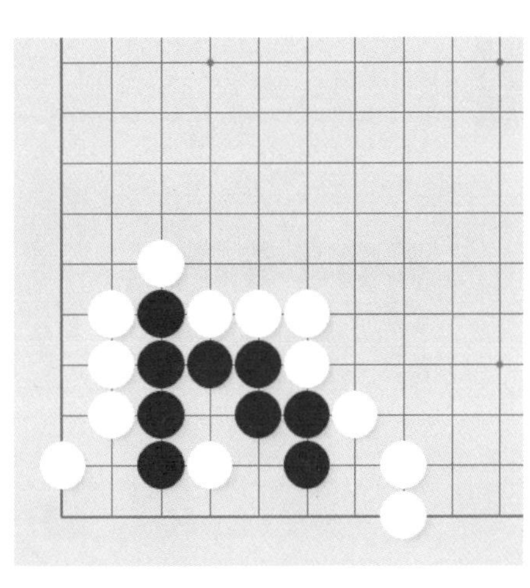

检查

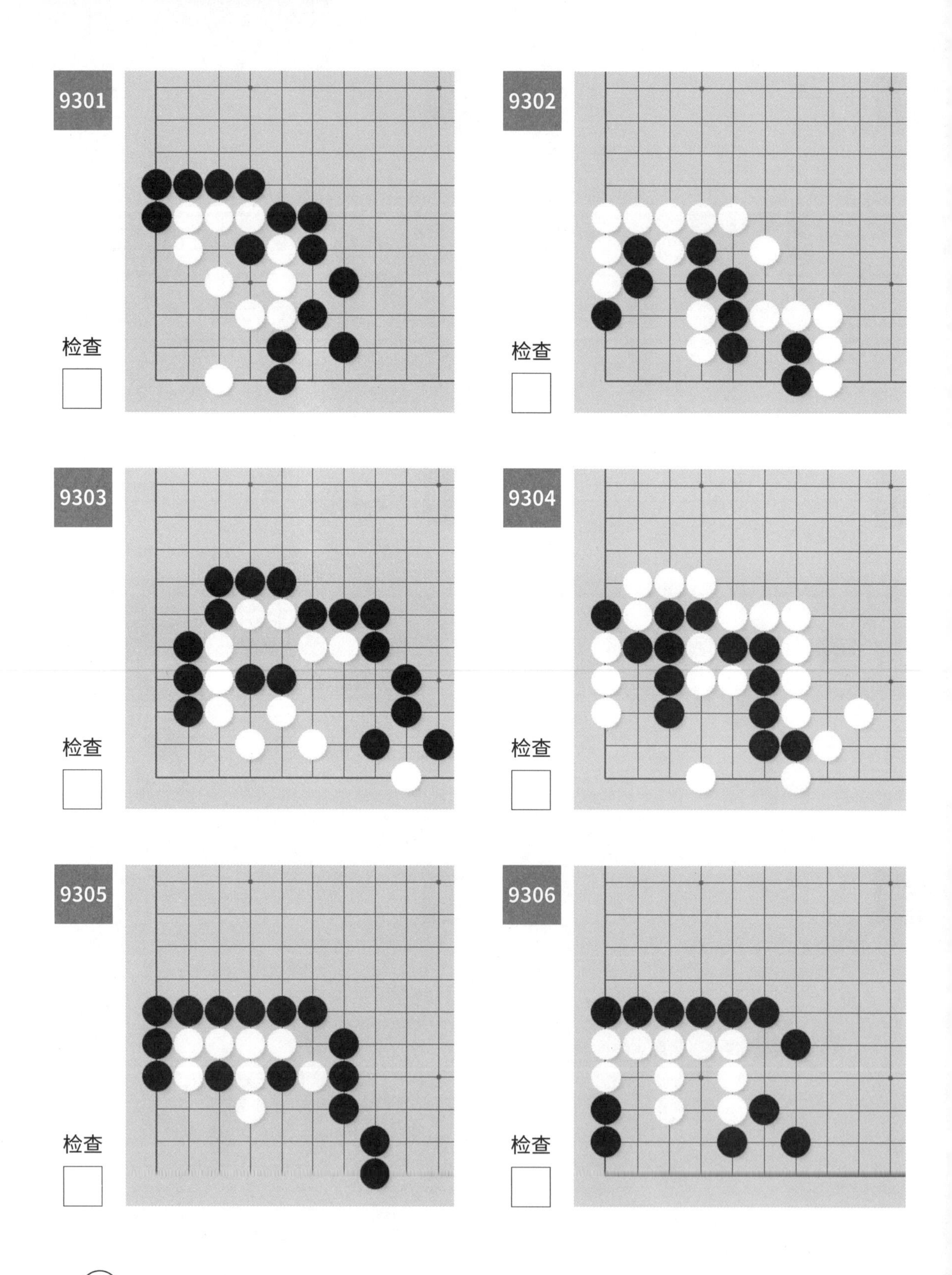
9301
检查
9302
检查
9303
检查
9304
检查
9305
检查
9306
检查

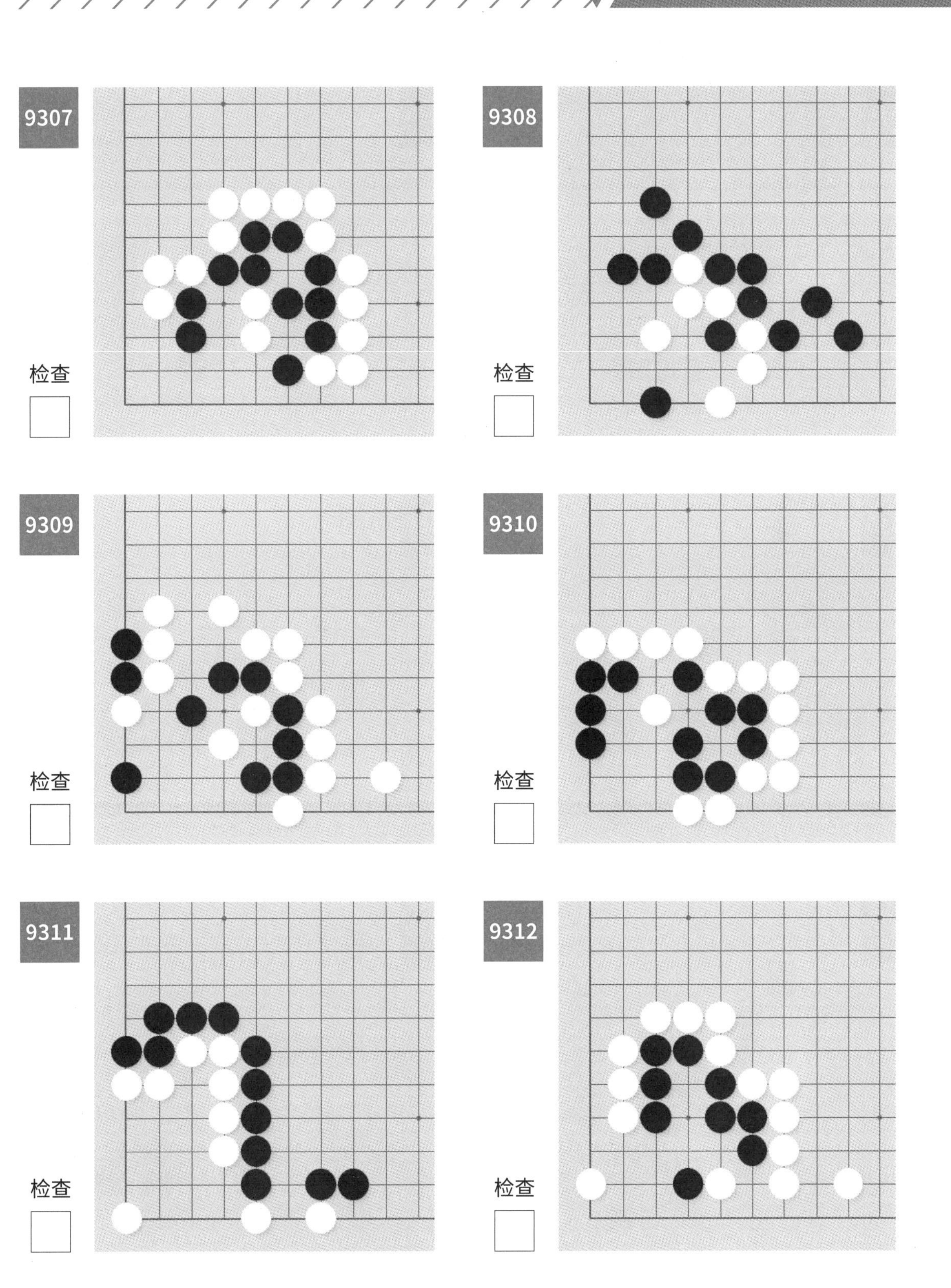
9307
检查
9308
检查
9309
检查
9310
检查
9311
检查
9312
检查

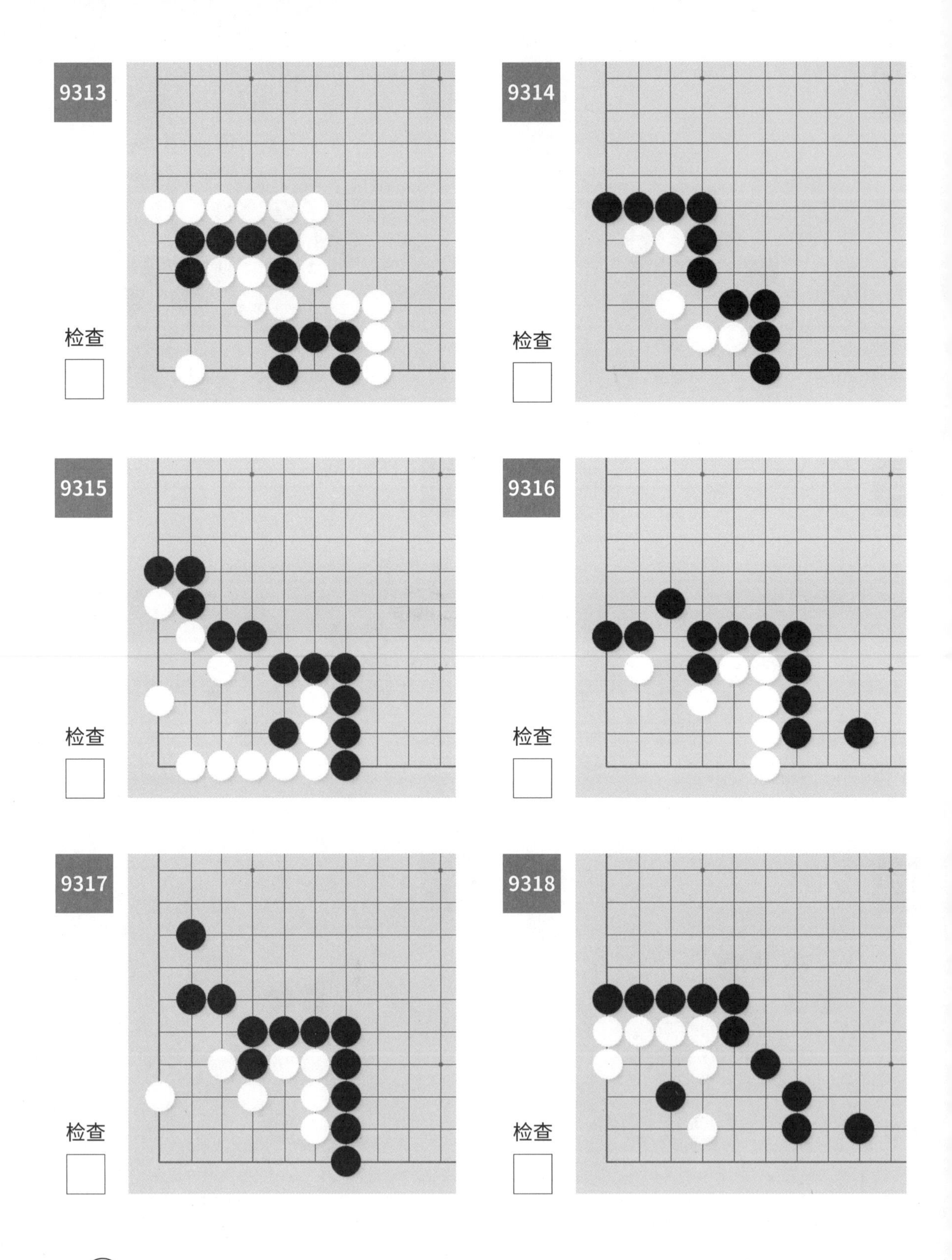
9313
检查
9314
检查
9315
检查
9316
检查
9317
检查
9318
检查

9319

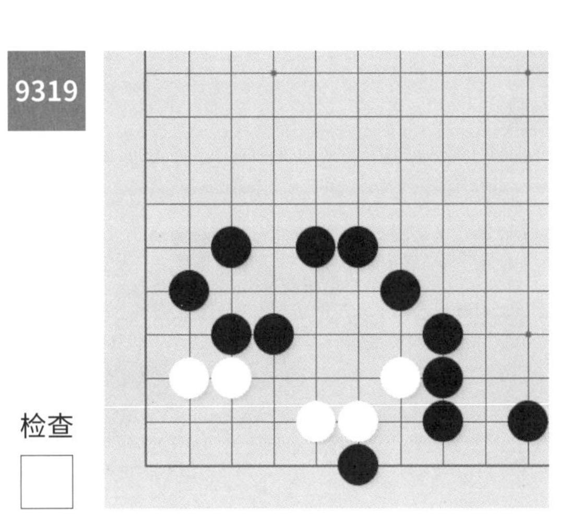

检查

9320

检查

9321

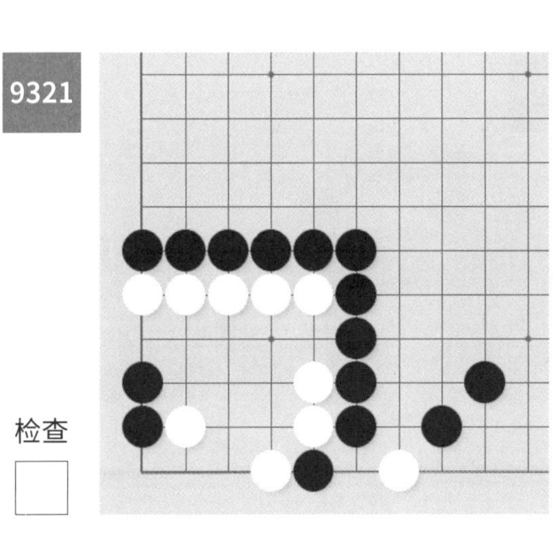

检查

9322

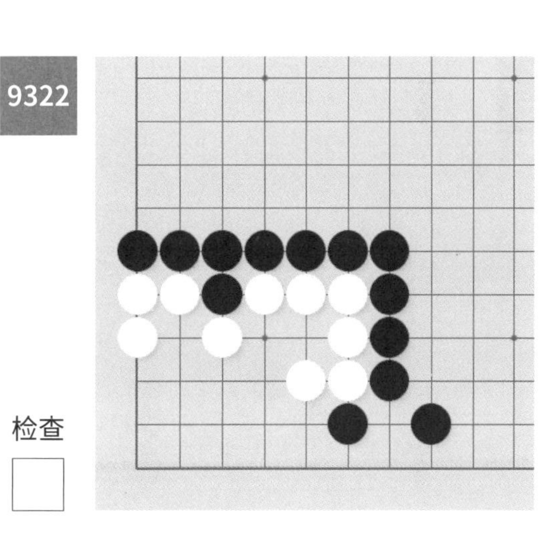

检查

9323

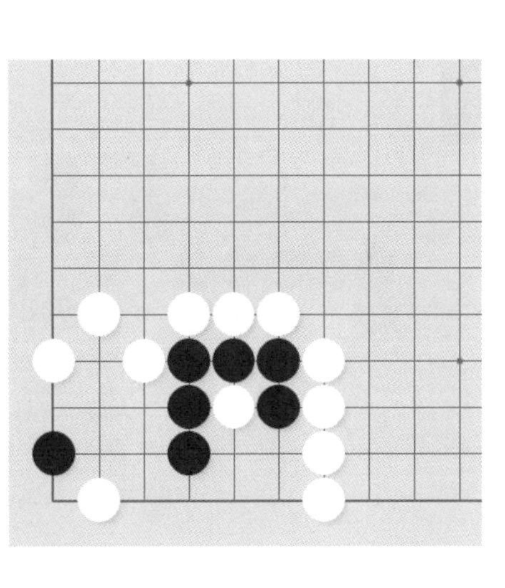

检查

9324

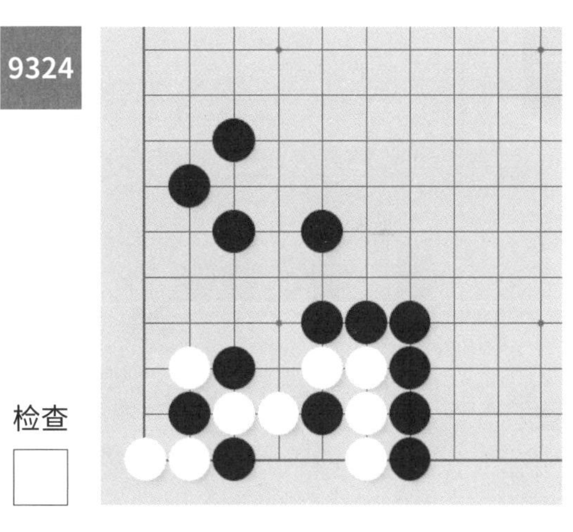

检查

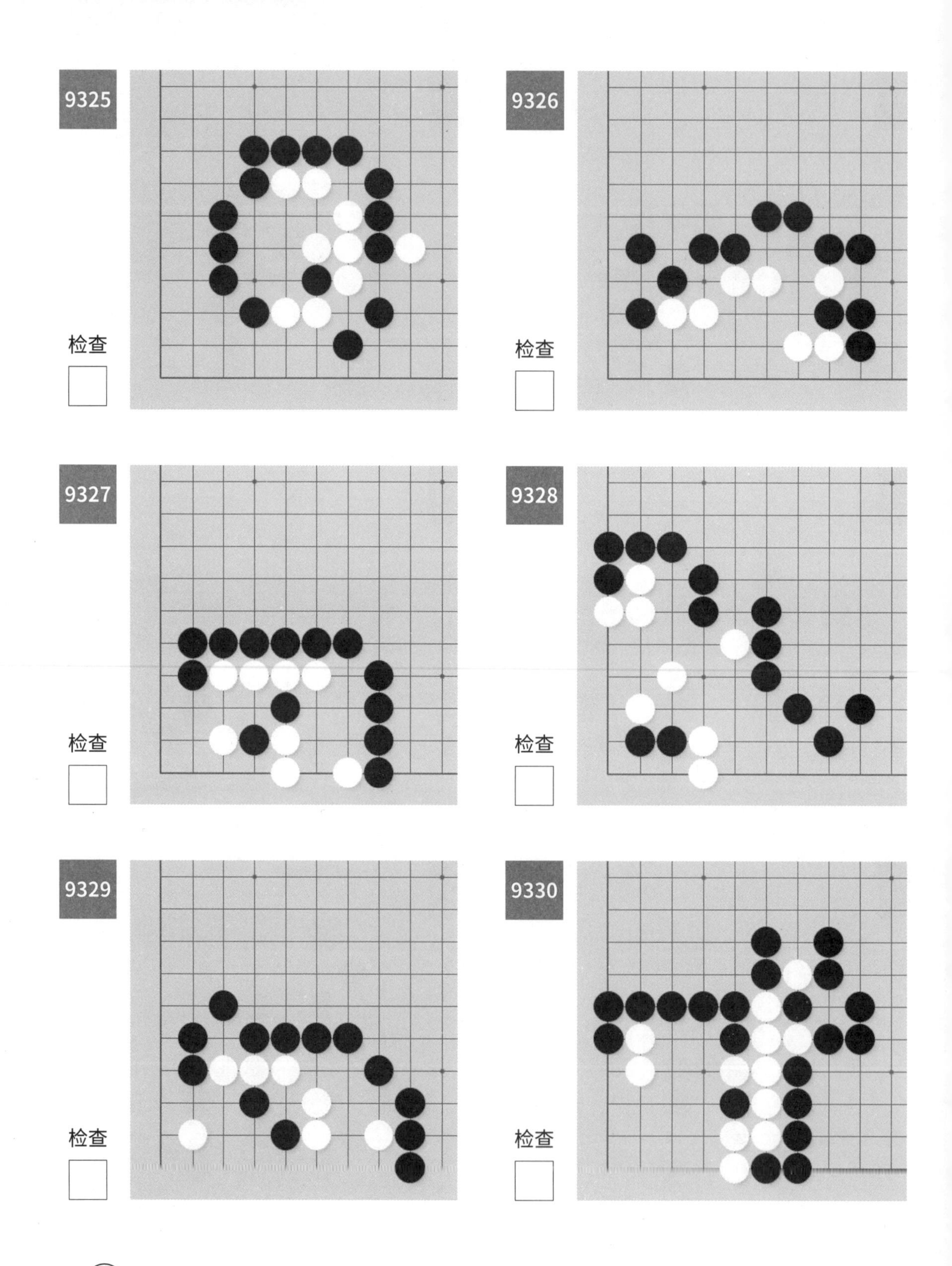
9325
检查
9326
检查
9327
检查
9328
检查
9329
检查
9330
检查

9331

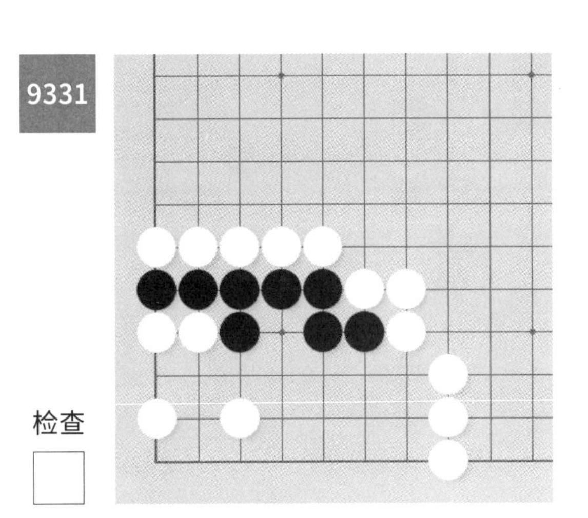

检查

9332

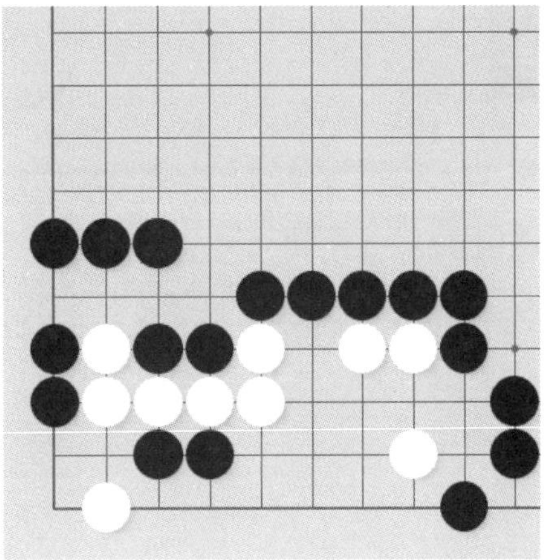

检查

9333

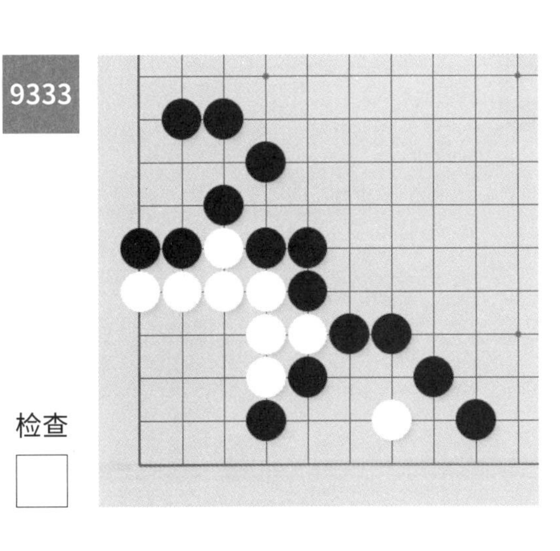

检查

9334

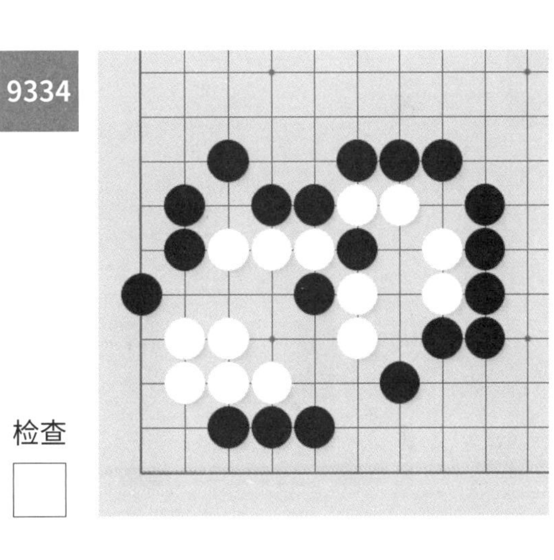

检查

9335

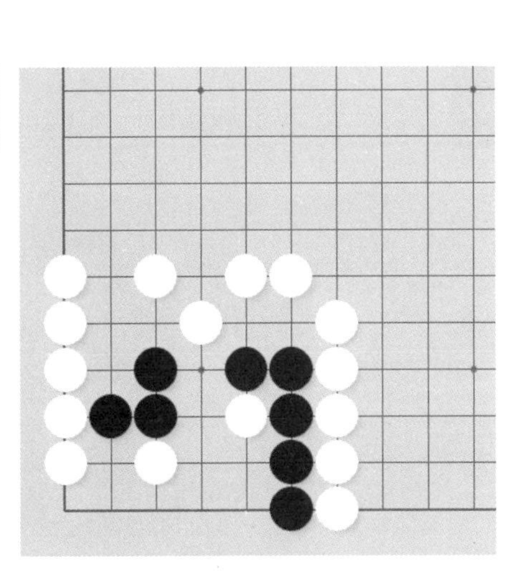

检查

9336

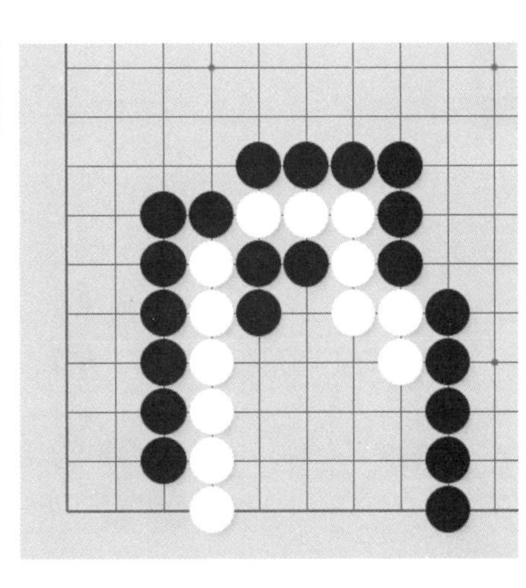

检查

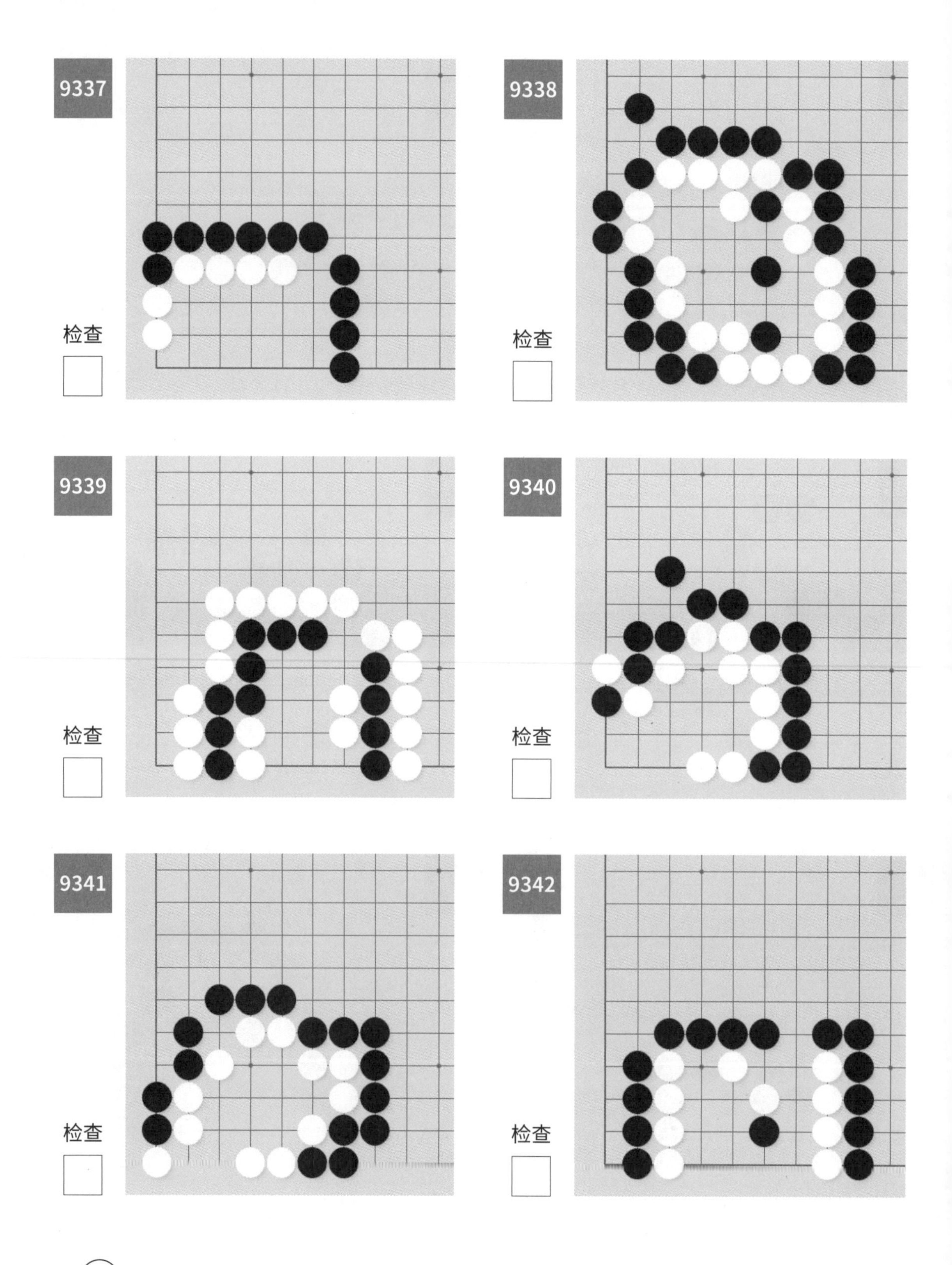
9337
检查
9338
检查
9339
检查
9340
检查
9341
检查
9342
检查

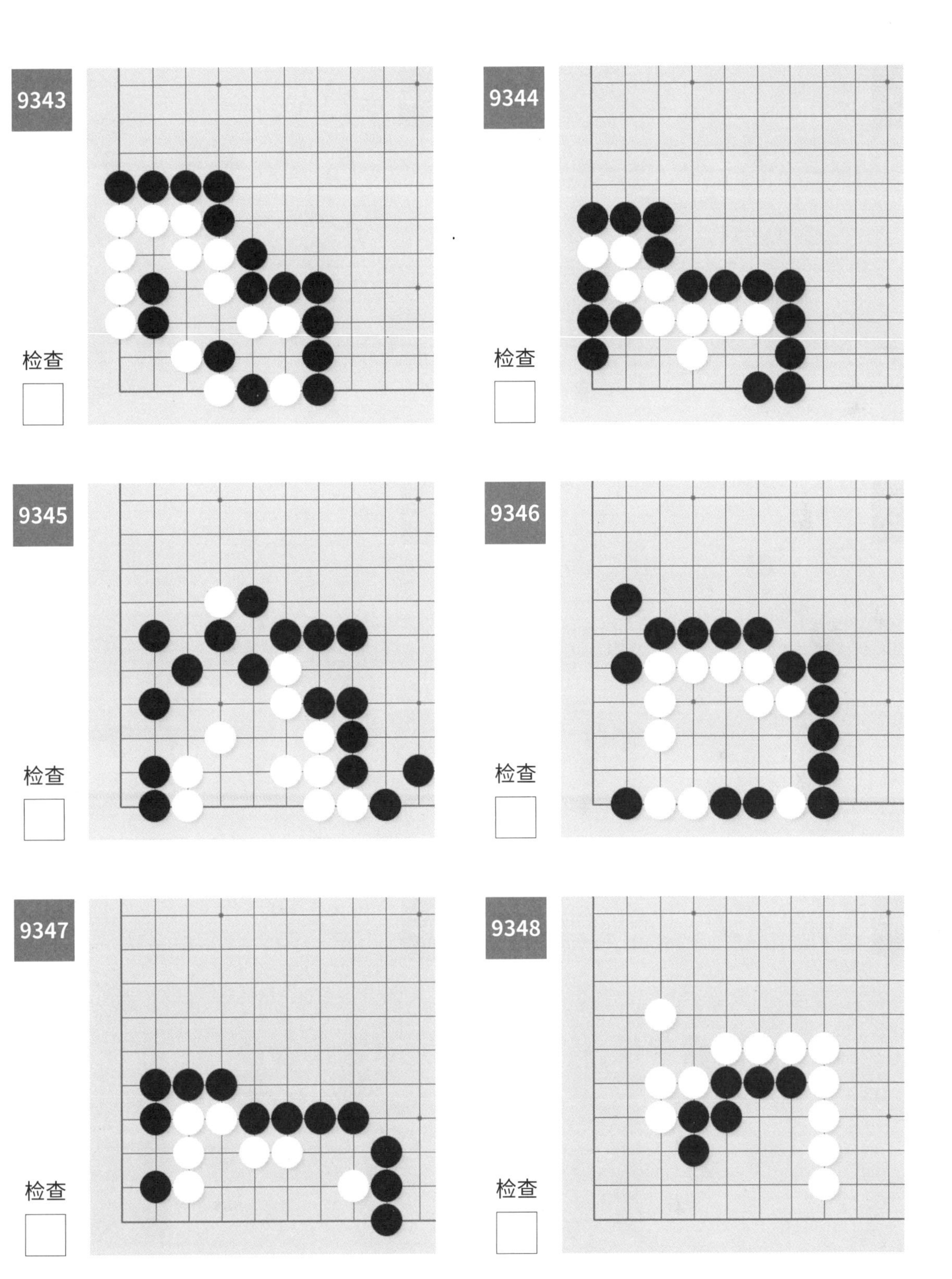
9343
检查
9344
检查
9345
检查
9346
检查
9347
检查
9348
检查

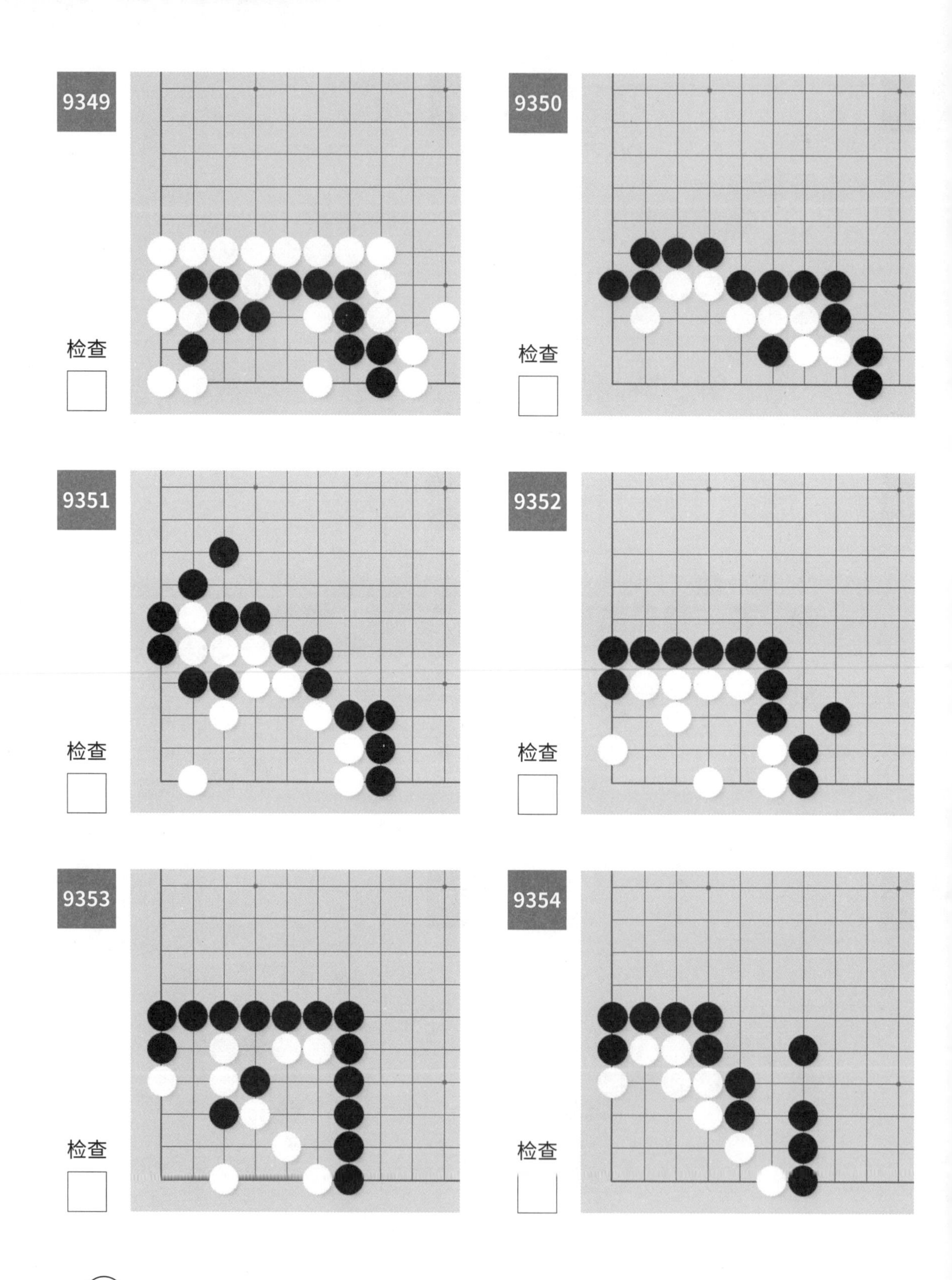
9349
检查
9350
检查
9351
检查
9352
检查
9353
检查
9354
检查

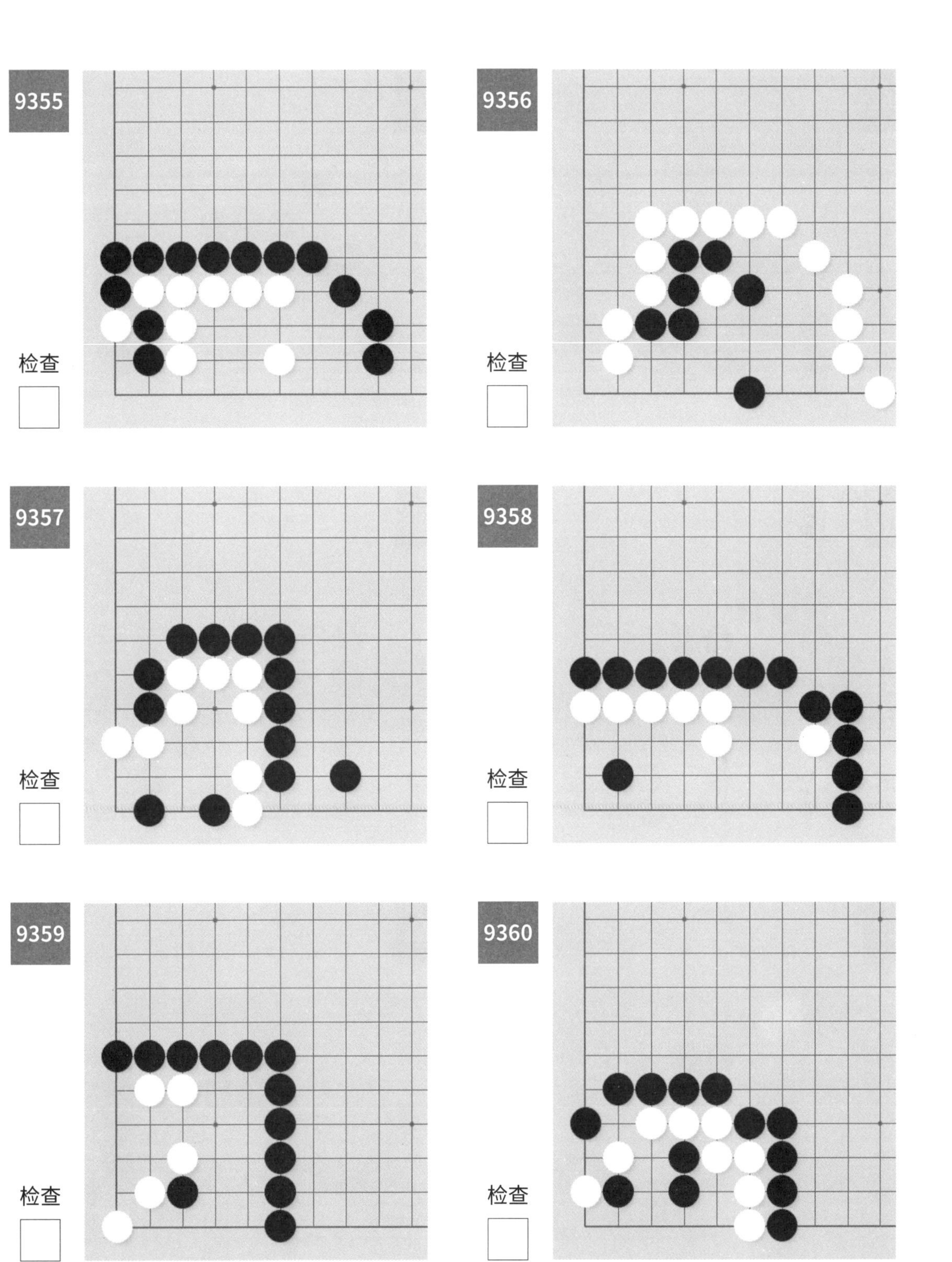
9355
检查
9356
检查
9357
检查
9358
检查
9359
检查
9360
检查

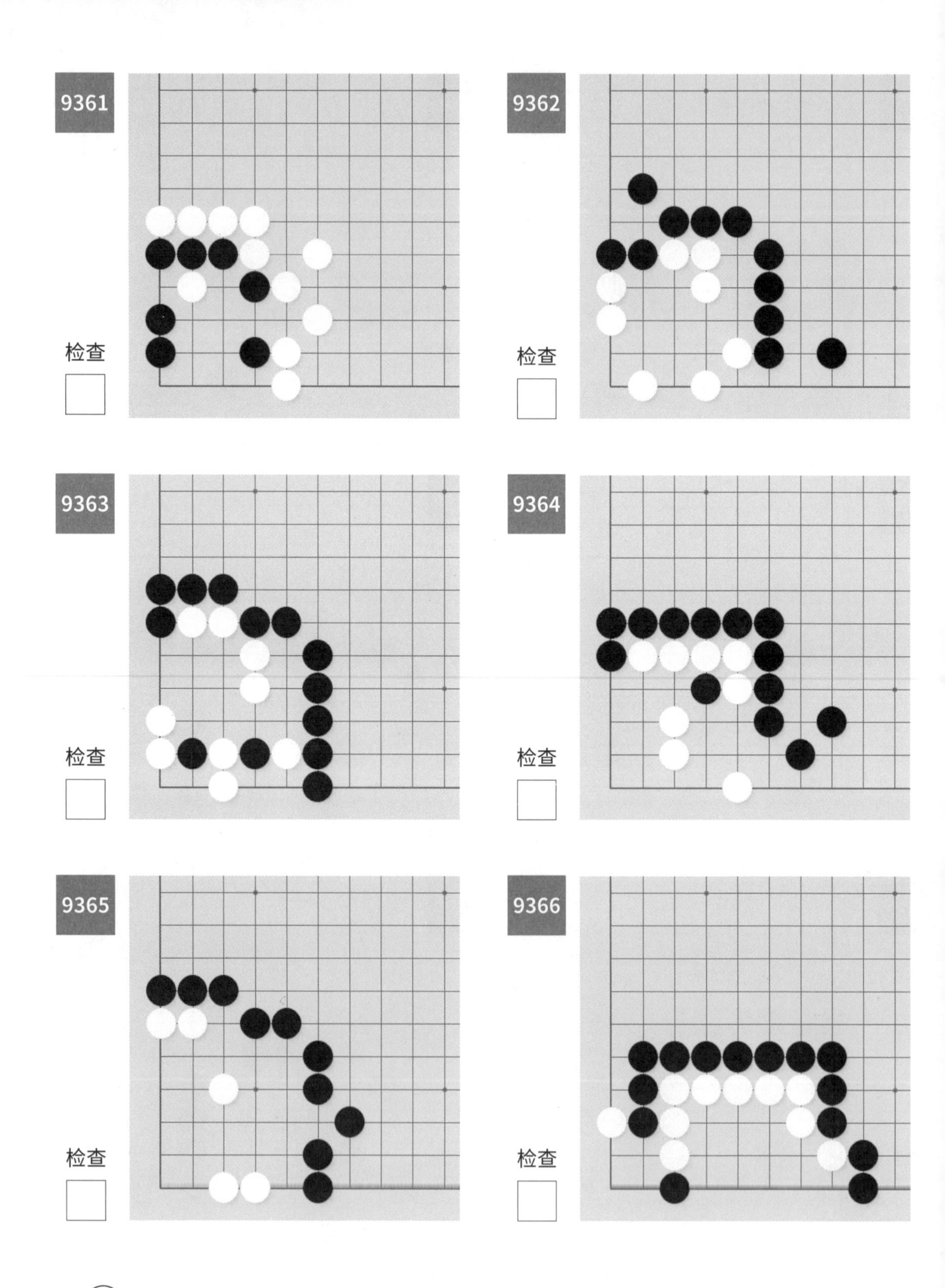
9361
检查
9362
检查
9363
检查
9364
检查
9365
检查
9366
检查

9367

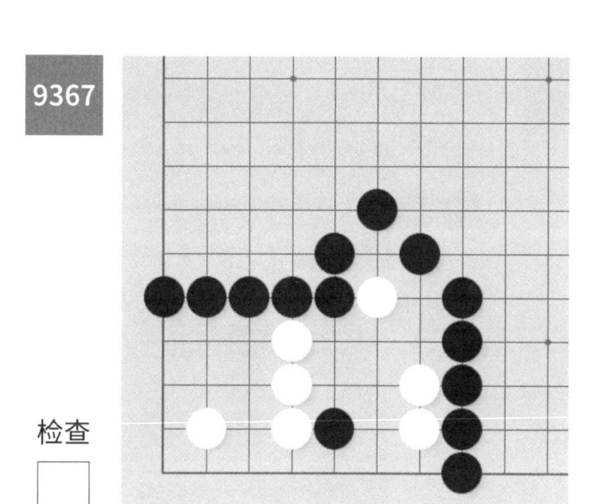

检查 □

9368

检查 □

9369

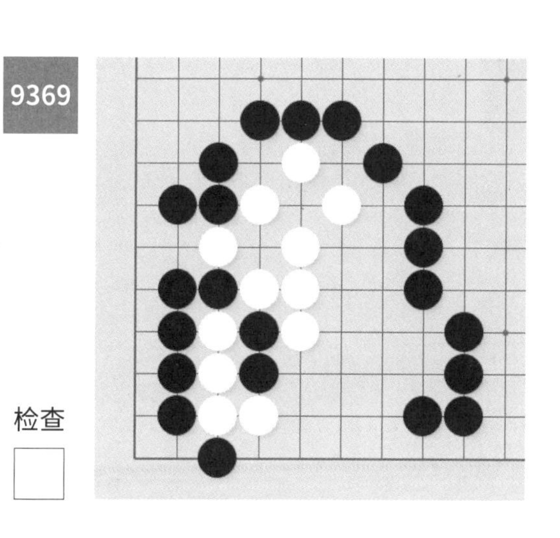

检查 □

9370

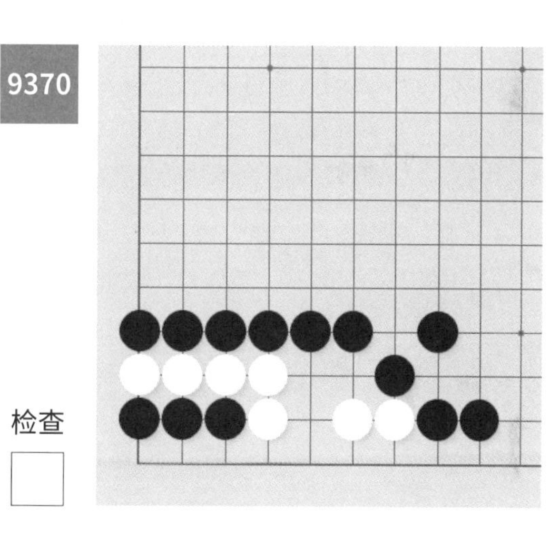

检查 □

9371

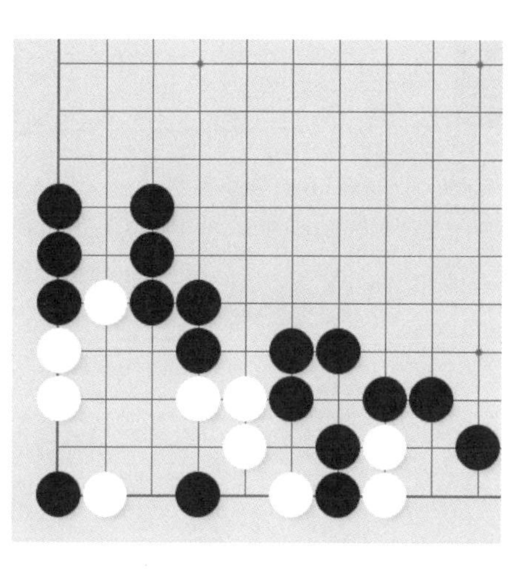

检查 □

9372

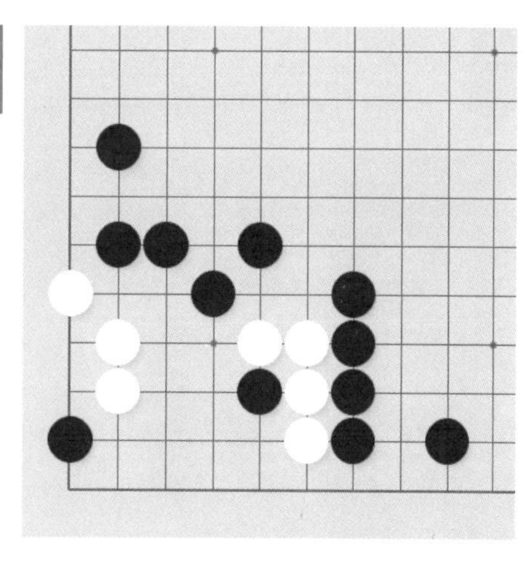

检查 □

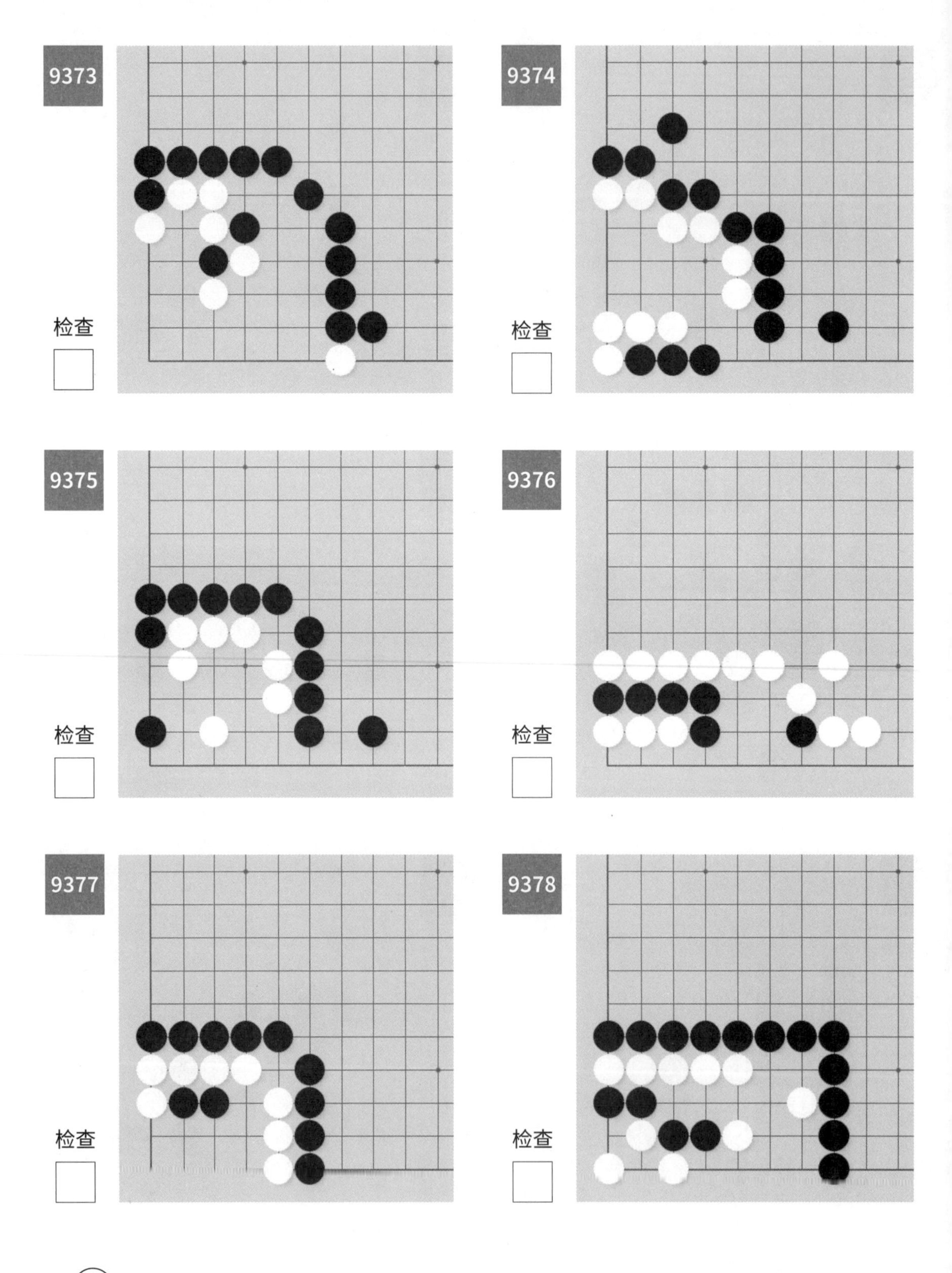
9373
检查
9374
检查
9375
检查
9376
检查
9377
检查
9378
检查

9379

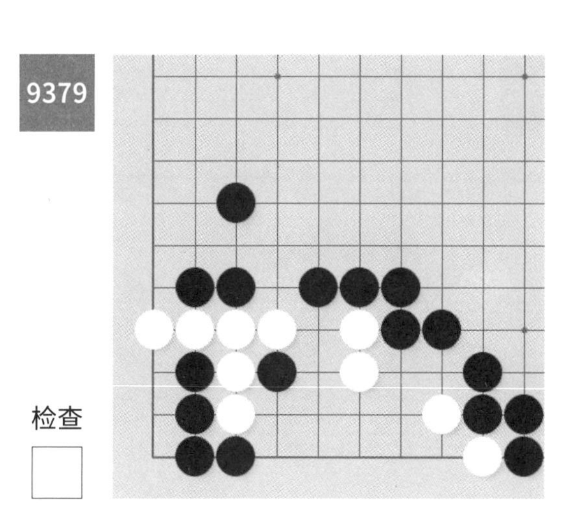

检查

9380

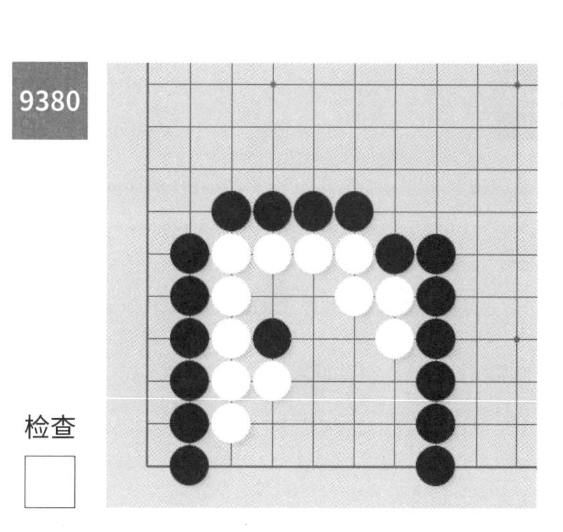

检查

9381

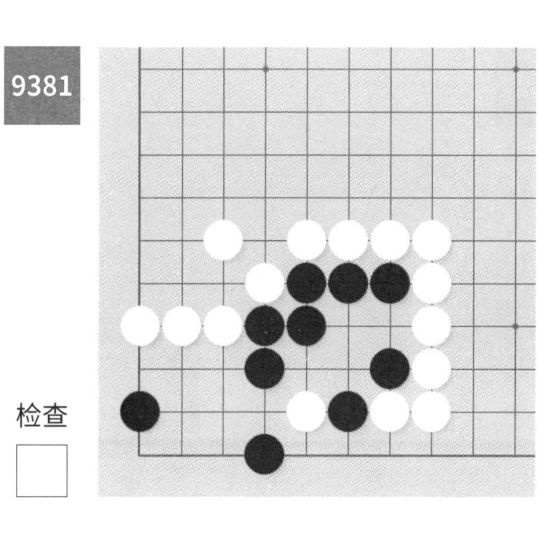

检查

9382

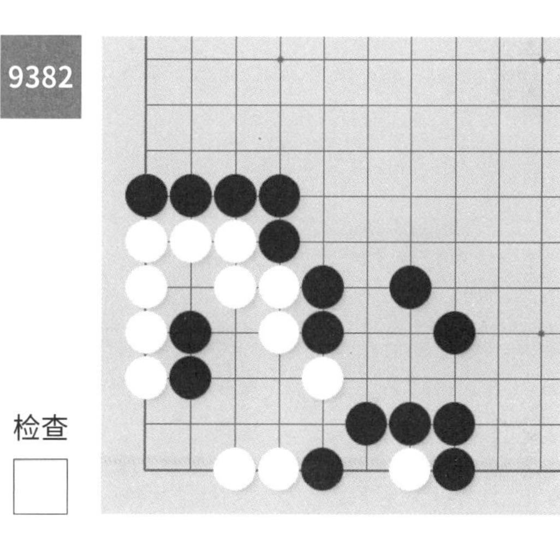

检查

9383

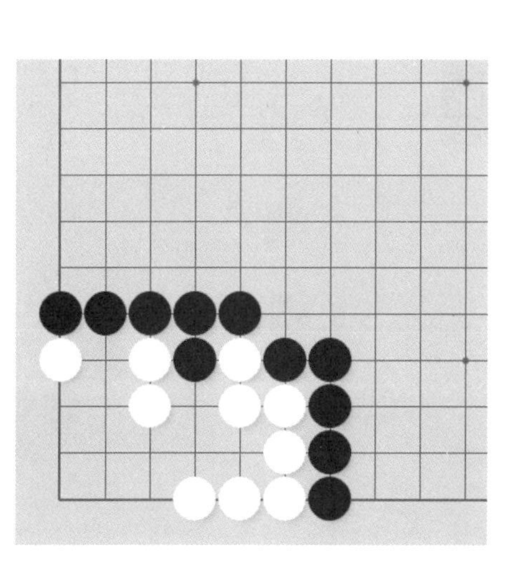

检查

9384

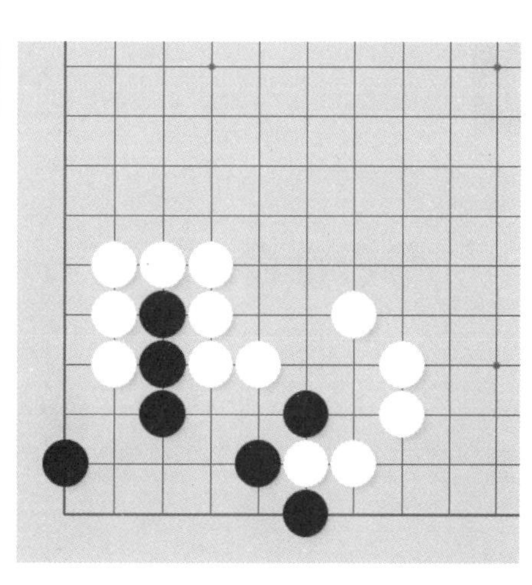

检查

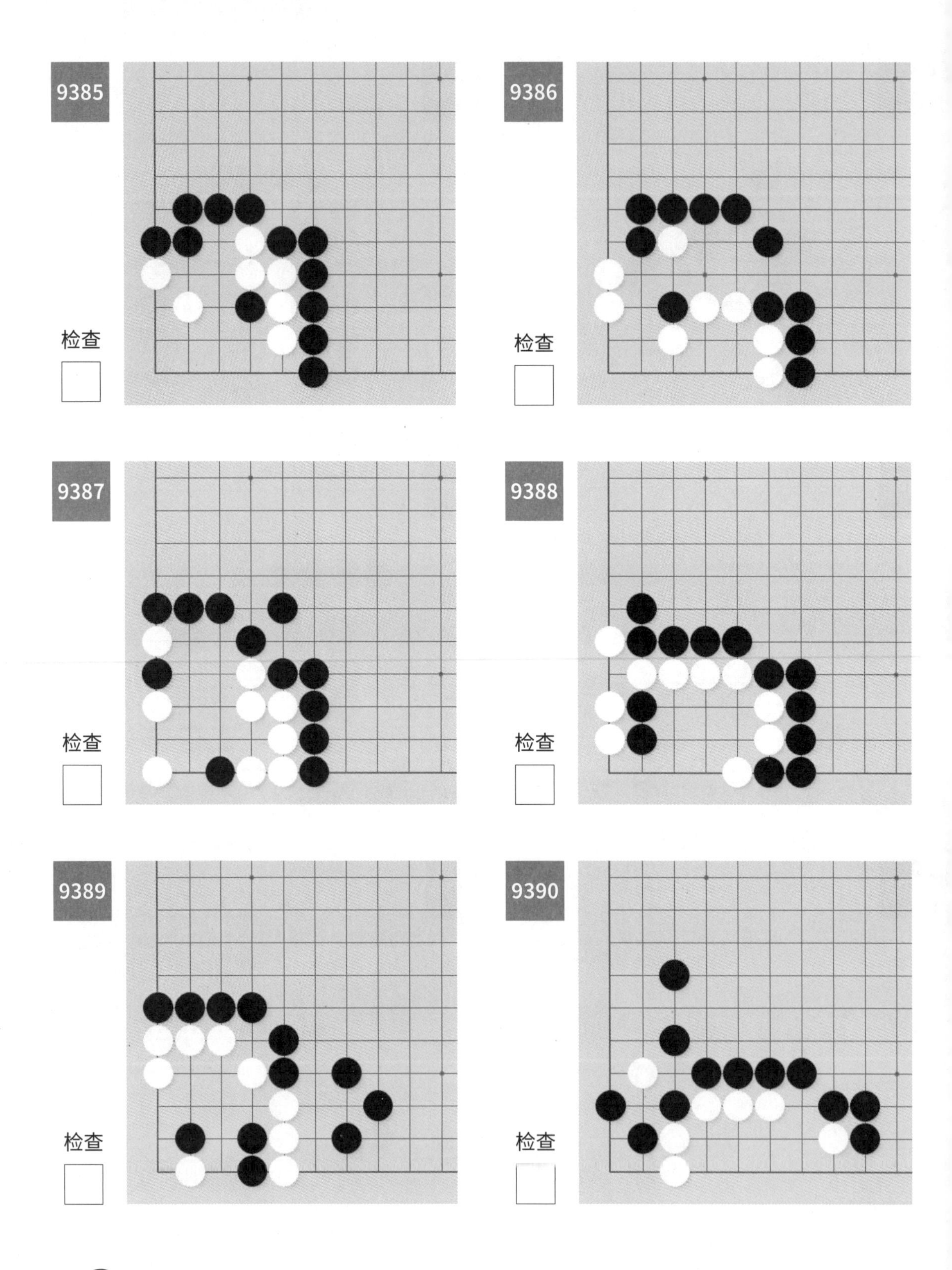
9385
检查
9386
检查
9387
检查
9388
检查
9389
检查
9390
检查

9391

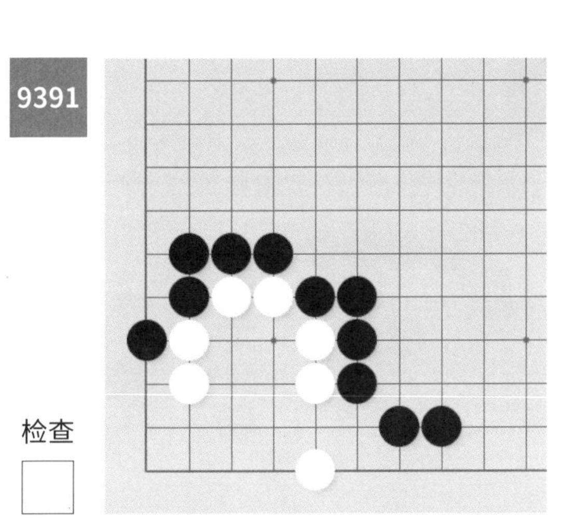

检查 □

9392

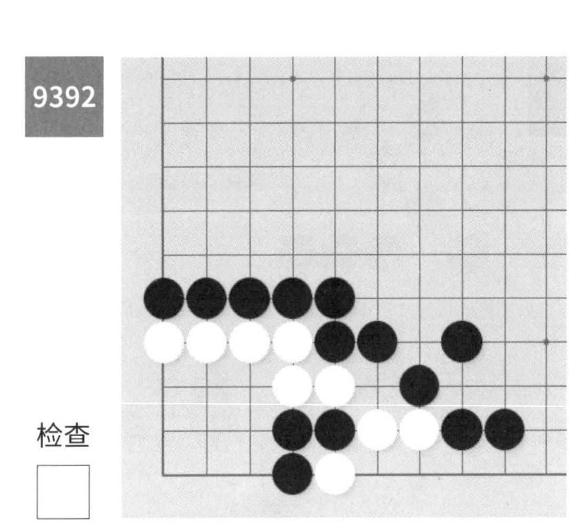

检查 □

9393

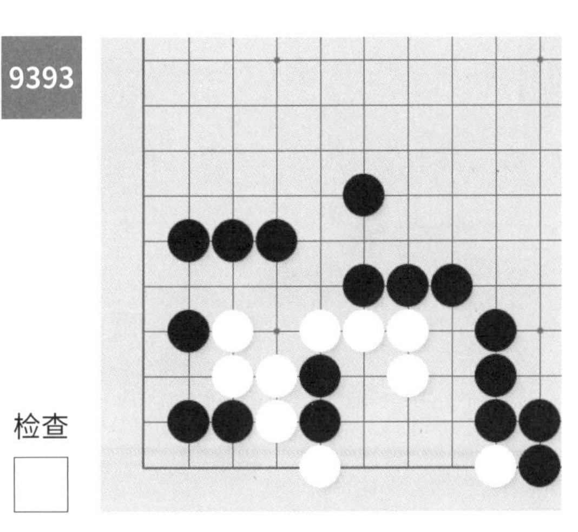

检查 □

9394

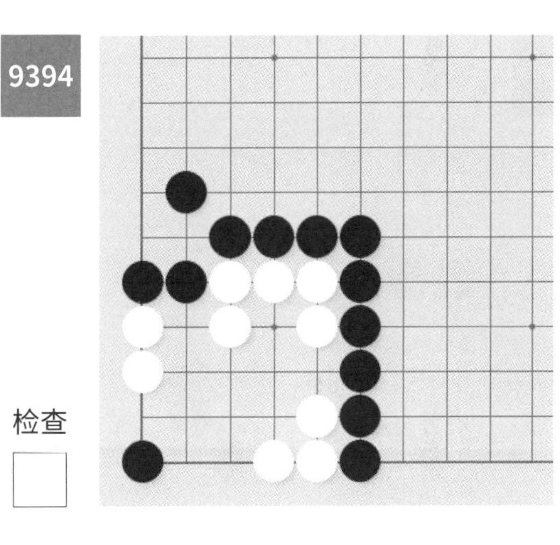

检查 □

9395

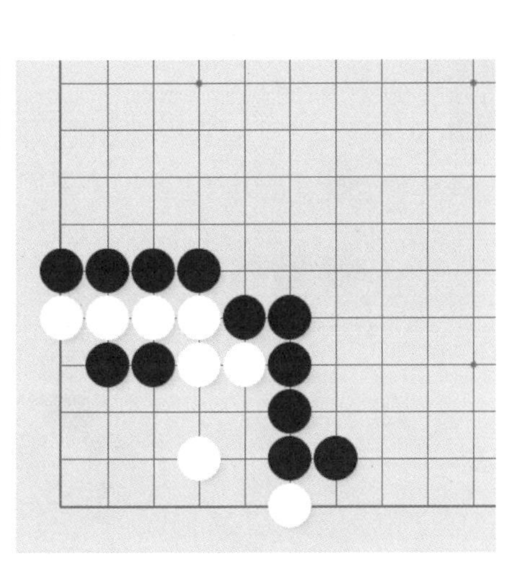

检查 □

9396

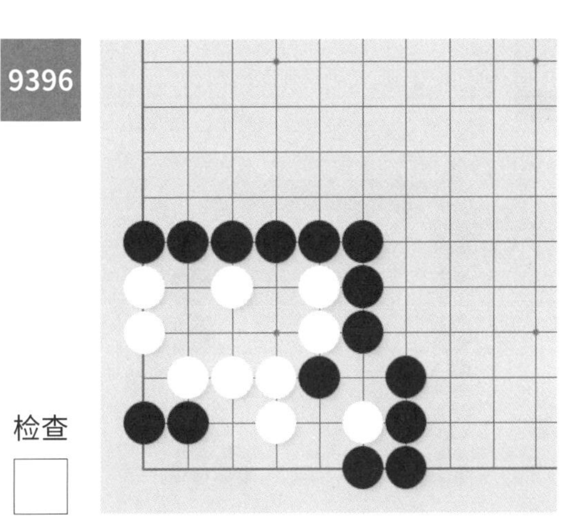

检查 □

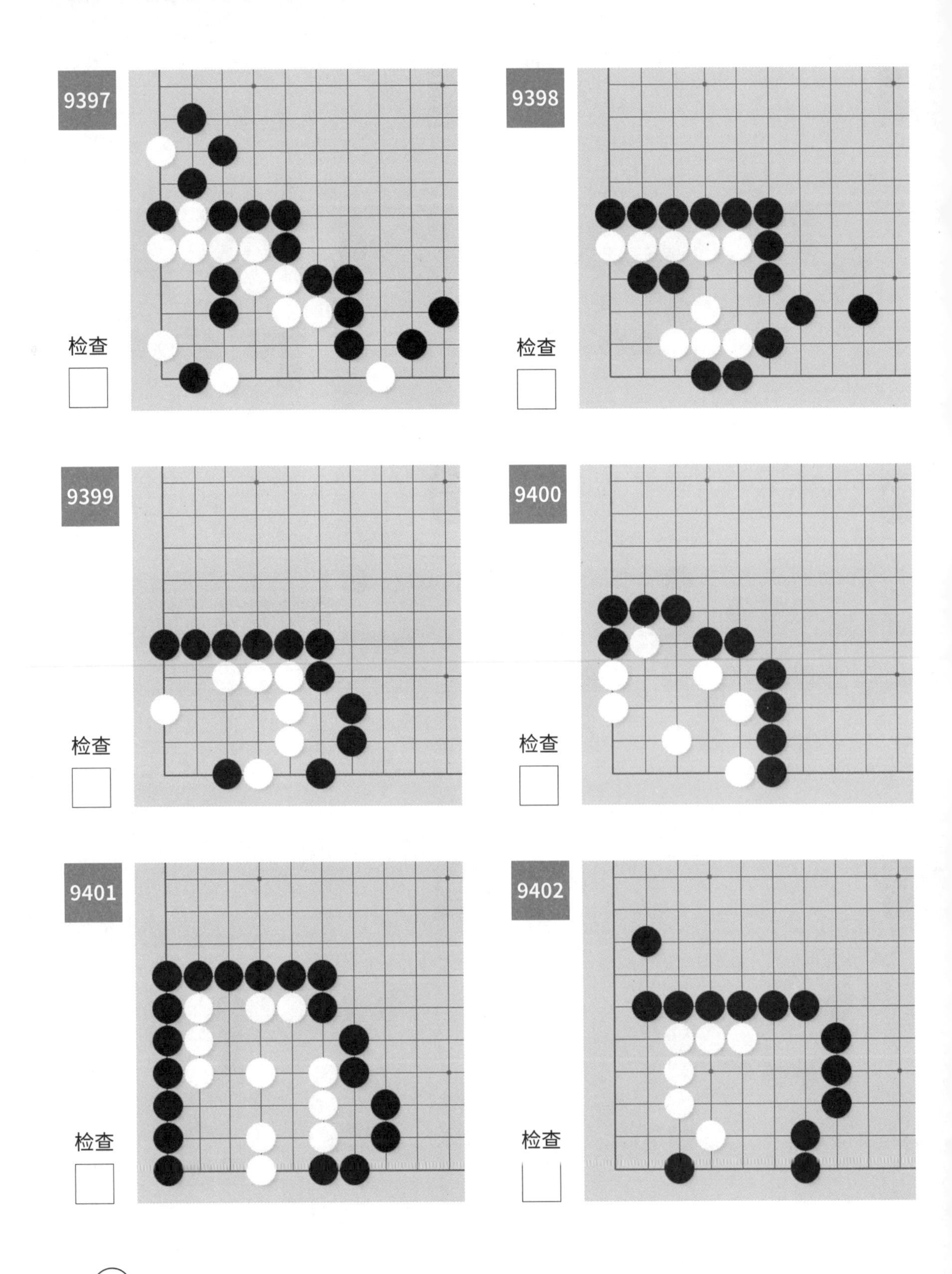
9397
检查
9398
检查
9399
检查
9400
检查
9401
检查
9402
检查

黑先
学习日期
月
日

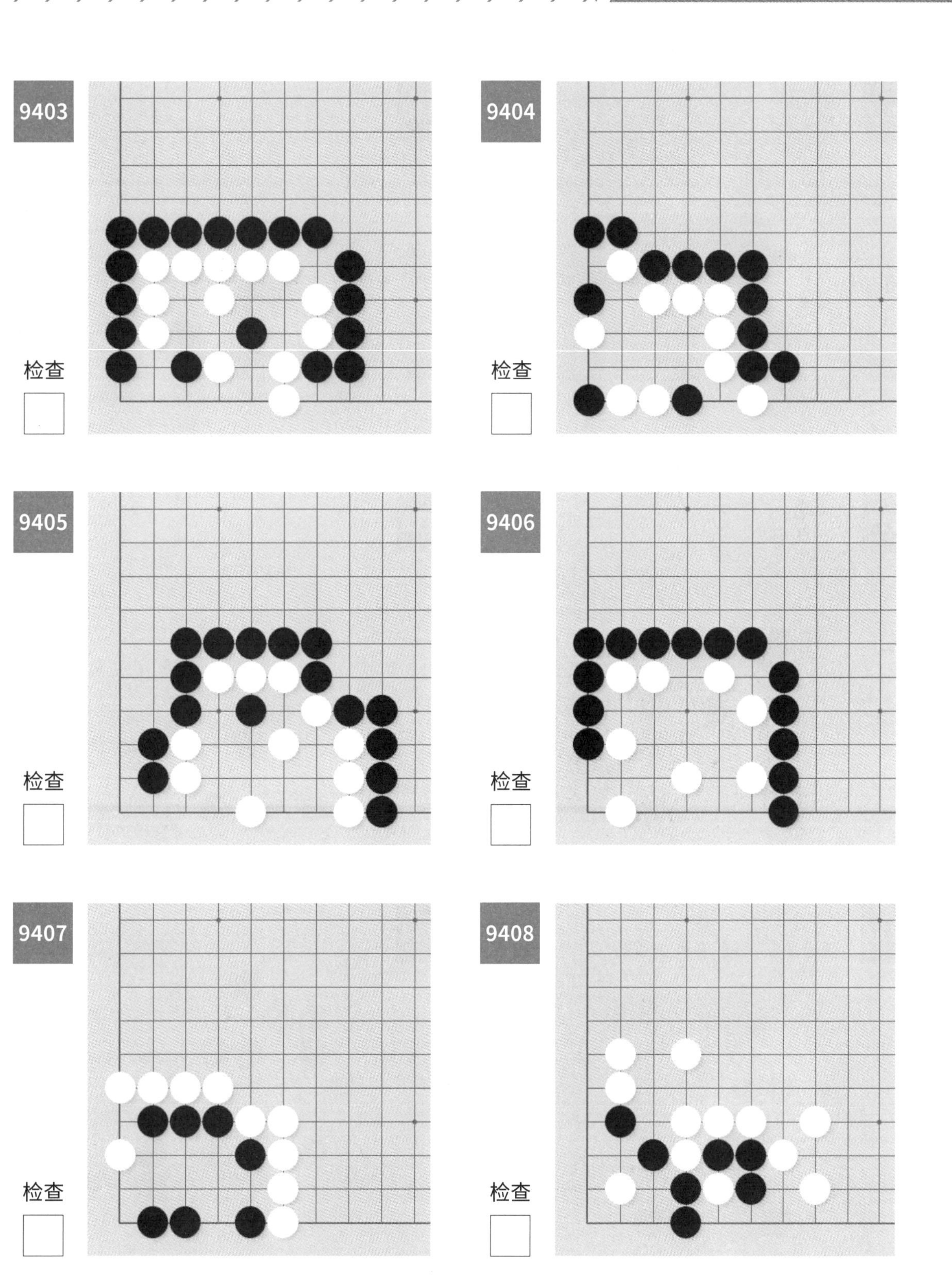
9403
检查
9404
检查
9405
检查
9406
检查
9407
检查
9408
检查

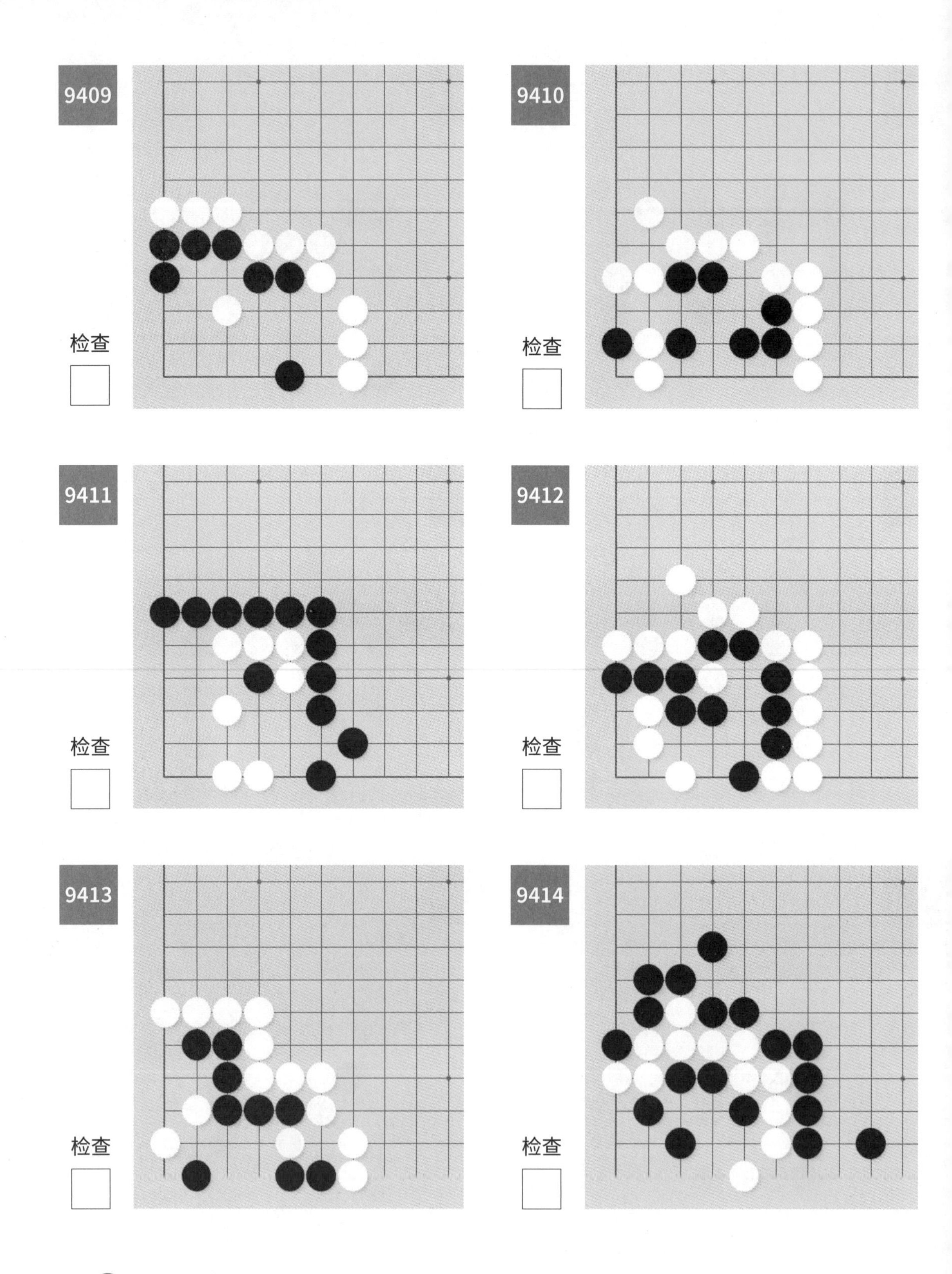
9409
检查
9410
检查
9411
检查
9412
检查
9413
检查
9414
检查

9415

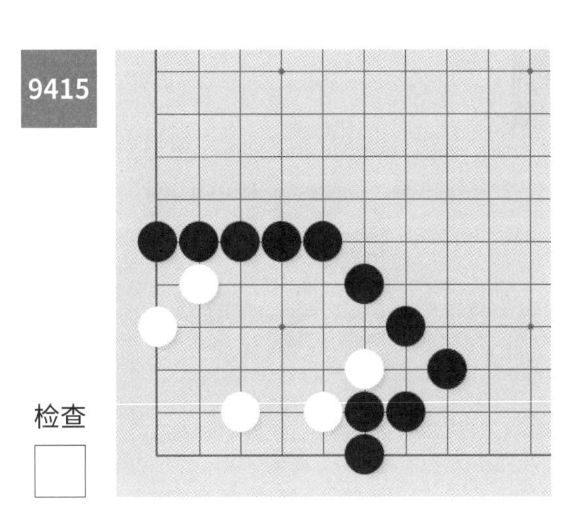

检查

9416

检查

9417

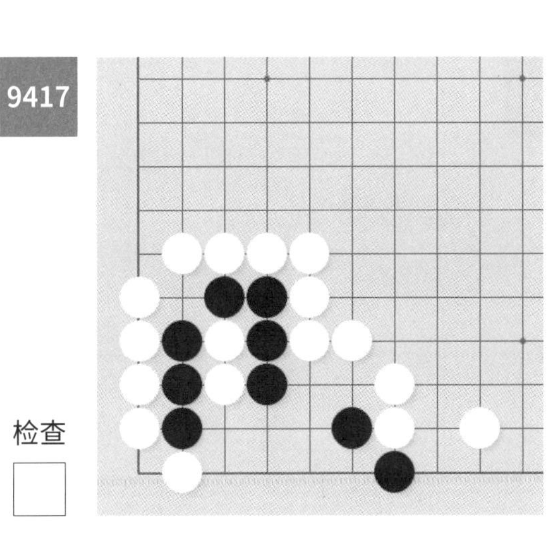

检查

9418

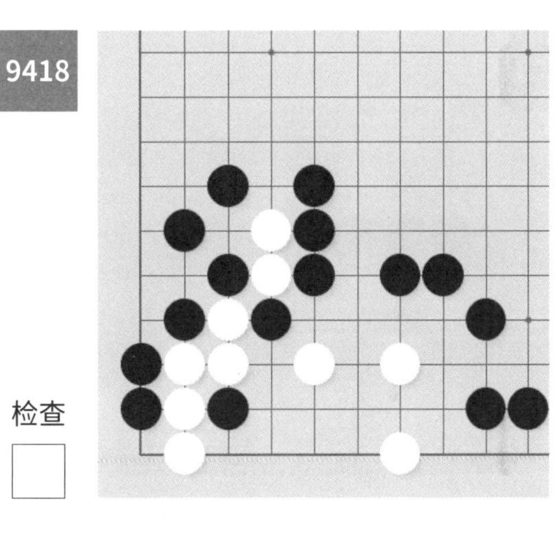

检查

9419

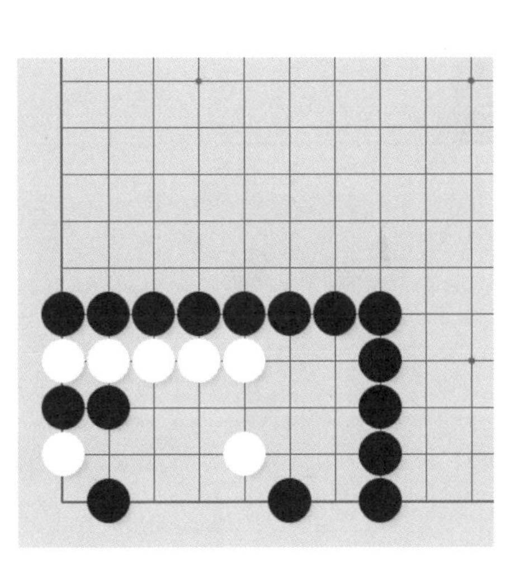

检查

9420

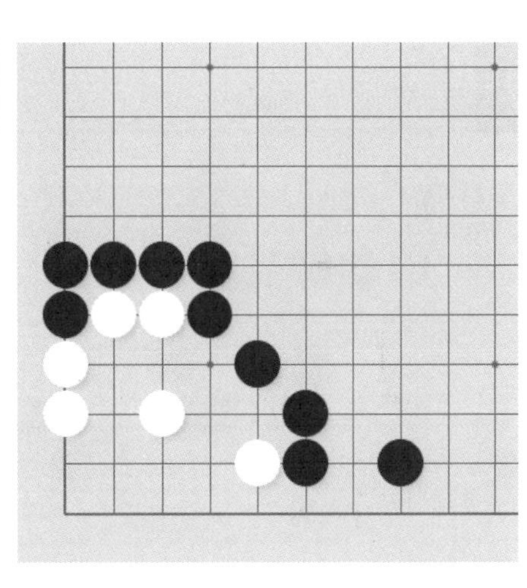

检查

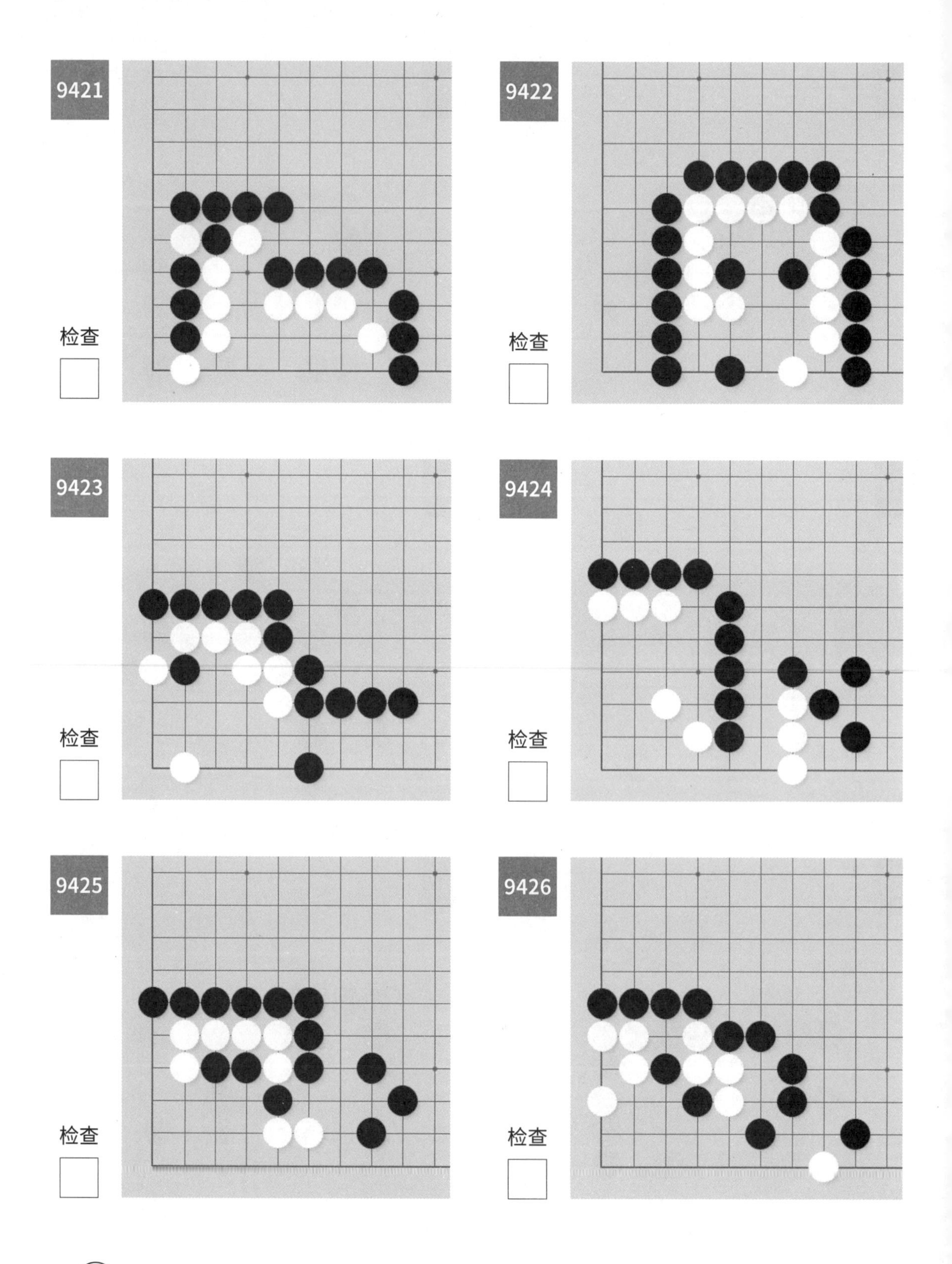
9421
检查
9422
检查
9423
检查
9424
检查
9425
检查
9426
检查

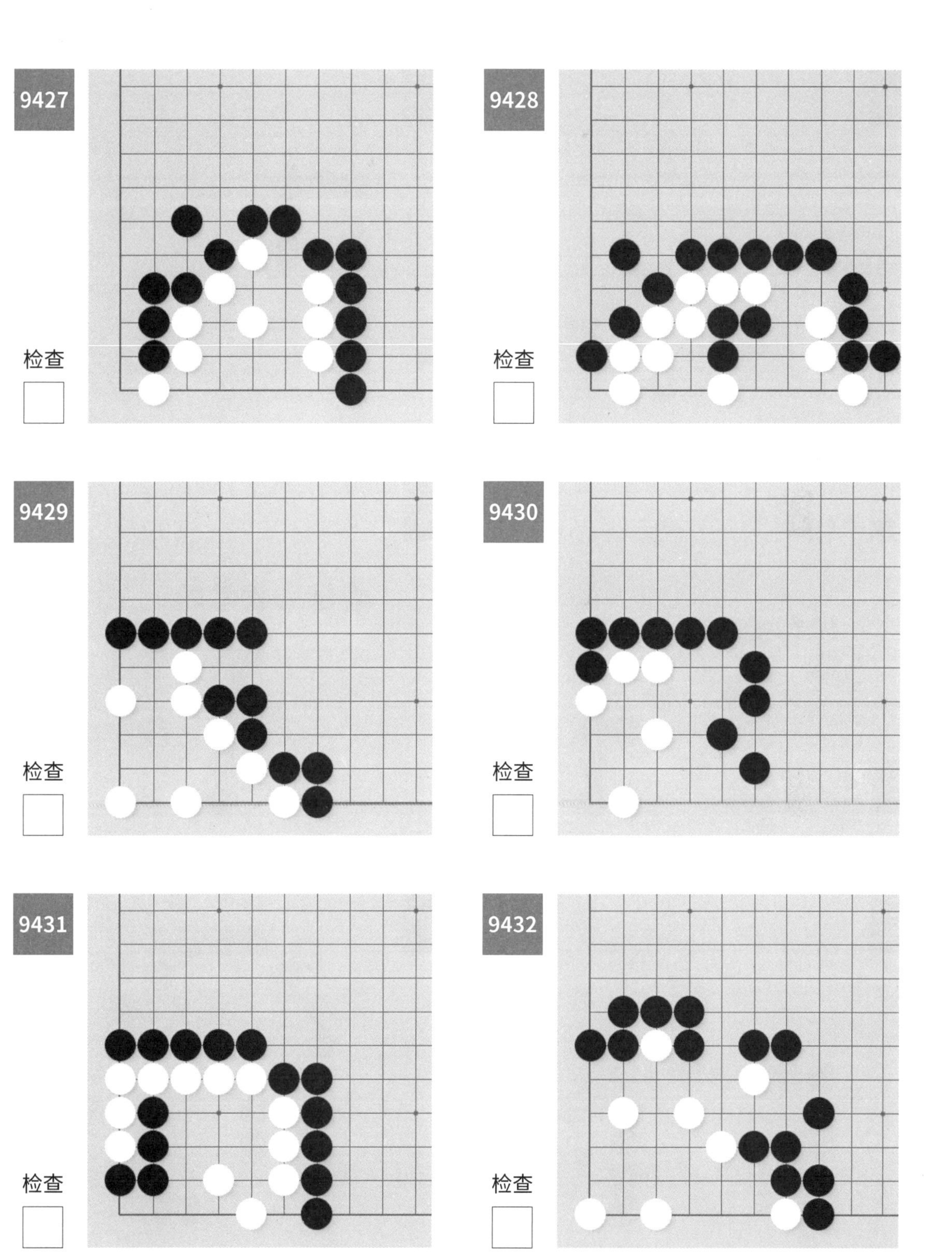
9427
检查
9428
检查
9429
检查
9430
检查
9431
检查
9432
检查

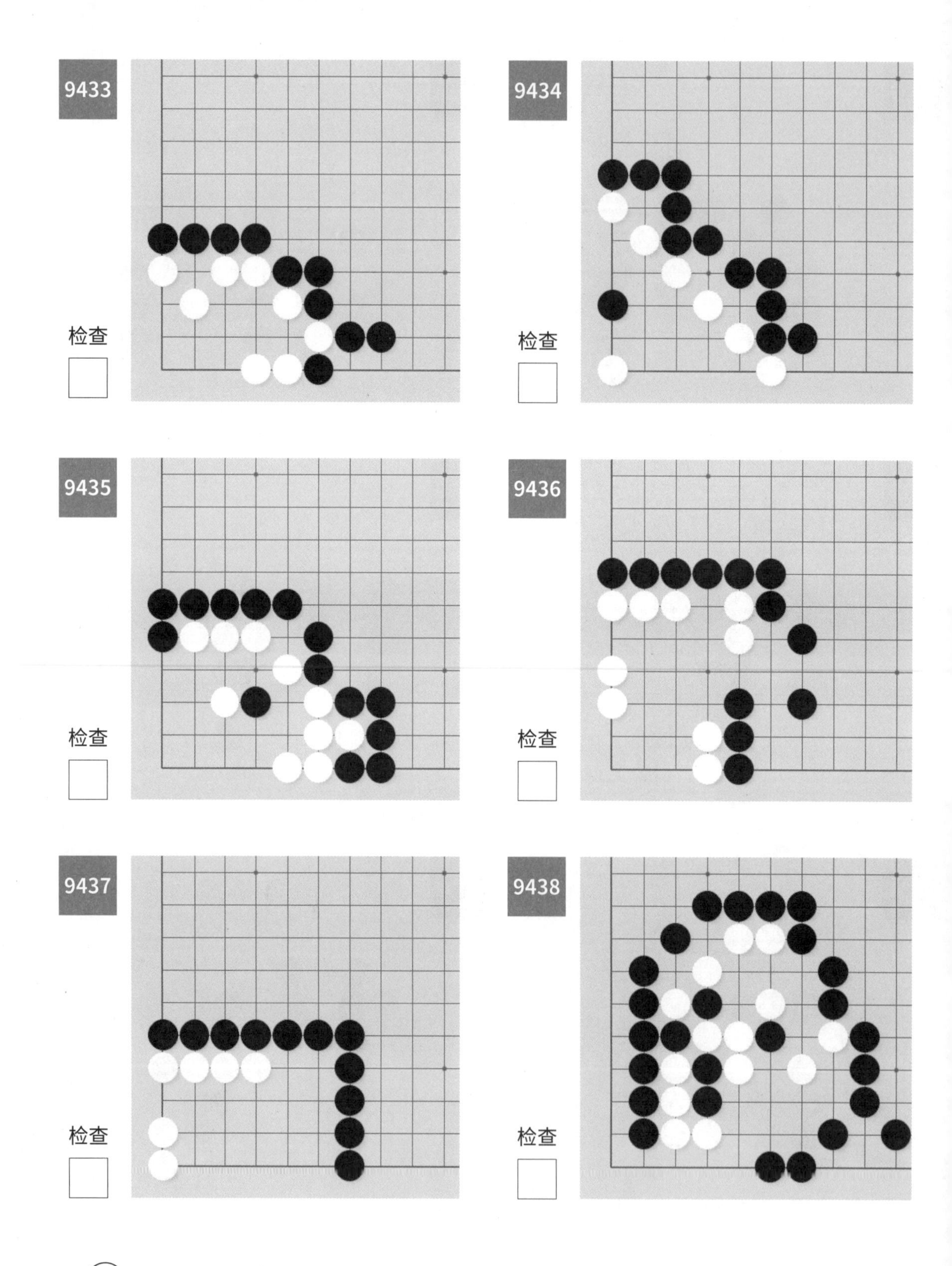
9433
检查
9434
检查
9435
检查
9436
检查
9437
检查
9438
检查

9439

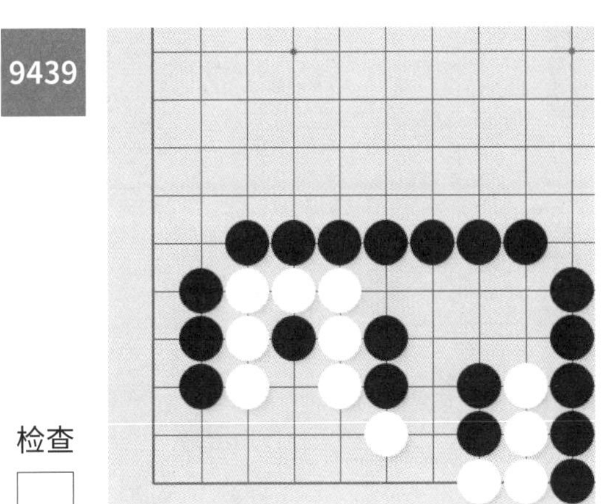

检查

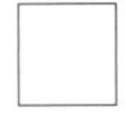

9440

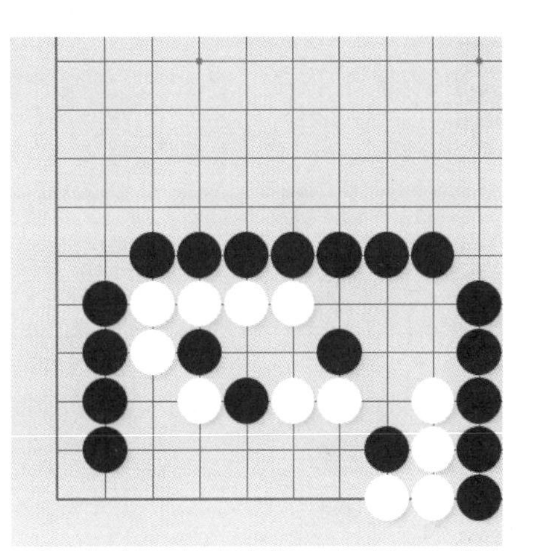

检查

9441

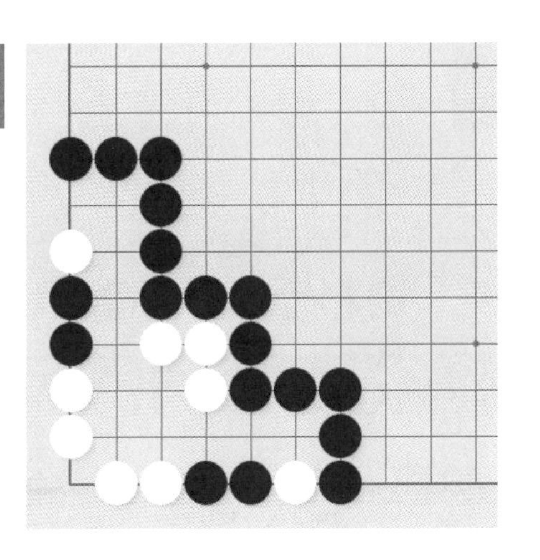

检查

9442

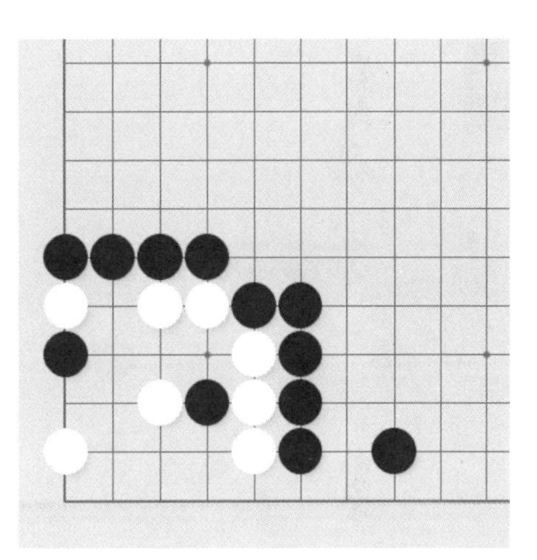

检查

9443

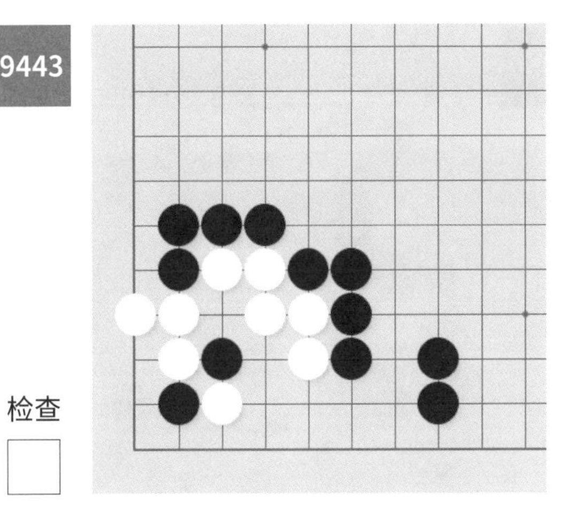

检查

9444

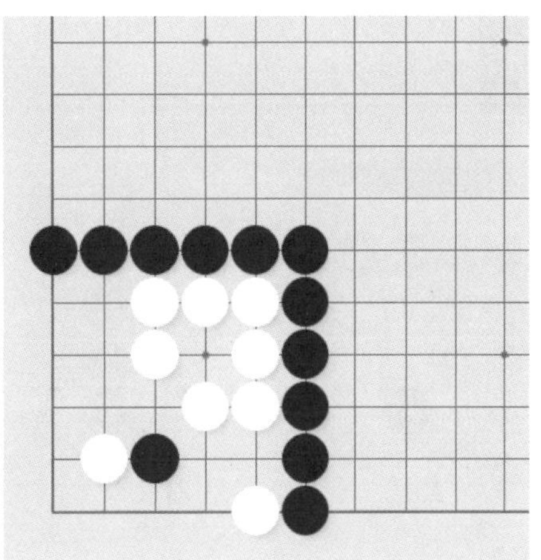

检查

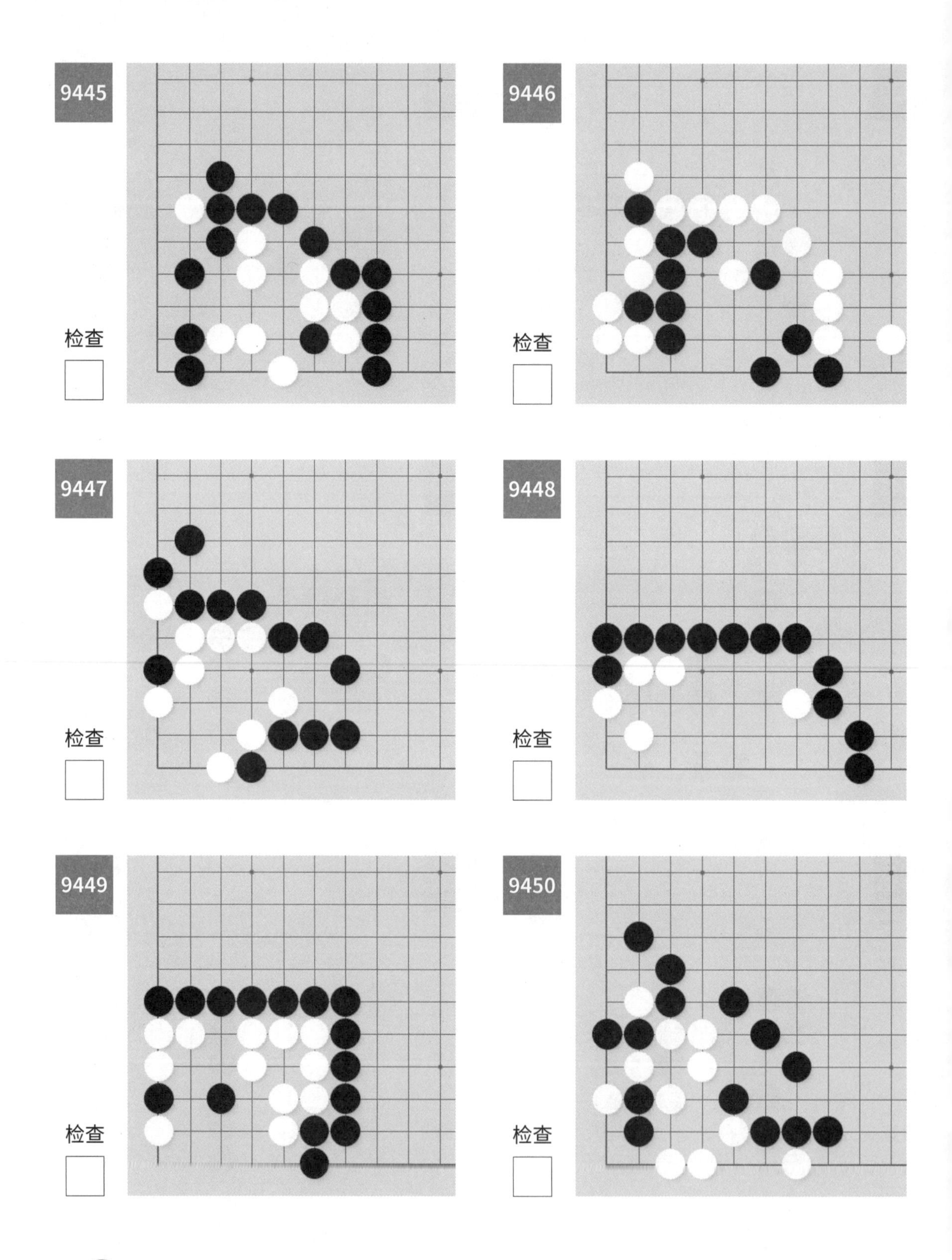
9445
检查
9446
检查
9447
检查
9448
检查
9449
检查
9450
检查

9451

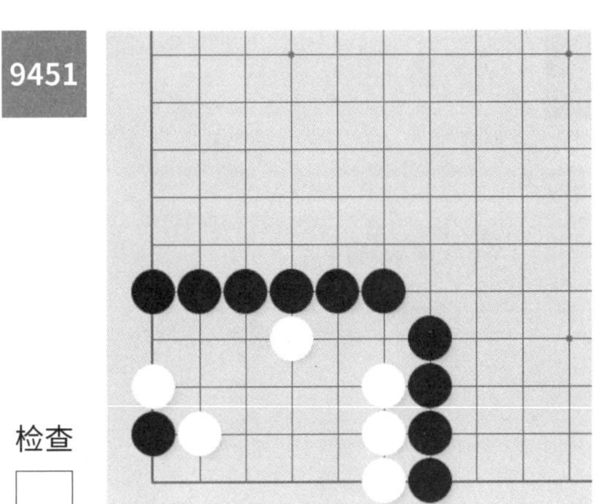

检查

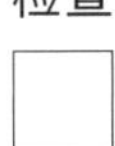

9452

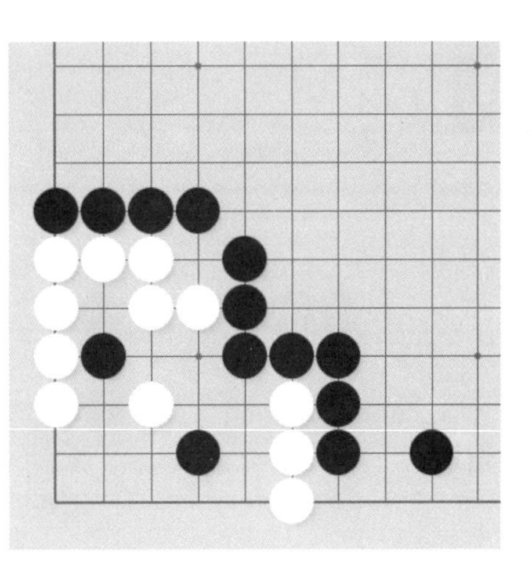

检查

9453

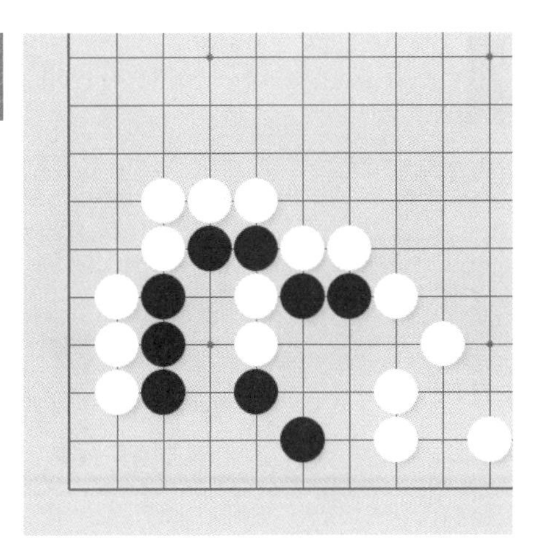

检查

9454

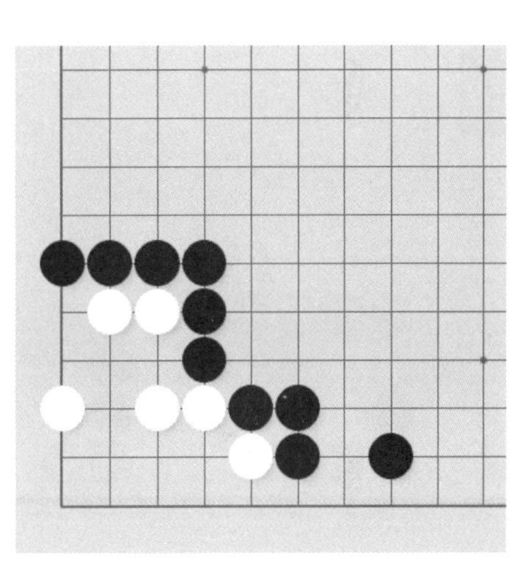

检查

9455

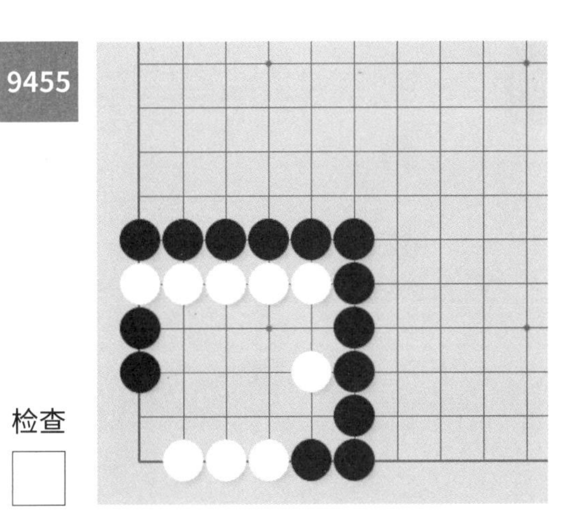

检查

9456

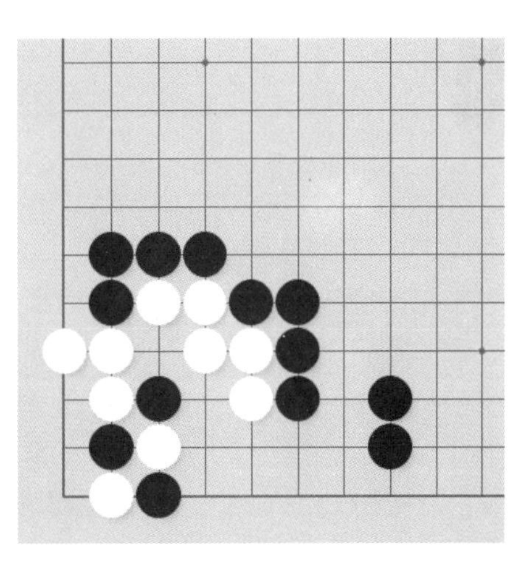

检查

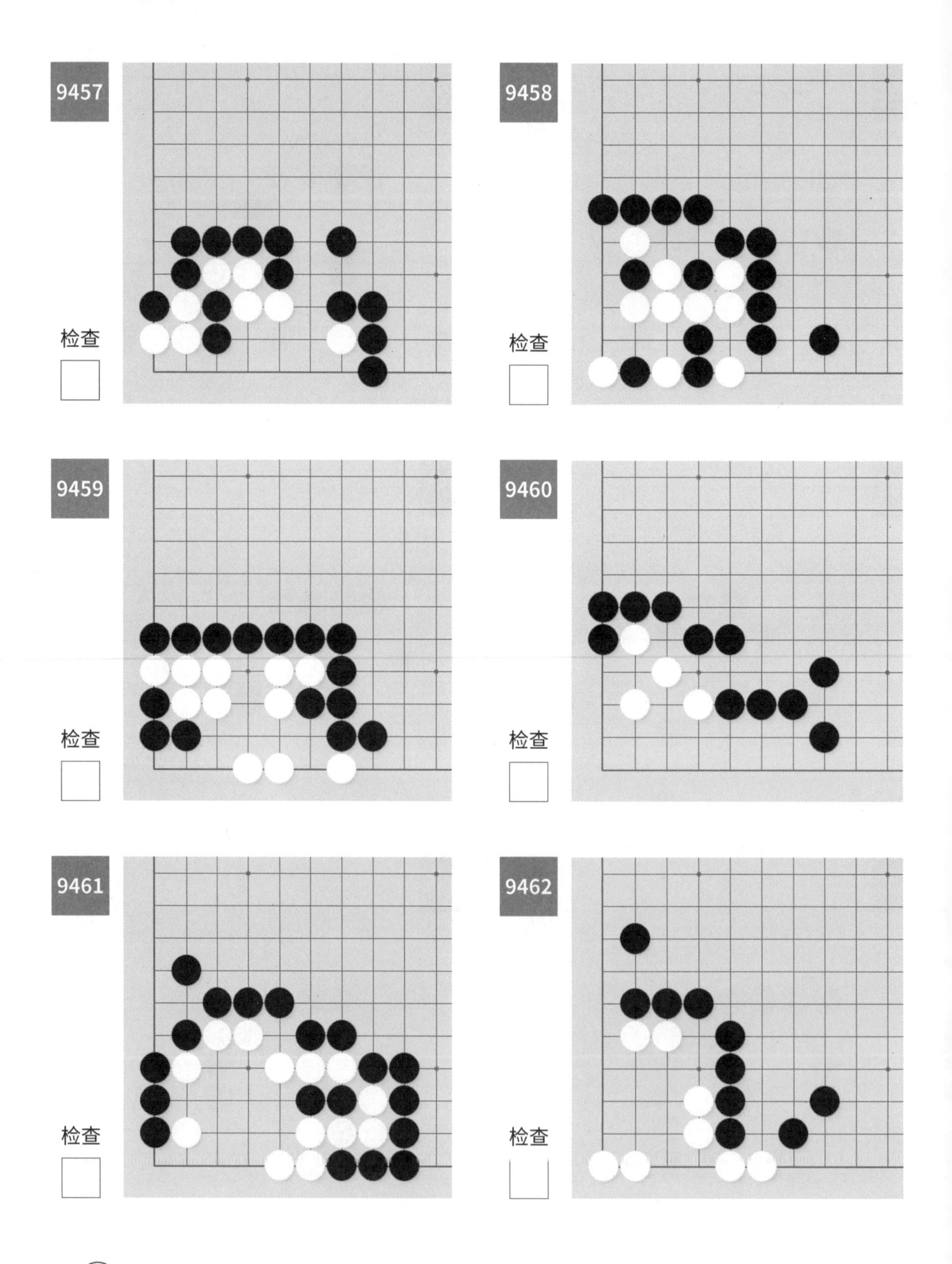
9457
检查
9458
检查
9459
检查
9460
检查
9461
检查
9462
检查

9463

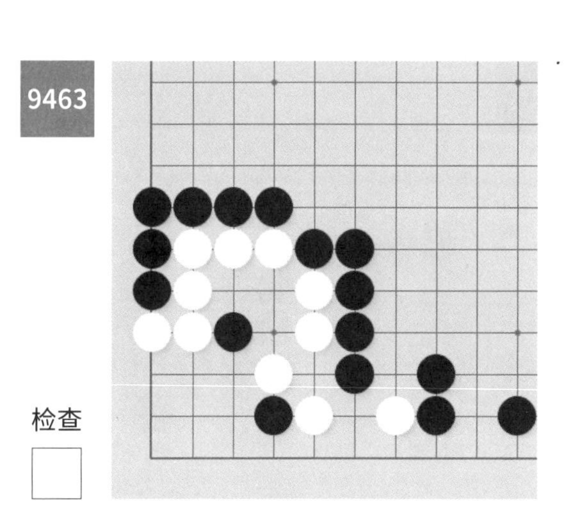

检查 □

9464

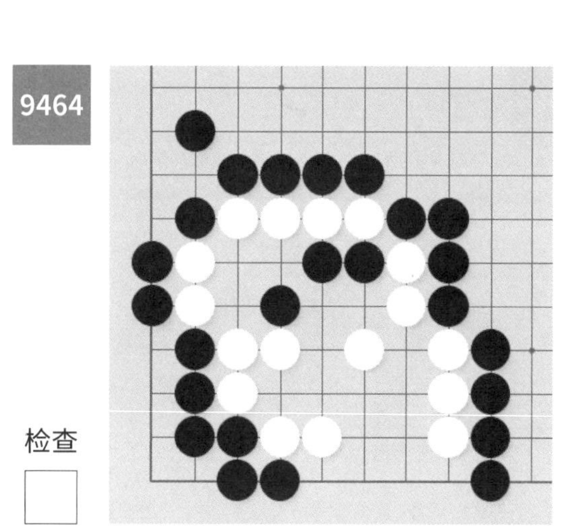

检查 □

9465

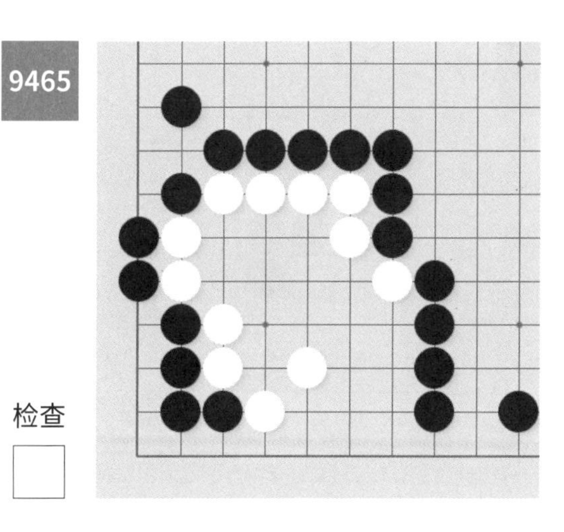

检查 □

9466

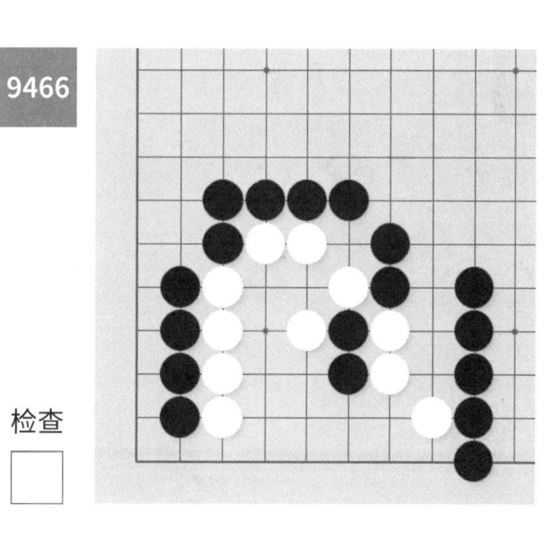

检查 □

9467

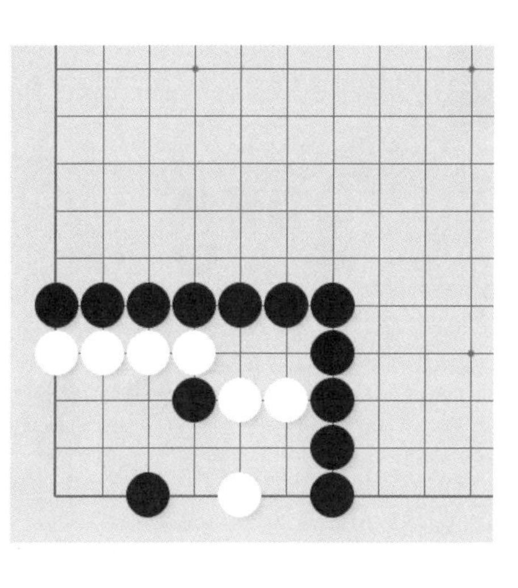

检查 □

9468

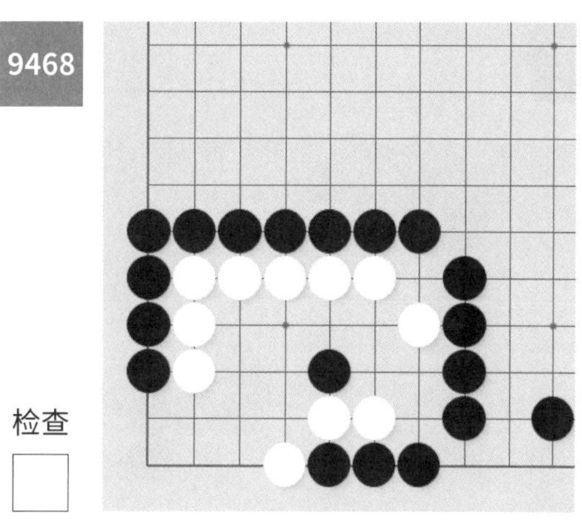

检查 □

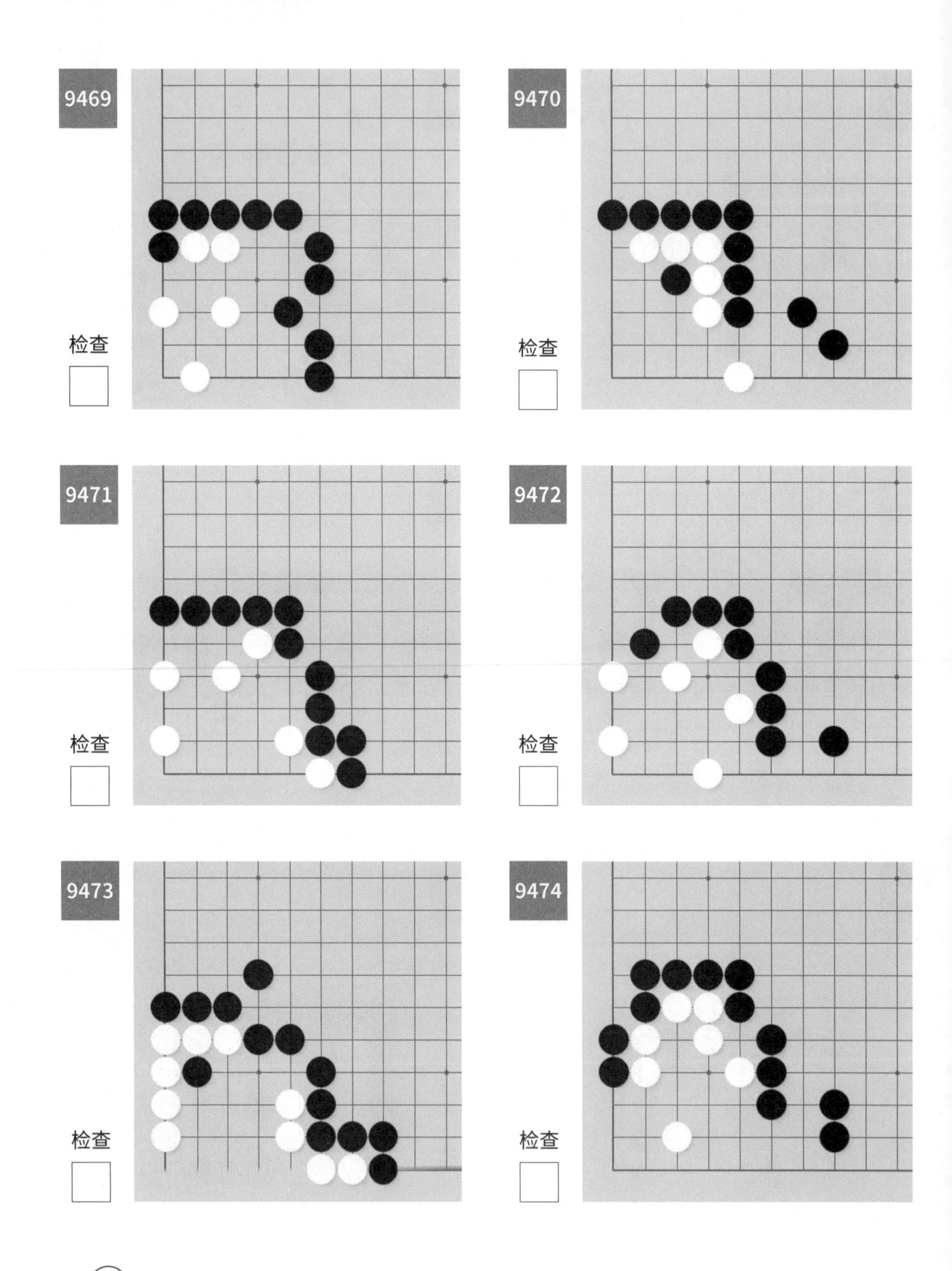
9469
检查
9470
检查
9471
检查
9472
检查
9473
检查
9474
检查

9475

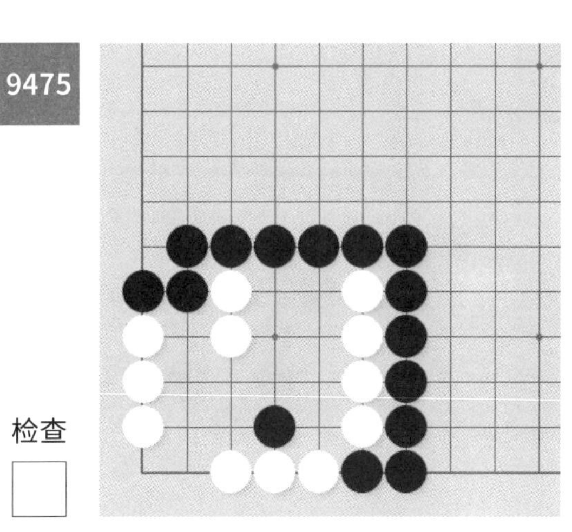

检查

9476

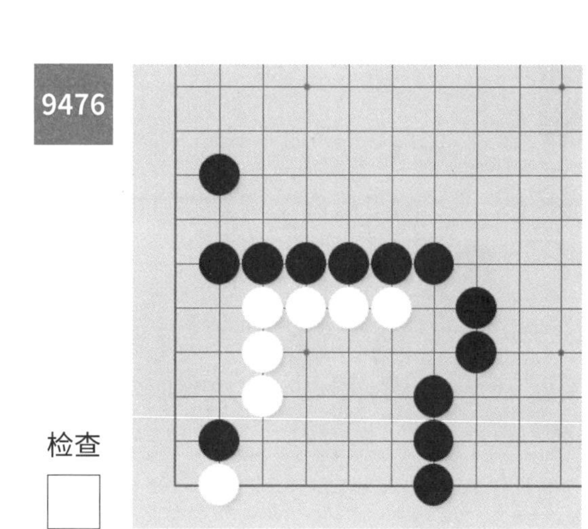

检查

9477

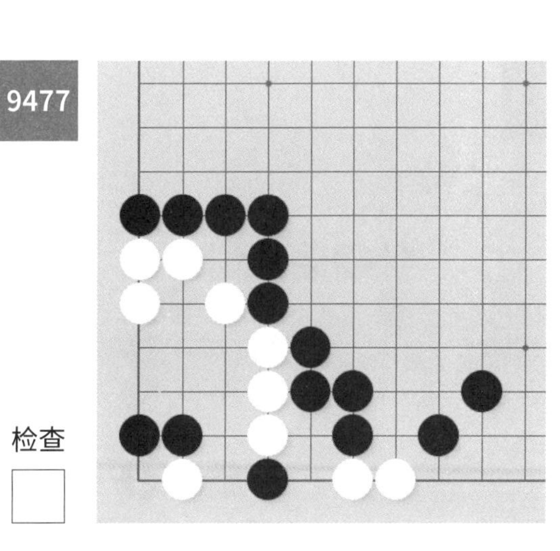

检查

9478

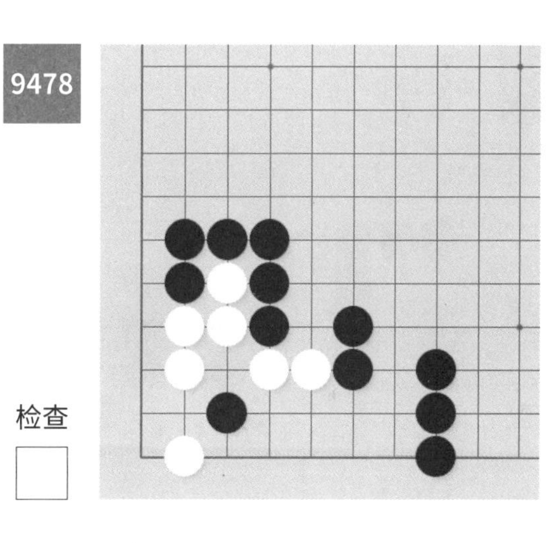

检查

9479

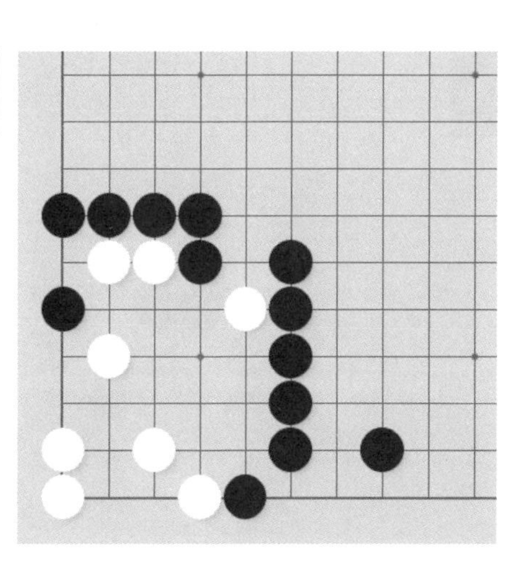

检查

9480

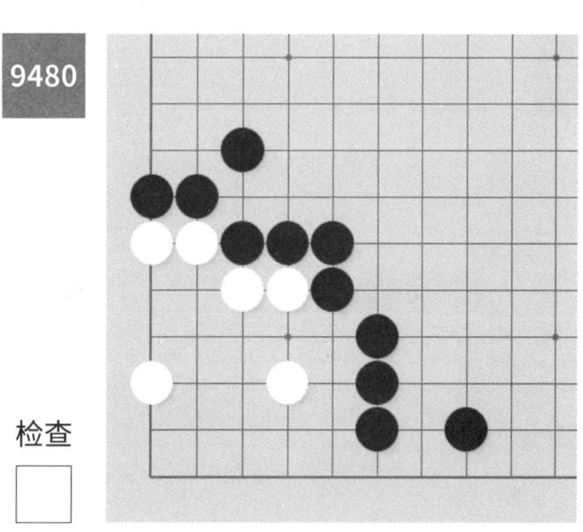

检查

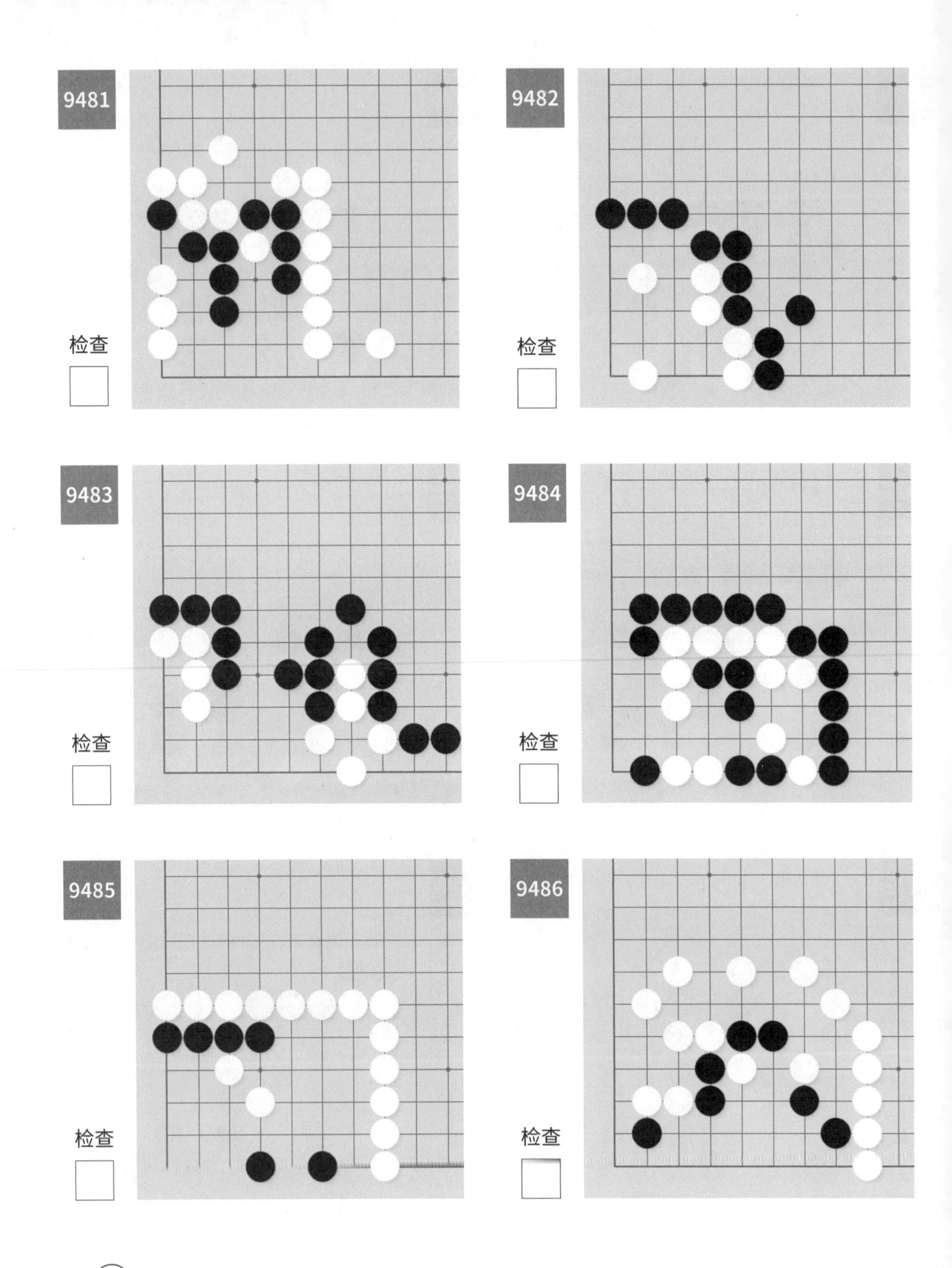
9481
检查
9482
检查
9483
检查
9484
检查
9485
检查
9486
检查

9487

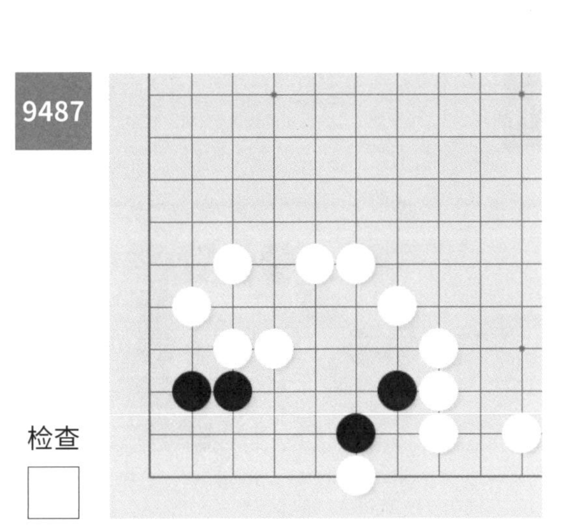

检查

9488

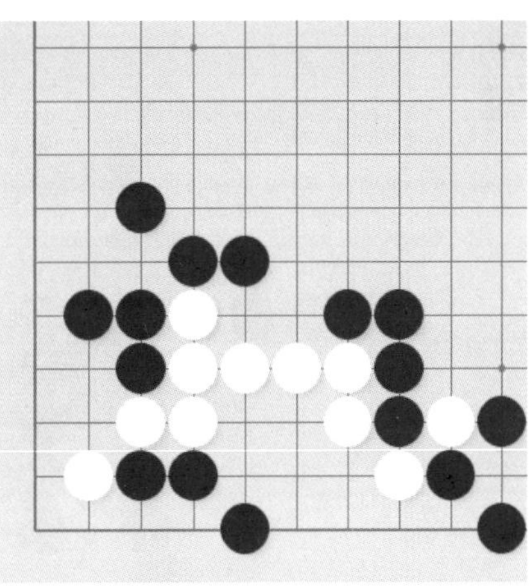

检查

9489

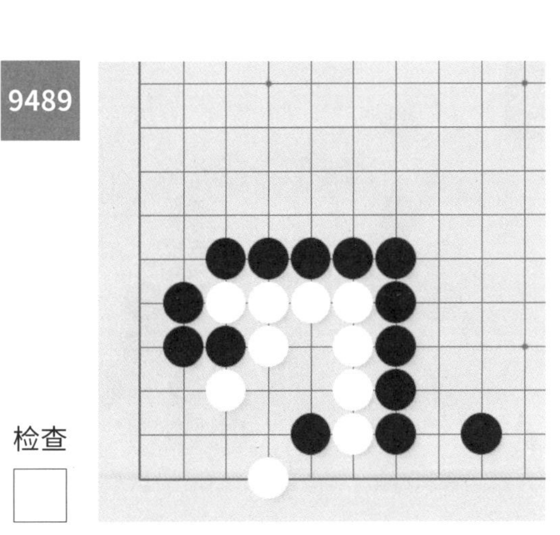

检查

9490

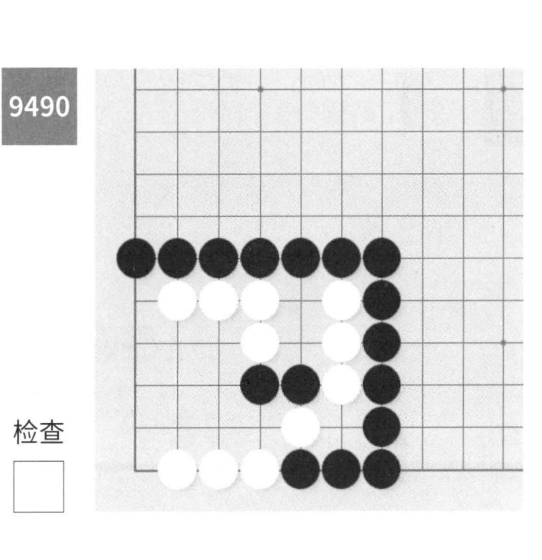

检查

9491

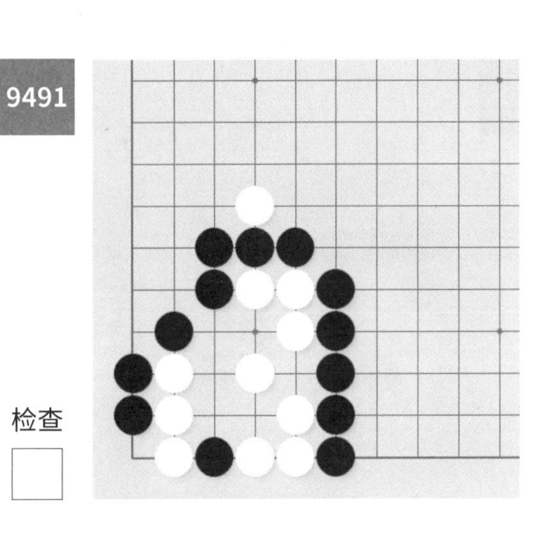

检查

9492

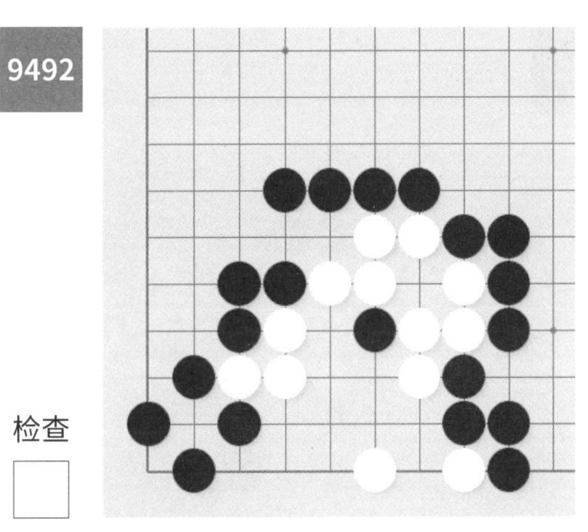

检查

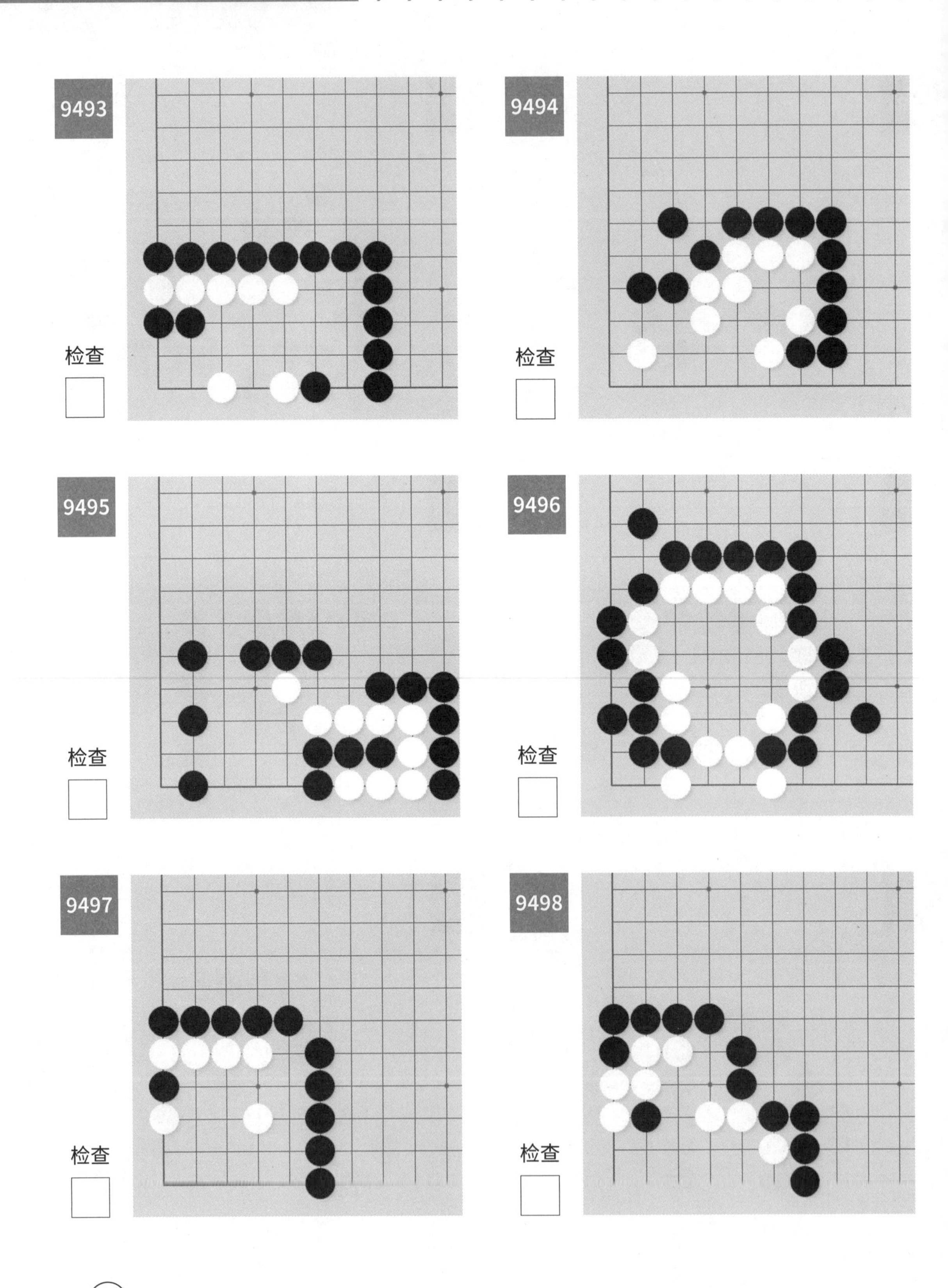
9493
检查
9494
检查
9495
检查
9496
检查
9497
检查
9498
检查

9499

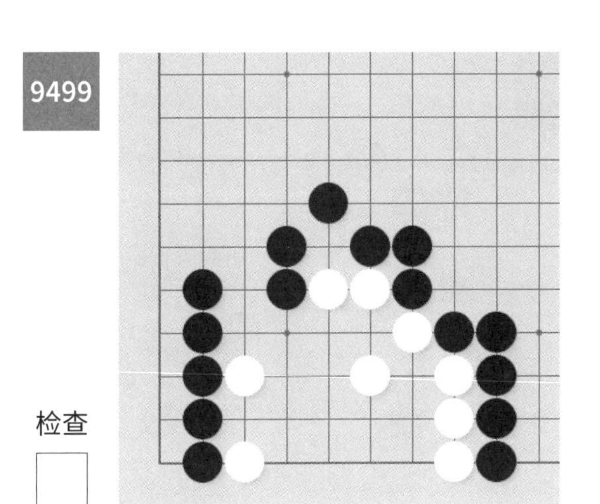

检查

9500

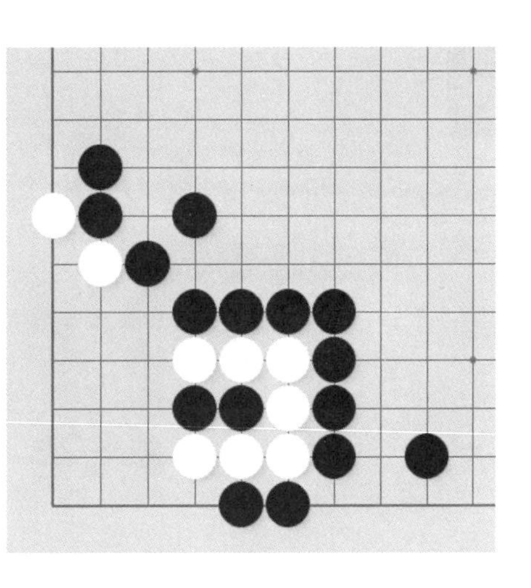

检查

9501

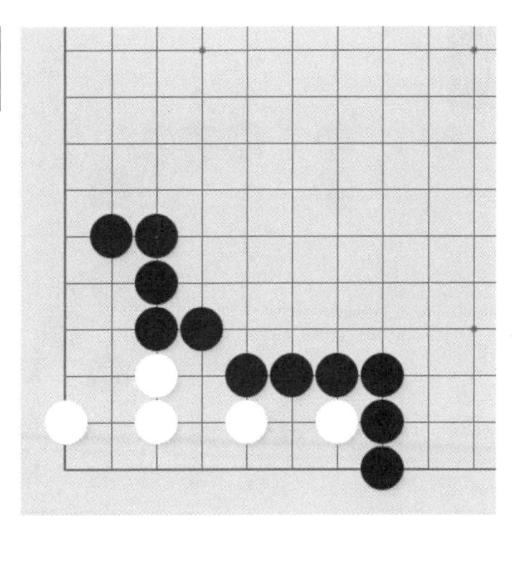

检查

9502

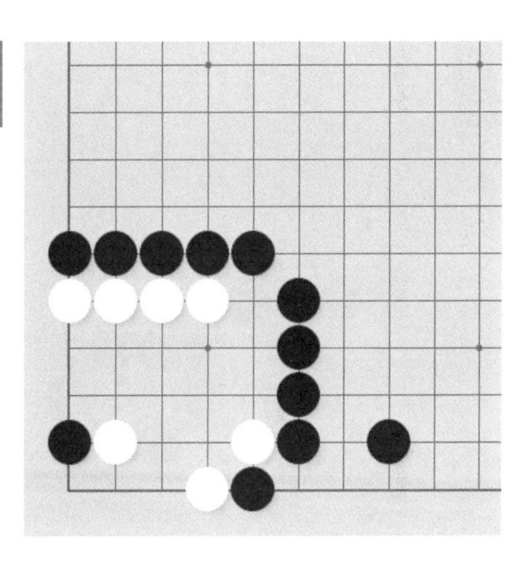

检查

9503

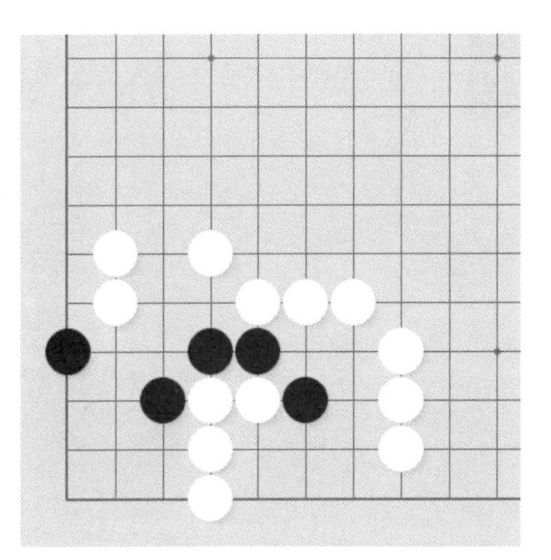

检查

9504

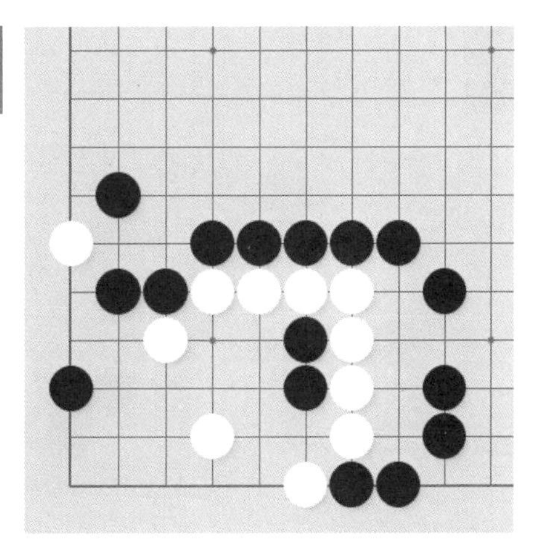

检查

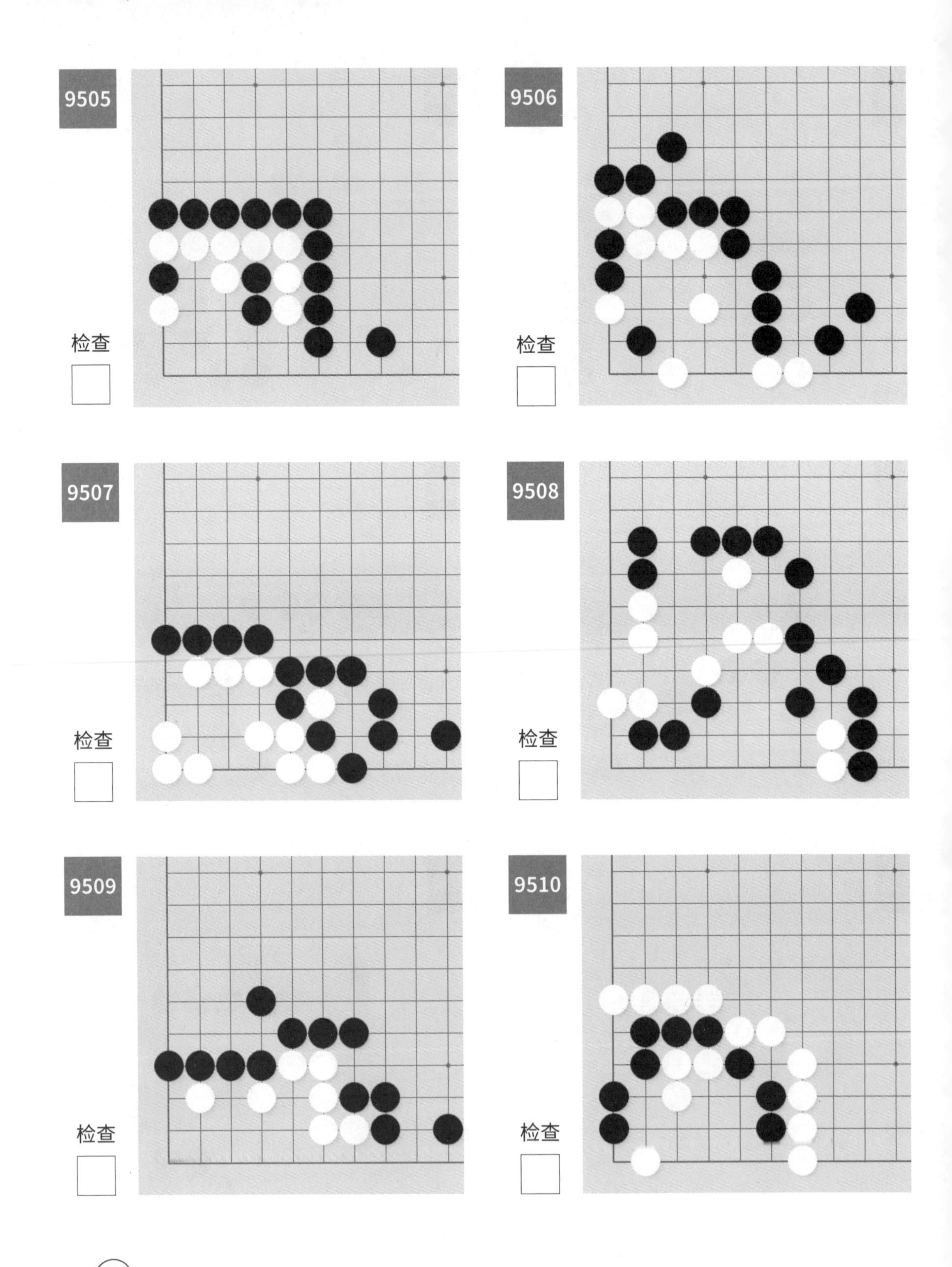
9505
检查
9506
检查
9507
检查
9508
检查
9509
检查
9510
检查

9511

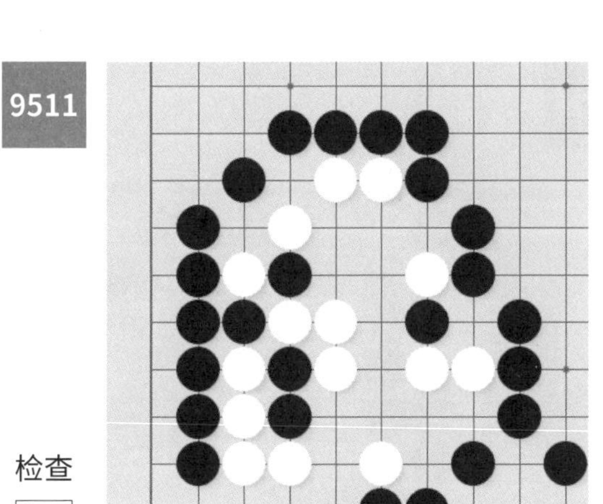

检查

9512

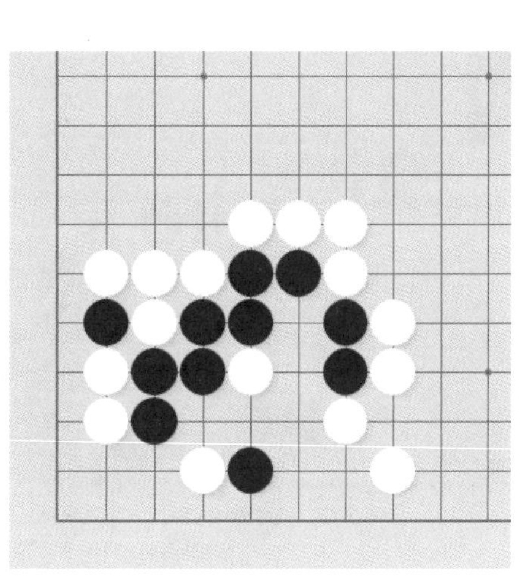

检查

9513

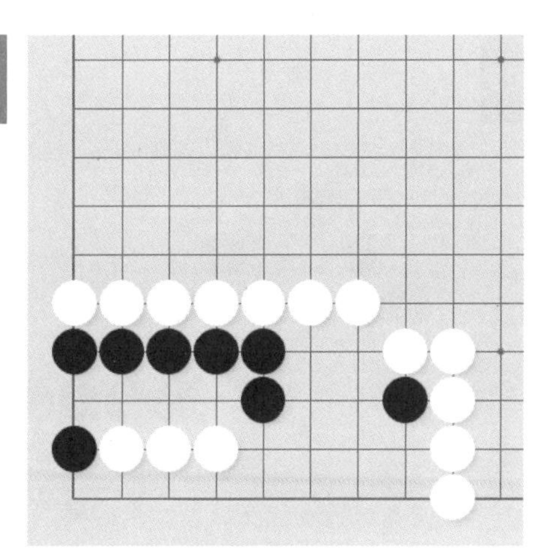

检查

9514

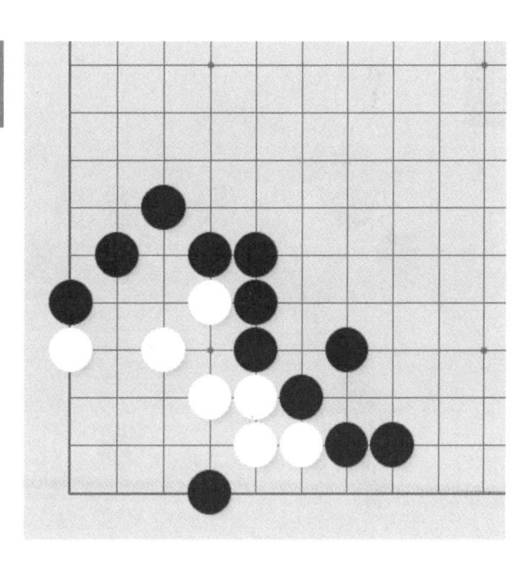

检查

9515

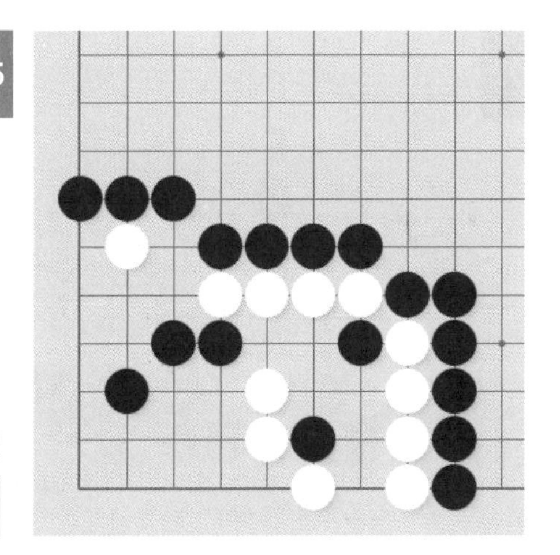

检查

9516

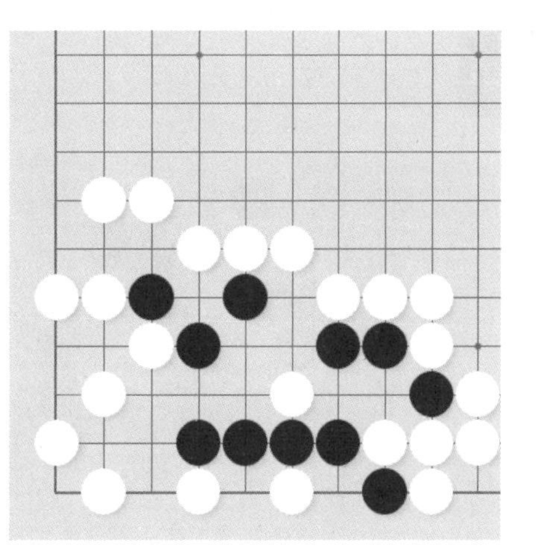

检查

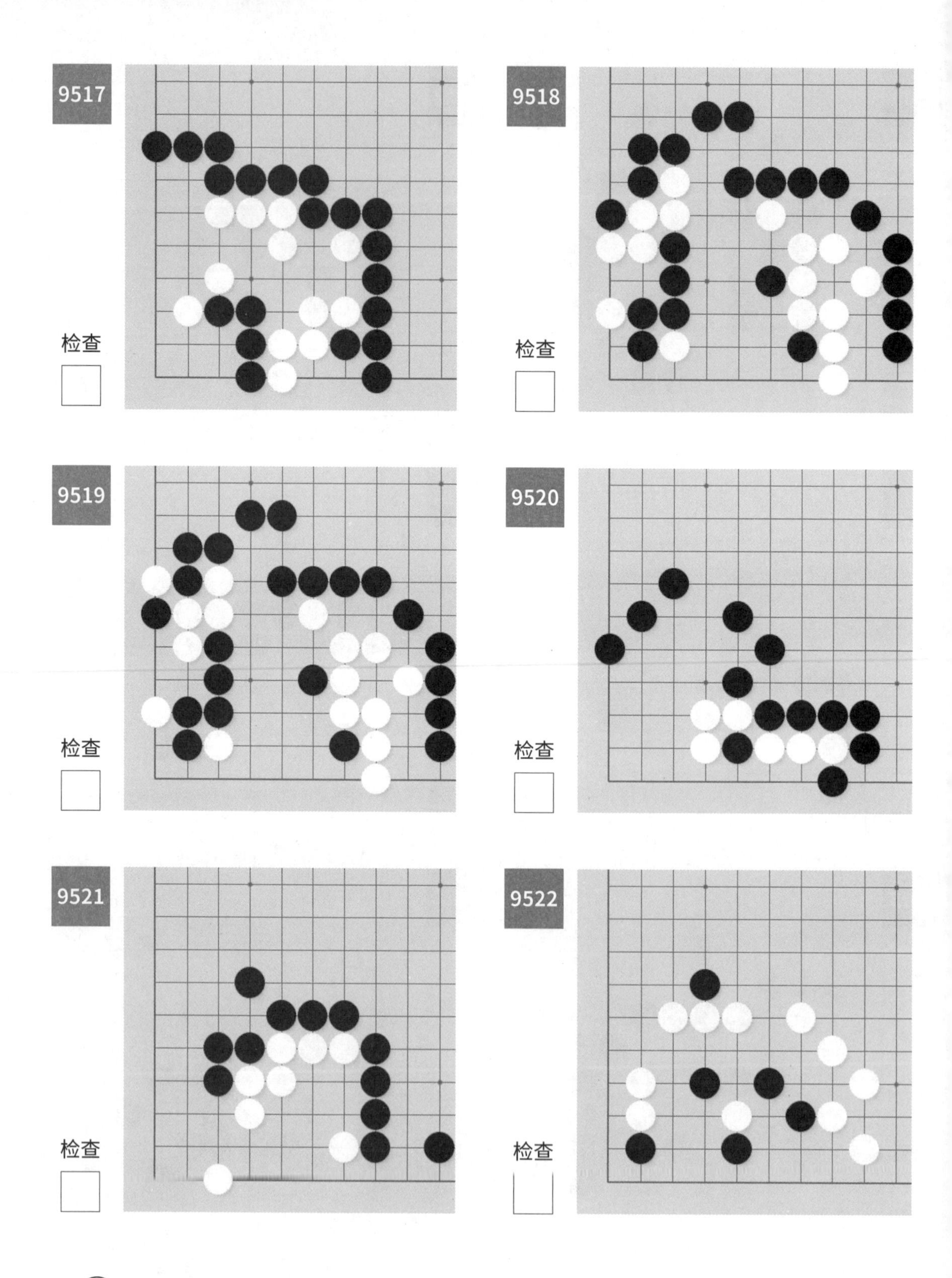
9517
检查
9518
检查
9519
检查
9520
检查
9521
检查
9522
检查

9523

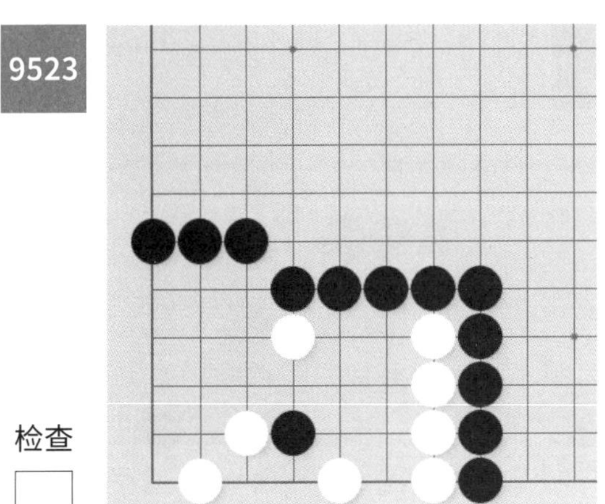

检查

9524

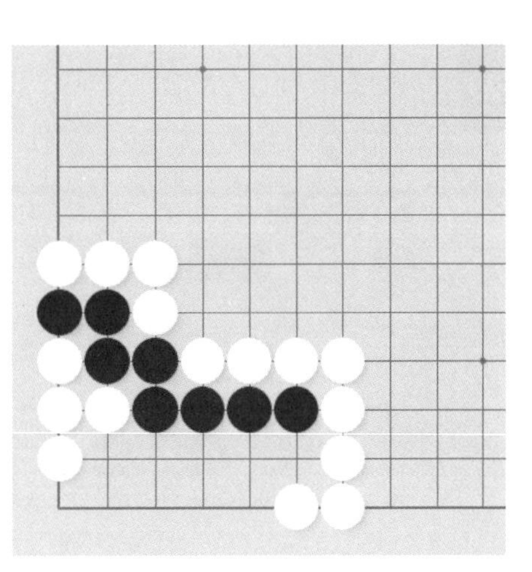

检查

9525

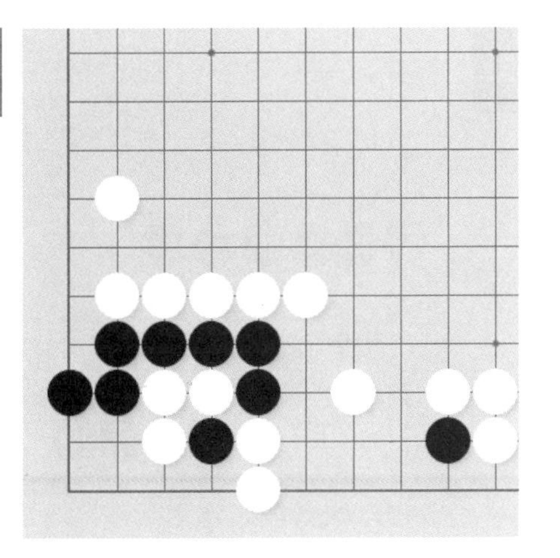

检查

9526

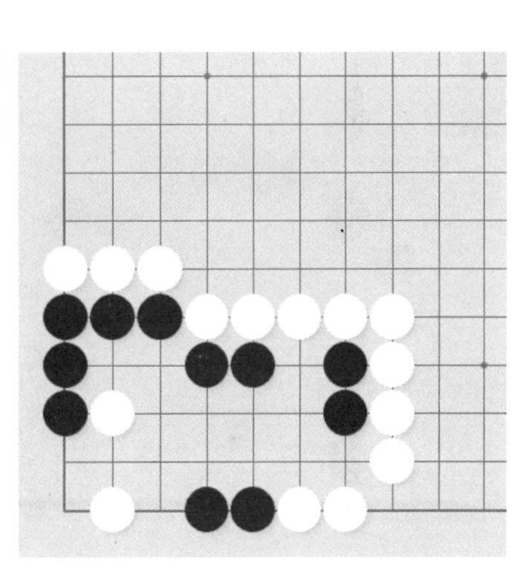

检查

9527

检查

9528

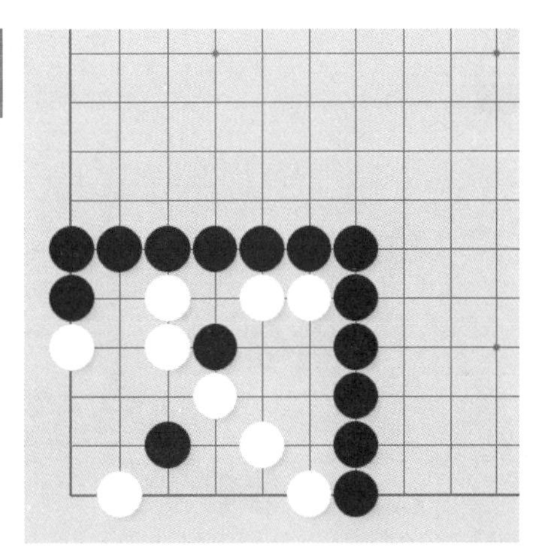

检查

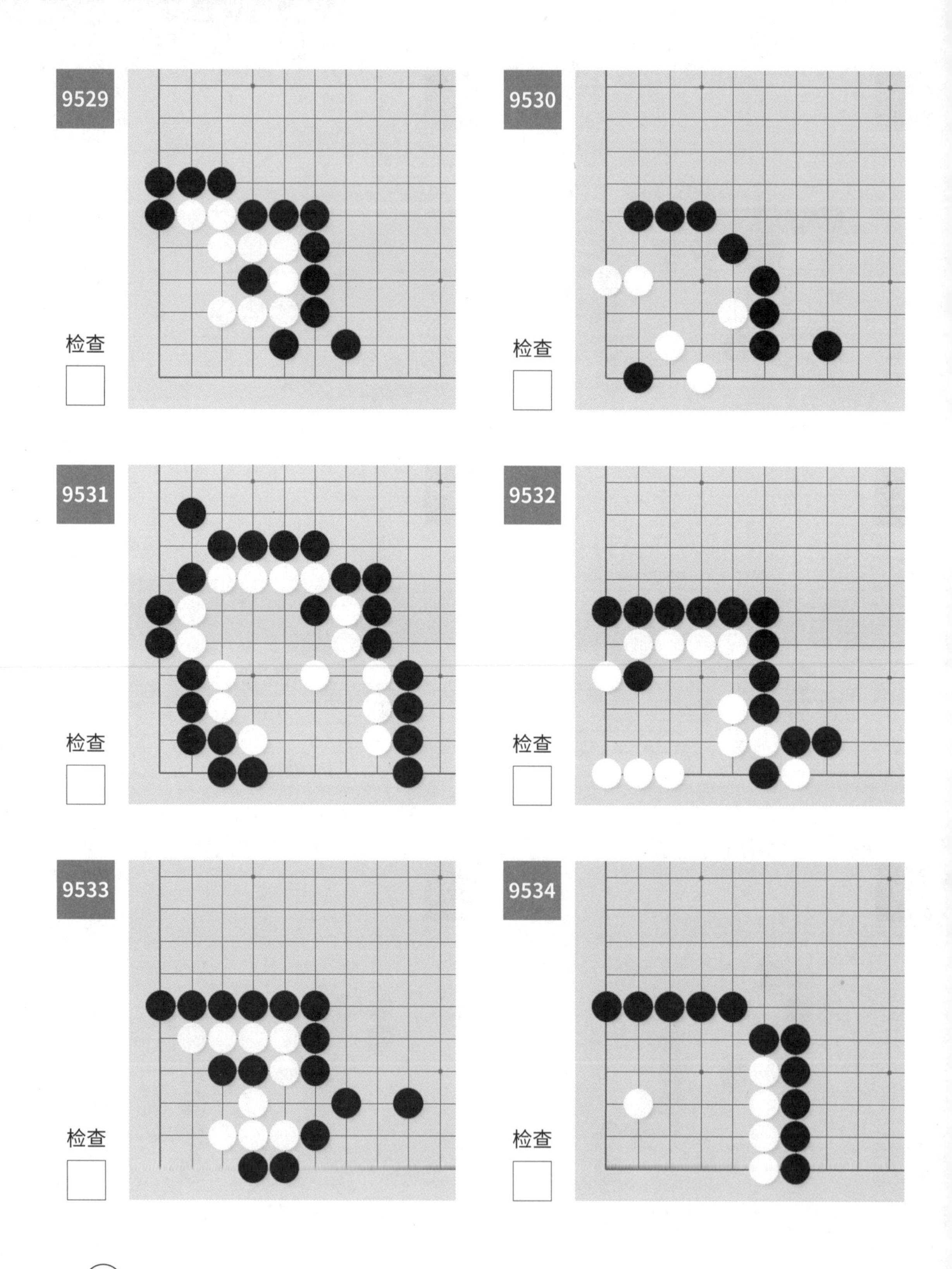
9529
检查
9530
检查
9531
检查
9532
检查
9533
检查
9534
检查

9535

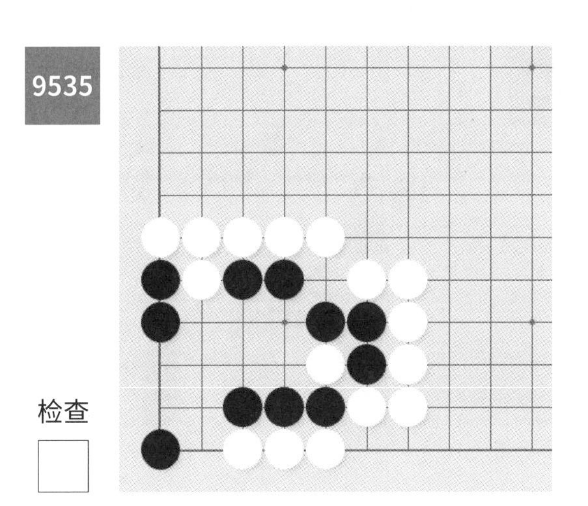

检查

9536

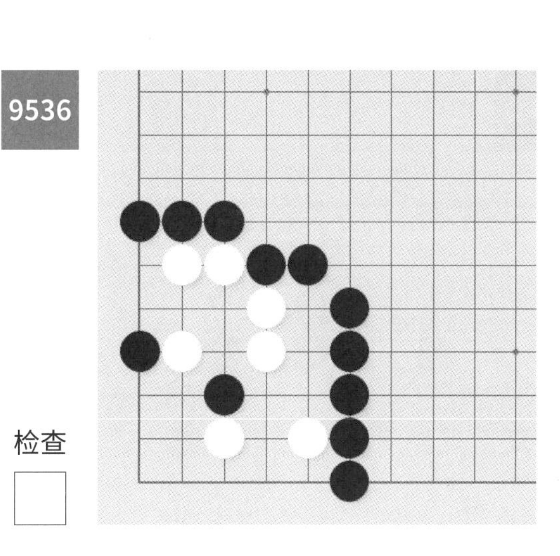

检查

9537

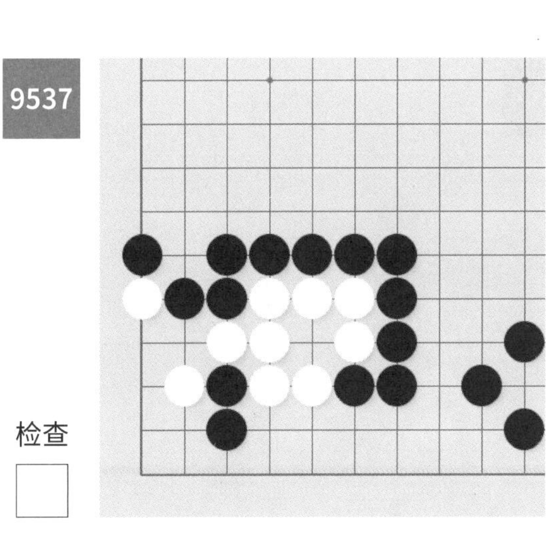

检查

9538

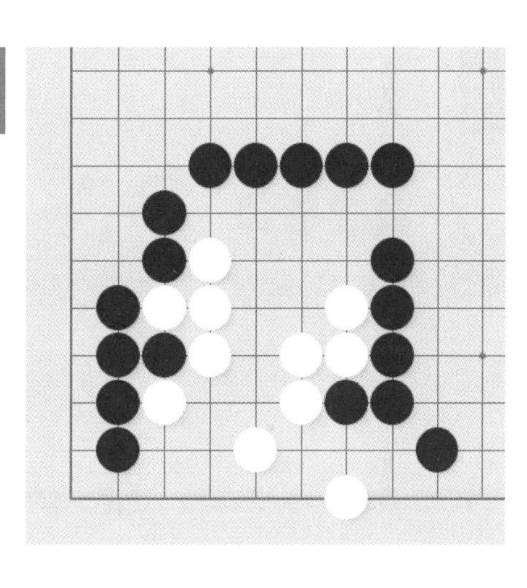

检查

9539

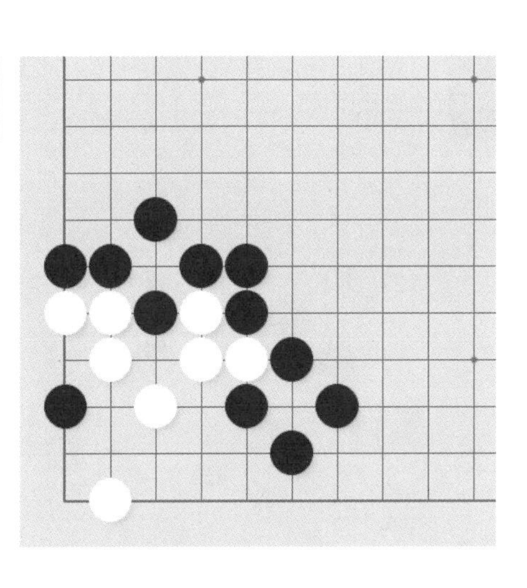

检查

9540

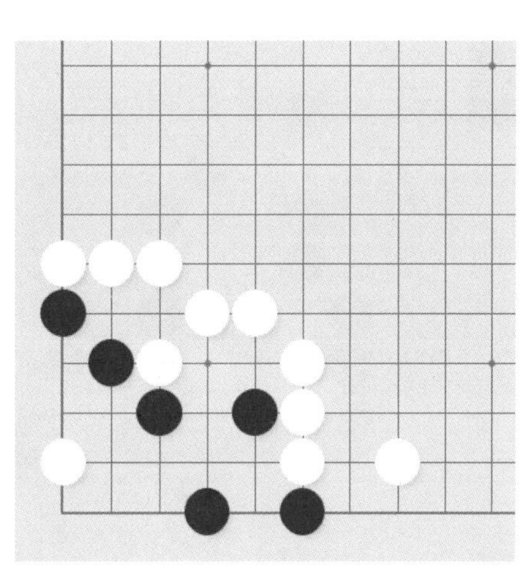

检查

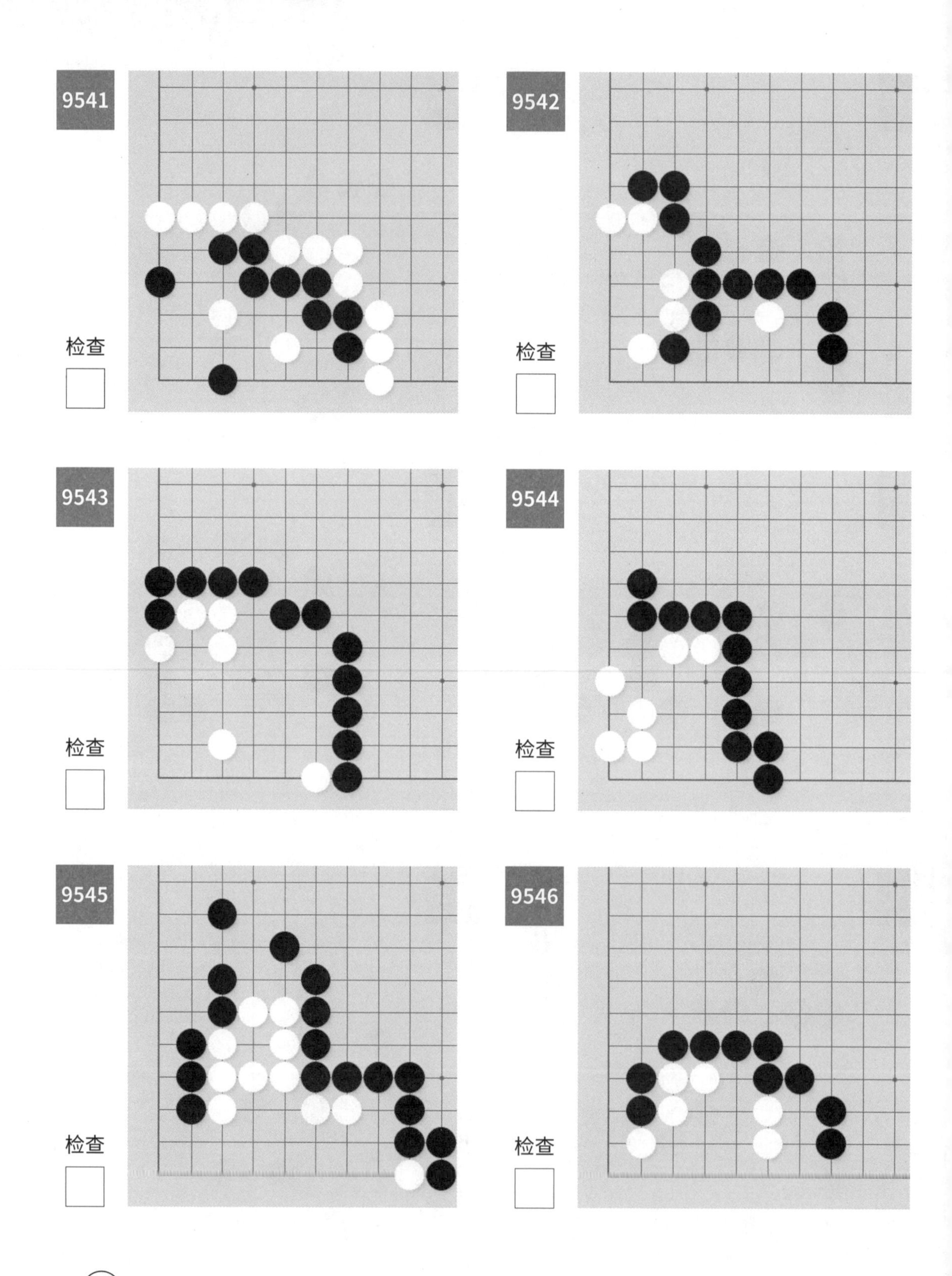
9541
检查
9542
检查
9543
检查
9544
检查
9545
检查
9546
检查

9547

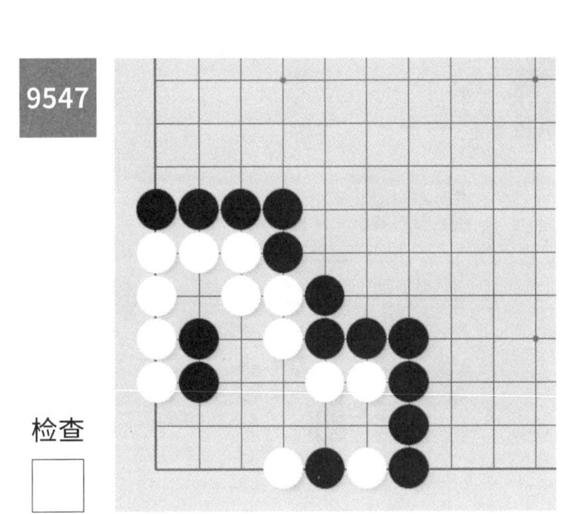

检查

9548

检查

9549

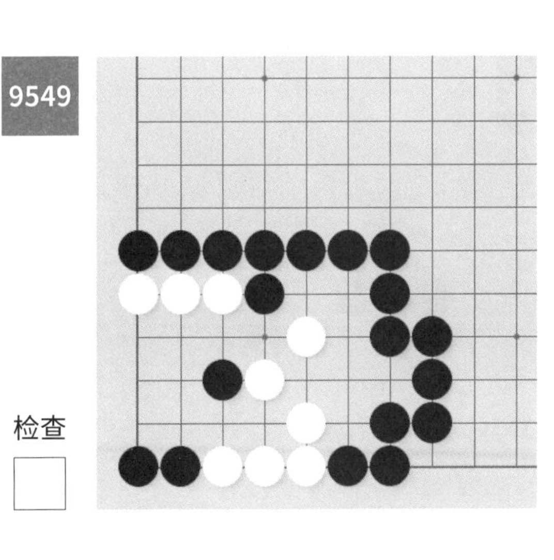

检查

9550

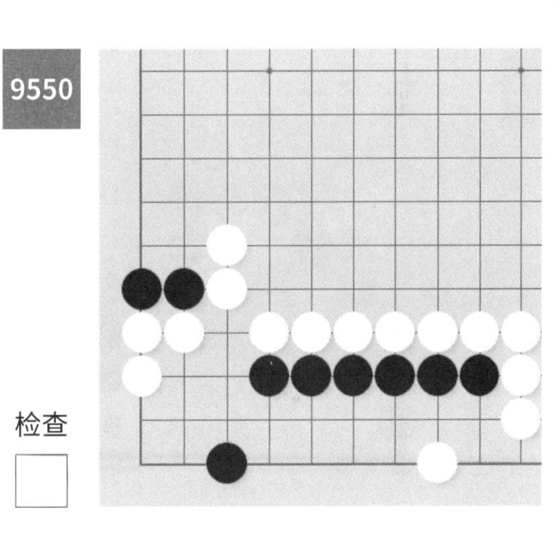

检查

9551

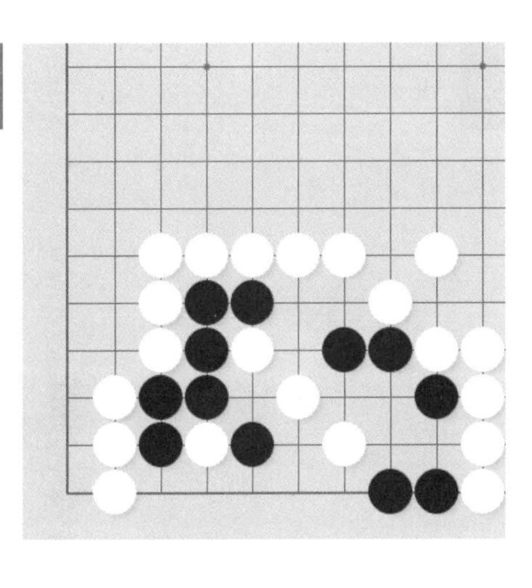

检查

9552

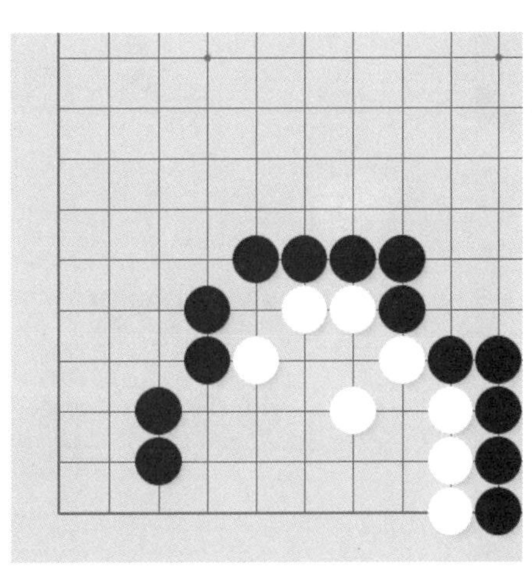

检查

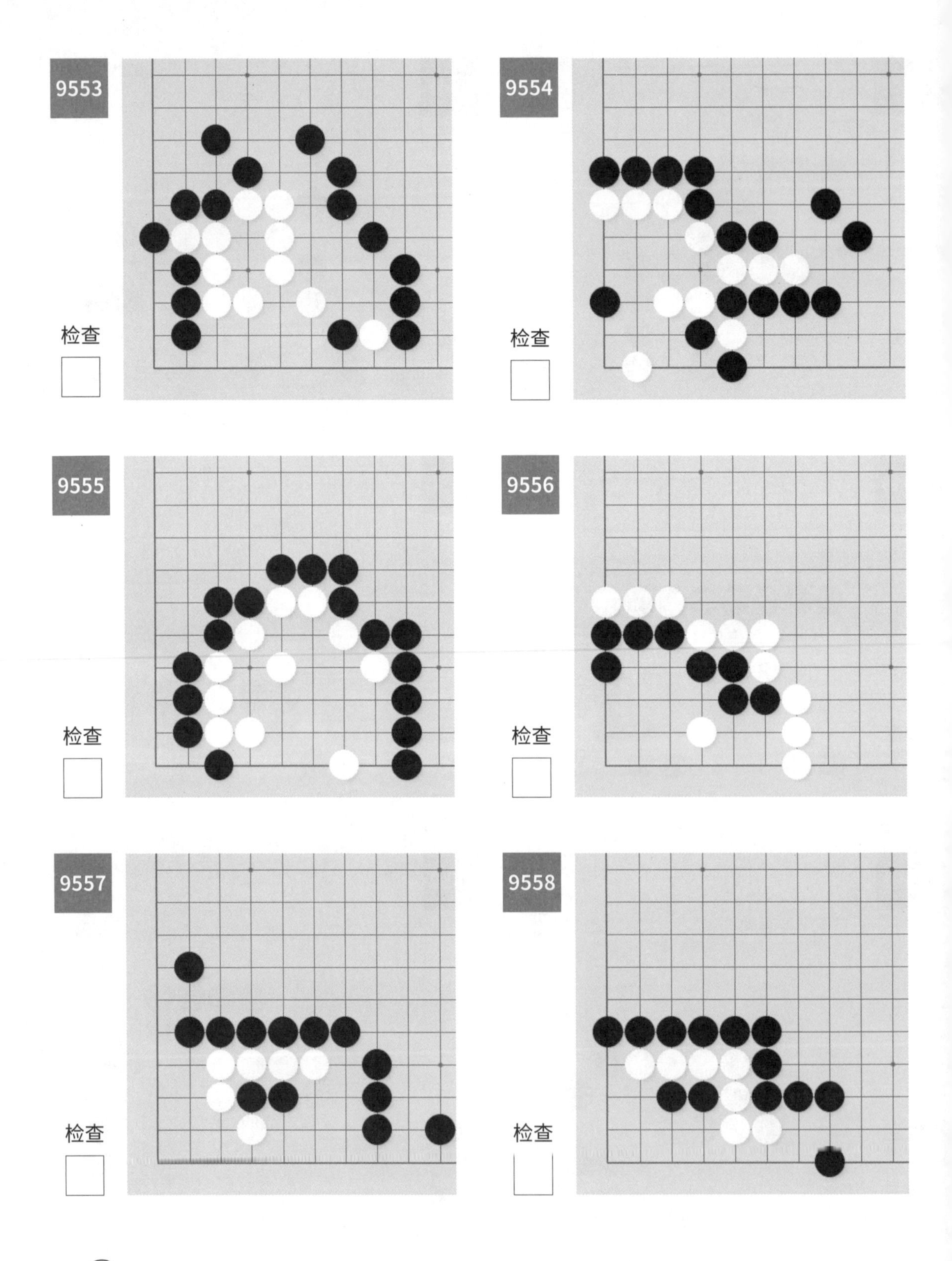
9553
检查
9554
检查
9555
检查
9556
检查
9557
检查
9558
检查

9559

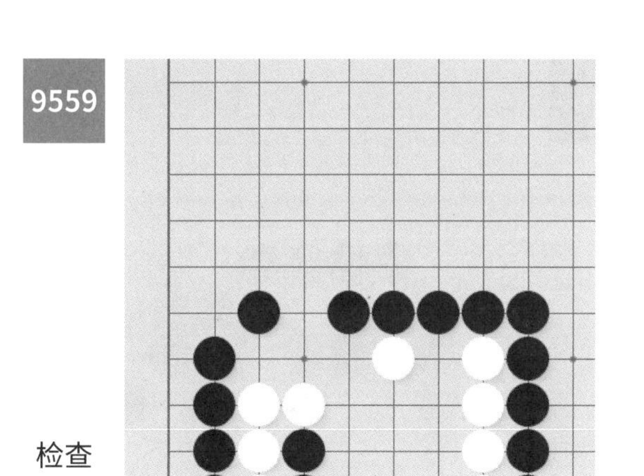

检查

9560

检查

9561

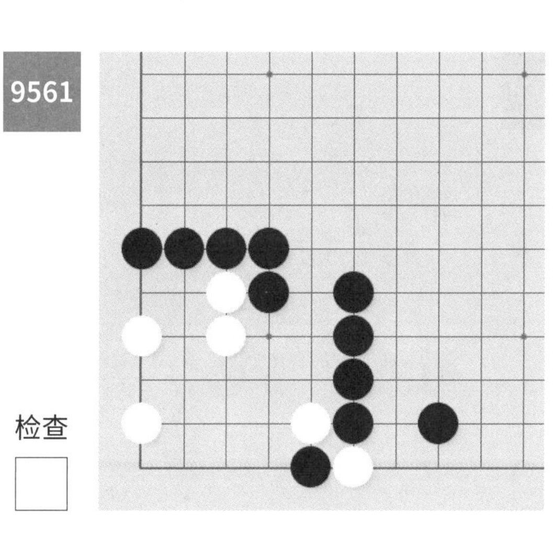

检查

9562

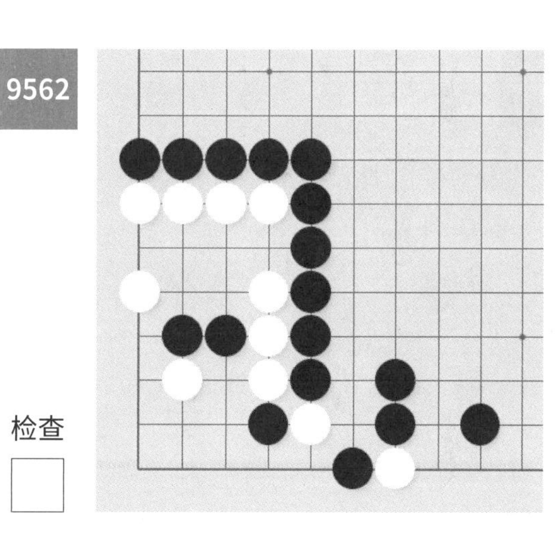

检查

9563

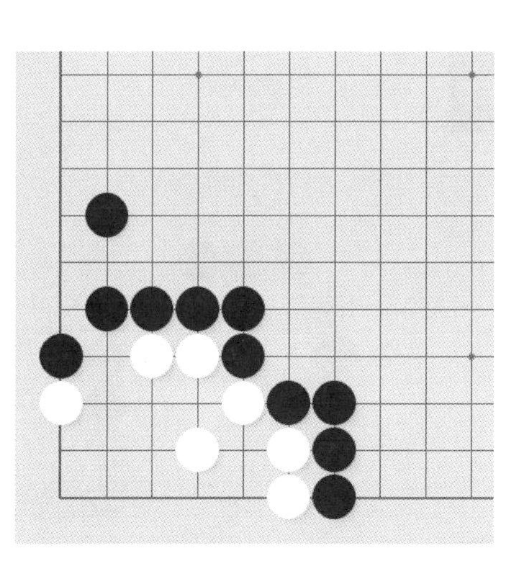

检查

9564

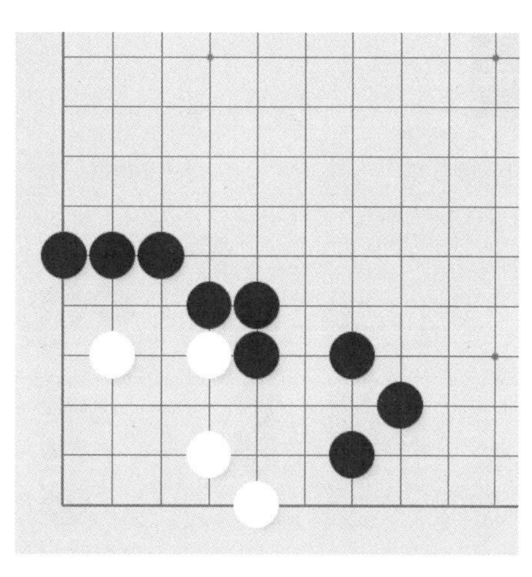

检查

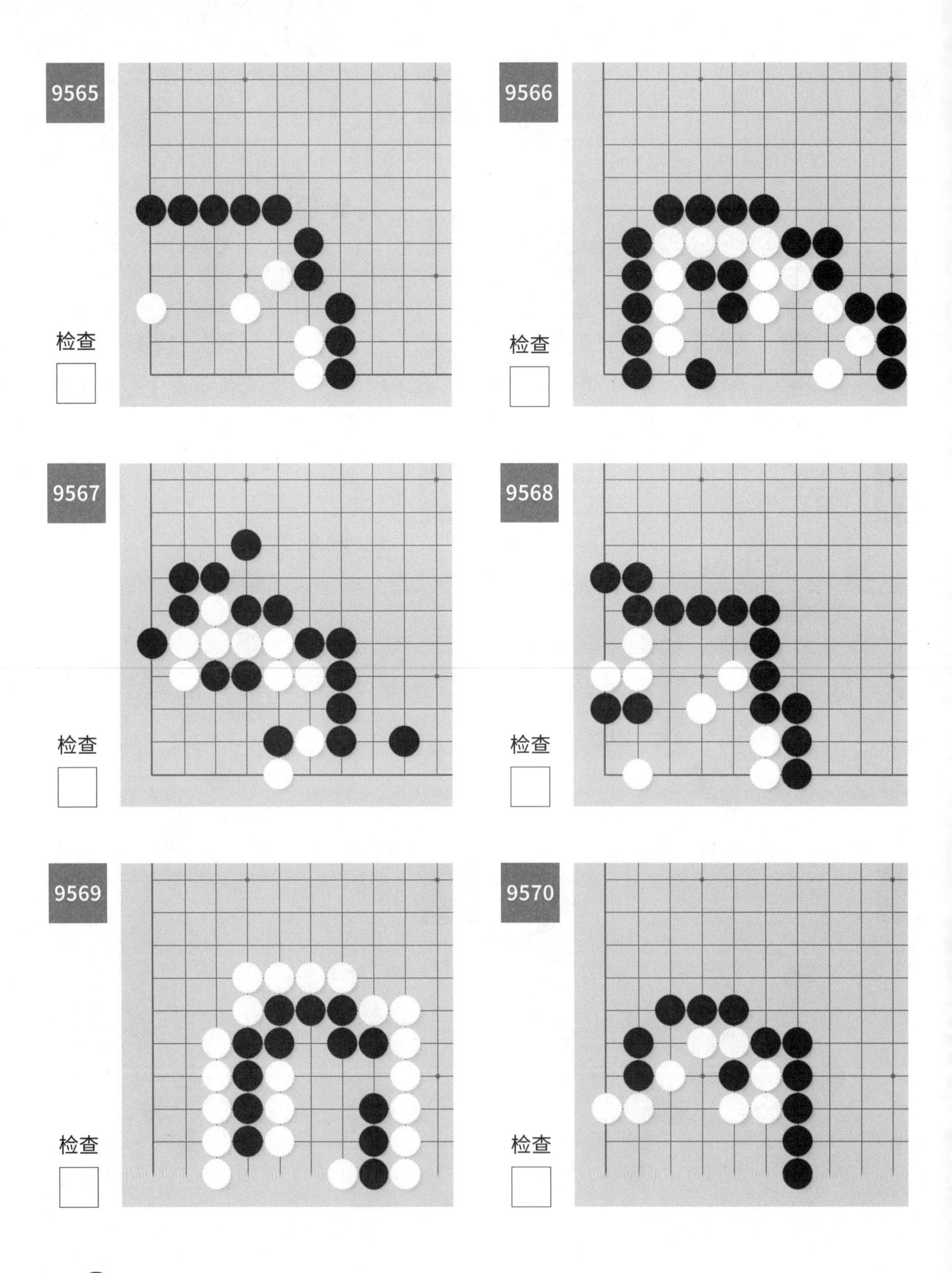
9565
检查
9566
检查
9567
检查
9568
检查
9569
检查
9570
检查

9571

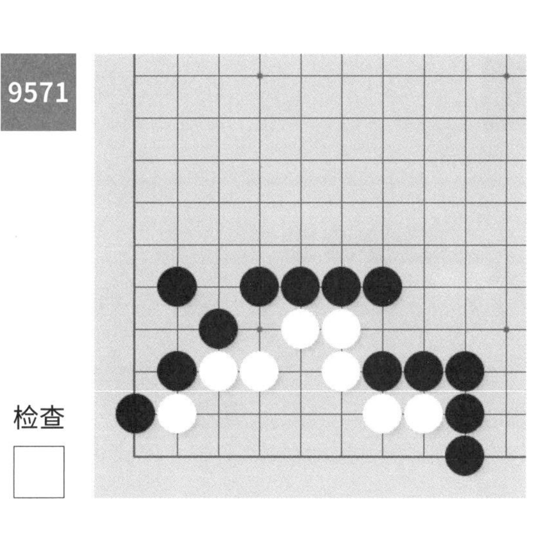

检查

9572

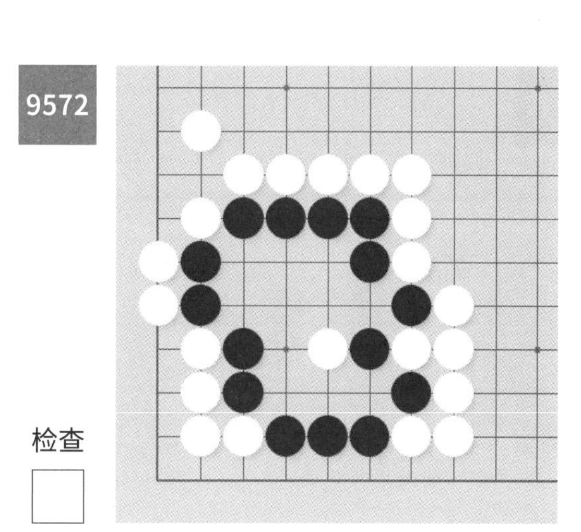

检查

9573

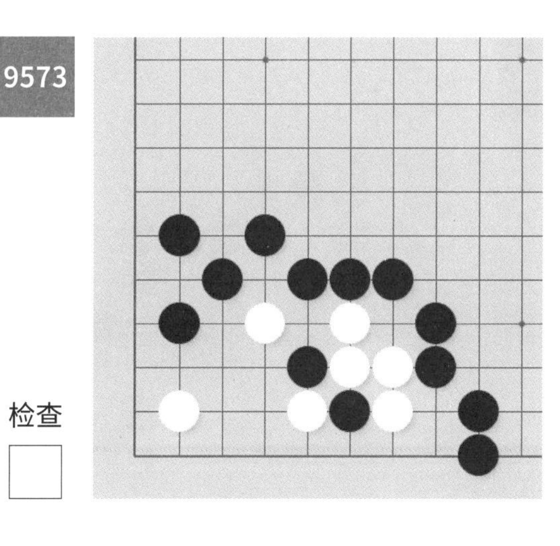

检查

9574

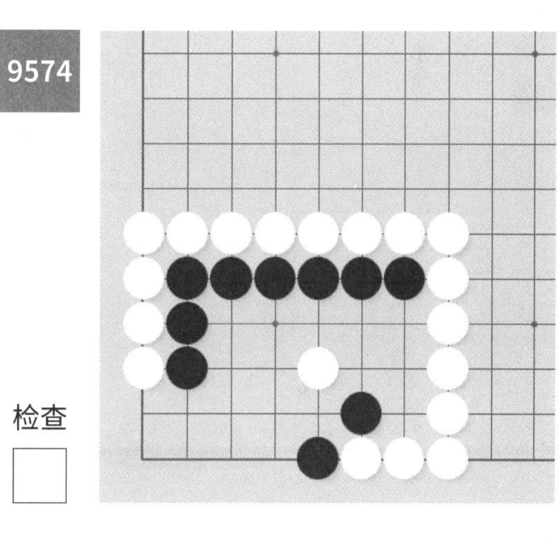

检查

9575

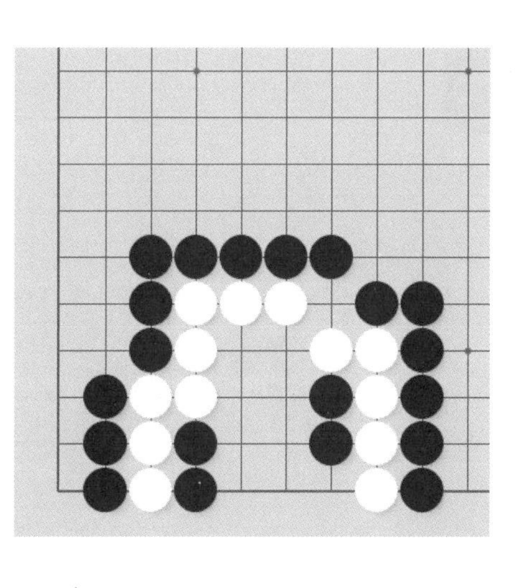

检查

9576

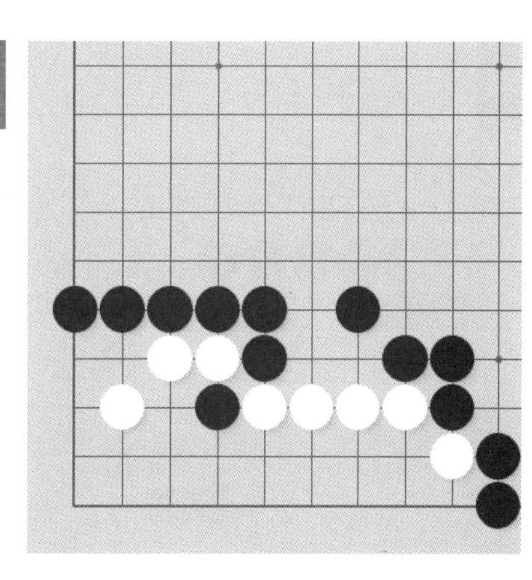

检查

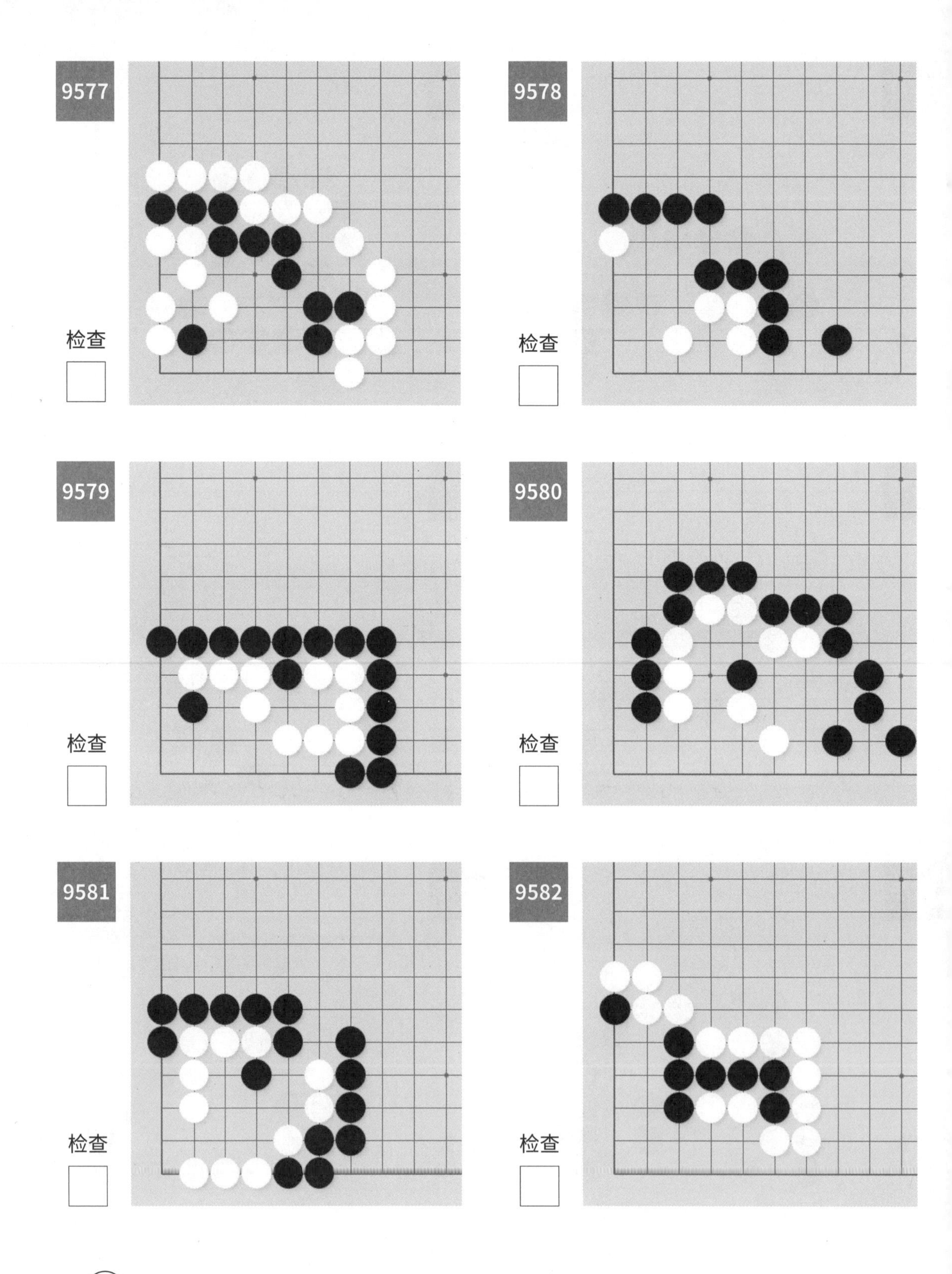
9577
检查
9578
检查
9579
检查
9580
检查
9581
检查
9582
检查

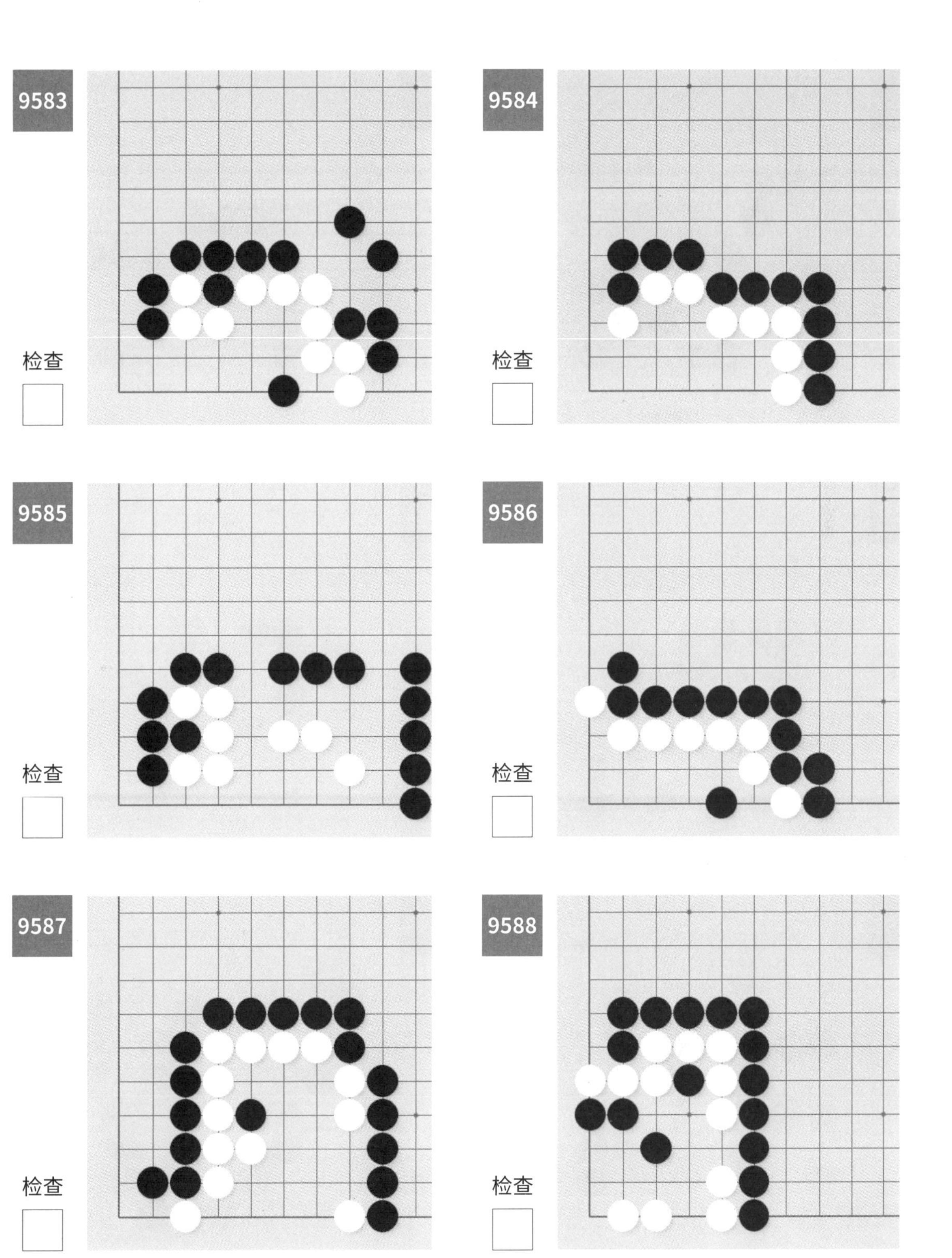
9583
检查
9584
检查
9585
检查
9586
检查
9587
检查
9588
检查

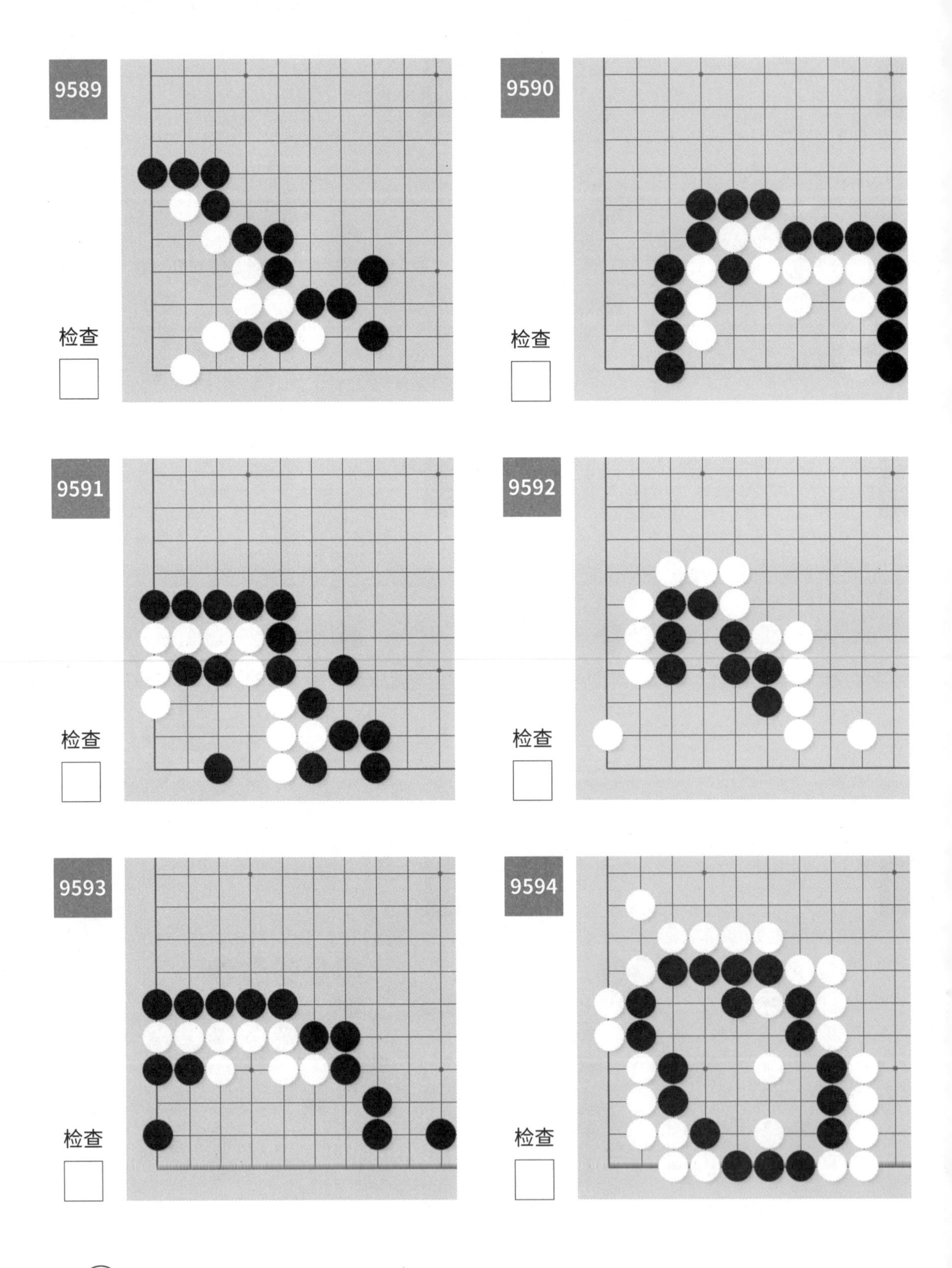
9589
检查
9590
检查
9591
检查
9592
检查
9593
检查
9594
检查

9595

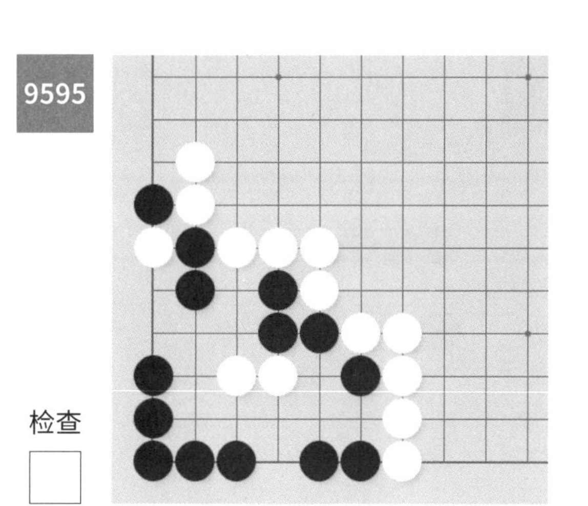

检查

9596

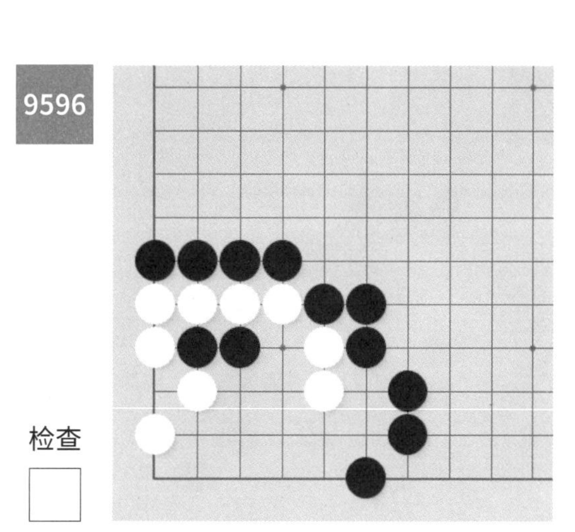

检查

9597

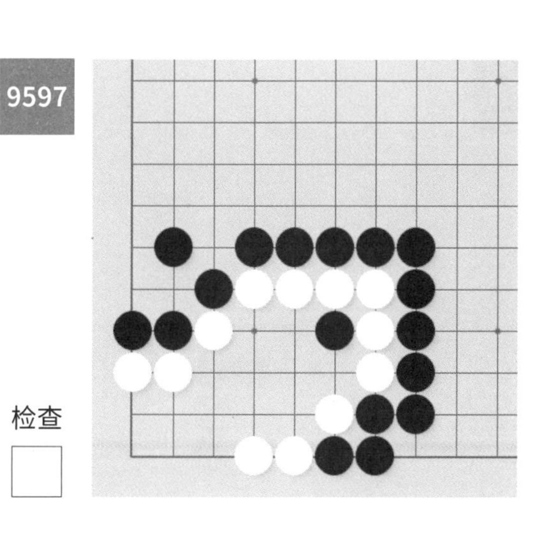

检查

9598

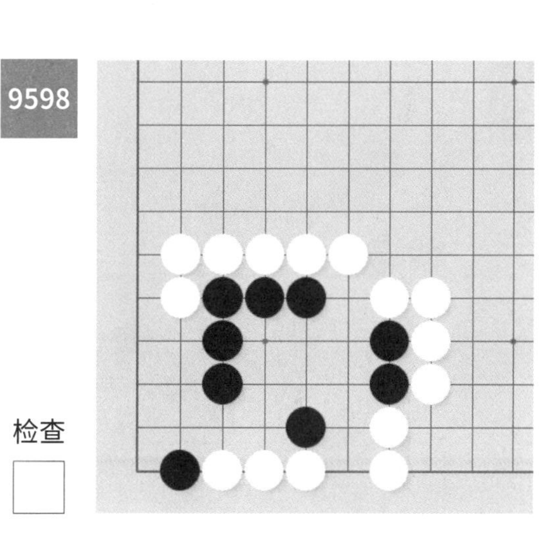

检查

9599

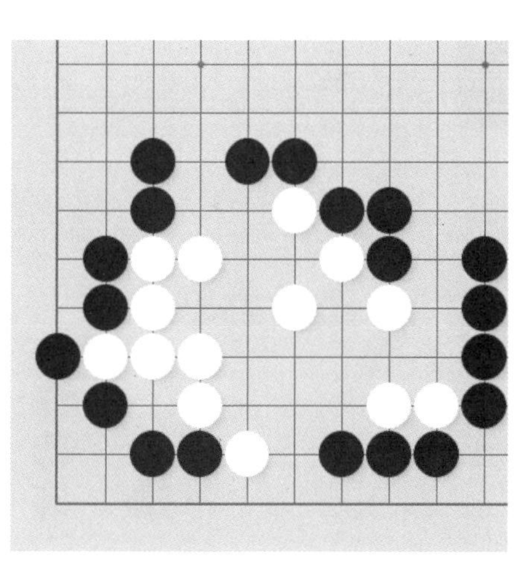

检查

9600

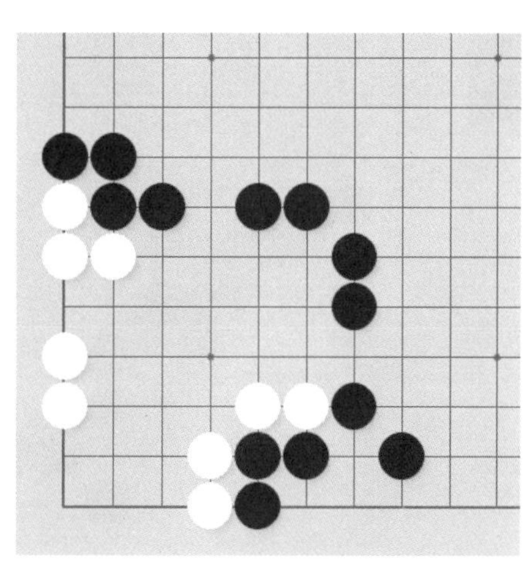

检查

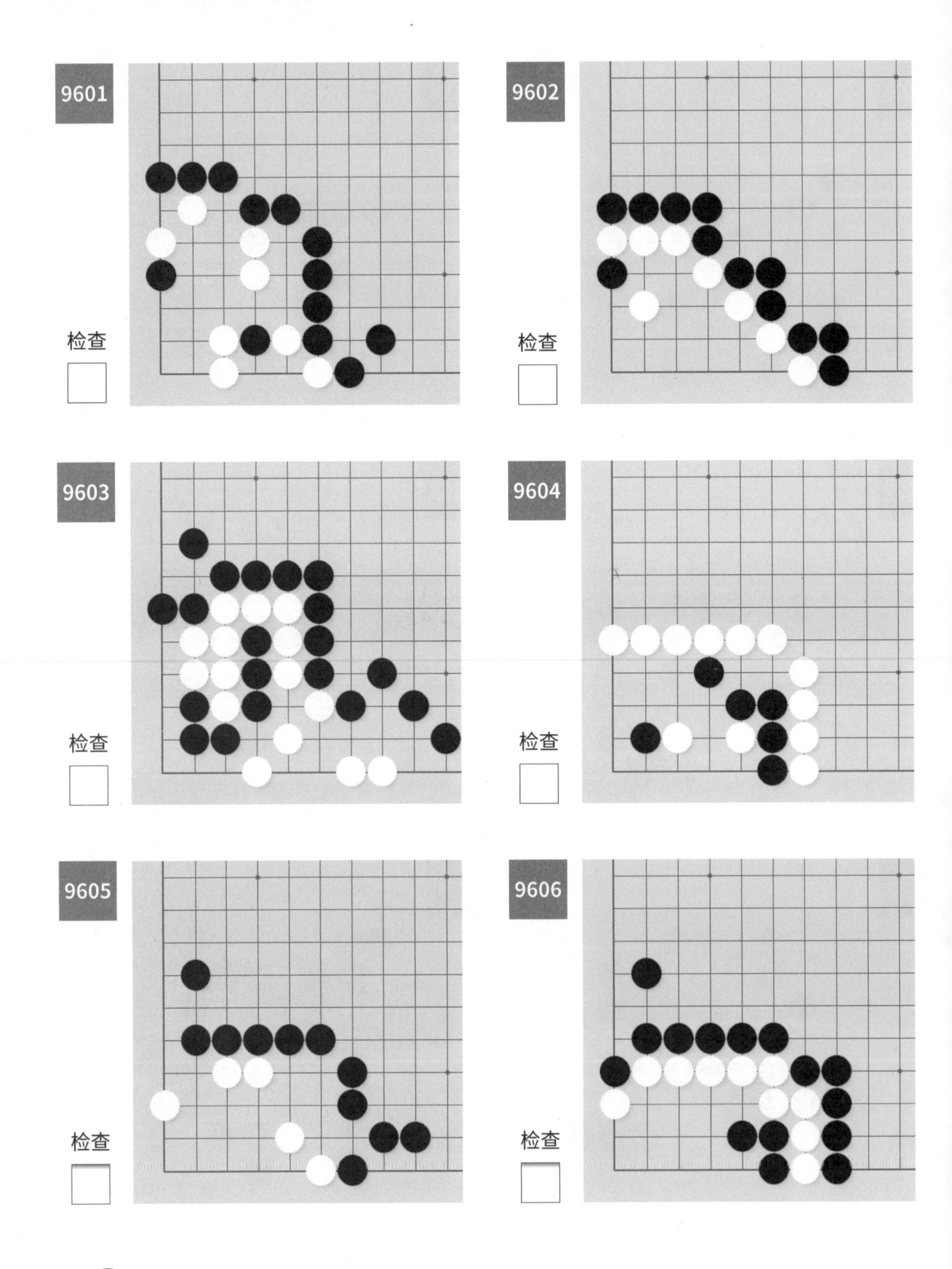
9601
检查
9602
检查
9603
检查
9604
检查
9605
检查
9606
检查

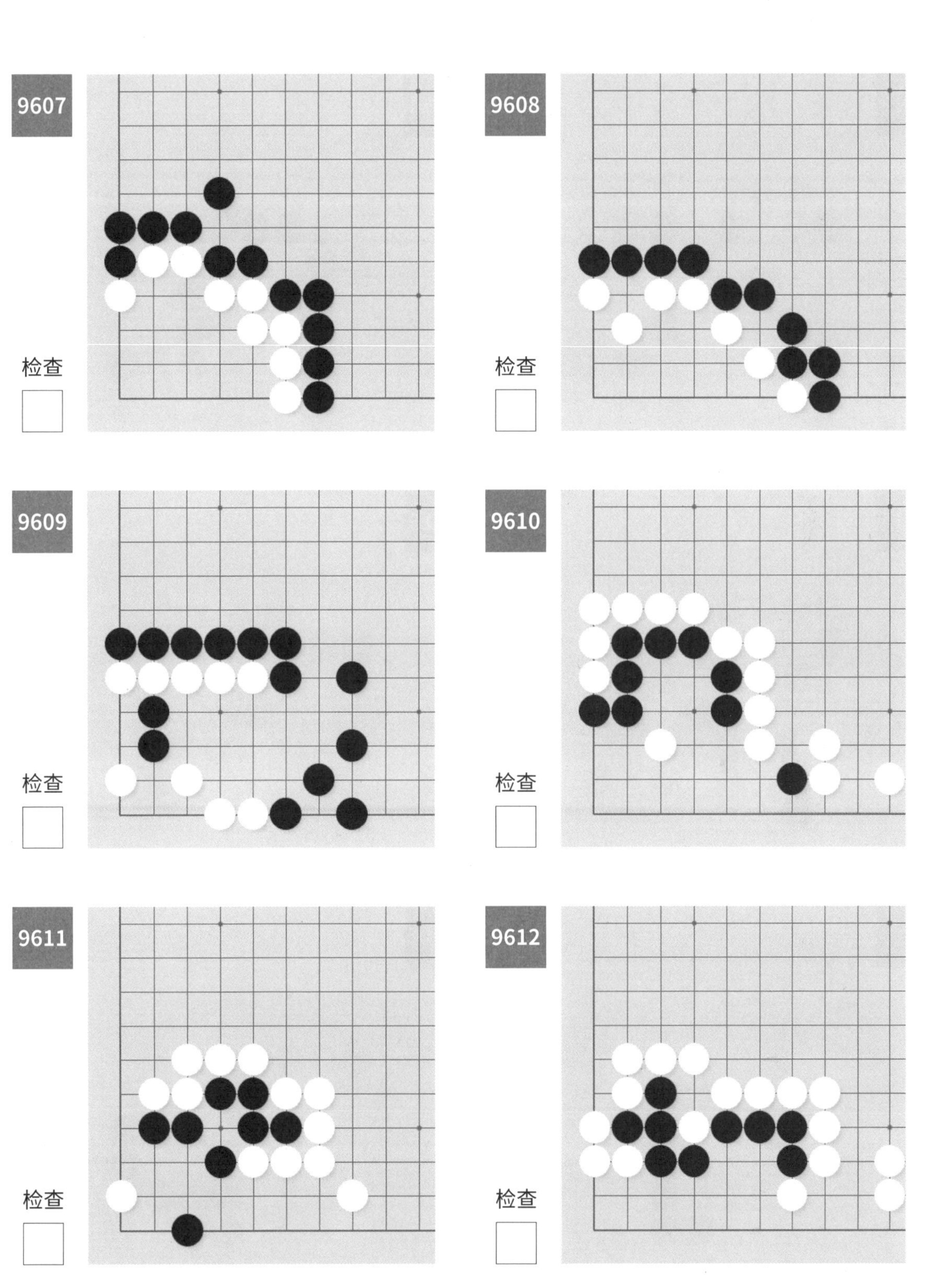
9607
检查
9608
检查
9609
检查
9610
检查
9611
检查
9612
检查

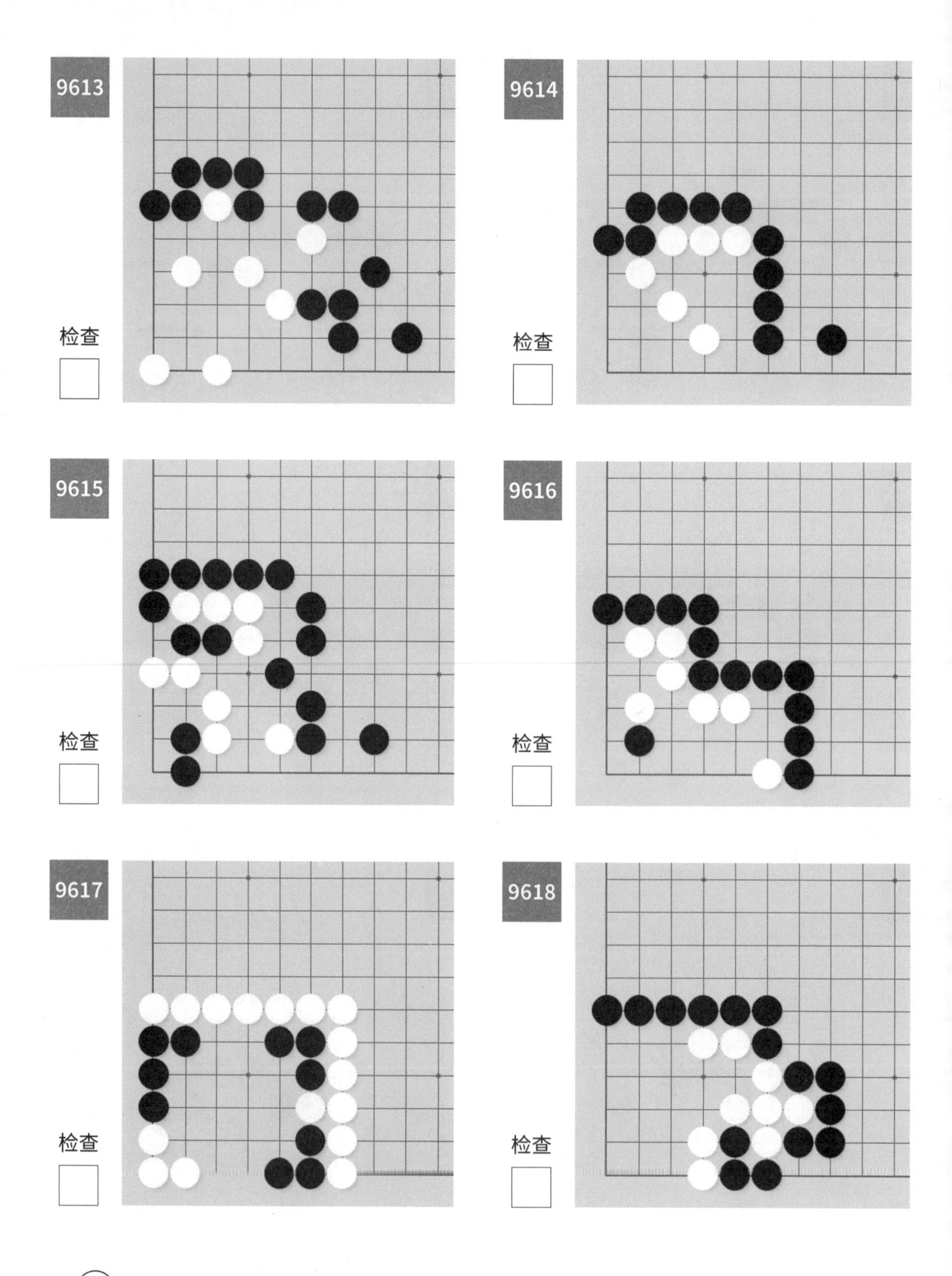
9613
检查
9614
检查
9615
检查
9616
检查
9617
检查
9618
检查

9619

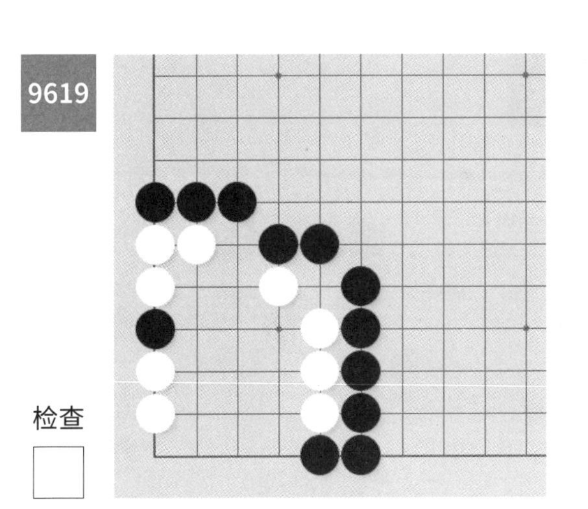

检查

9620

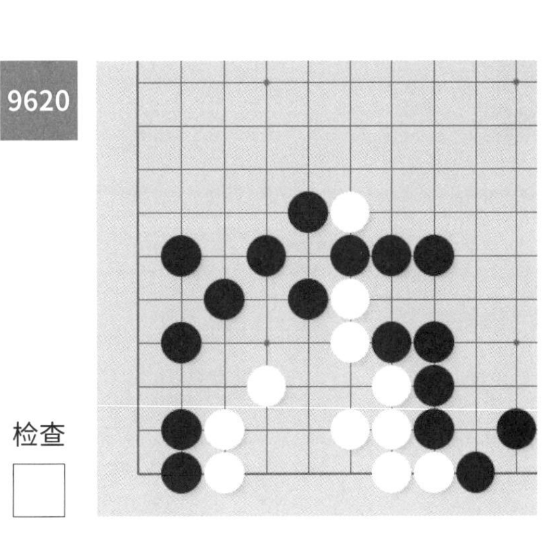

检查

9621

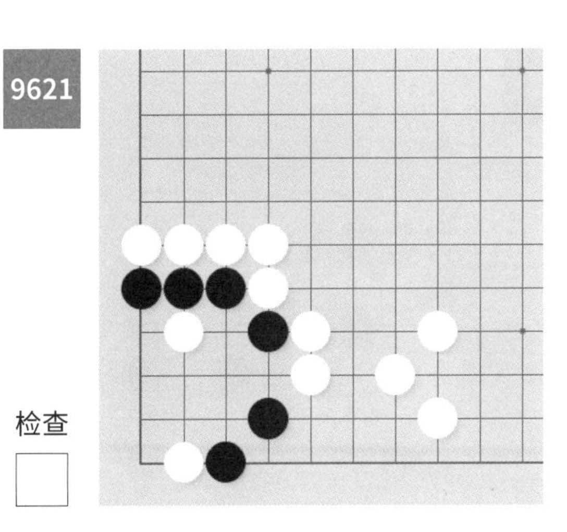

检查

9622

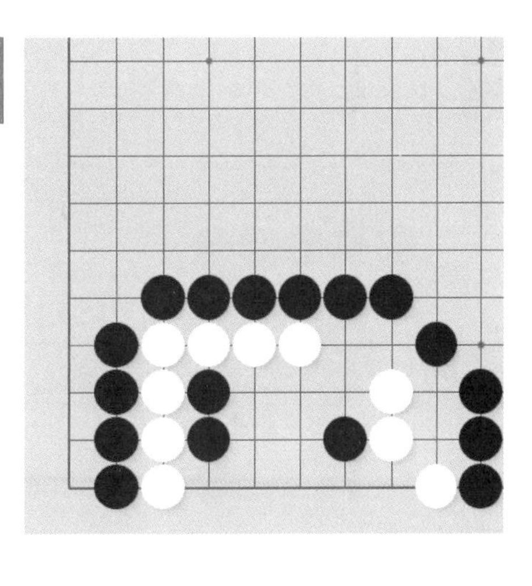

检查

9623

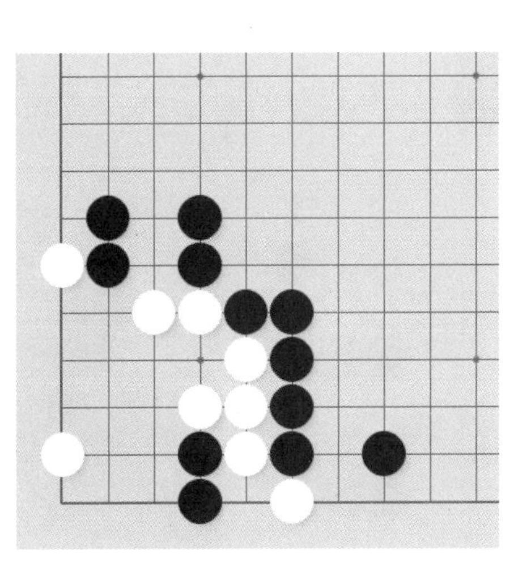

检查

9624

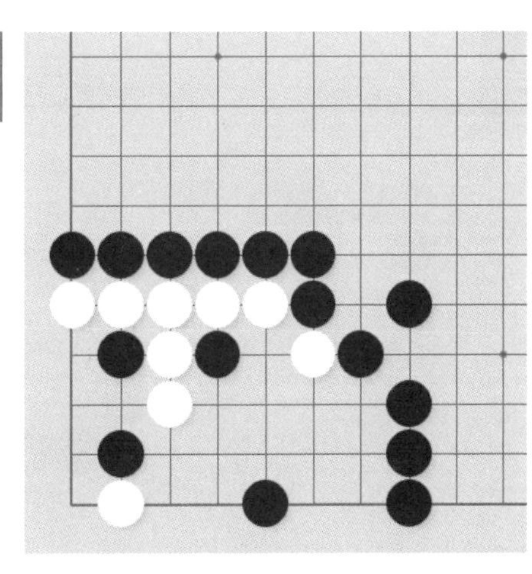

检查

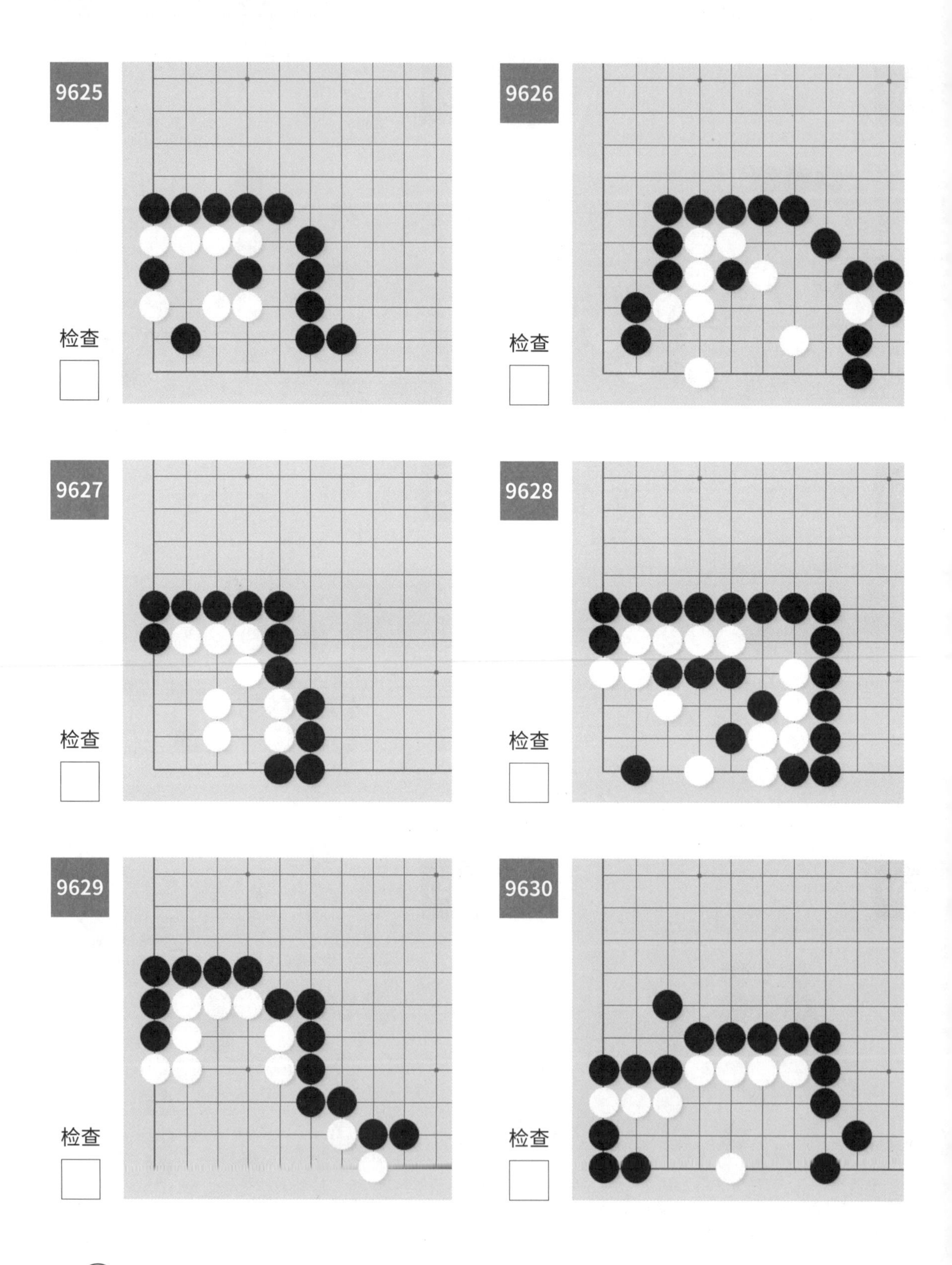
9625
检查
9626
检查
9627
检查
9628
检查
9629
检查
9630
检查

9631

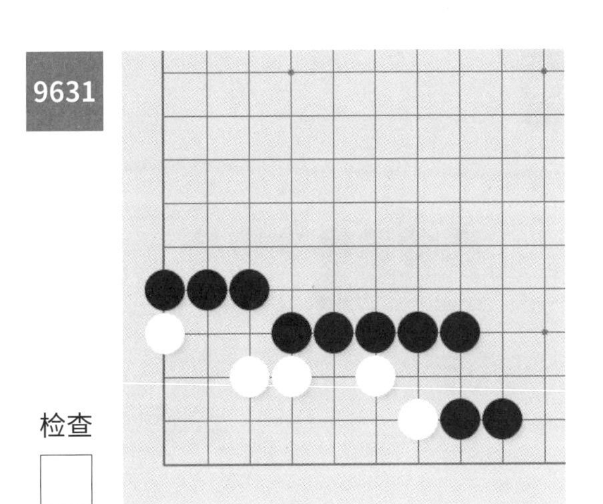

检查

9632

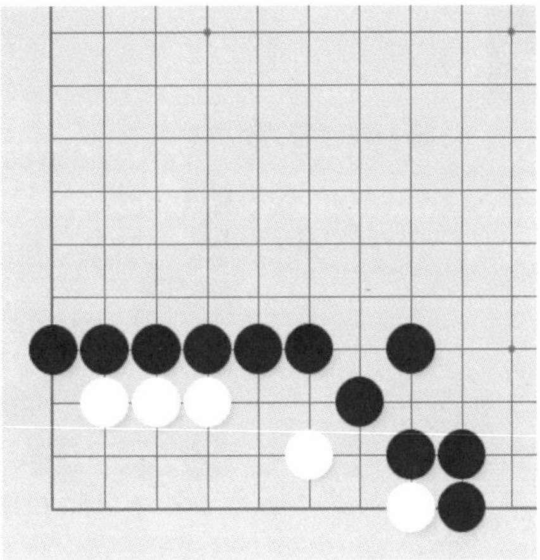

检查

9633

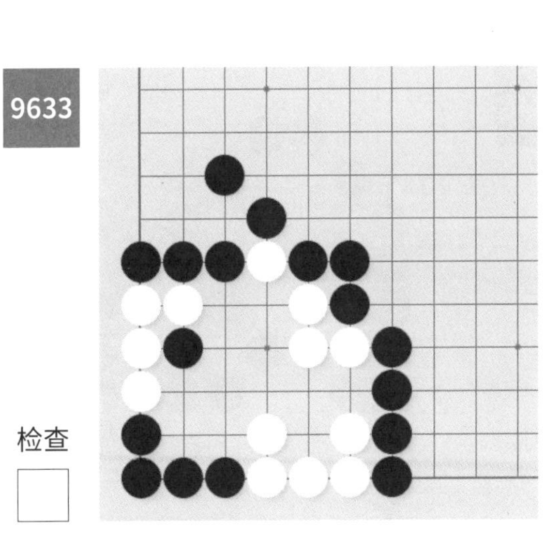

检查

9634

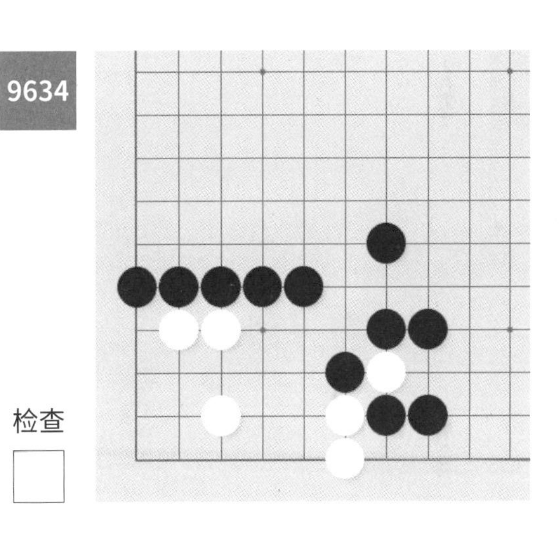

检查

9635

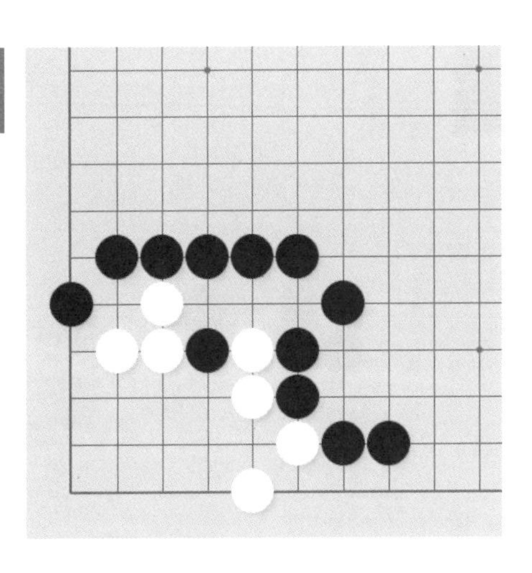

检查

9636

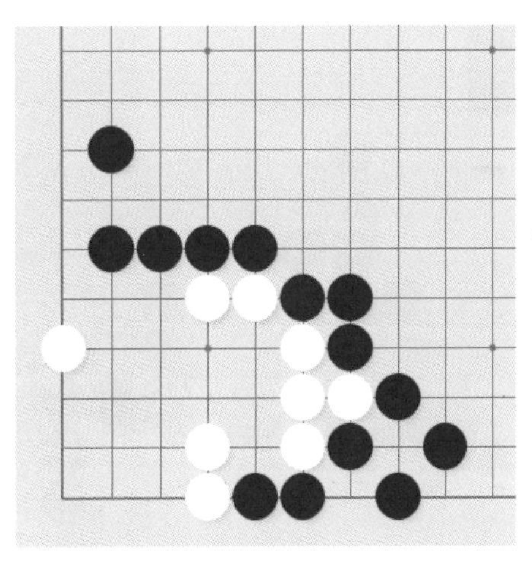

检查

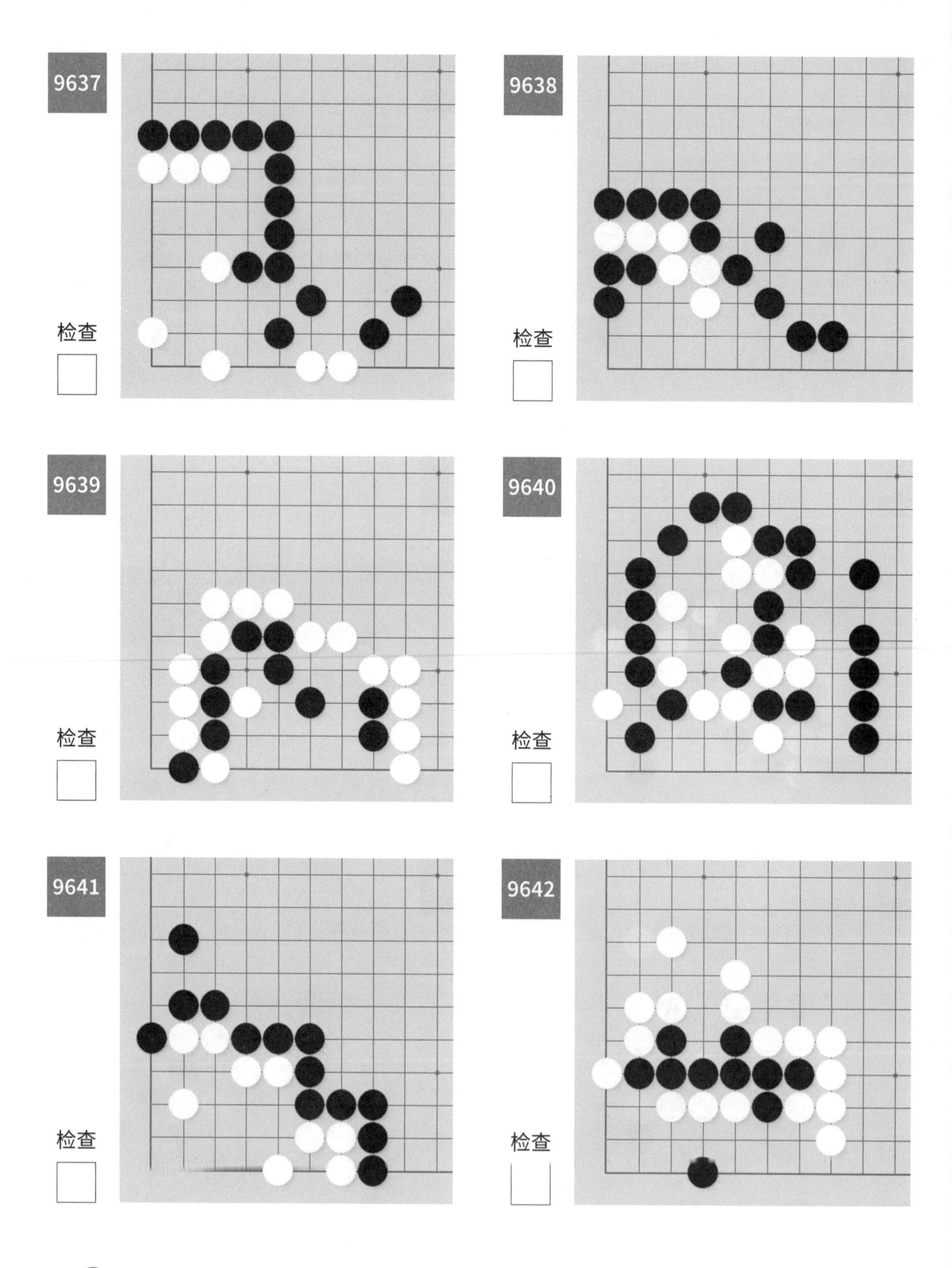
9637
检查
9638
检查
9639
检查
9640
检查
9641
检查
9642
检查

9643

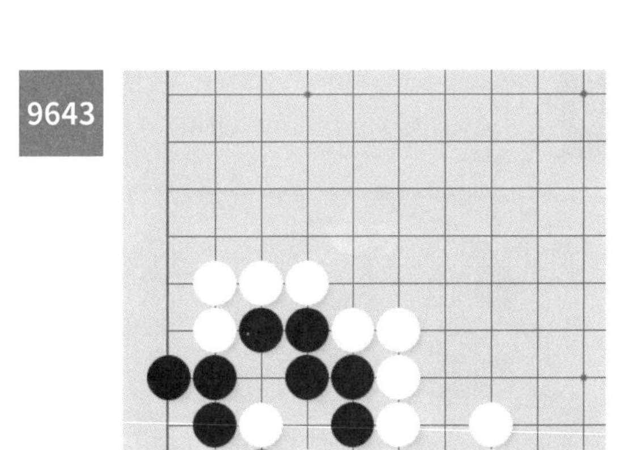

检查

9644

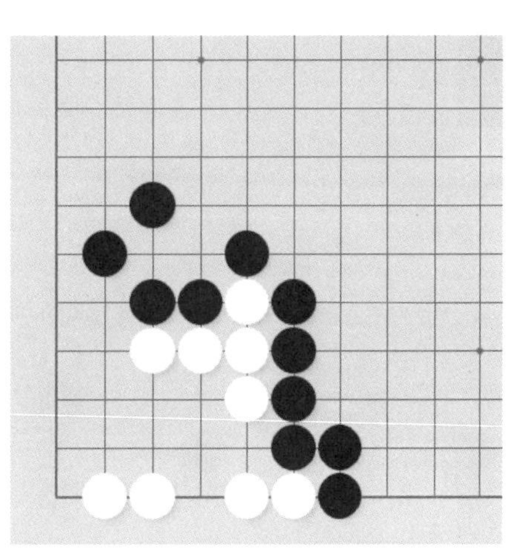

检查

9645

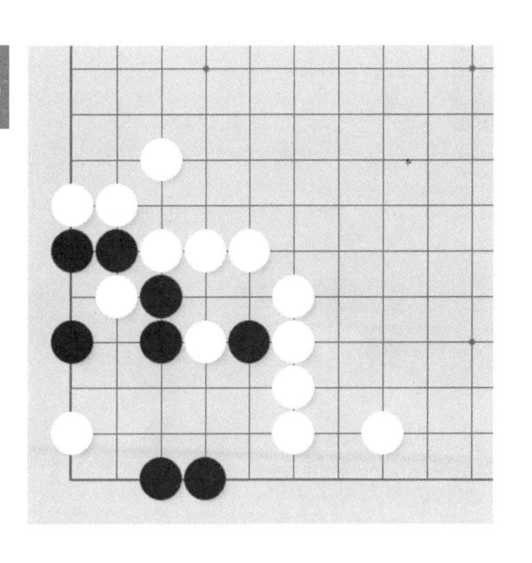

检查

9646

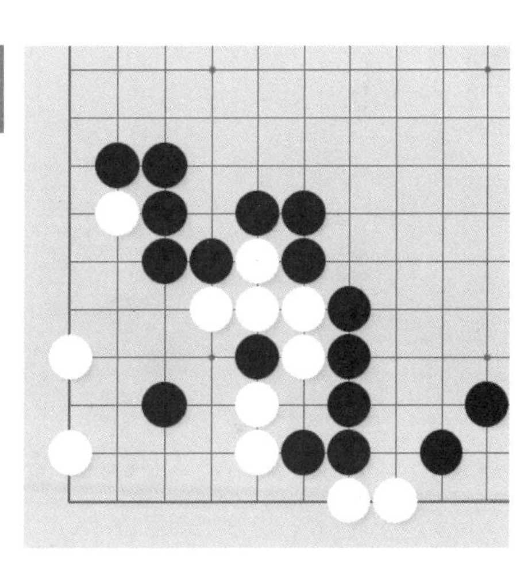

检查

9647

检查

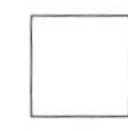

9648

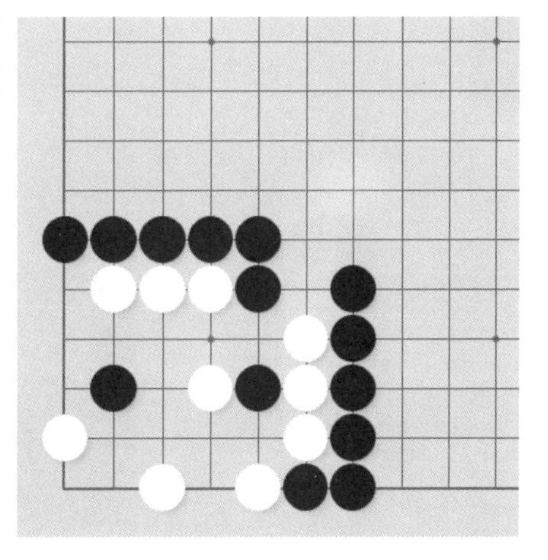

检查

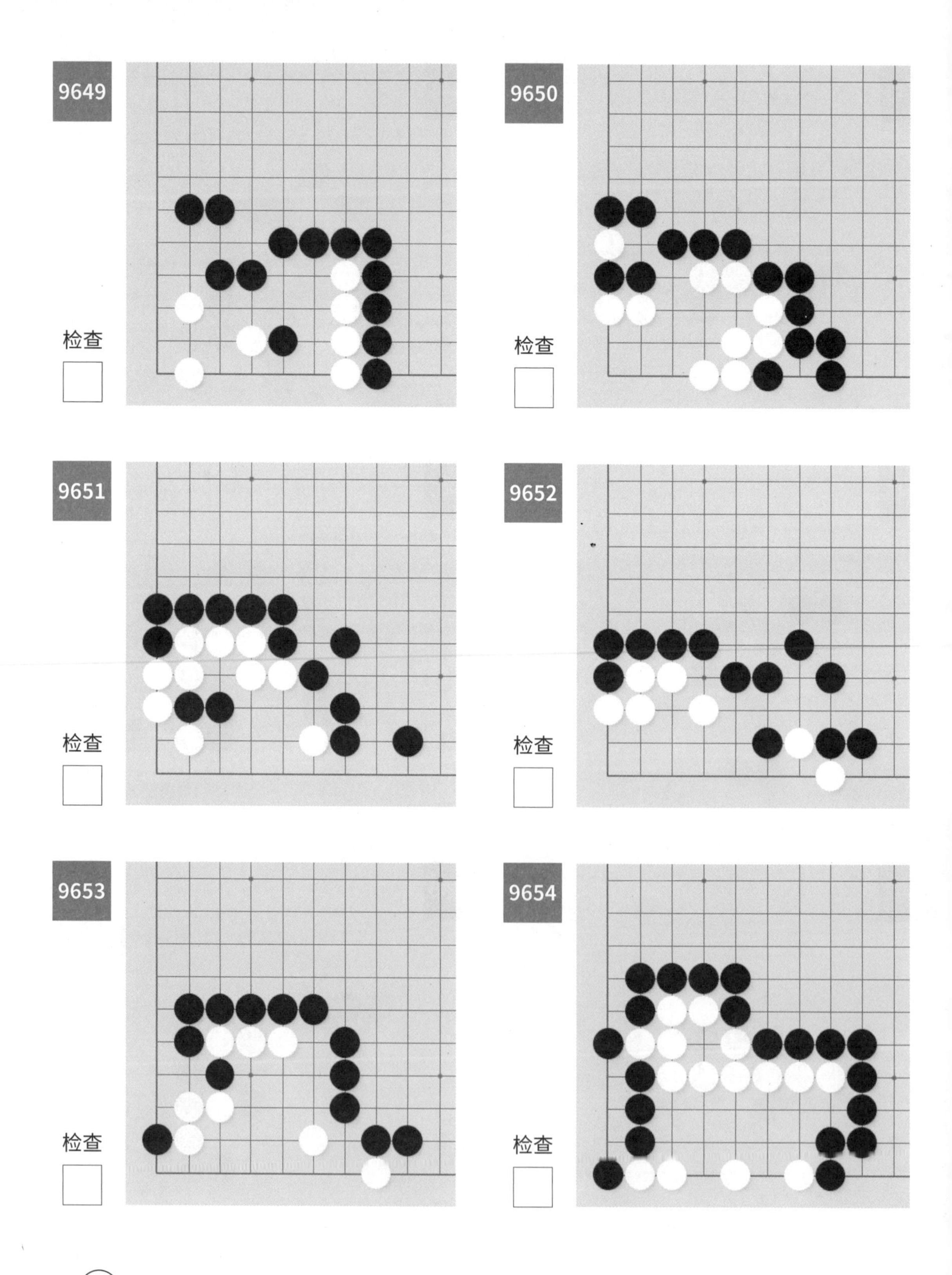
9649
检查
9650
检查
9651
检查
9652
检查
9653
检查
9654
检查

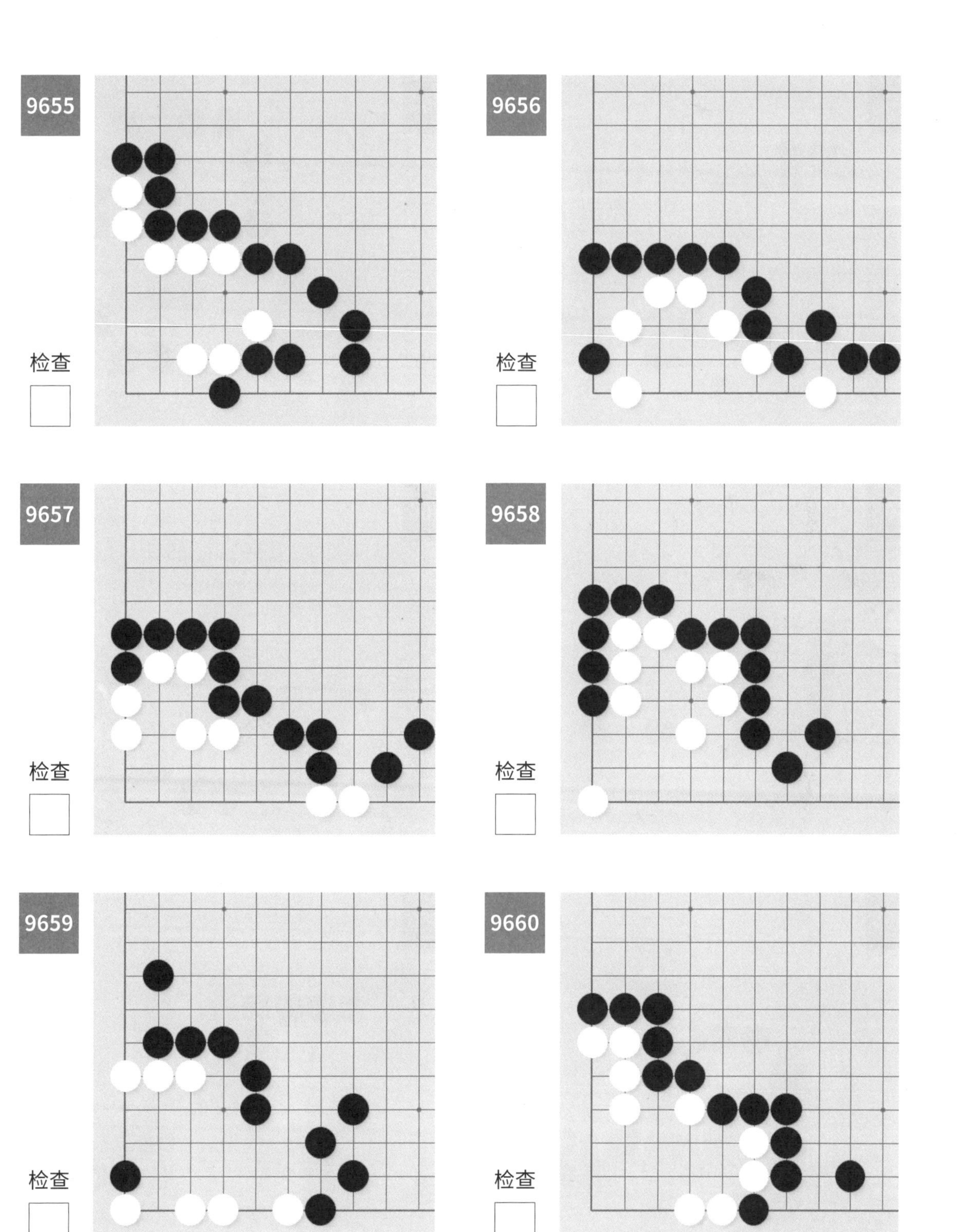
9655
检查
9656
检查
9657
检查
9658
检查
9659
检查
9660
检查

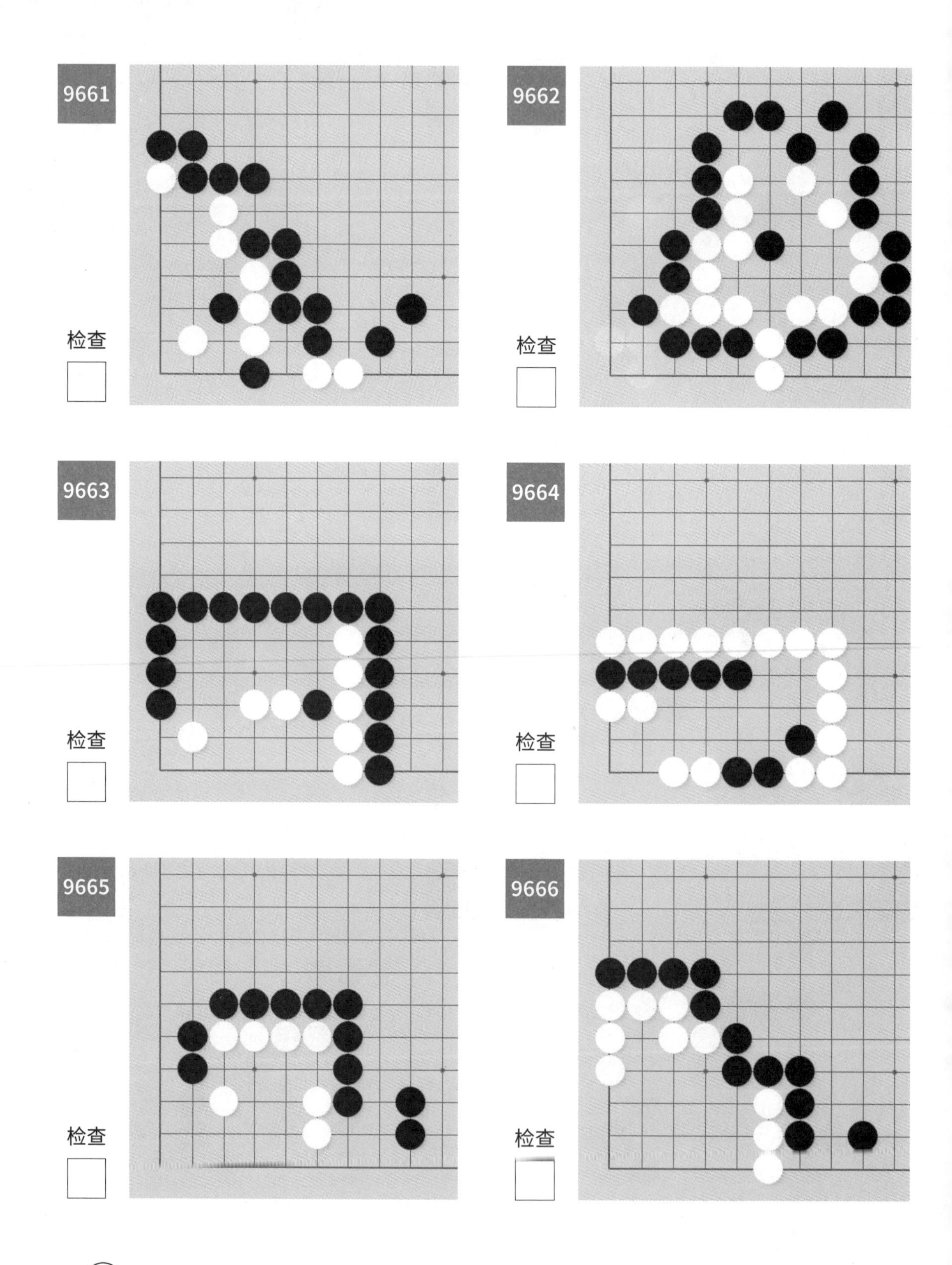
9661
检查
9662
检查
9663
检查
9664
检查
9665
检查
9666
检查

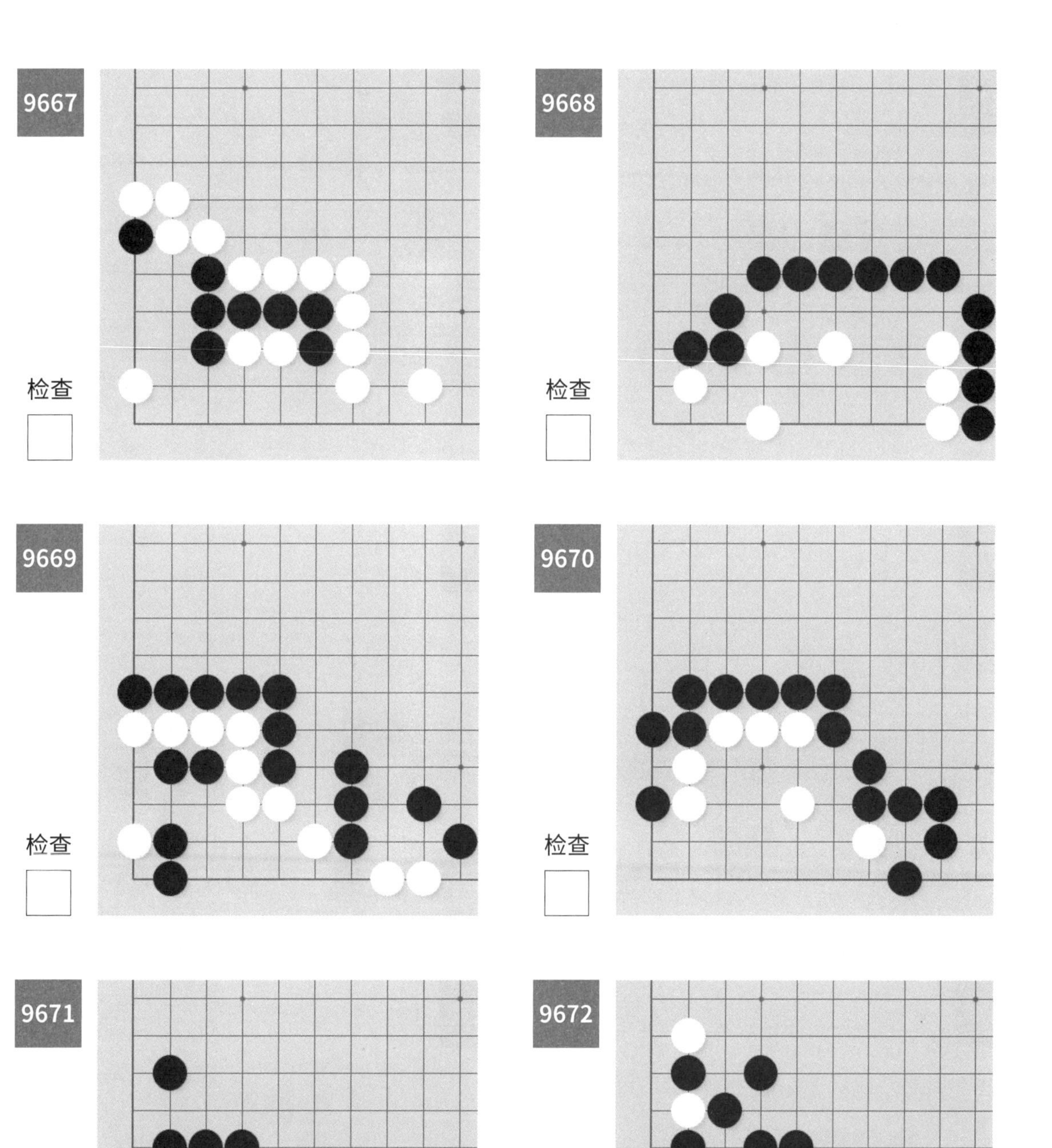
9667
检查
9668
检查
9669
检查
9670
检查
9671
检查
9672
检查

9673

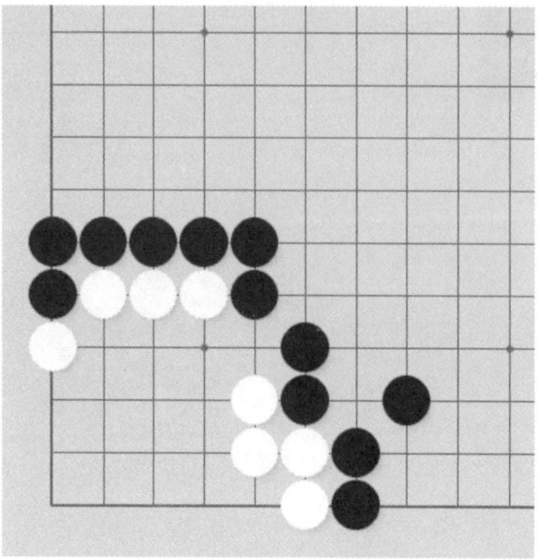

检查

9674

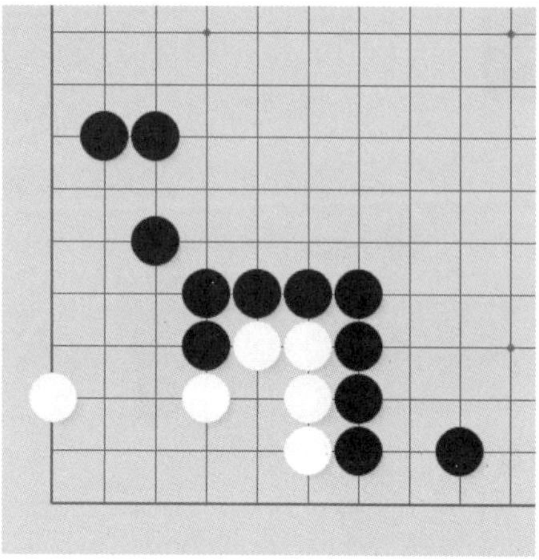

检查

9675

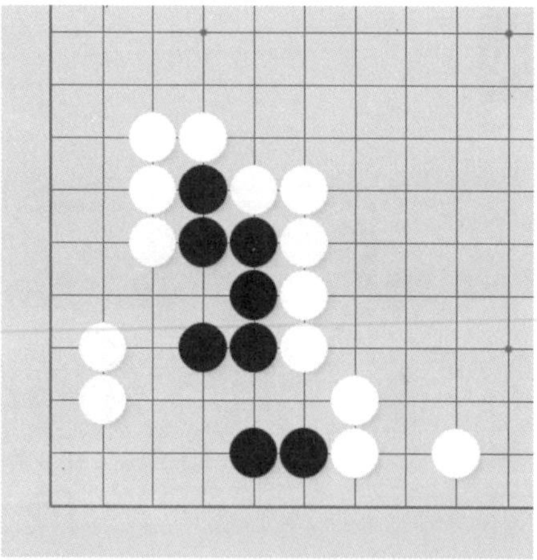

检查

9676

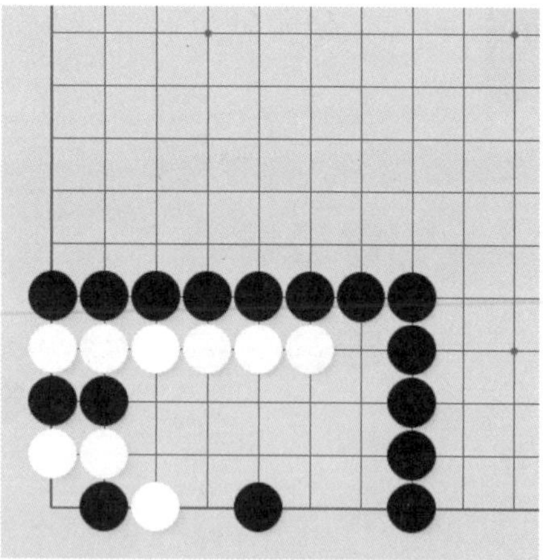

检查

9677

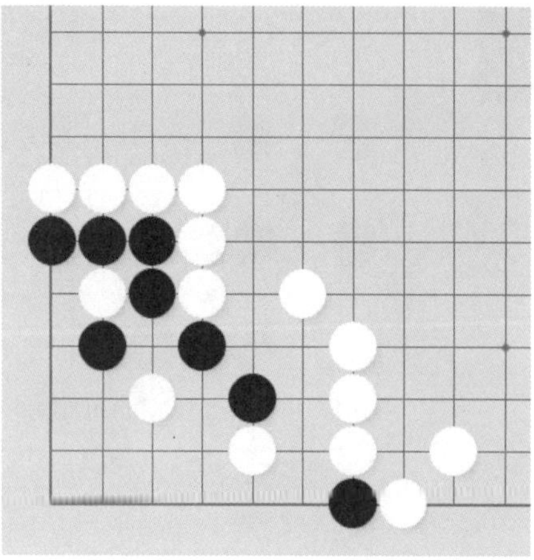

检查

9678

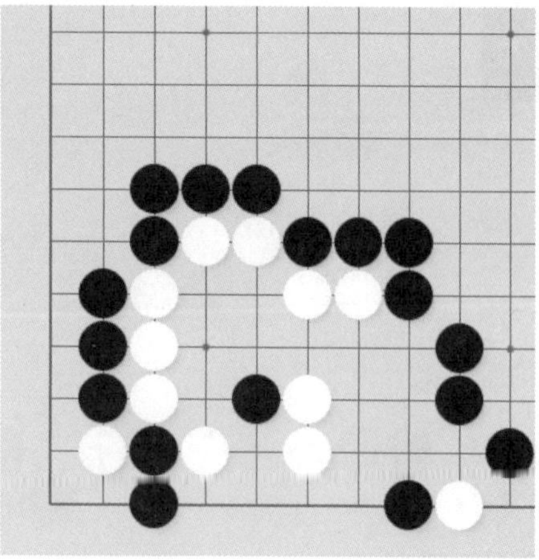

检查

9679

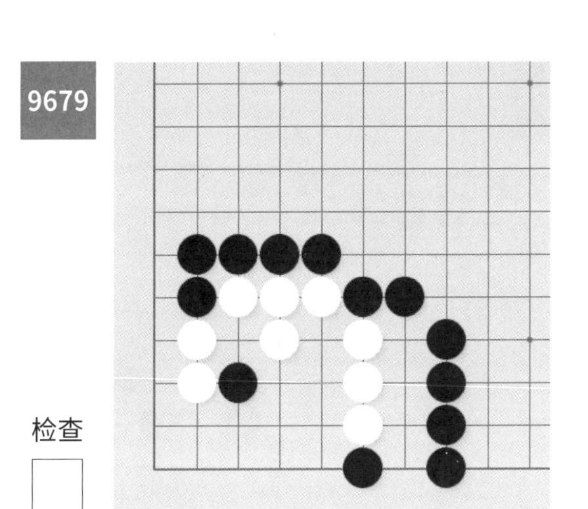

检查 □

9680

检查 □

9681

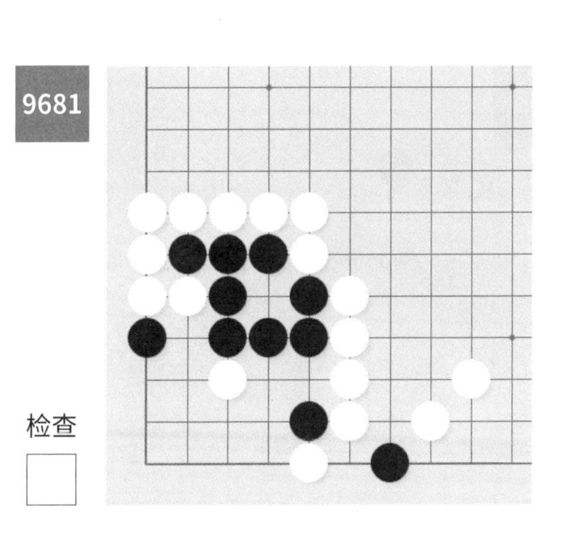

检查 □

9682

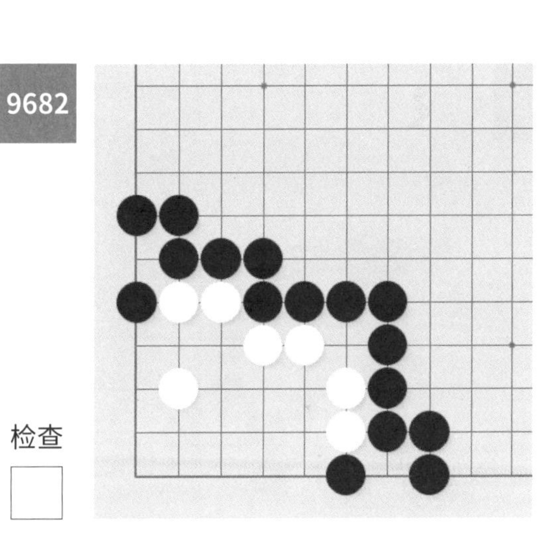

检查 □

9683

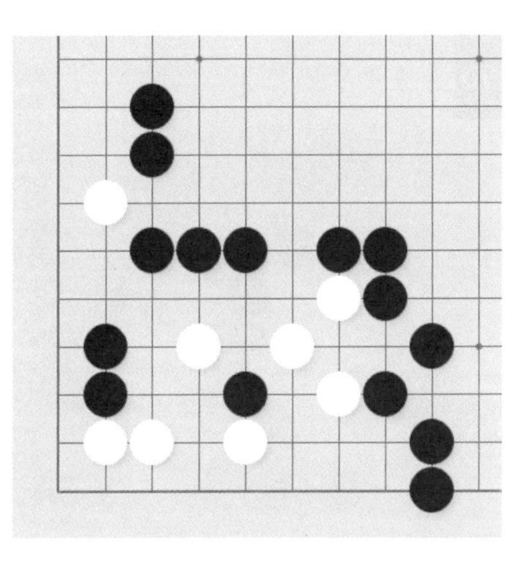

检查 □

9684

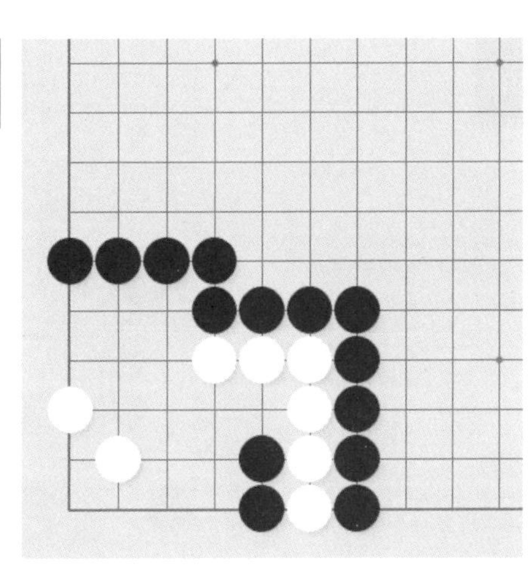

检查 □

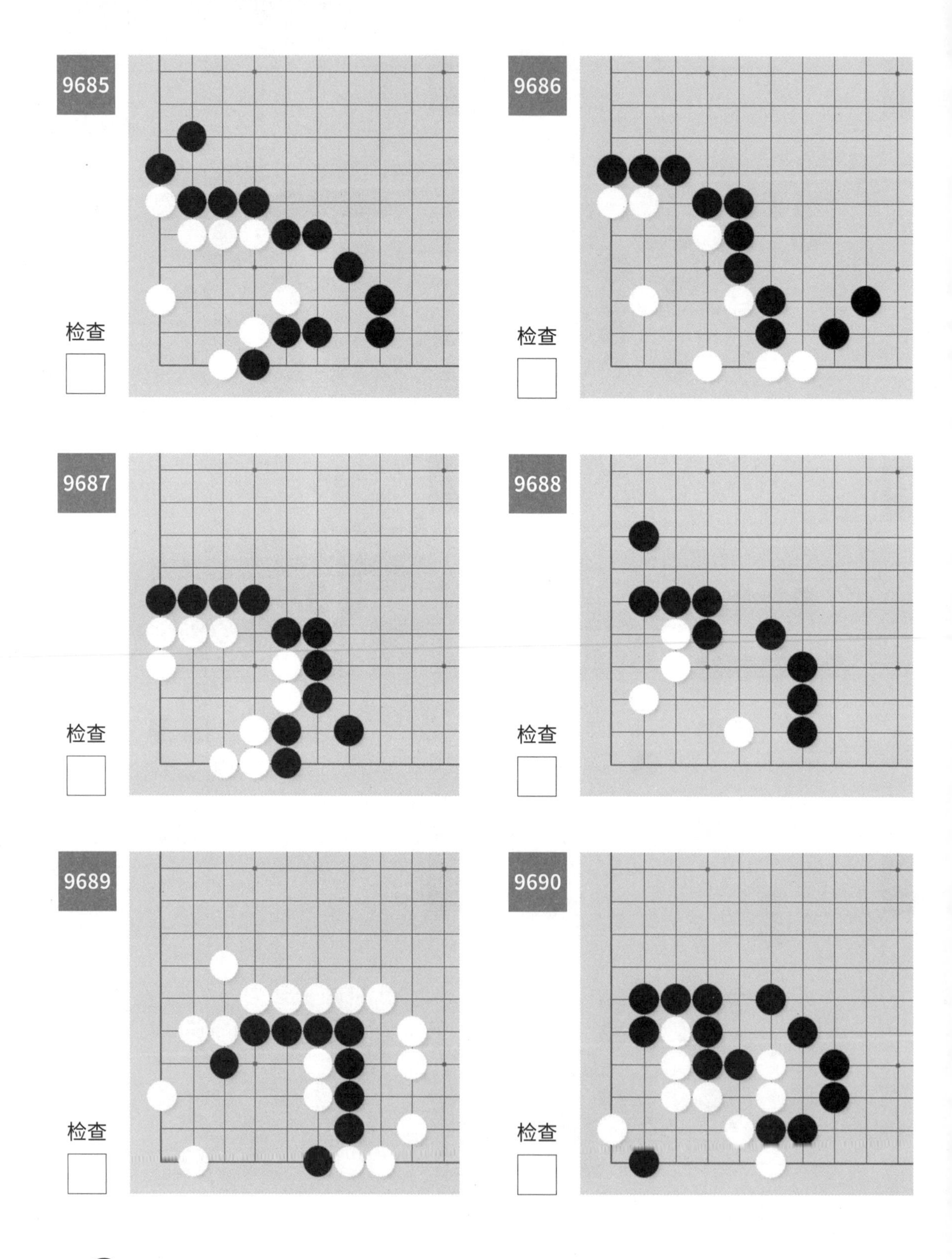
9685
检查
9686
检查
9687
检查
9688
检查
9689
检查
9690
检查

9691

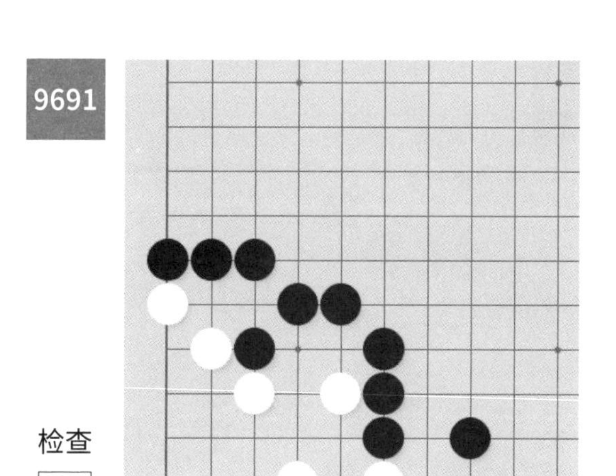

检查 □

9692

检查 □

9693

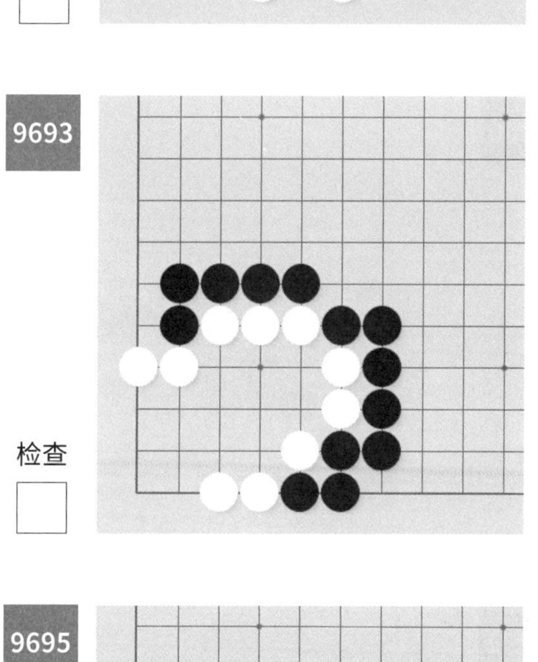

检查 □

9694

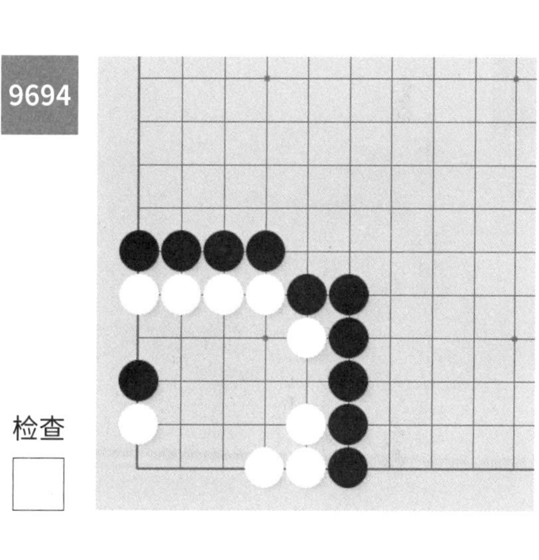

检查 □

9695

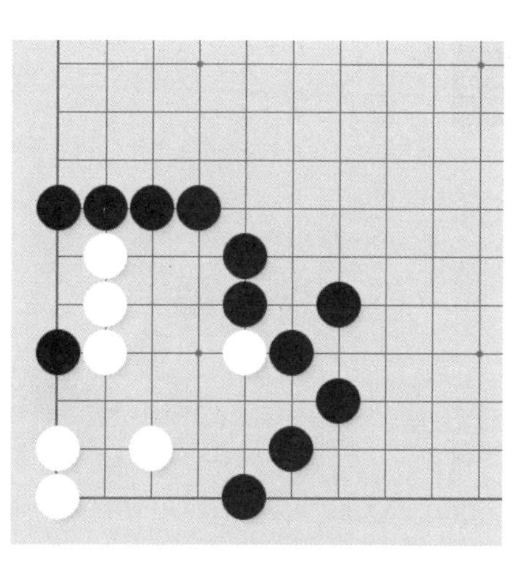

检查 □

9696

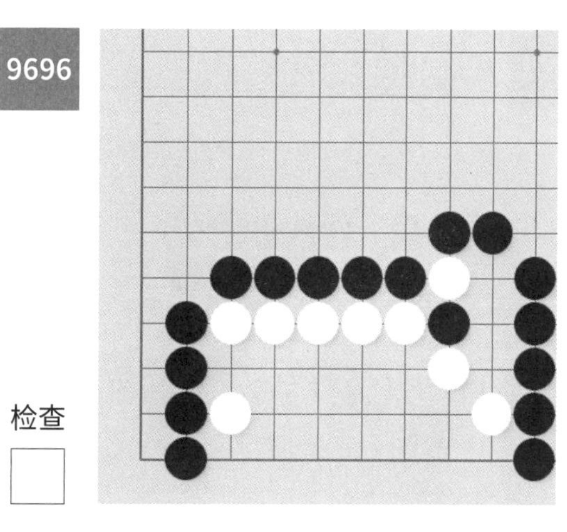

检查 □

9697

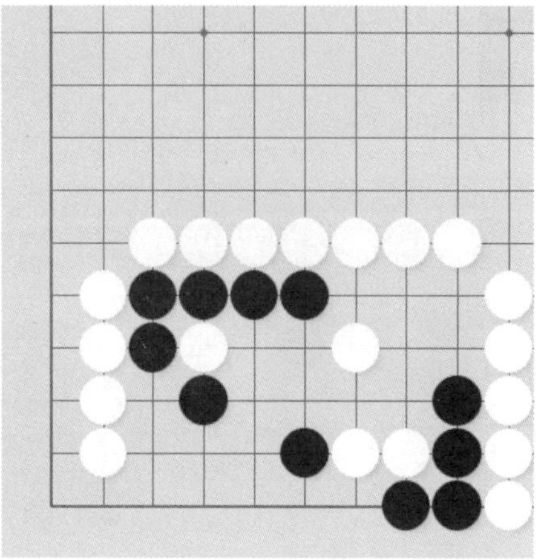

检查

9698

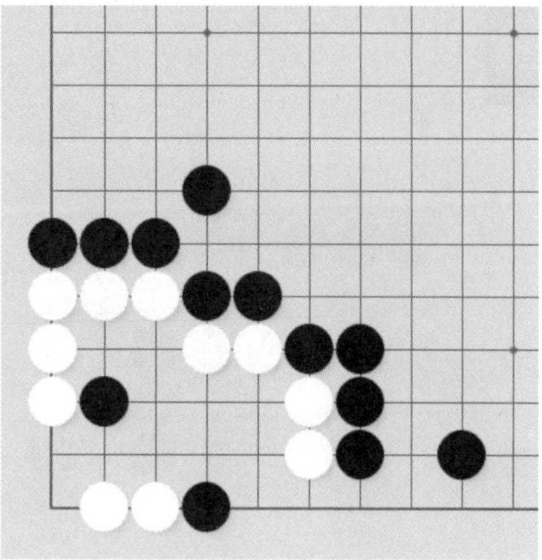

检查

9699

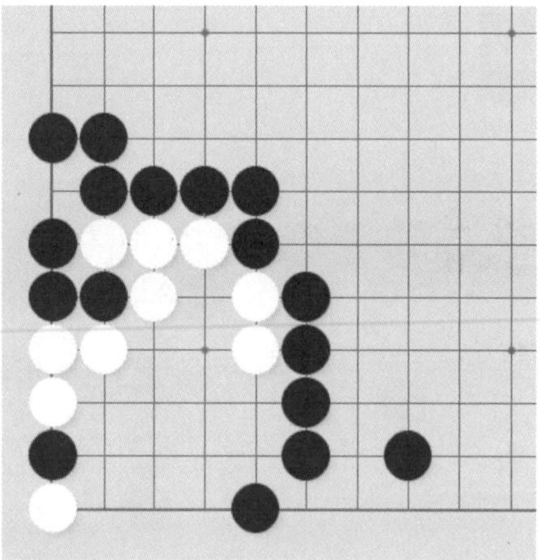

检查

9700

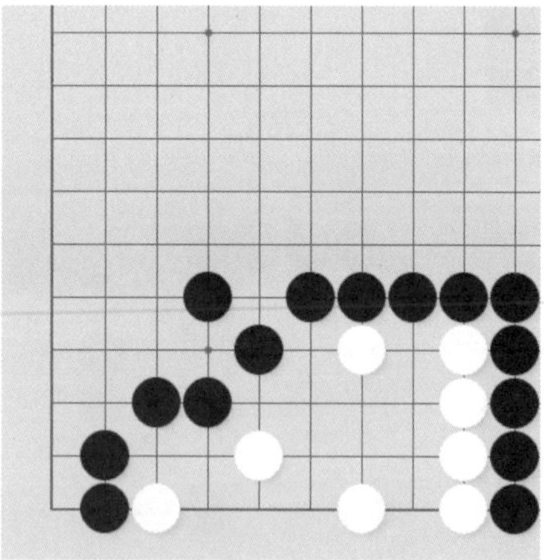

检查

9701

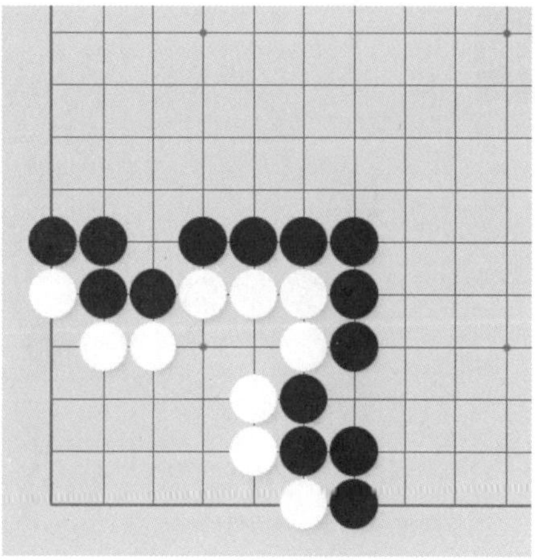

检查

9702

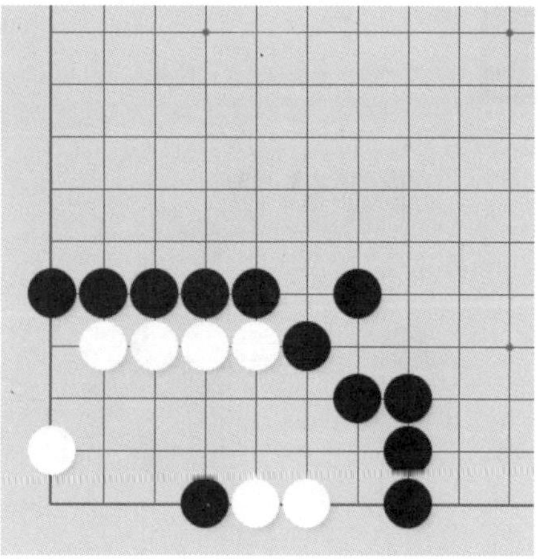

检查

9703

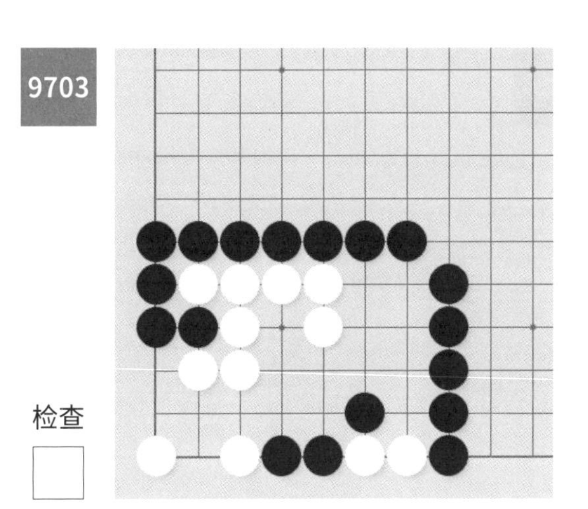

检查

9704

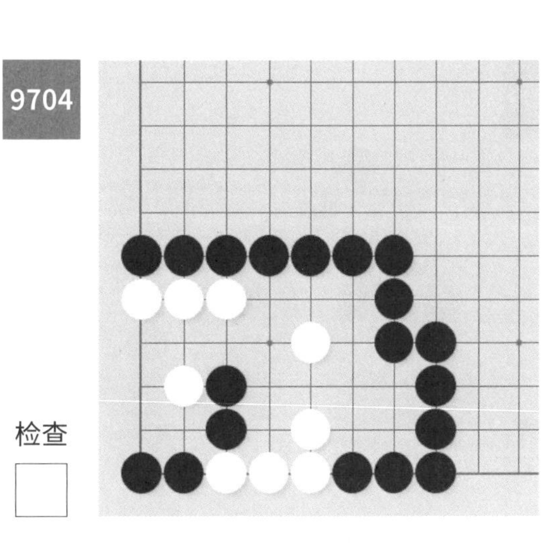

检查

9705

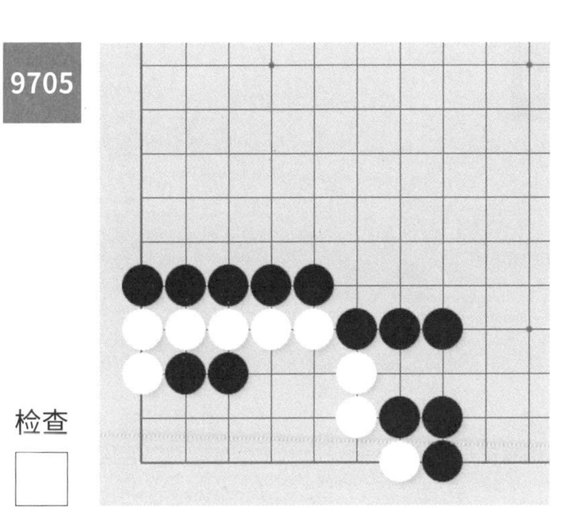

检查

9706

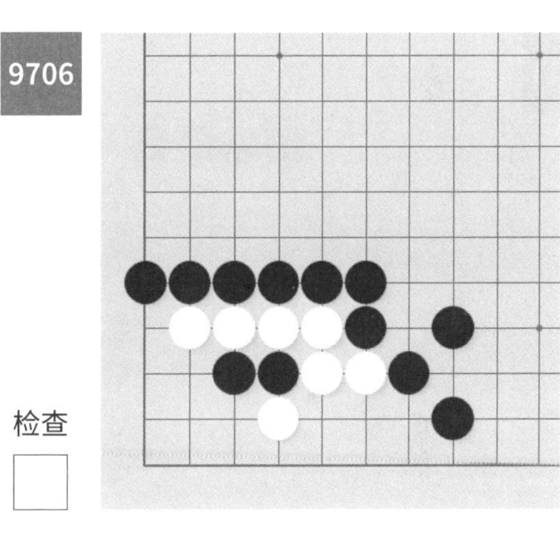

检查

9707

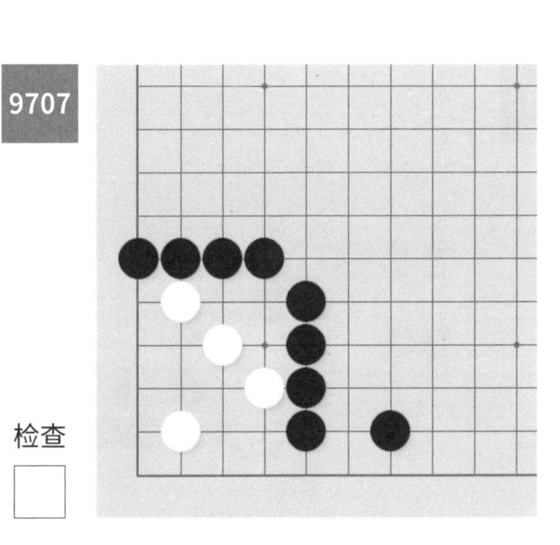

检查

9708

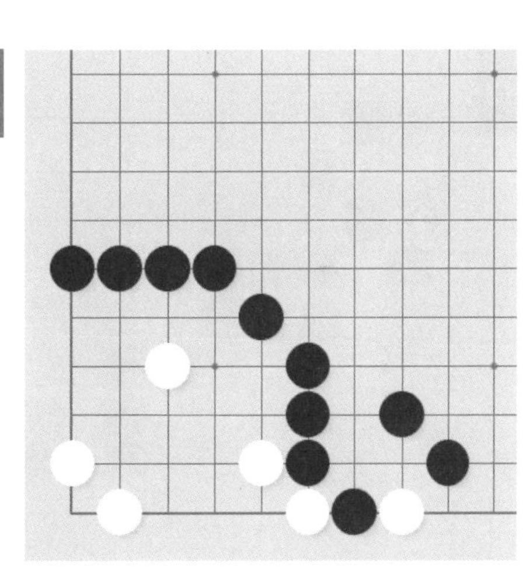

检查

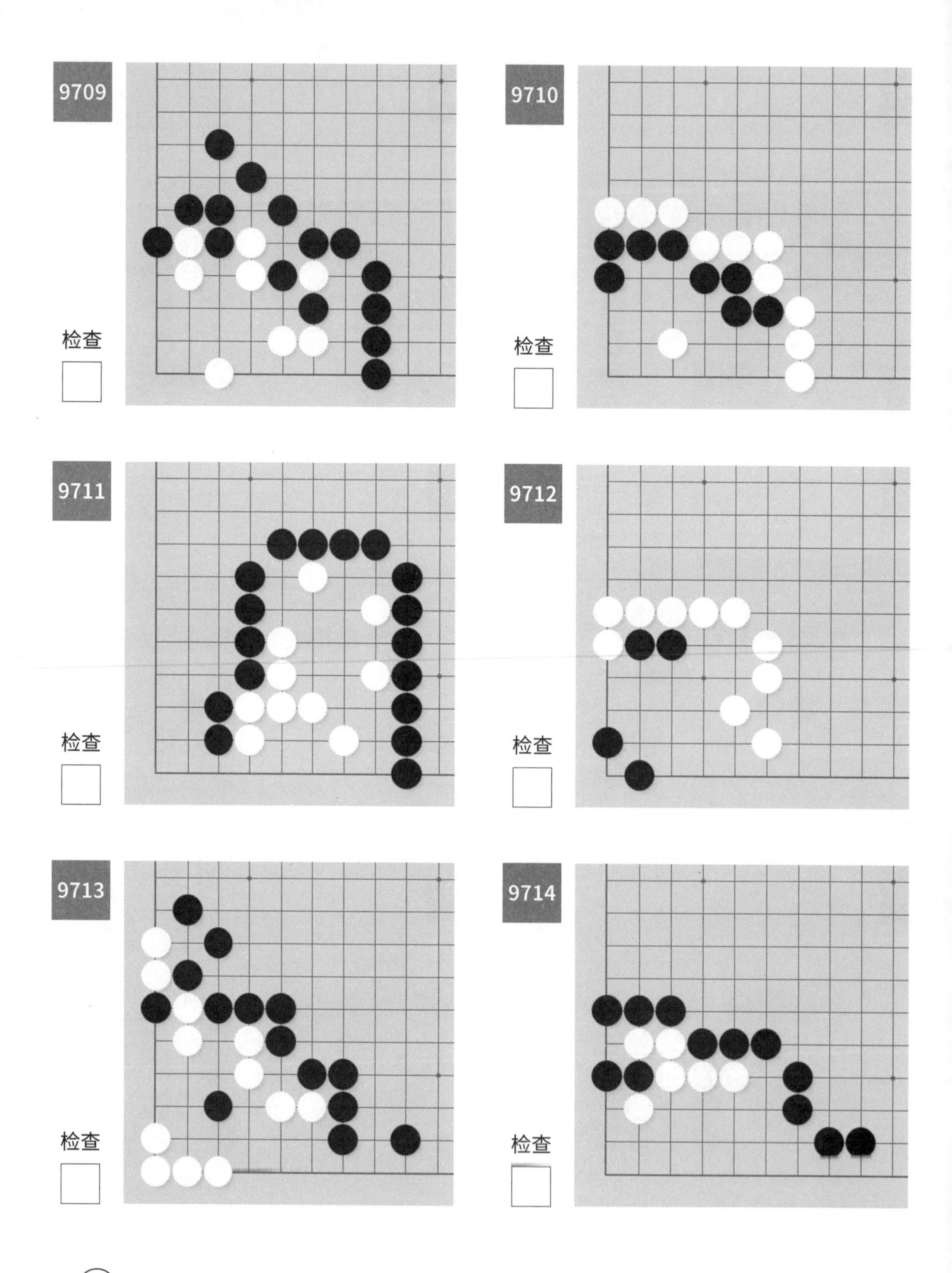
9709
检查
9710
检查
9711
检查
9712
检查
9713
检查
9714
检查

9715

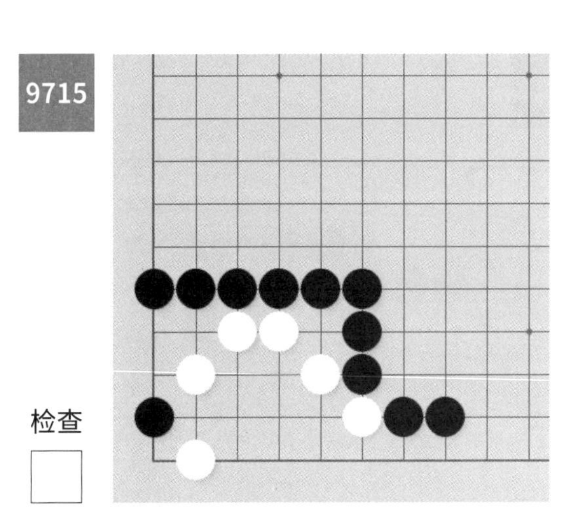

检查

9716

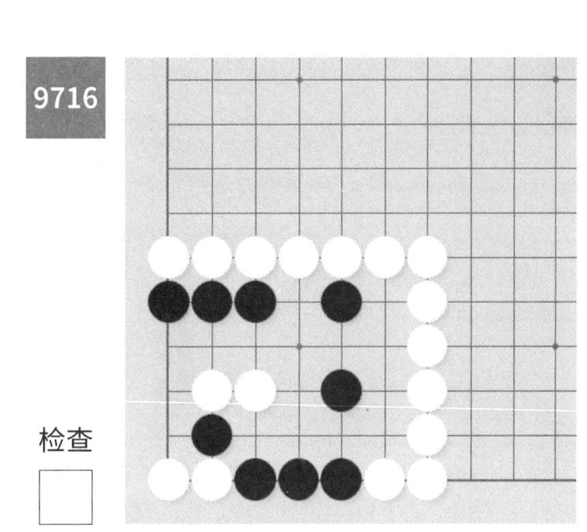

检查

9717

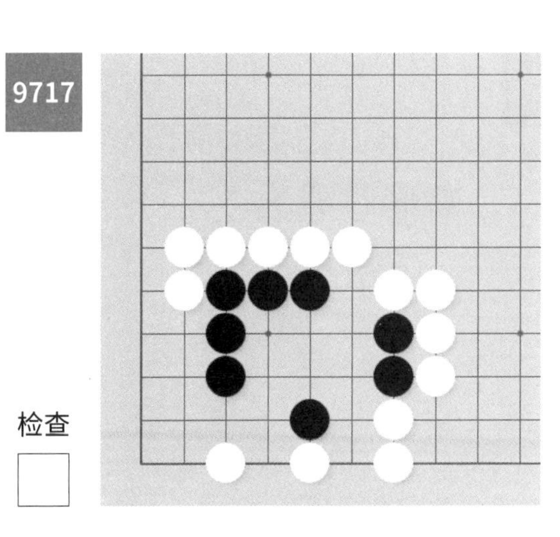

检查

9718

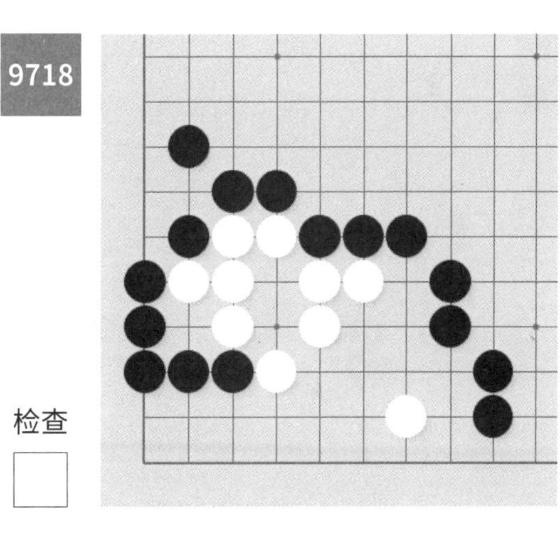

检查

9719

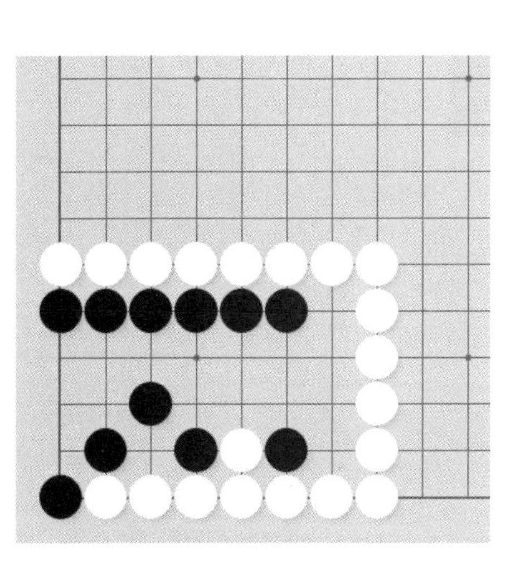

检查

9720

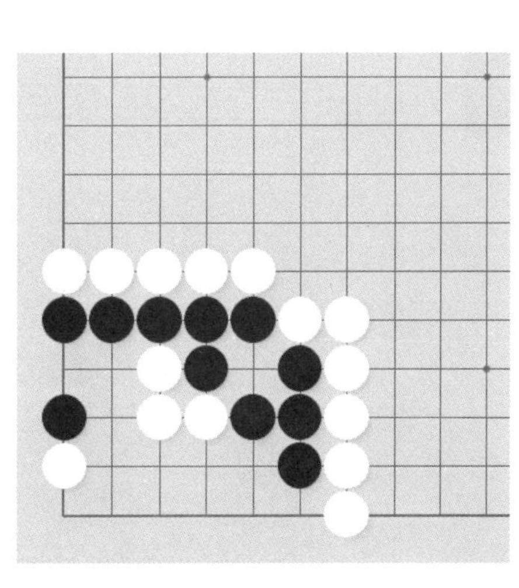

检查

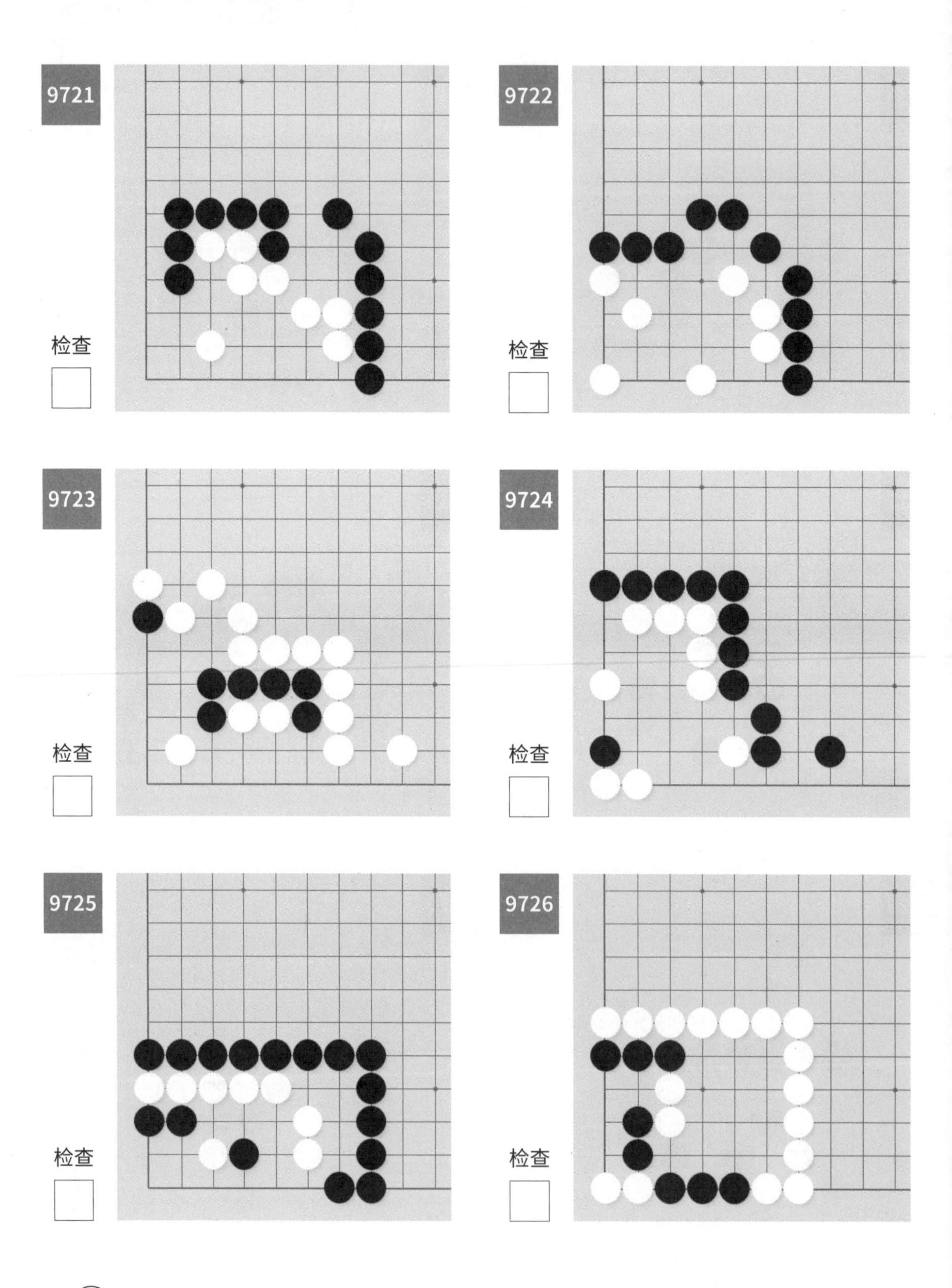
9721
检查
9722
检查
9723
检查
9724
检查
9725
检查
9726
检查

9727

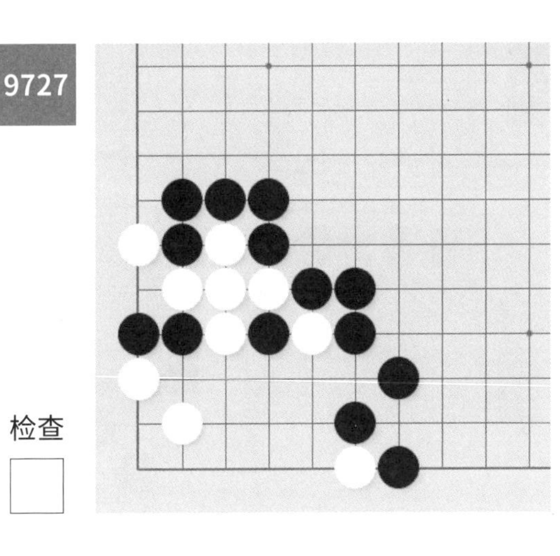

检查

9728

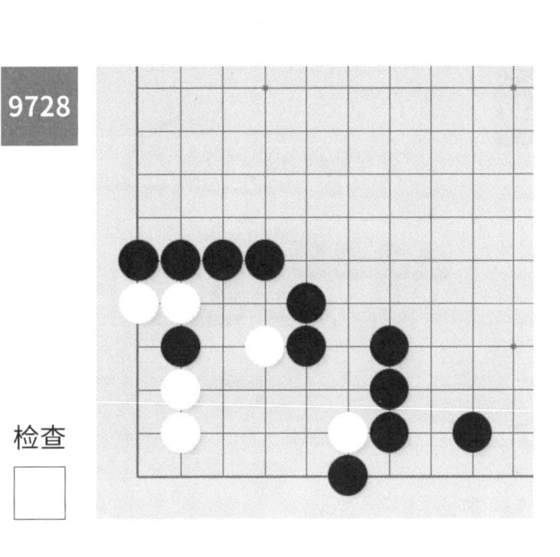

检查

9729

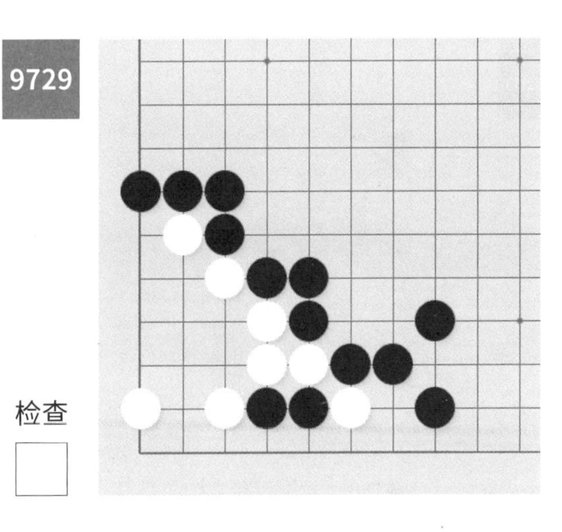

检查

9730

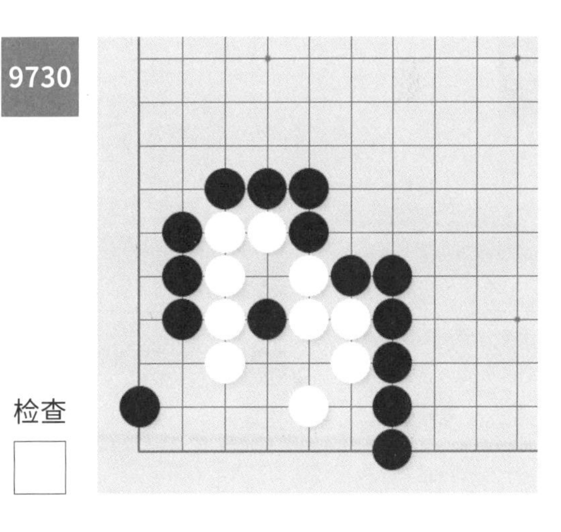

检查

9731

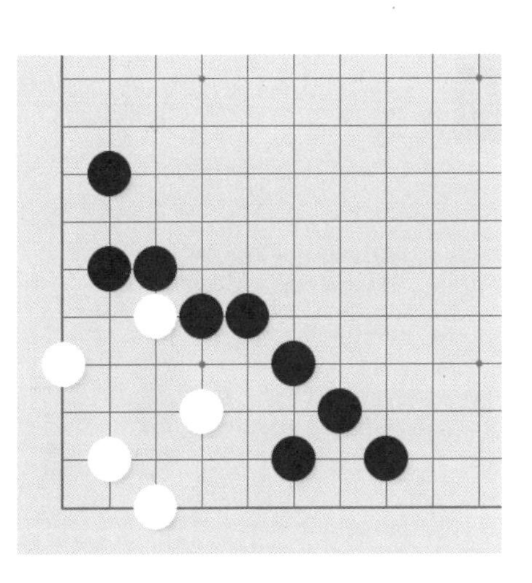

检查

9732

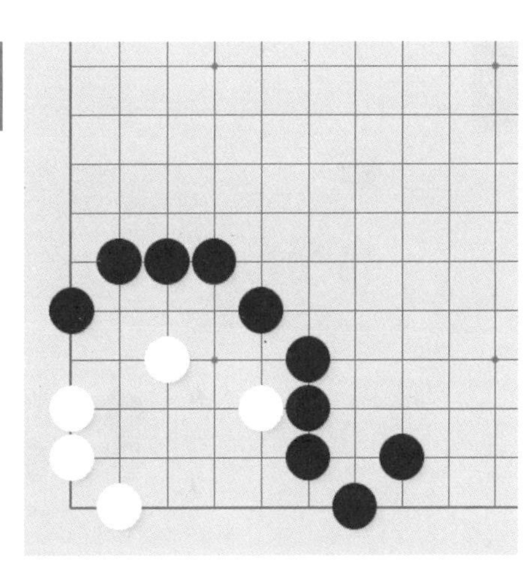

检查

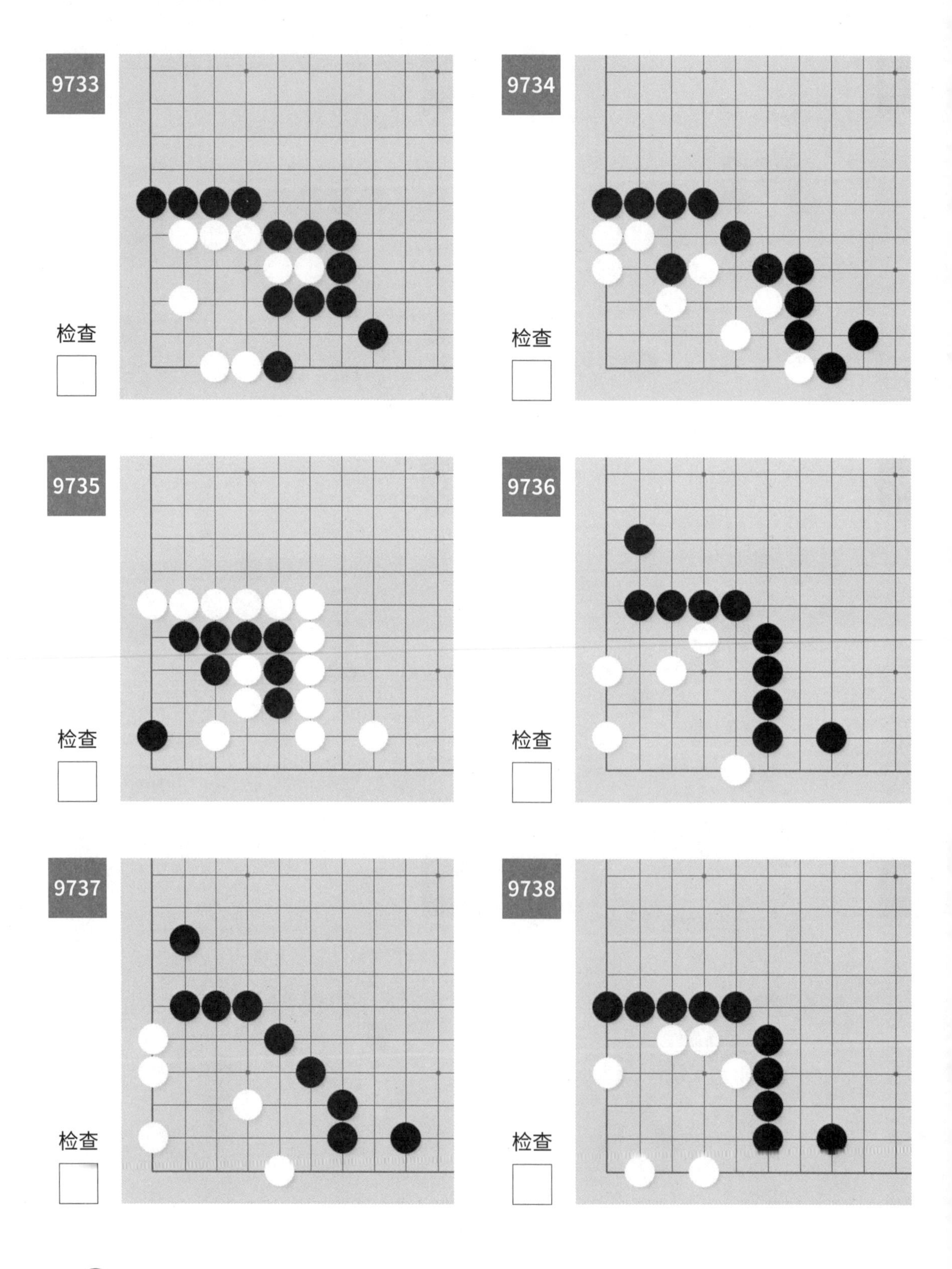
9733
检查
9734
检查
9735
检查
9736
检查
9737
检查
9738
检查

9739

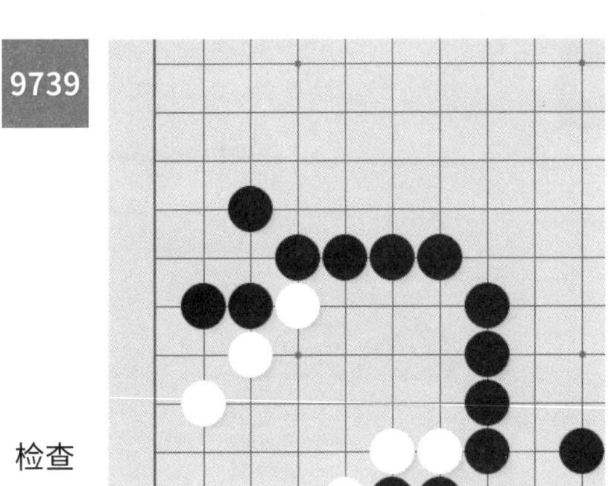

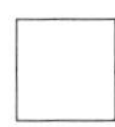

检查

9740

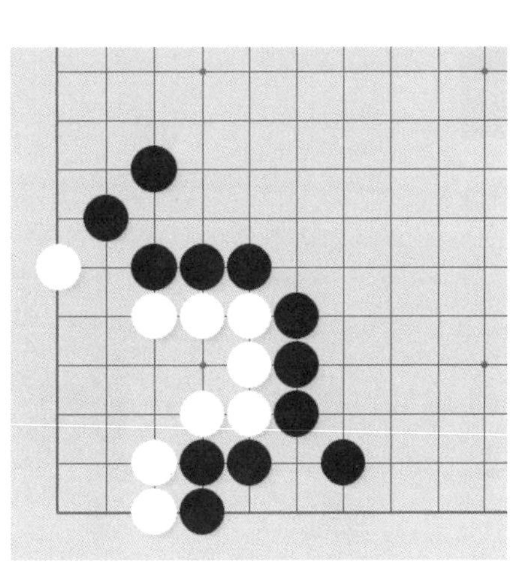

检查

9741

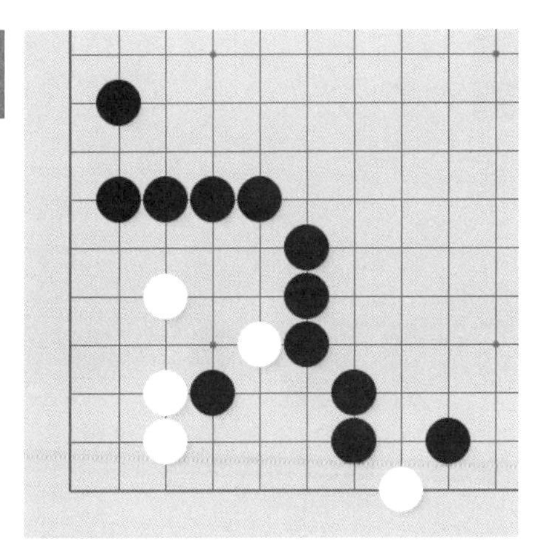

检查

9742

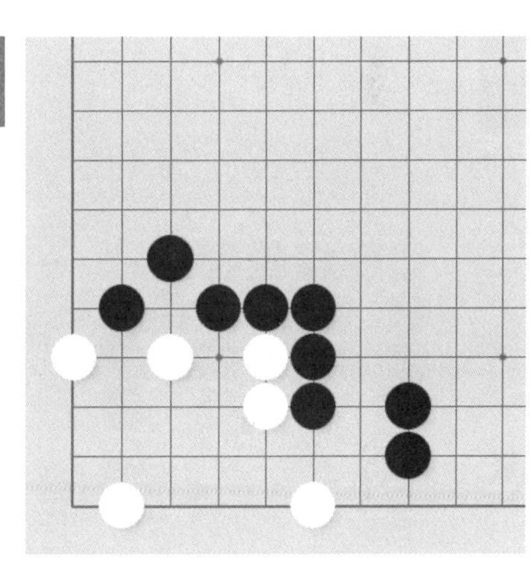

检查

9743

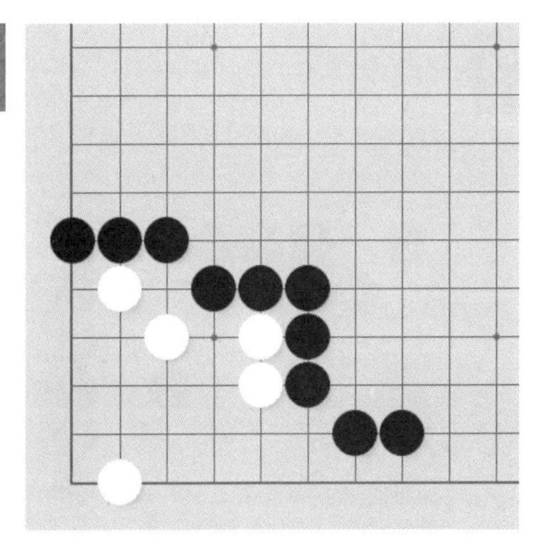

检查

9744

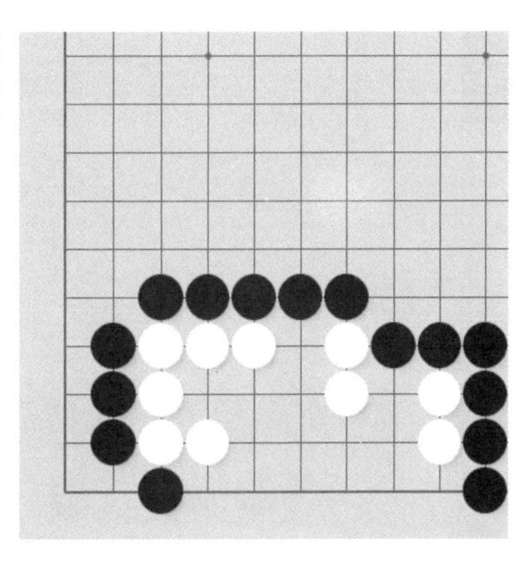

检查

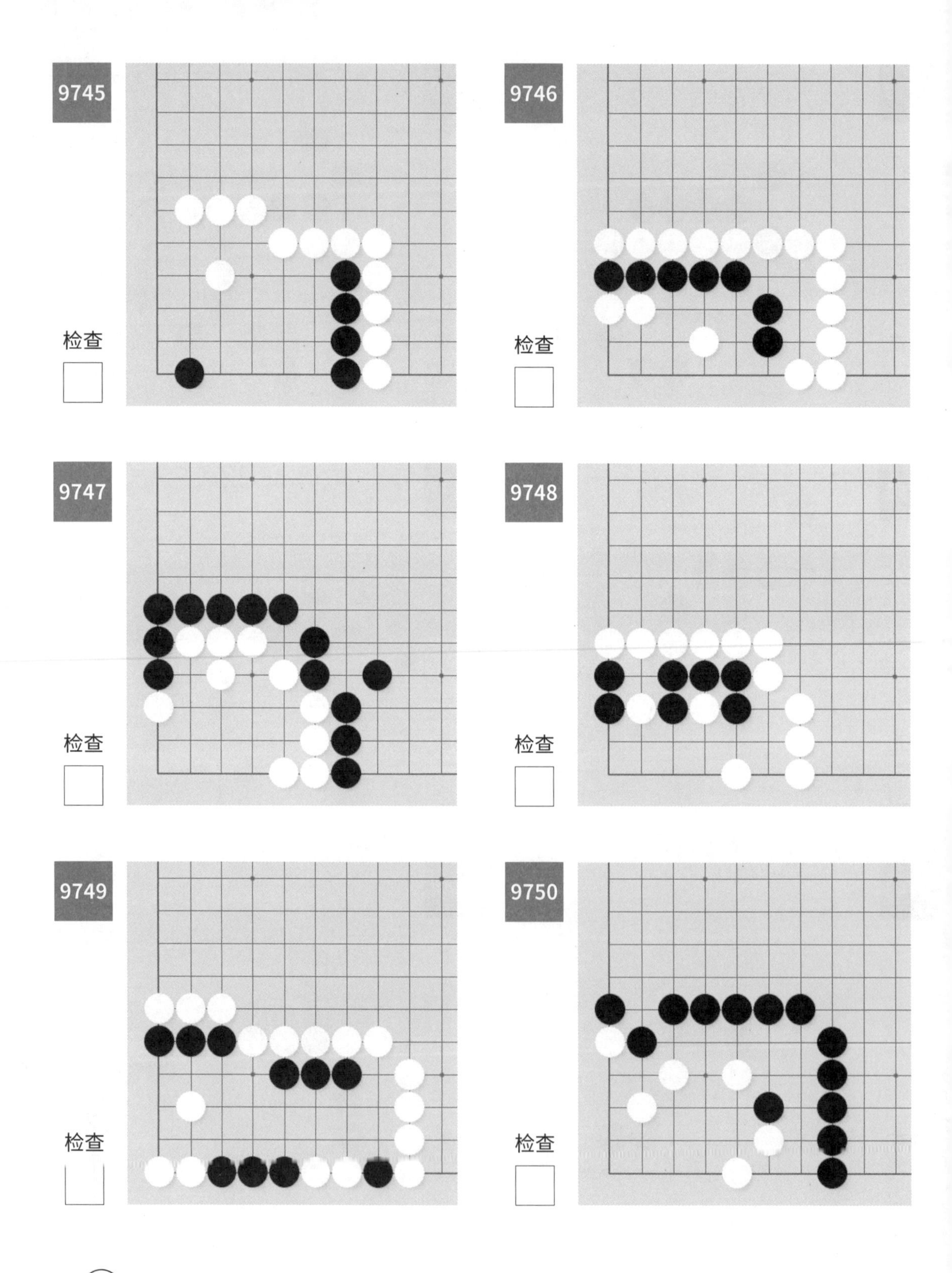
9745
检查
9746
检查
9747
检查
9748
检查
9749
检查
9750
检查

9751

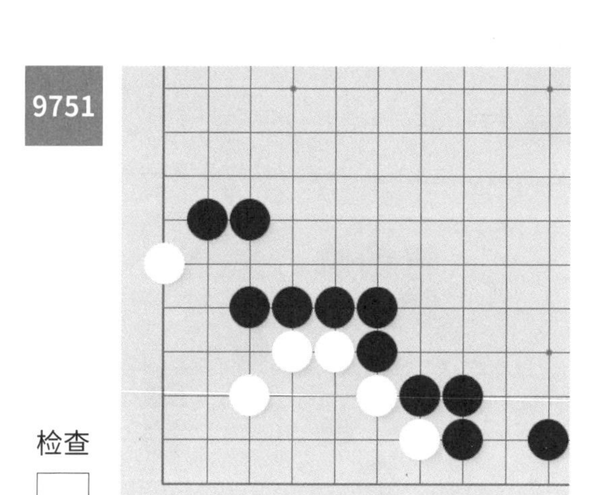

检查

9752

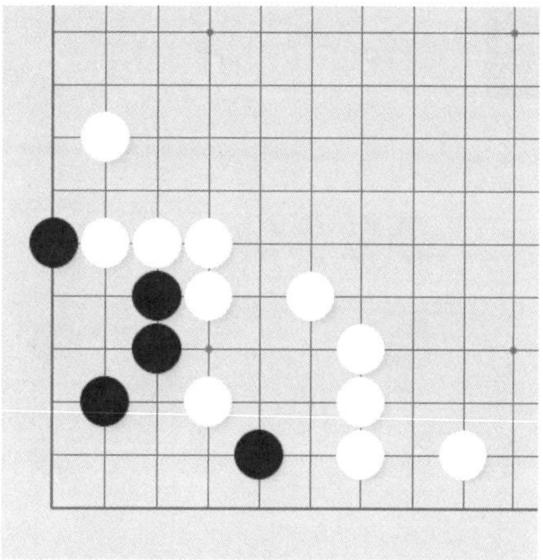

检查

9753

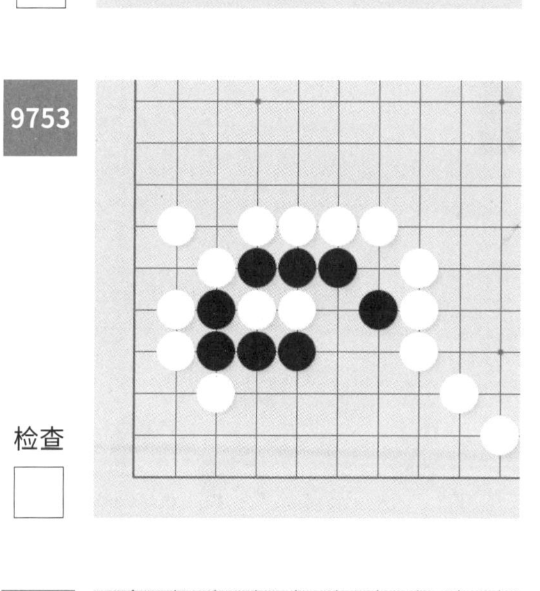

检查

9754

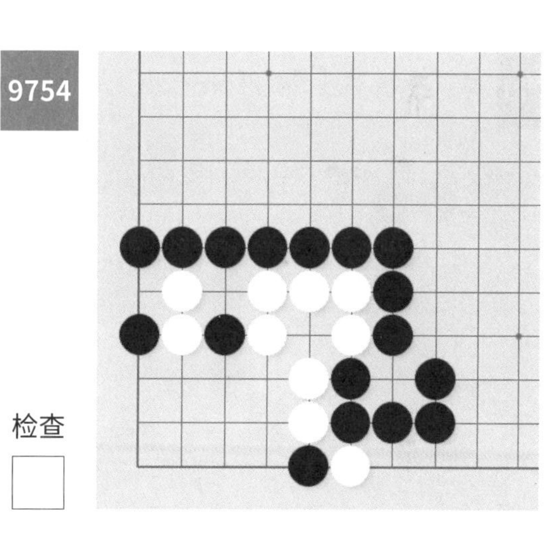

检查

9755

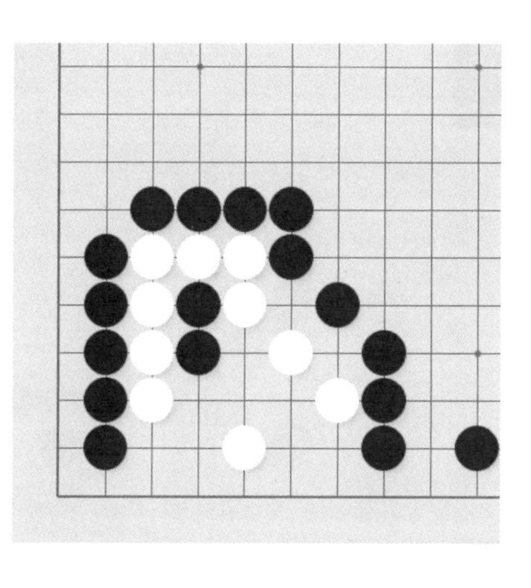

检查

9756

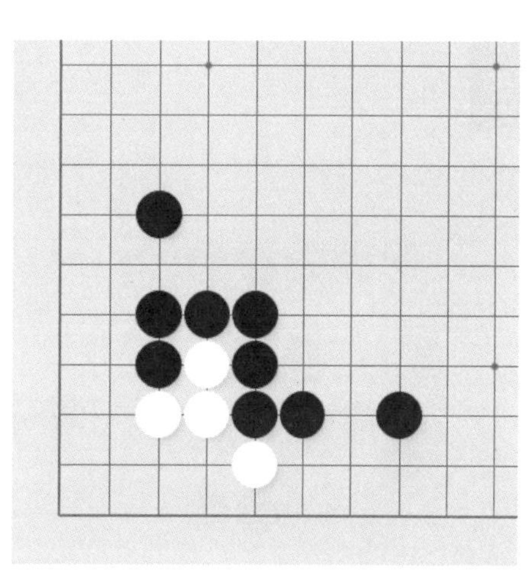

检查

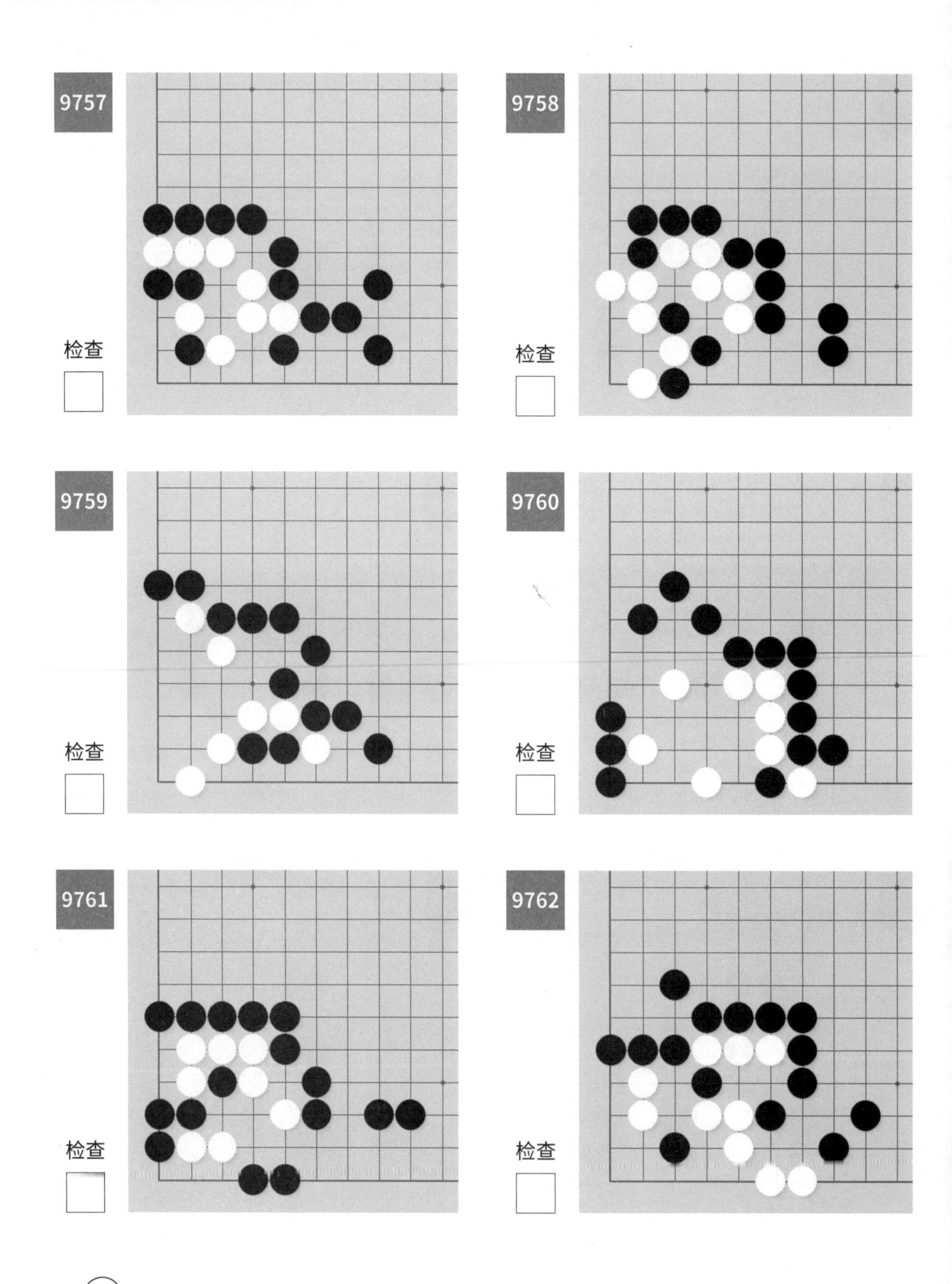
9757
检查
9758
检查
9759
检查
9760
检查
9761
检查
9762
检查

9763

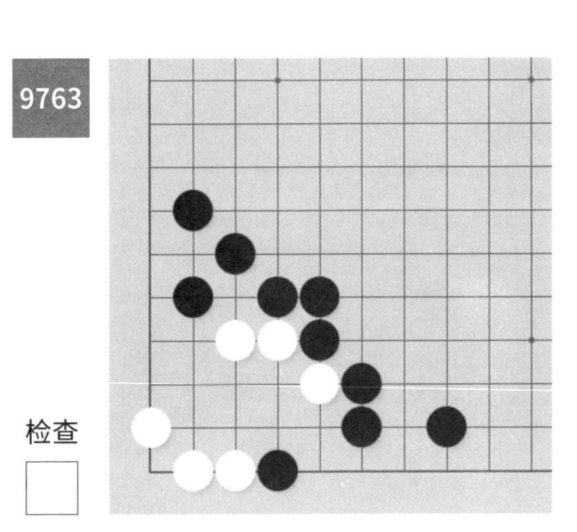

检查 □

9764

检查 □

9765

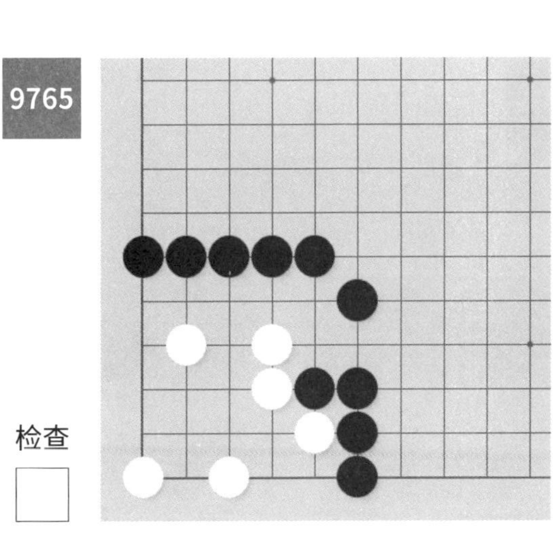

检查 □

9766

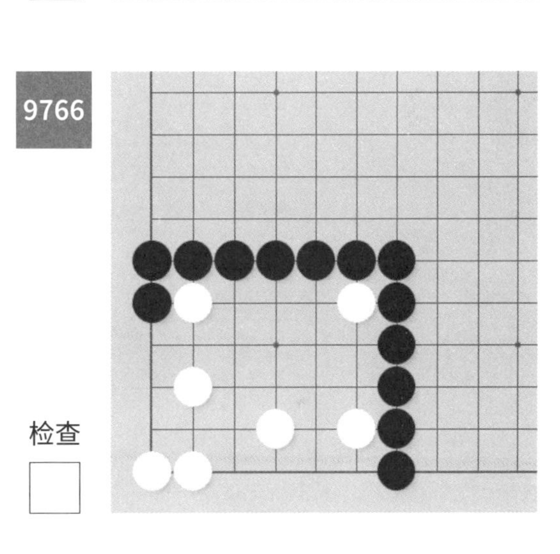

检查 □

9767

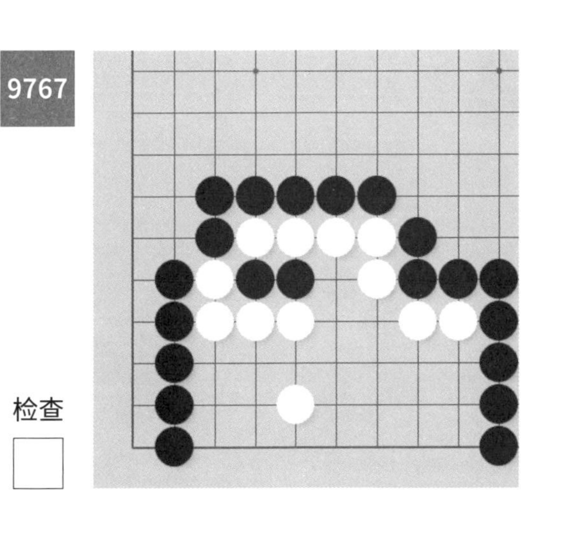

检查 □

9768

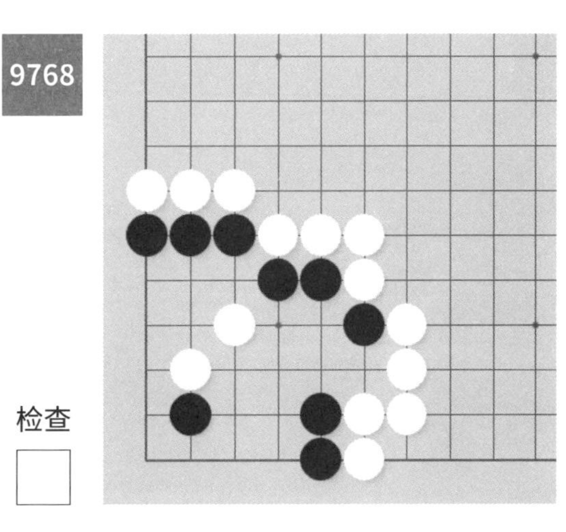

检查 □

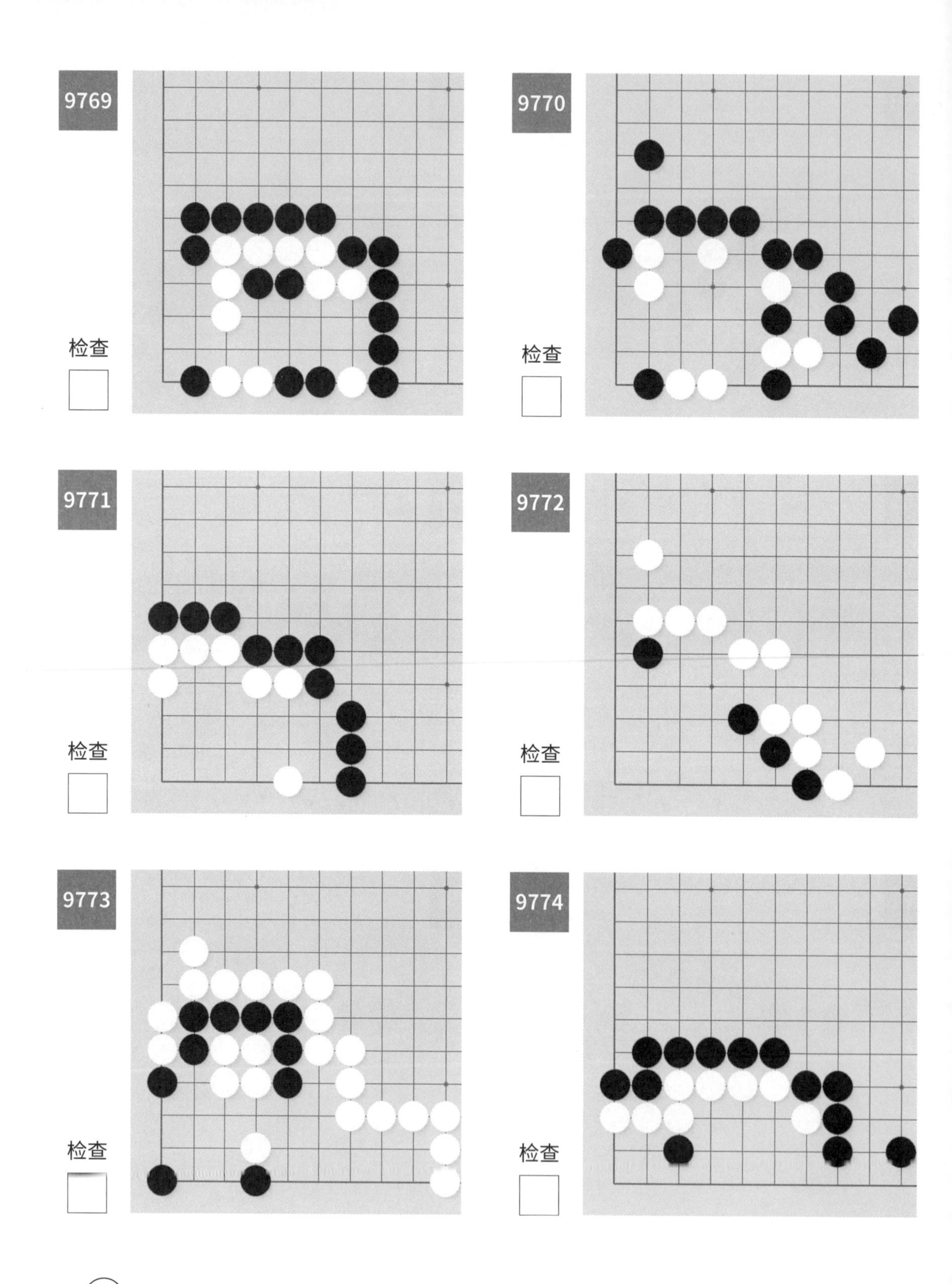
9769
检查
9770
检查
9771
检查
9772
检查
9773
检查
9774
检查

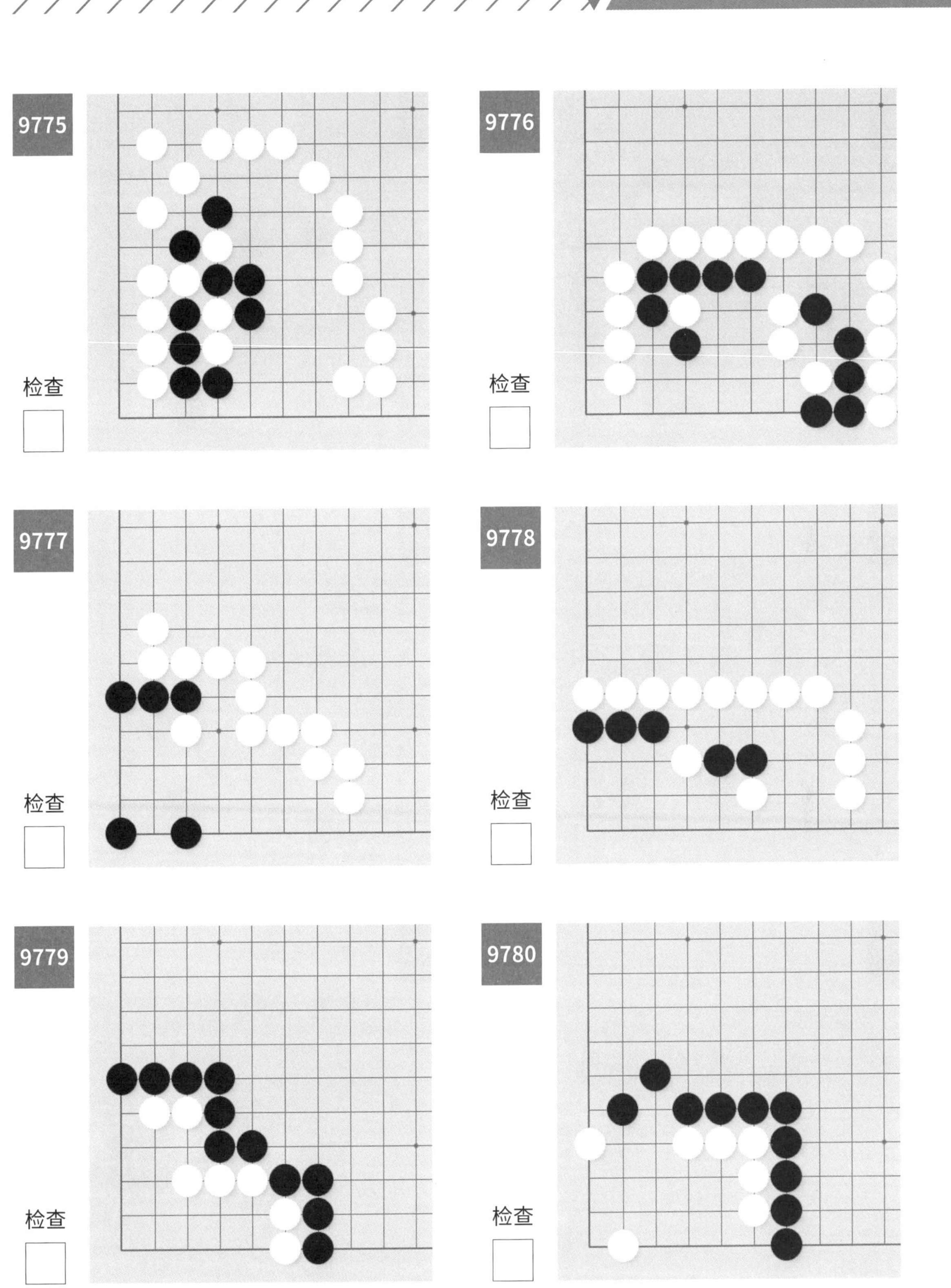
9775
检查
9776
检查
9777
检查
9778
检查
9779
检查
9780
检查

9781

检查

9782

检查

9783

检查

9784

检查

9785

检查

9786

检查

9787

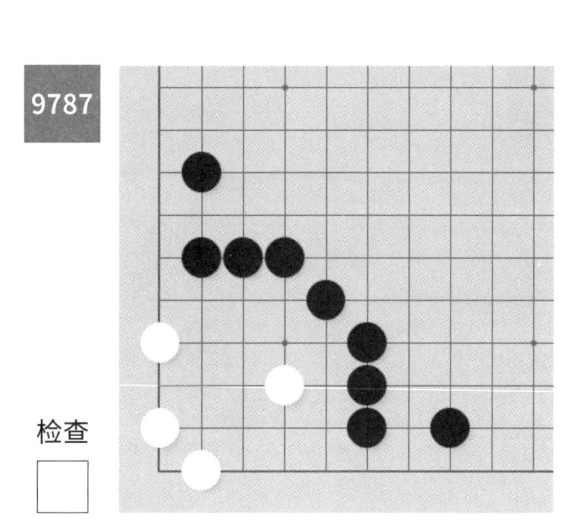

检查 □

9788

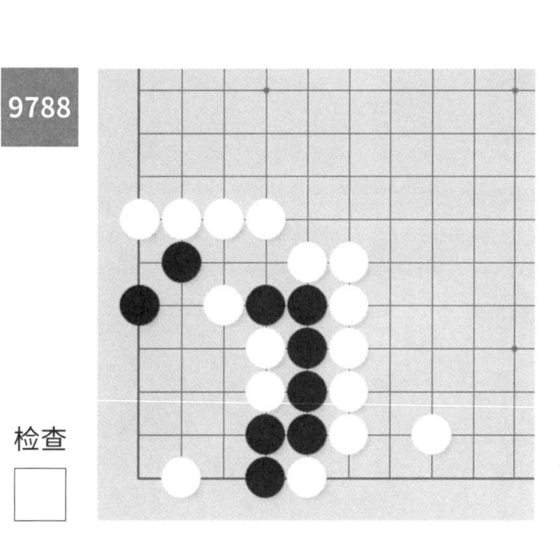

检查 □

9789

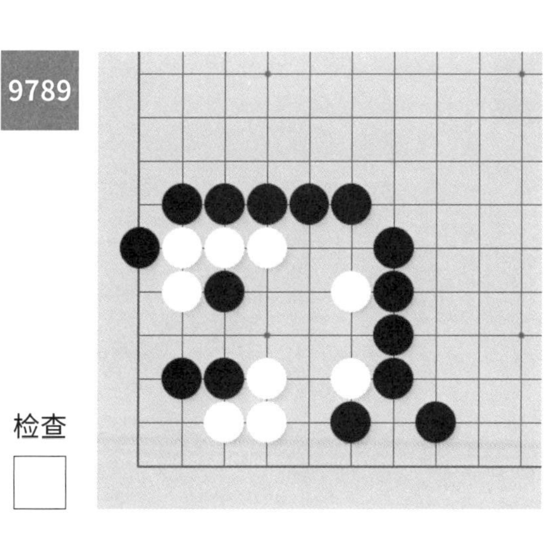

检查 □

9790

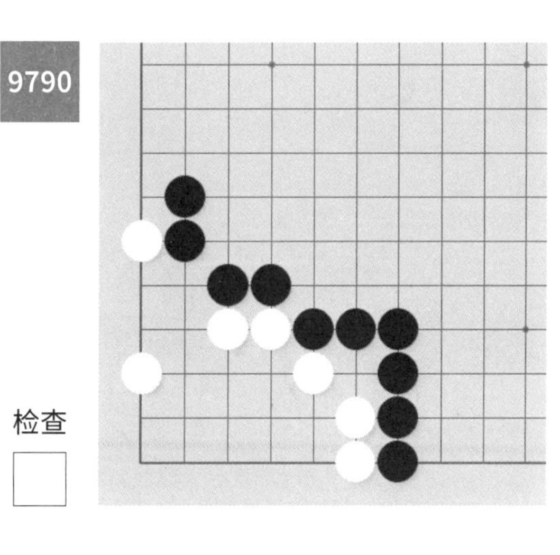

检查 □

9791

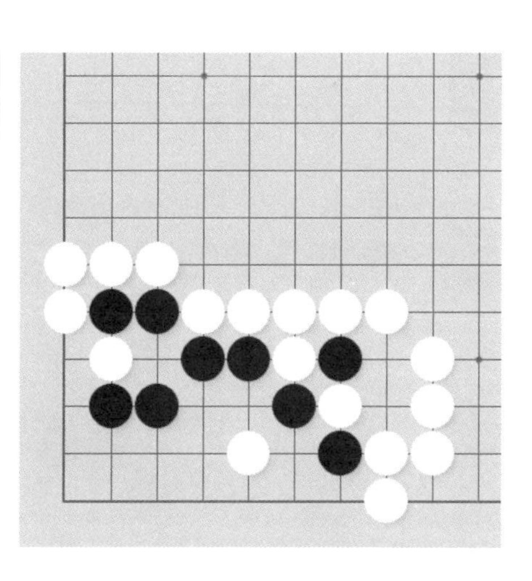

检查 □

9792

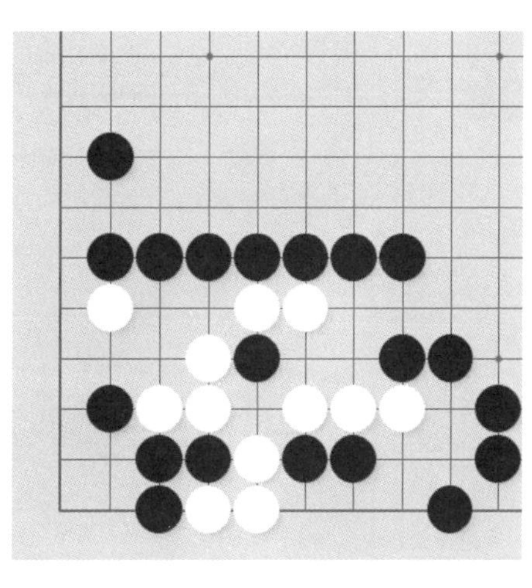

检查 □

9793

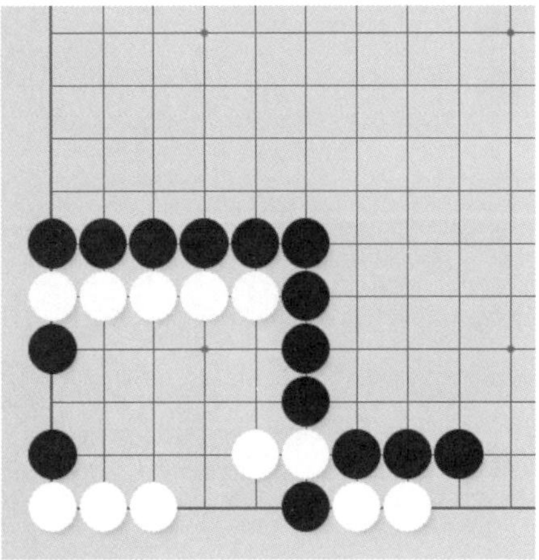

检查

9794

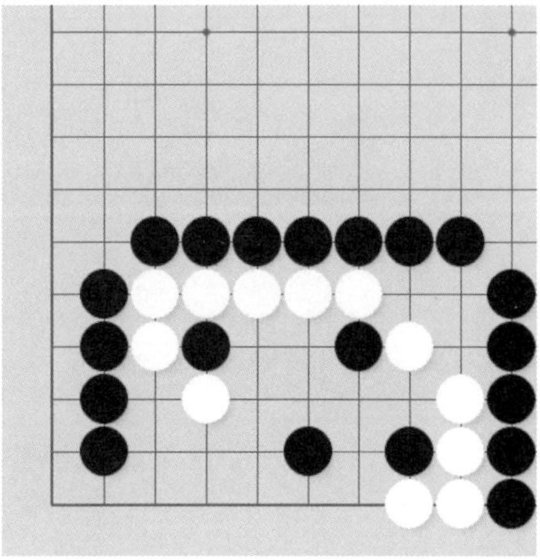

检查

9795

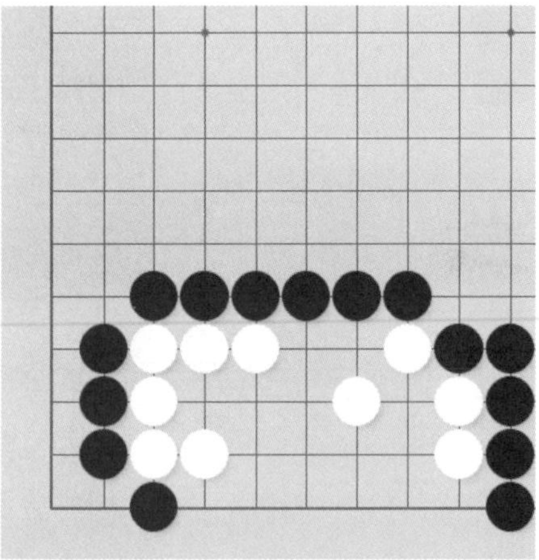

检查

9796

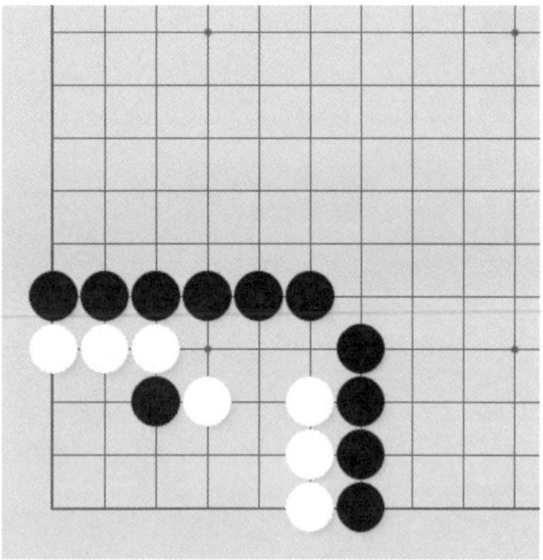

检查

9797

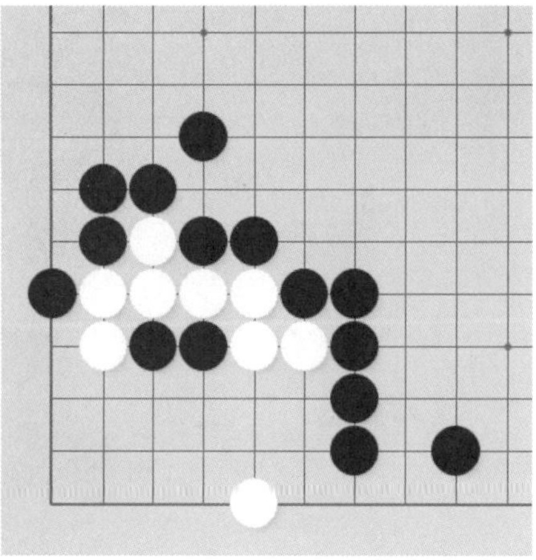

检查

9798

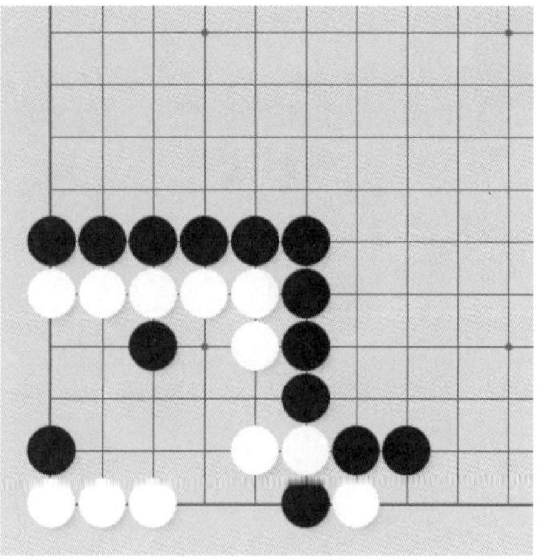

检查

9799

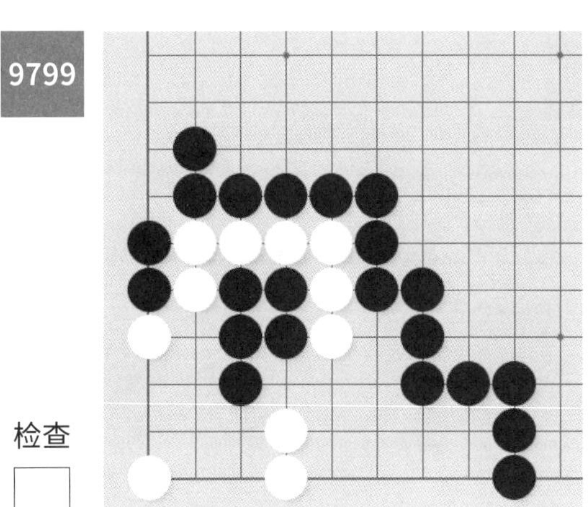

检查

9800

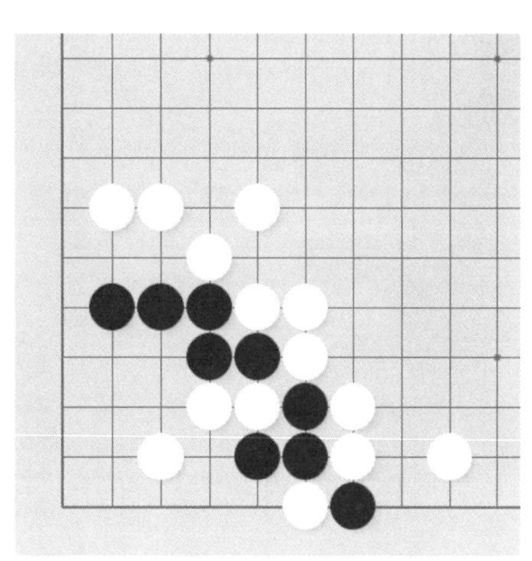

检查

9801

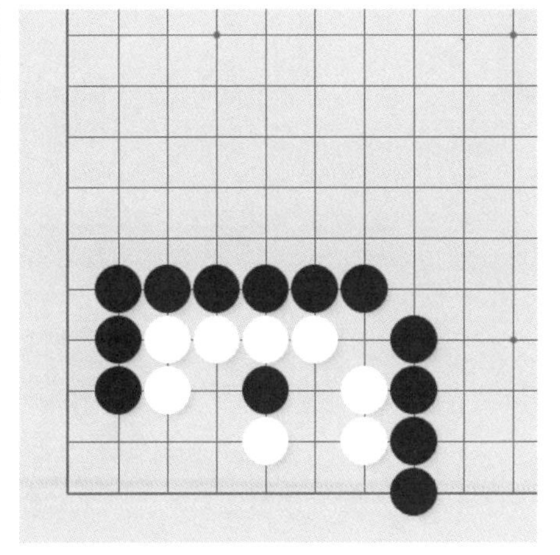

检查

9802

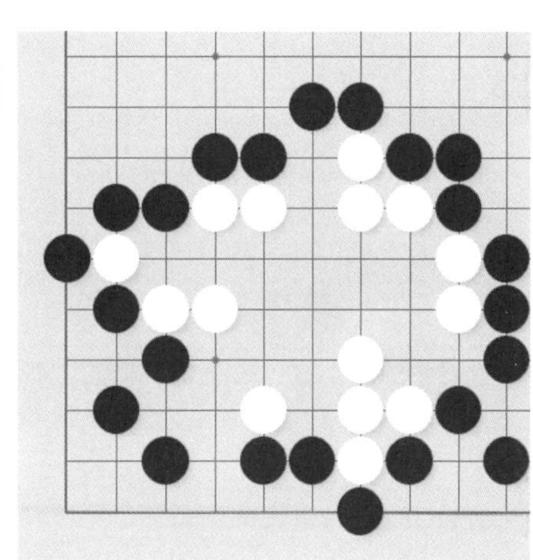

检查

9803

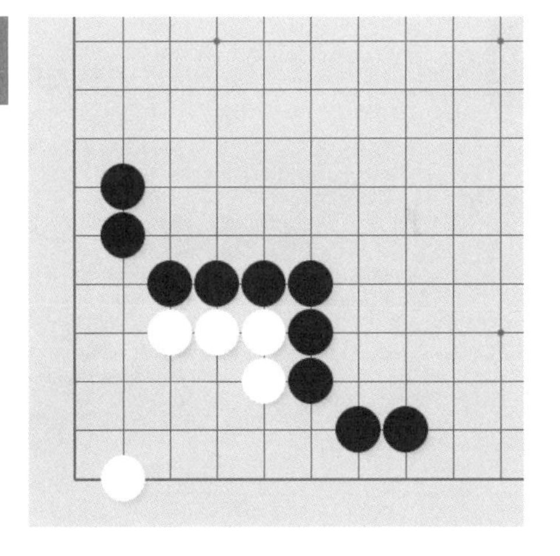

检查

9804

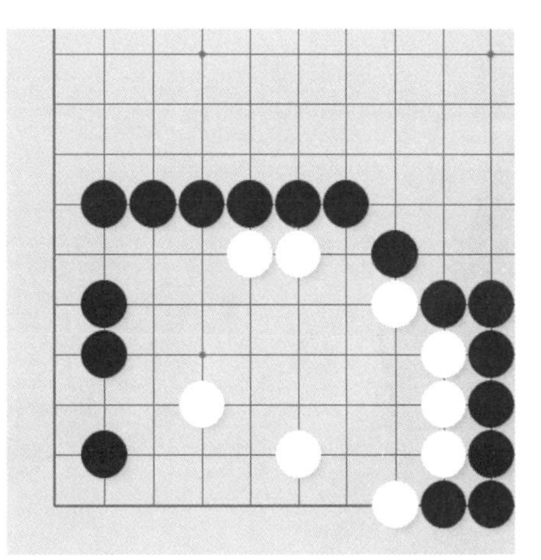

检查

9805

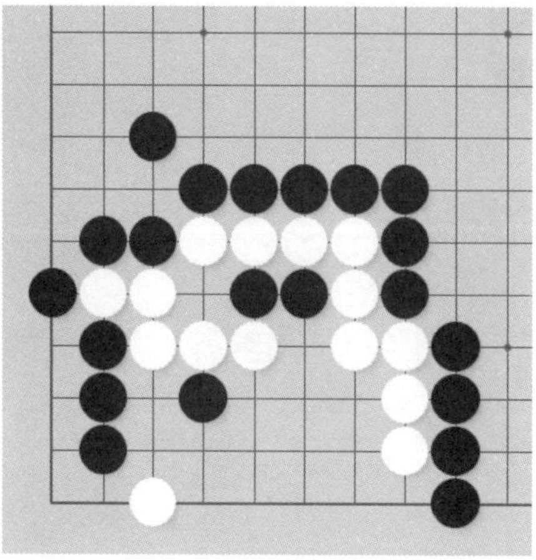

检查

9806

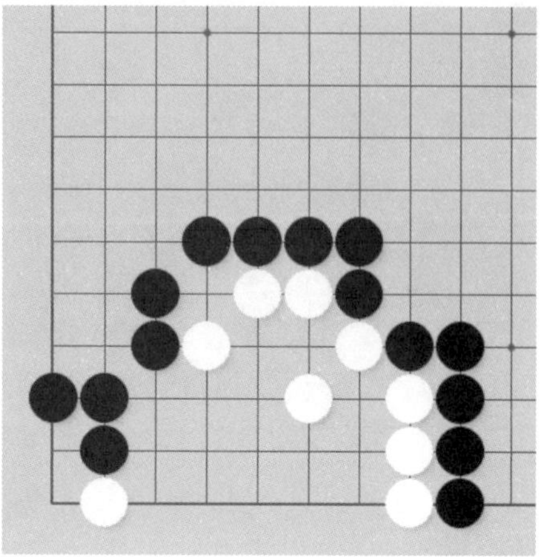

检查

9807

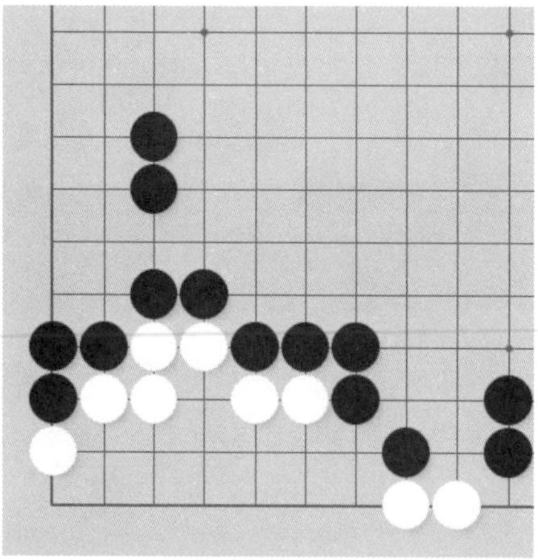

检查

9808

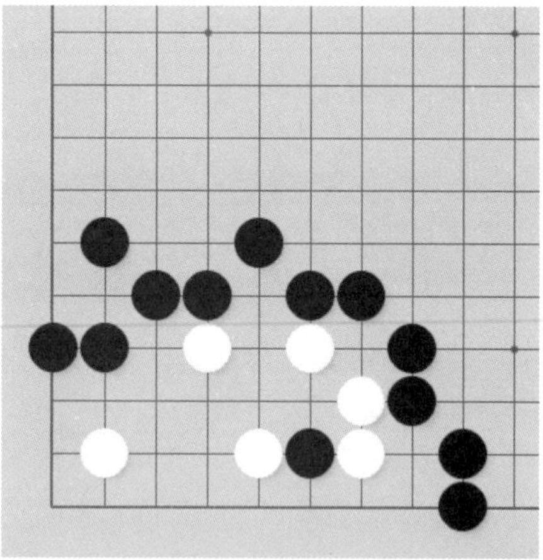

检查

9809

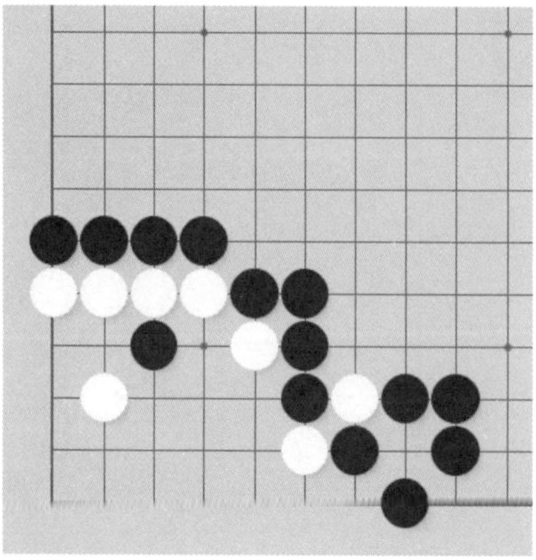

检查

9810

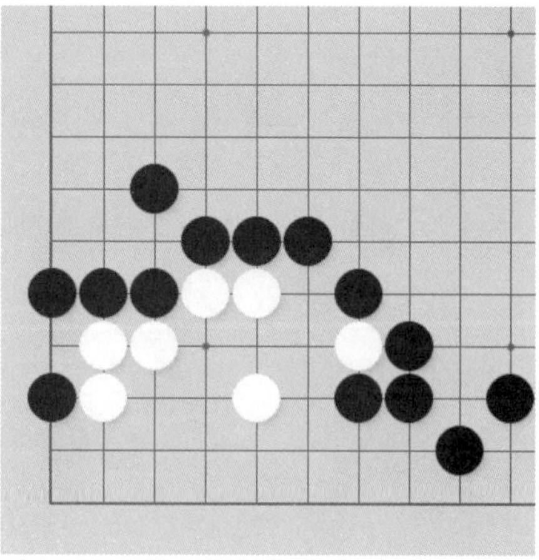

检查

9811

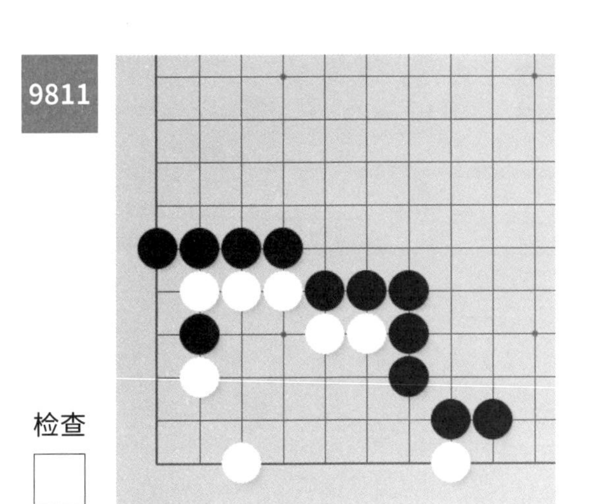

检查 □

9812

检查 □

9813

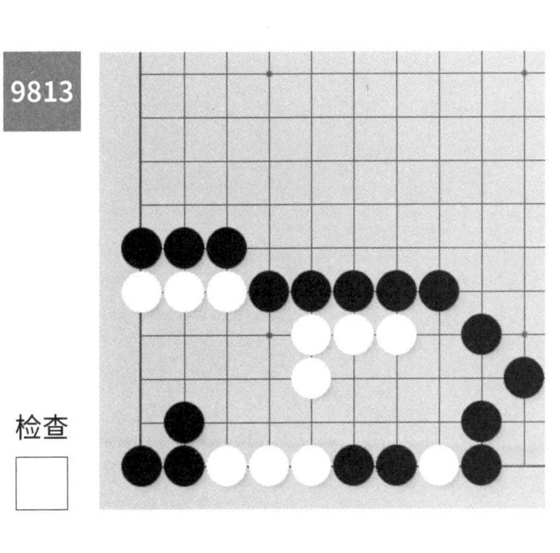

检查 □

9814

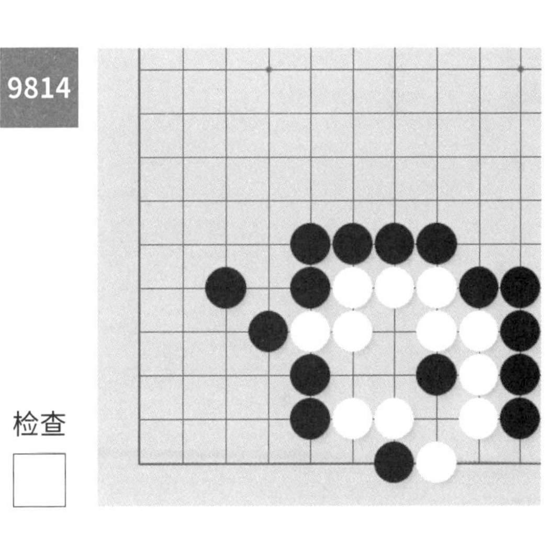

检查 □

9815

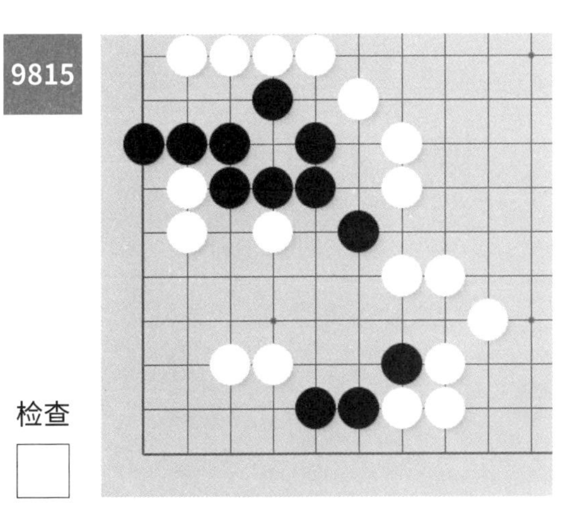

检查 □

9816

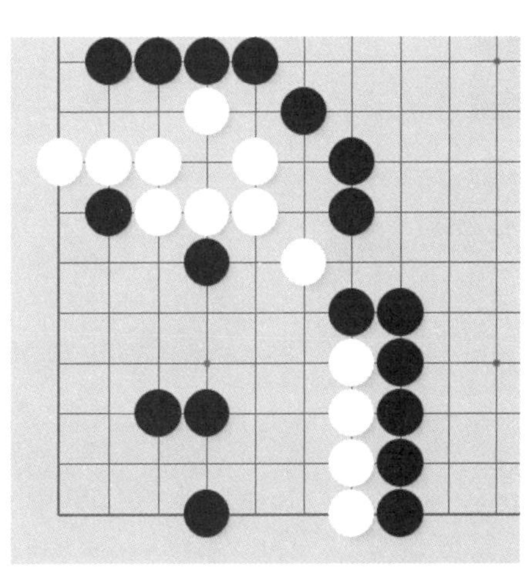

检查 □

9817

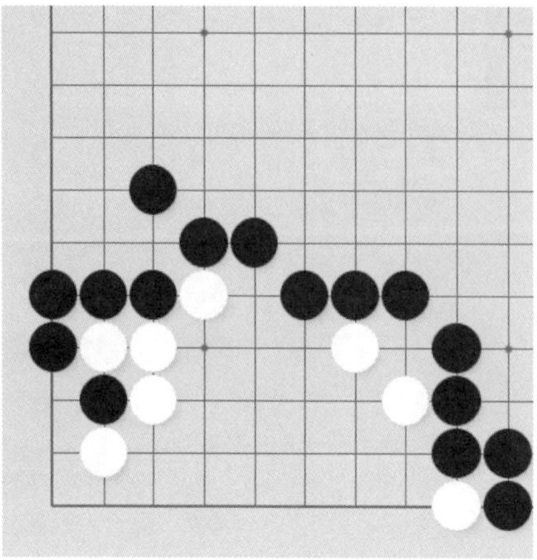

检查

9818

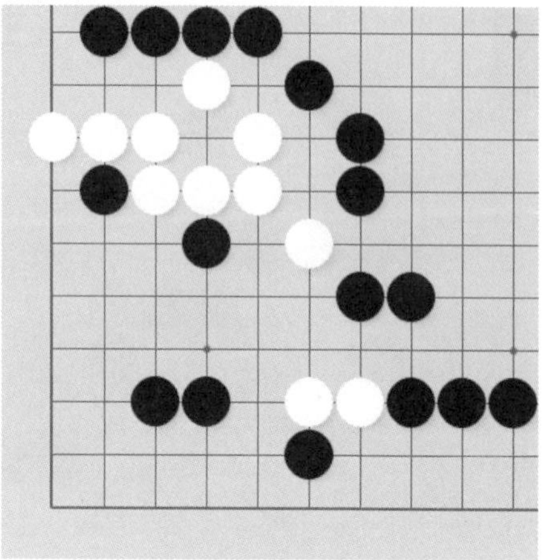

检查

9819

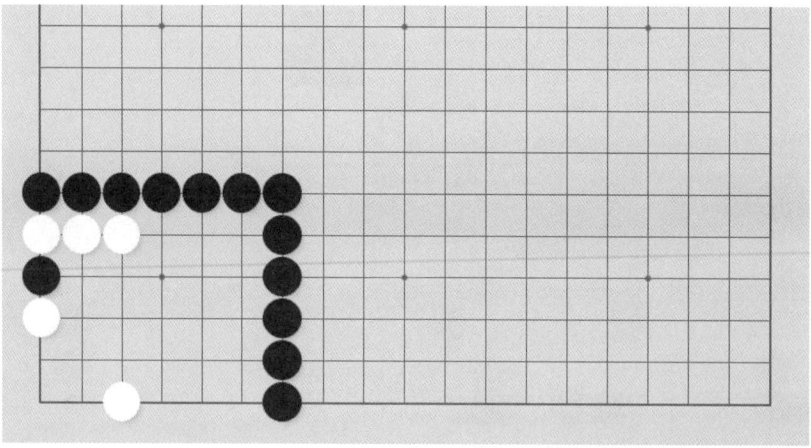

检查

9820

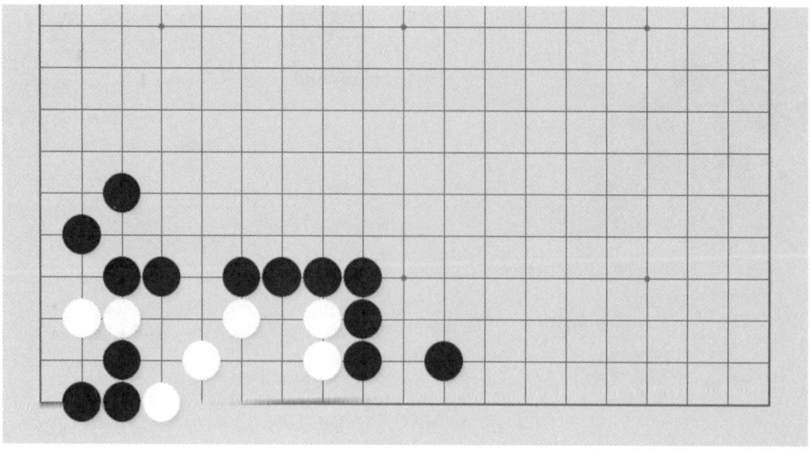

检查

9821

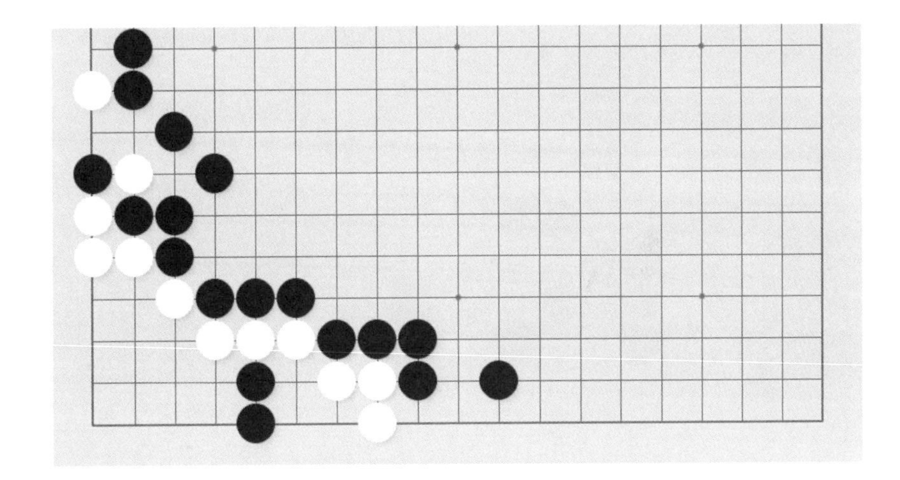

检查

9822

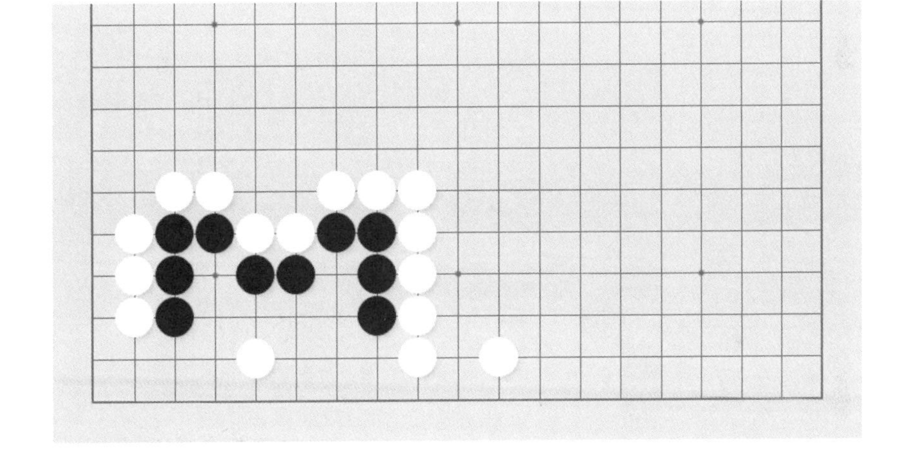

检查

9823

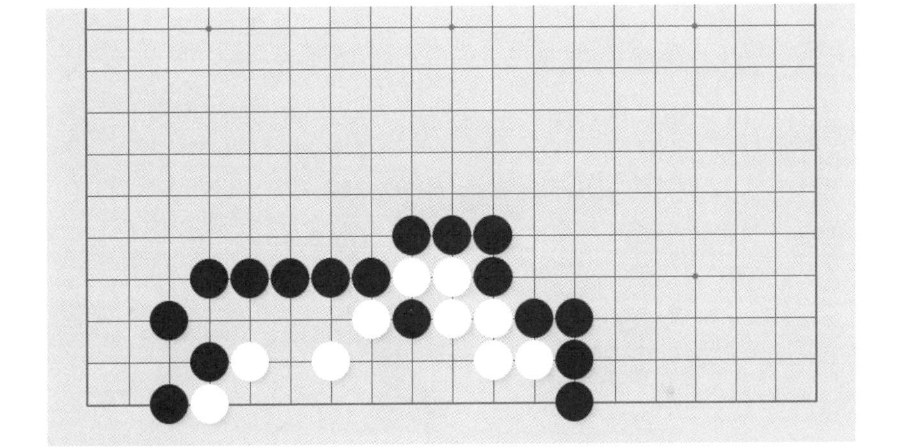

检查

9824

检查

9825

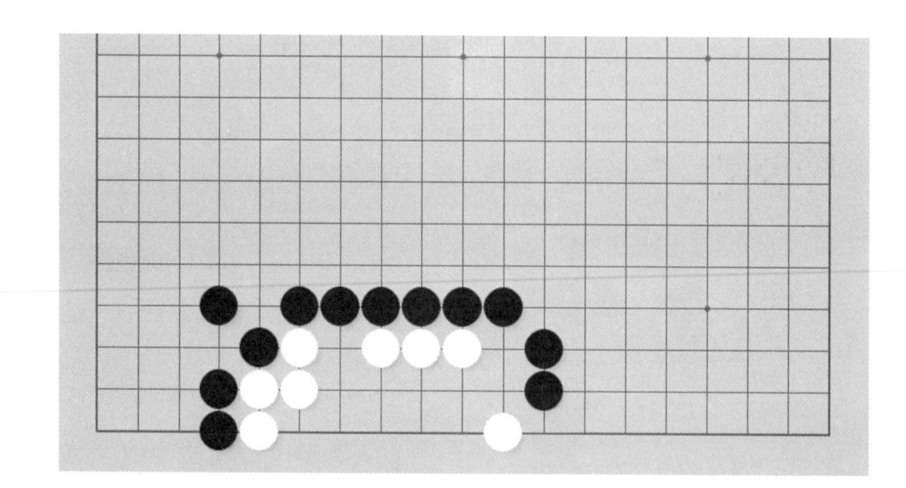

检查

9826

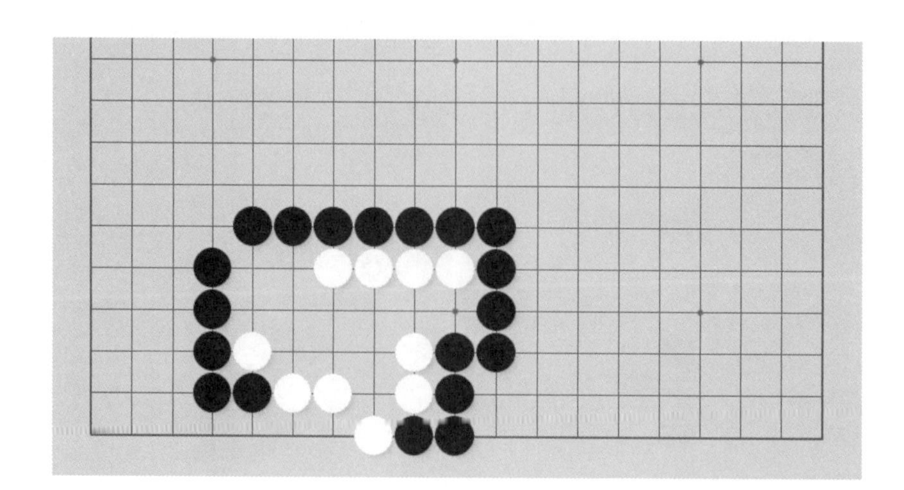

检查

9827

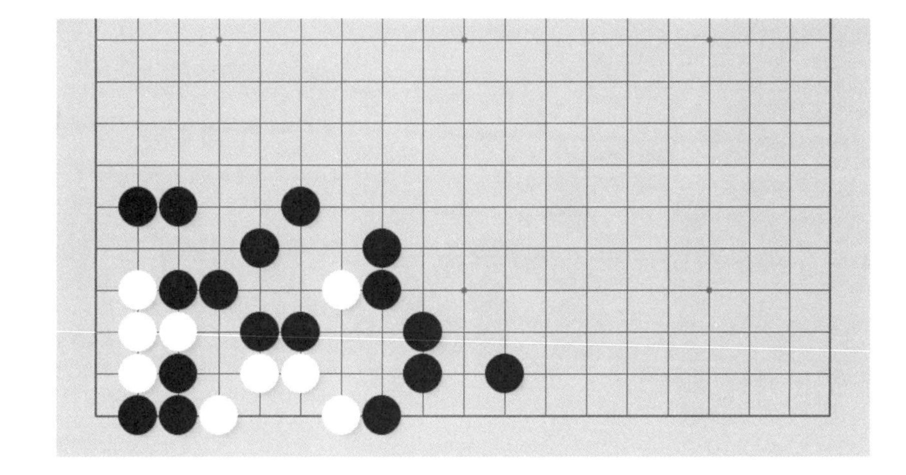

检查

9828

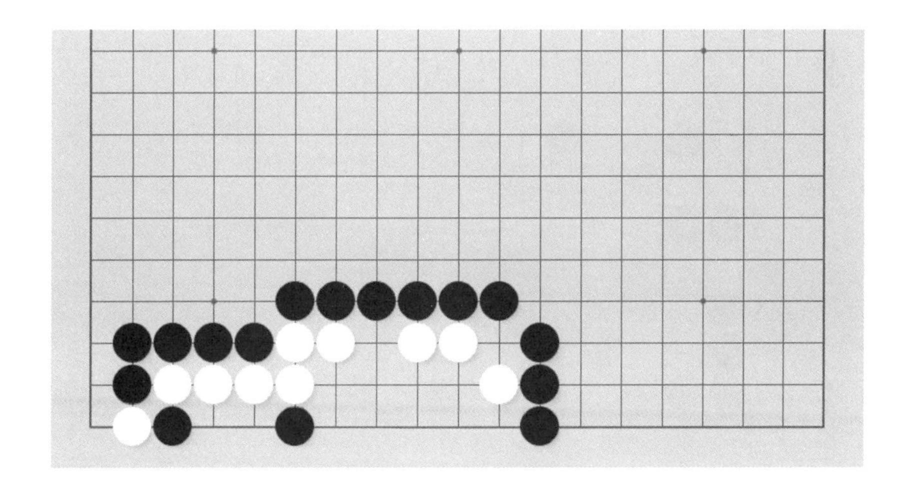

检查

9829

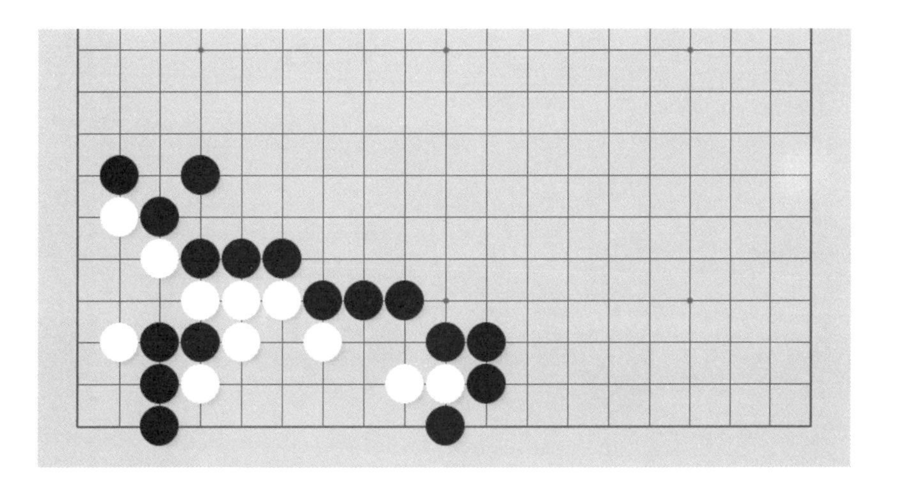

检查

9830

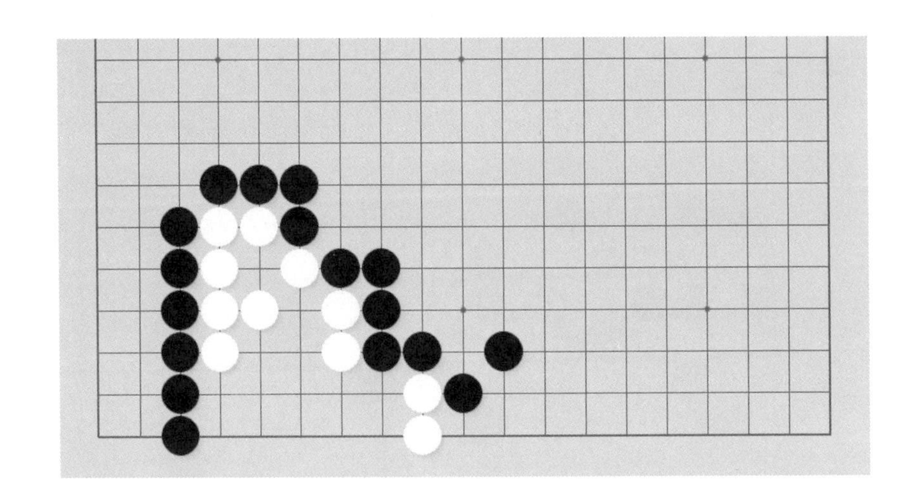

检查 □

9831

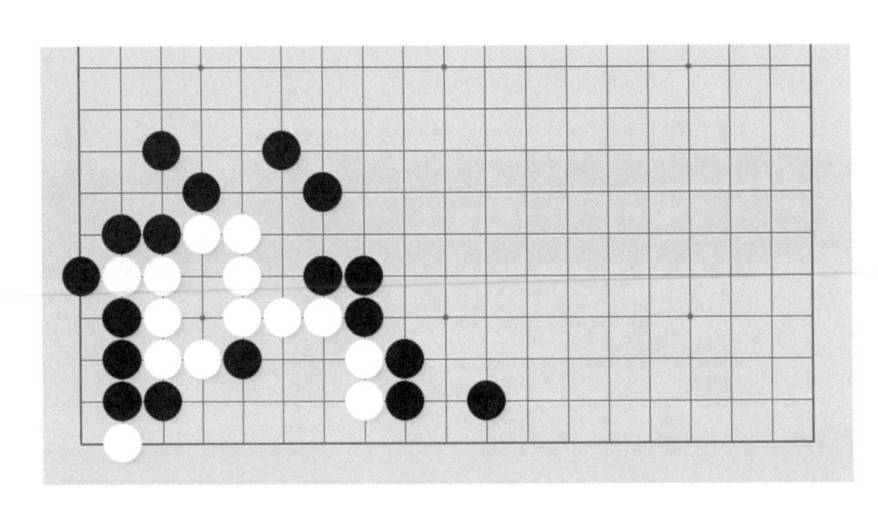

检查 □

9832

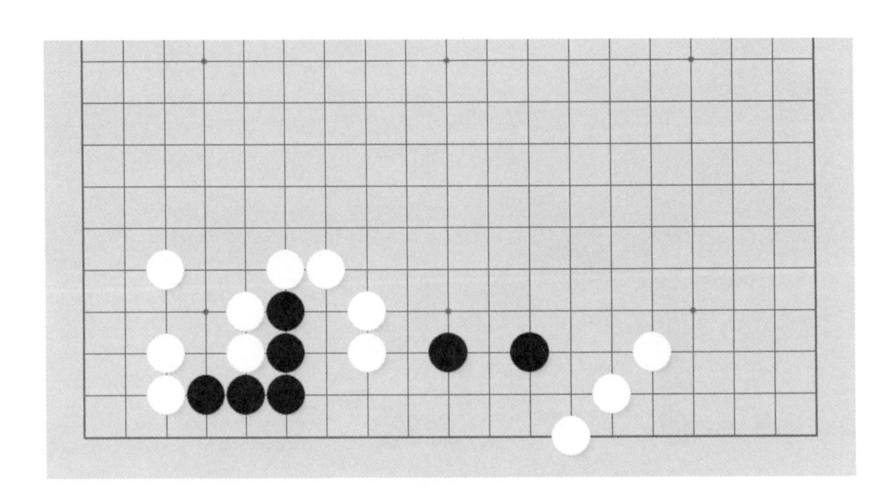

检查 □

9833

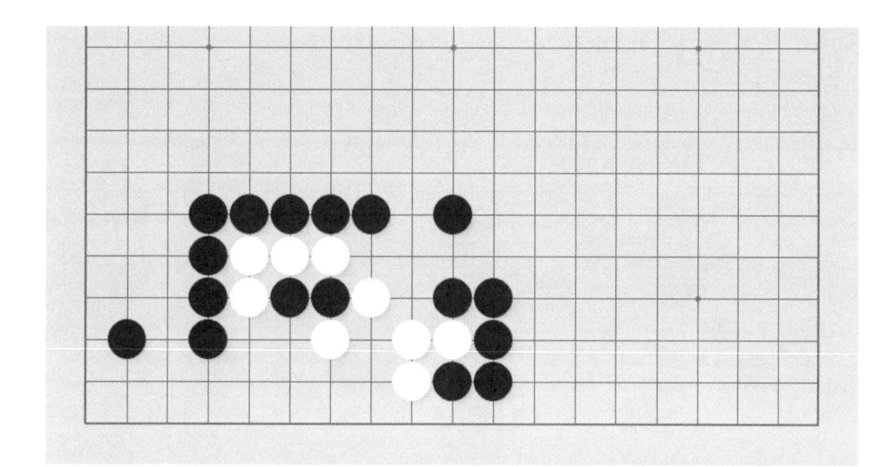

检查

9834

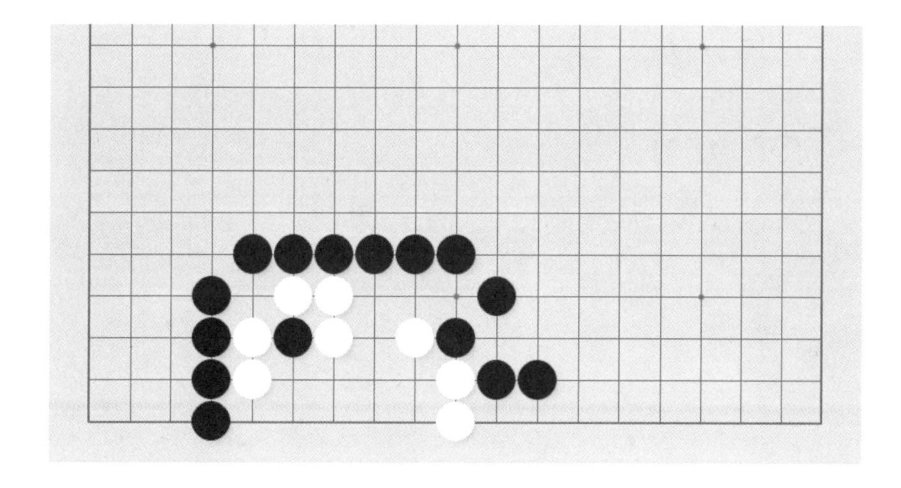

检查

9835

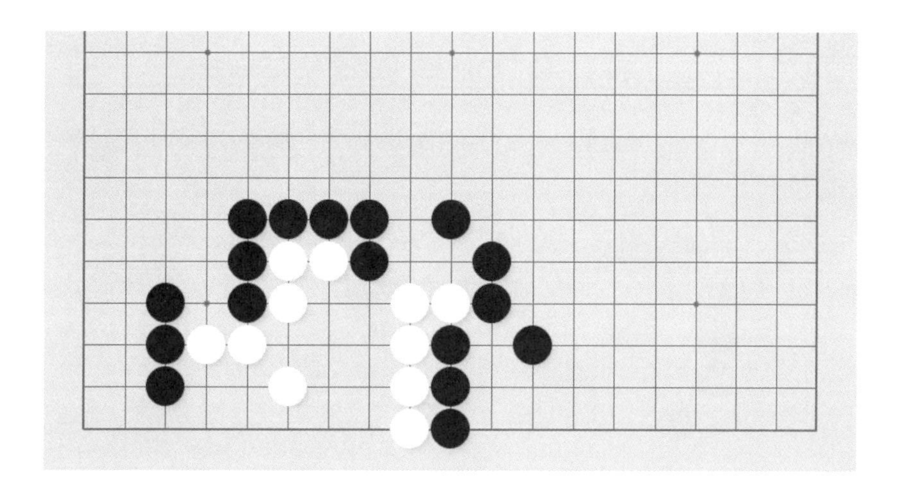

检查

9836

检查

9837

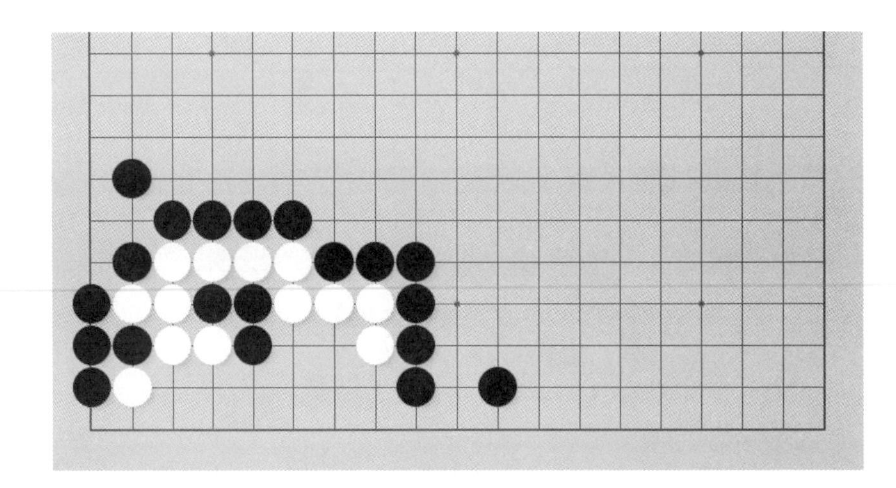

检查

9838

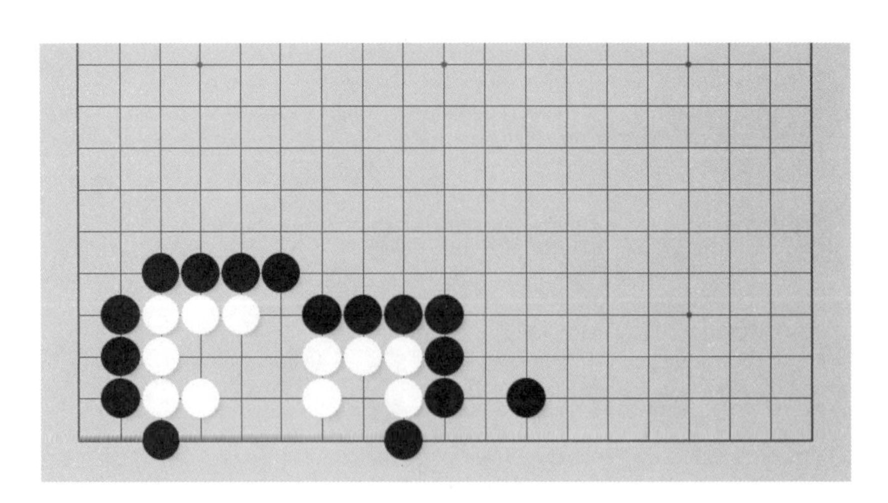

检查

9839

检查

9840

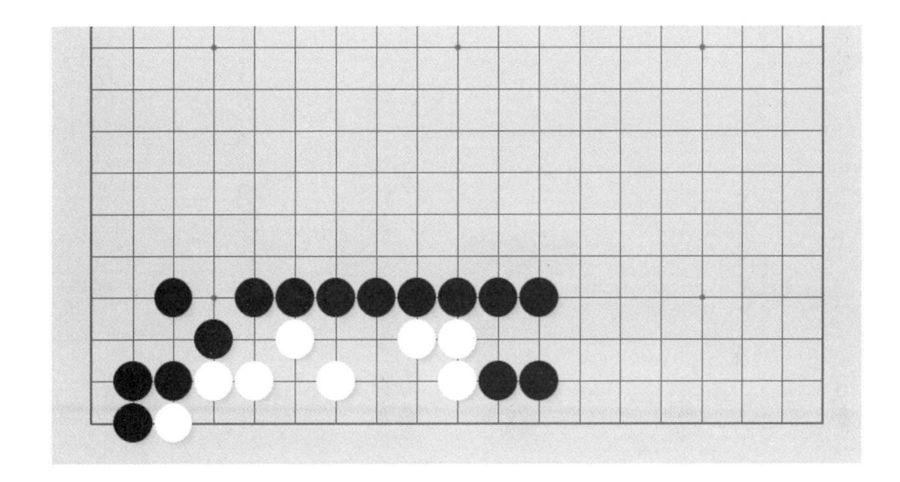

检查

9841

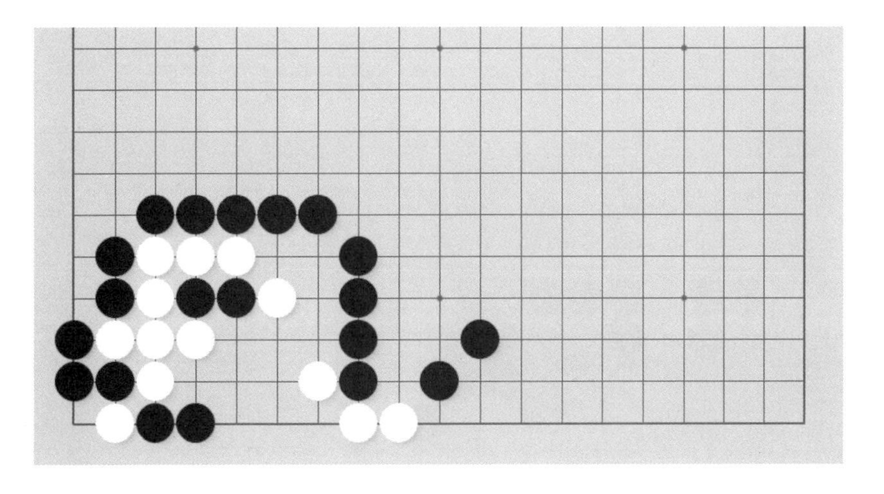

检查

9842

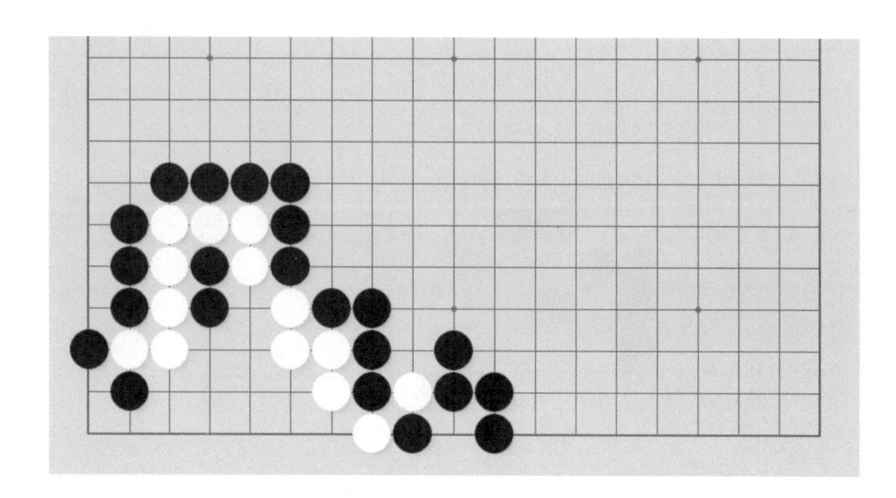

检查

9843

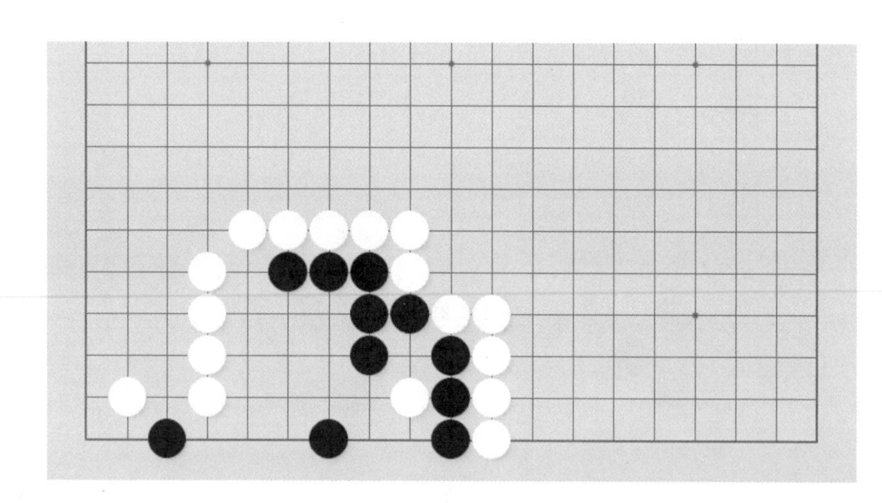

检查

9844

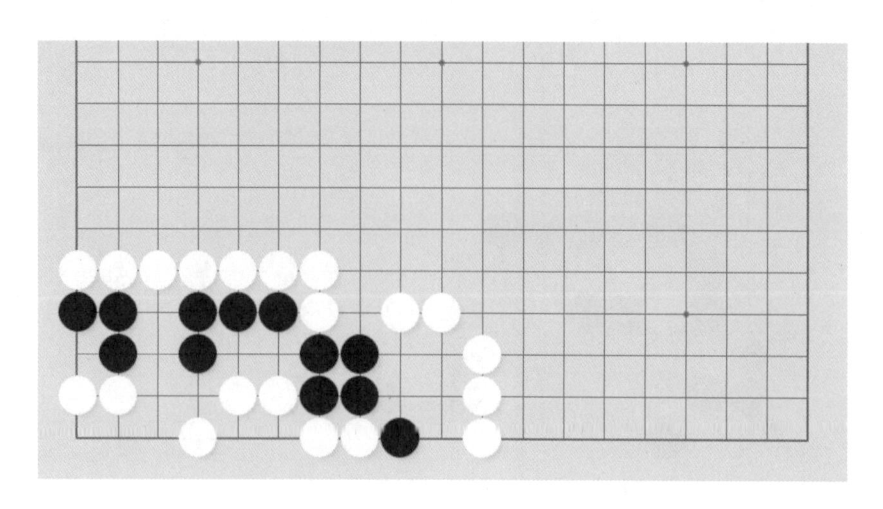

检查

9845

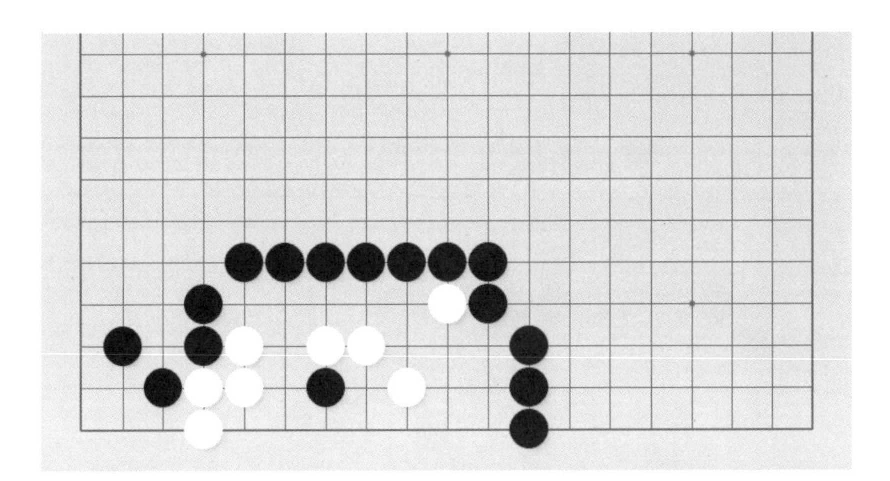

检查

9846

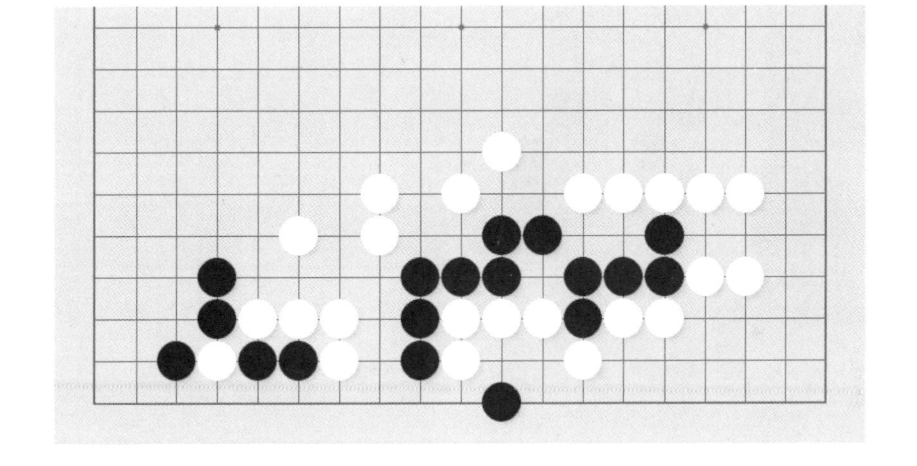

检查

9847

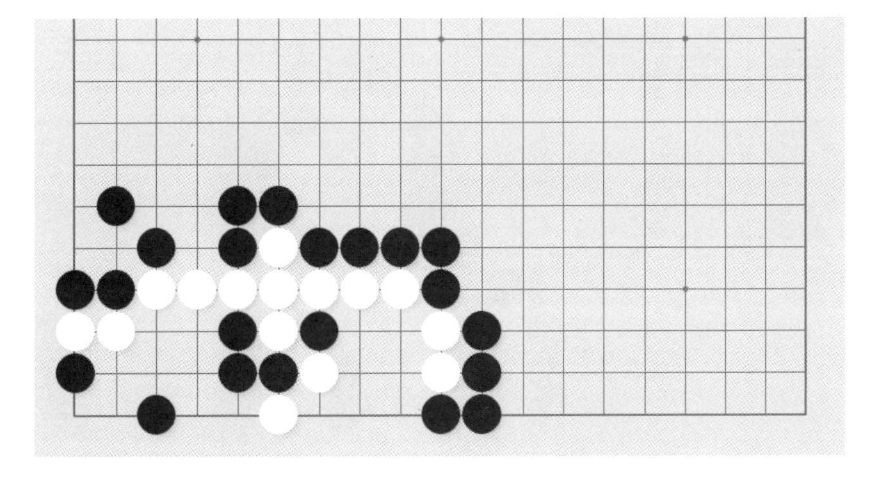

检查

9848

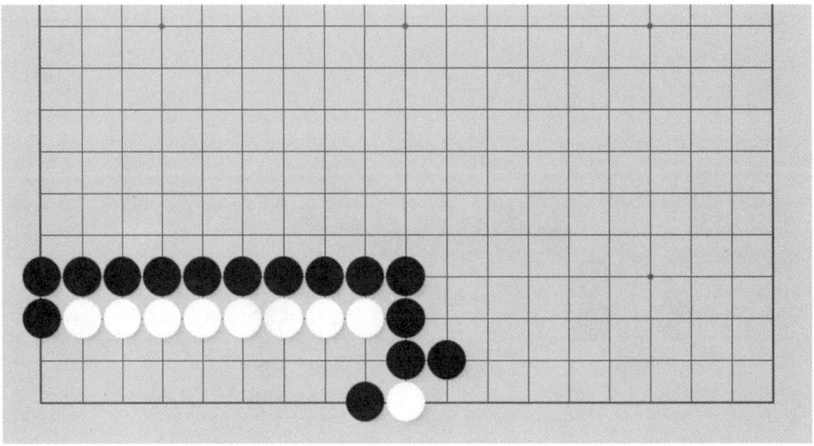

检查

9849

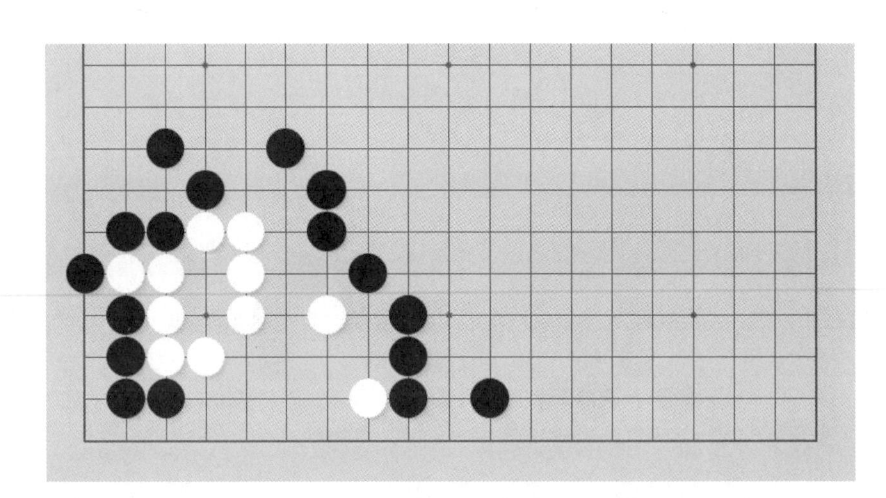

检查

9850

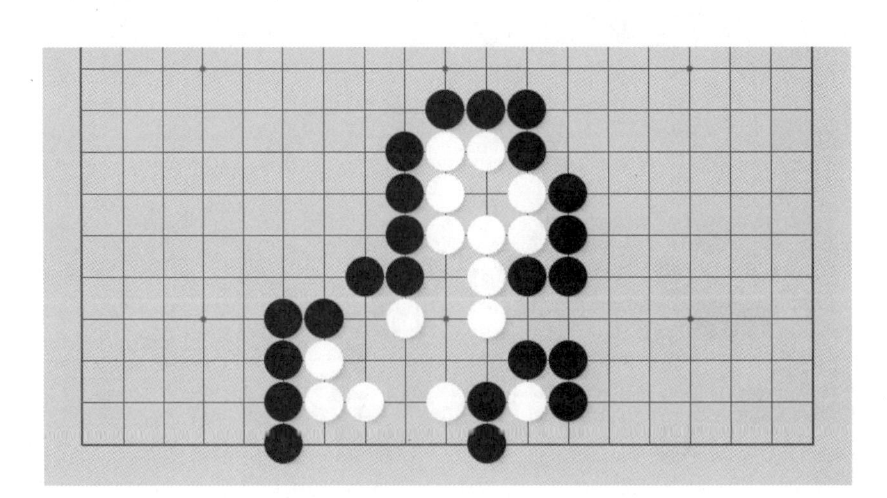

检查

9851

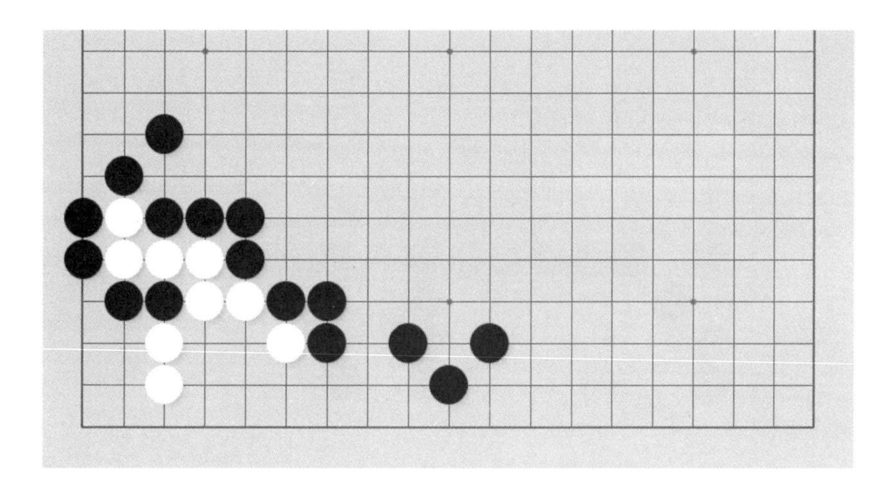

检查

9852

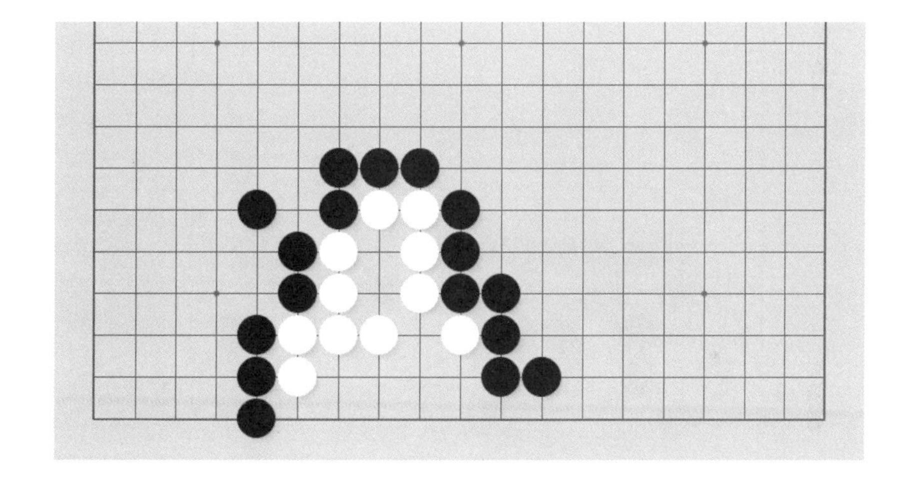

检查

9853

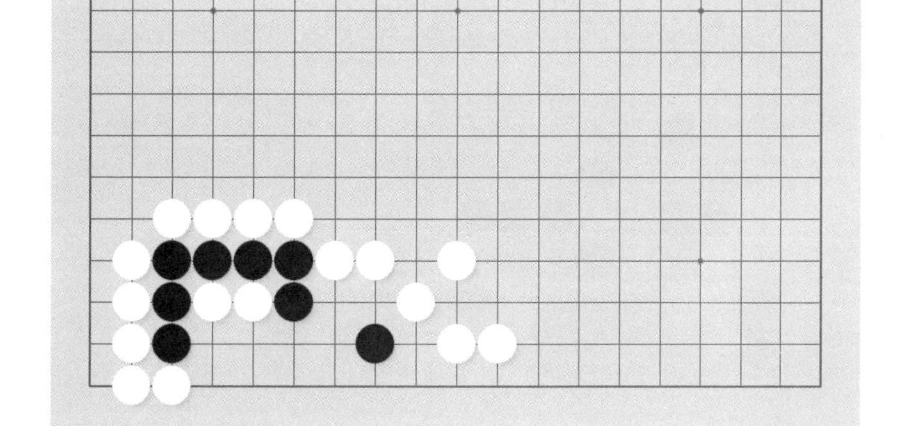

检查

9854

检查

9855

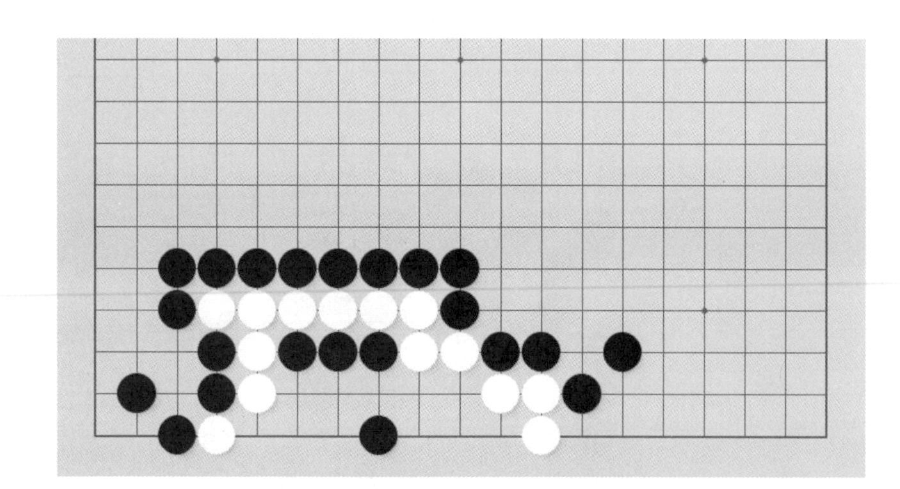

检查

9856

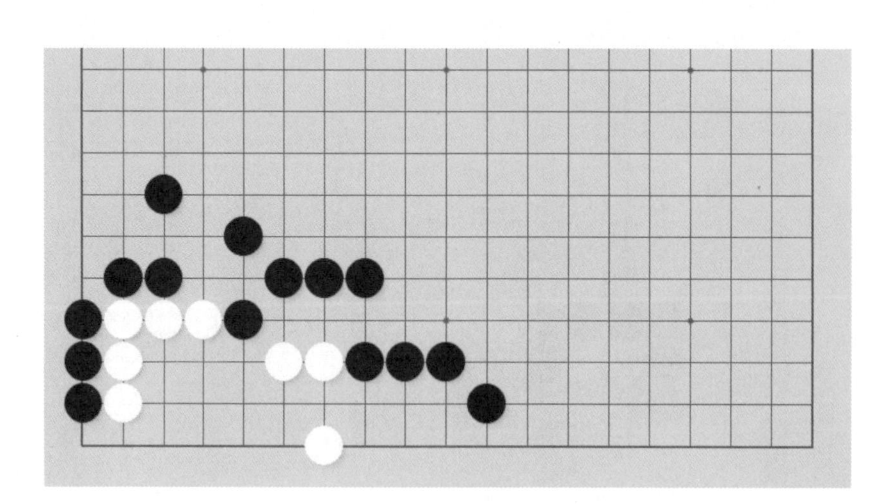

检查

9857

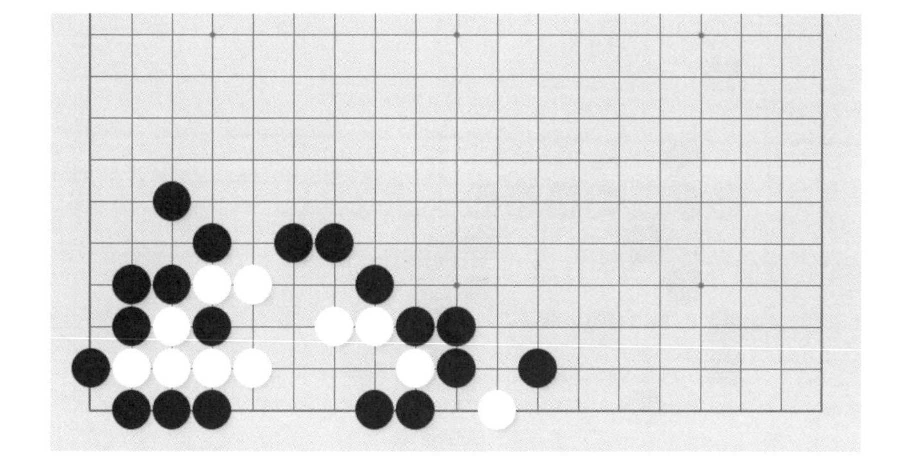

检查

9858

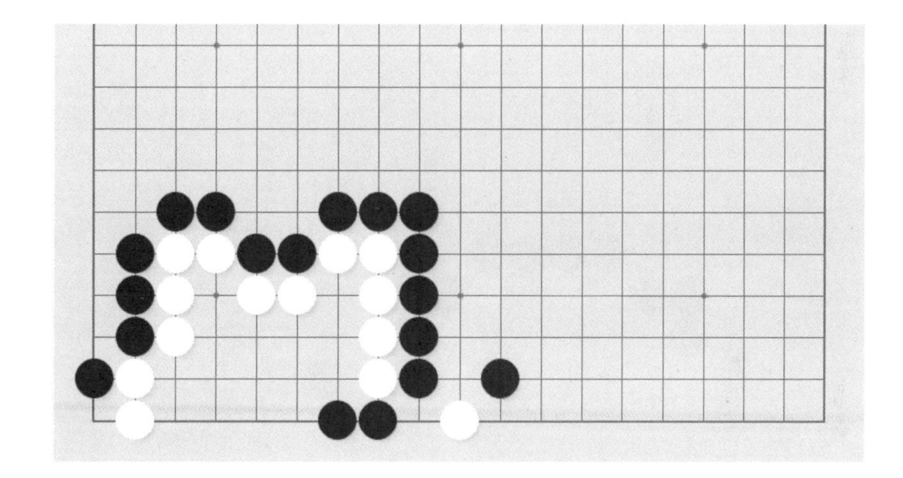

检查

9859

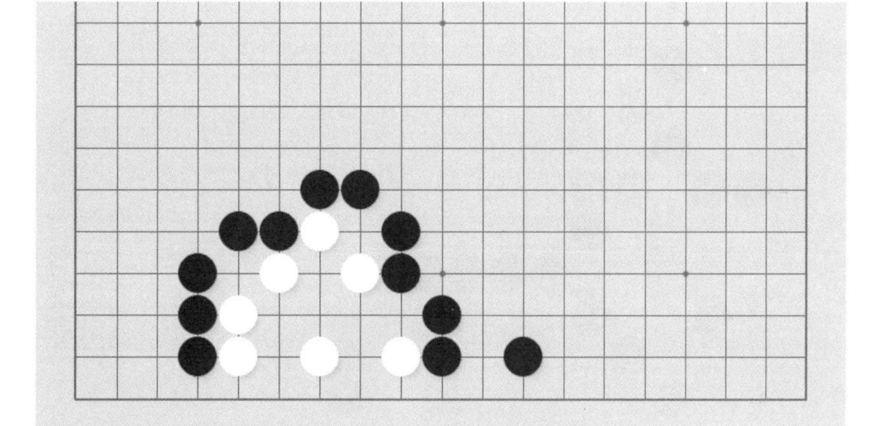

检查

9860

检查

9861

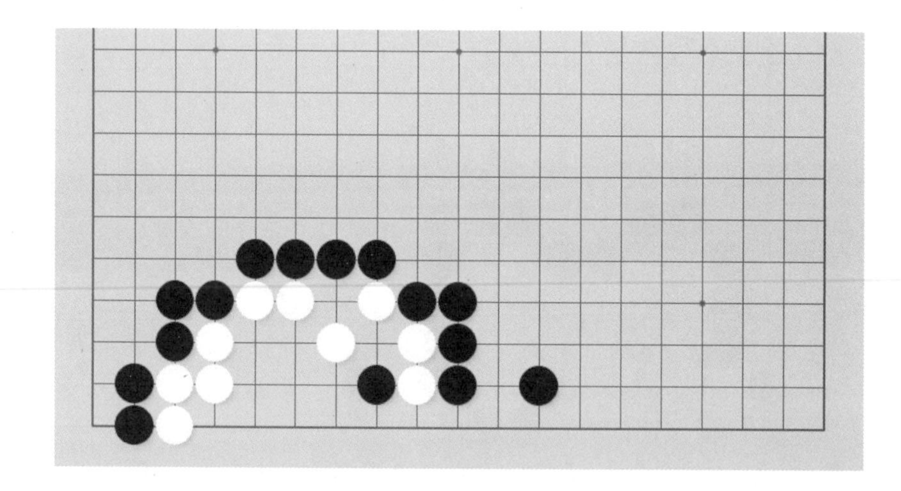

检查

9862

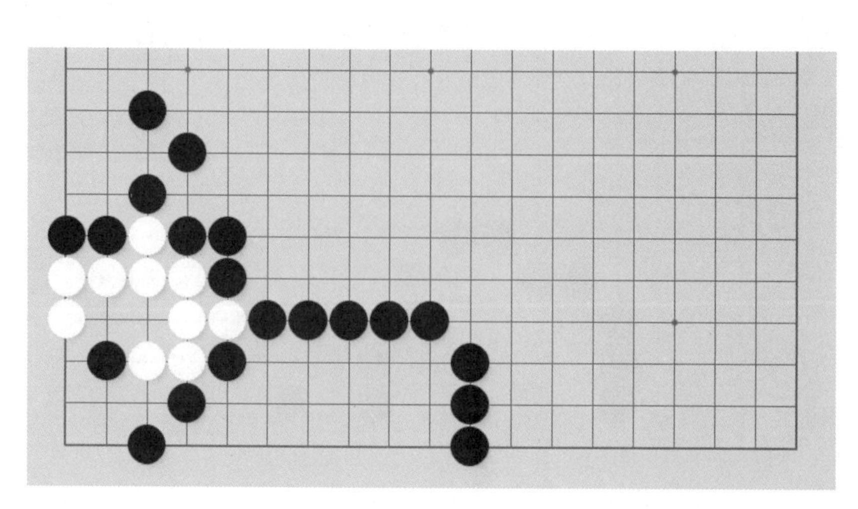

检查

9863

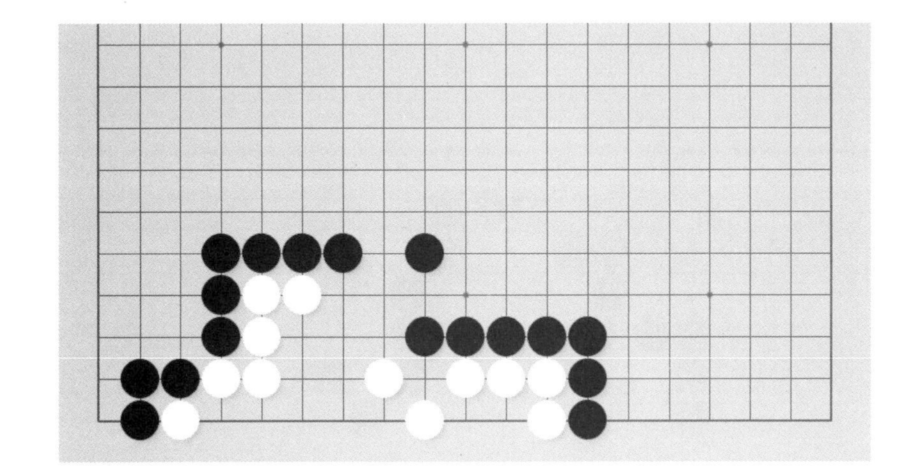

检查

9864

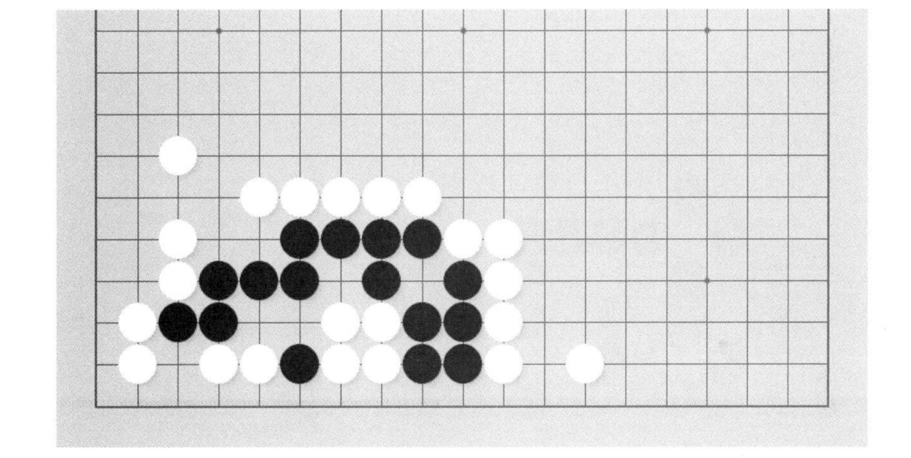

检查

9865

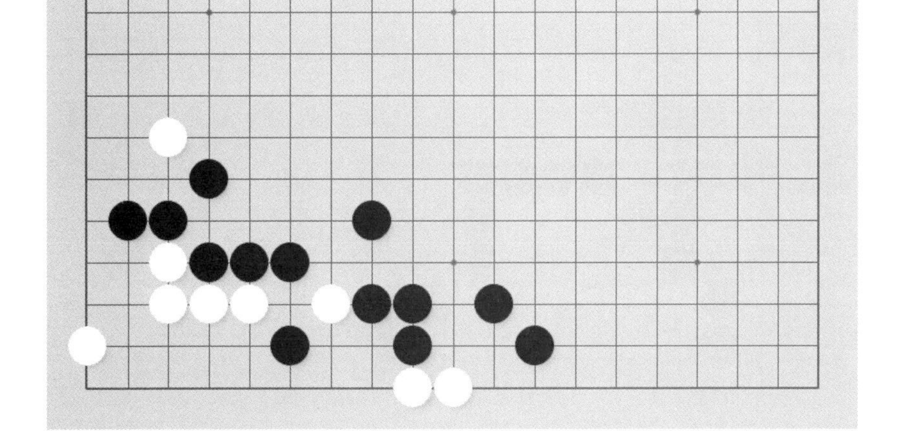

检查

9866

检查

9867

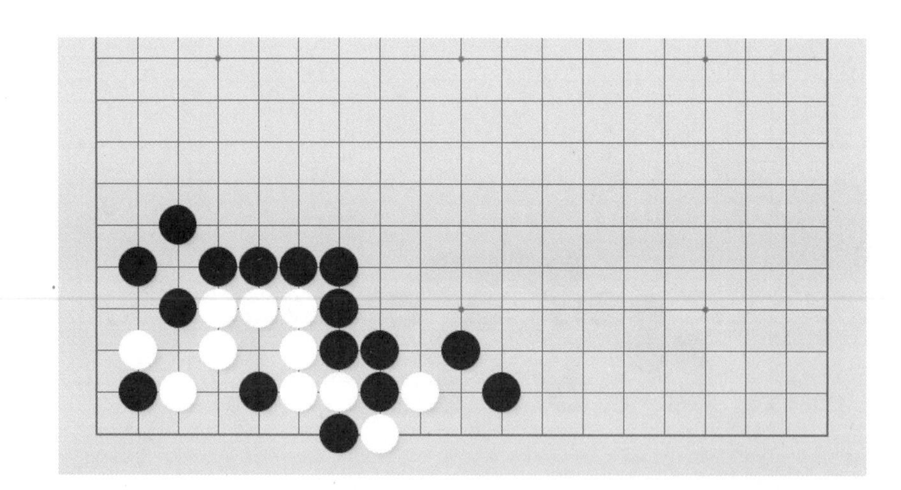

检查

9868

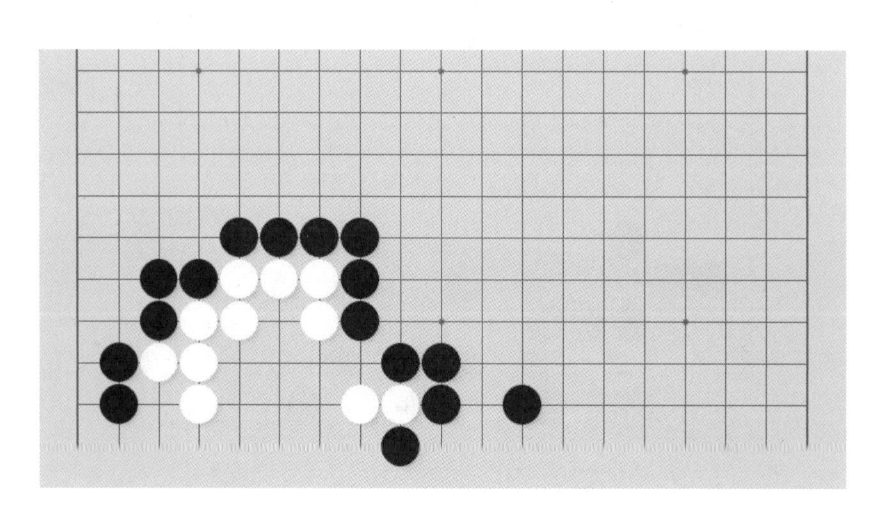

检查

9869

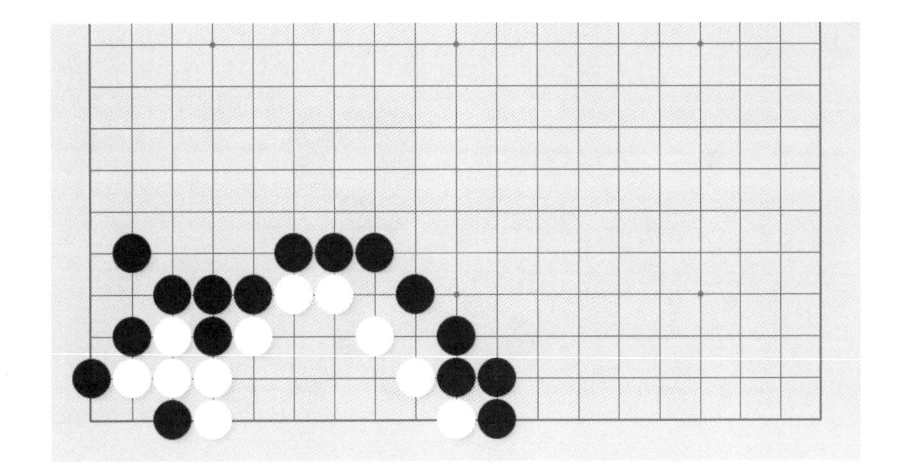

检查

9870

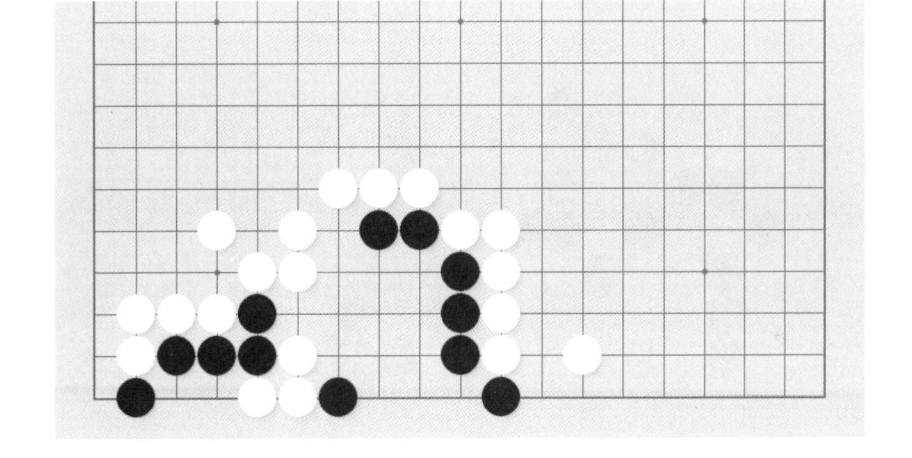

检查

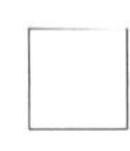

9871

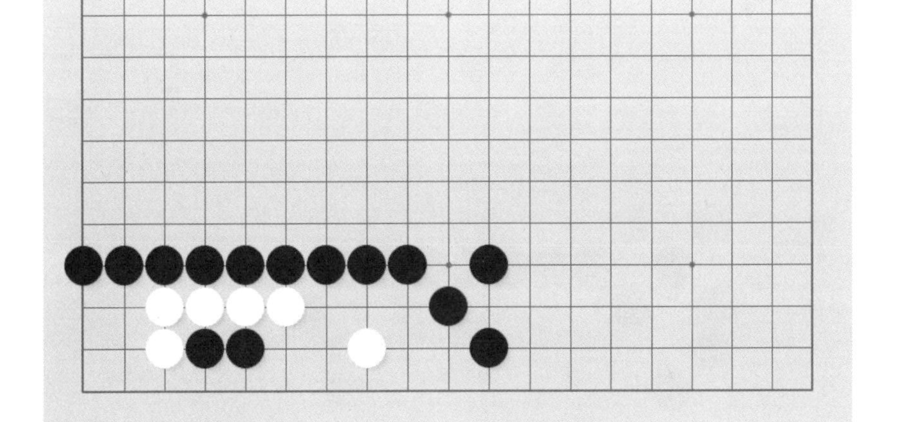

检查

9872

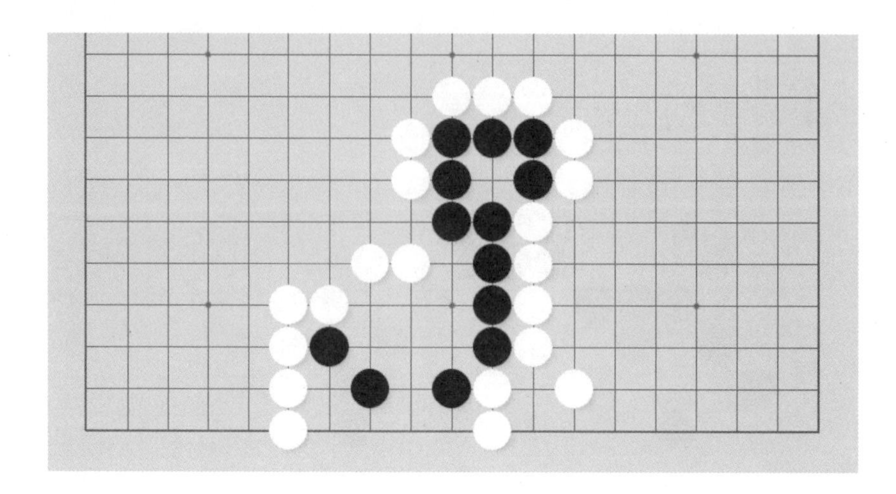

检查

9873

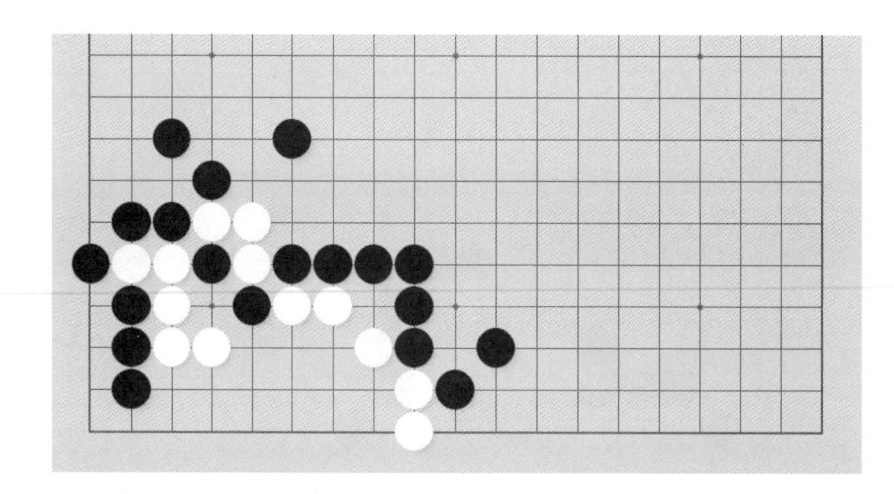

检查

9874

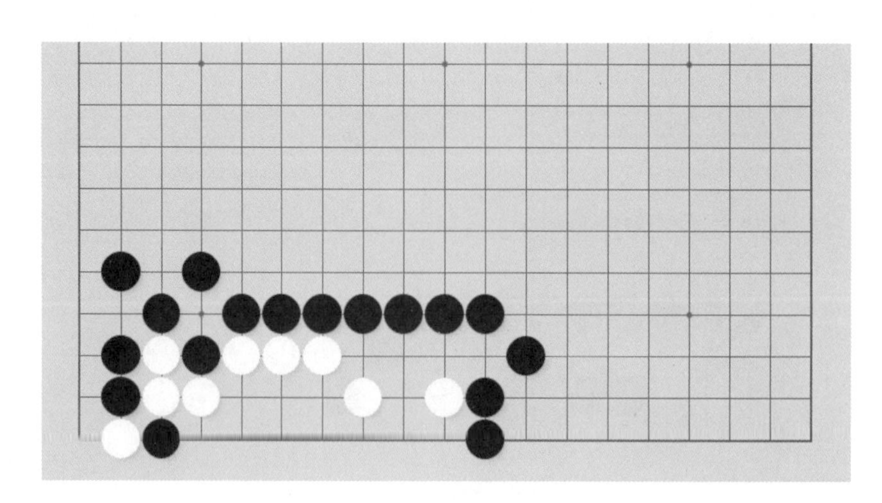

检查

9875

检查

9876

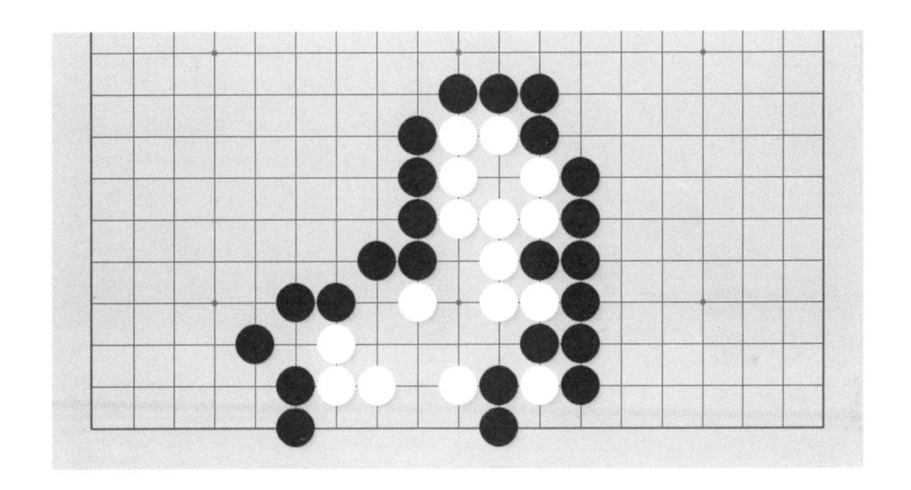

检查

9877

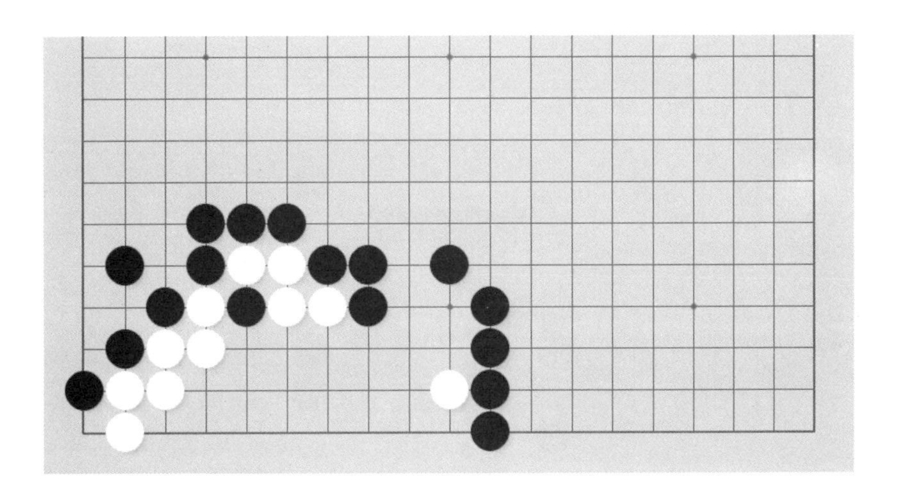

检查

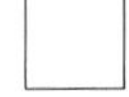

9878

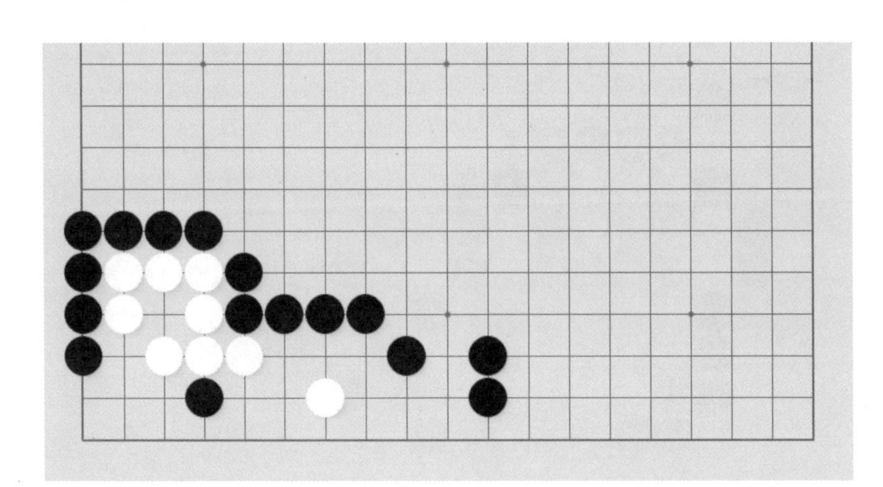

检查

9879

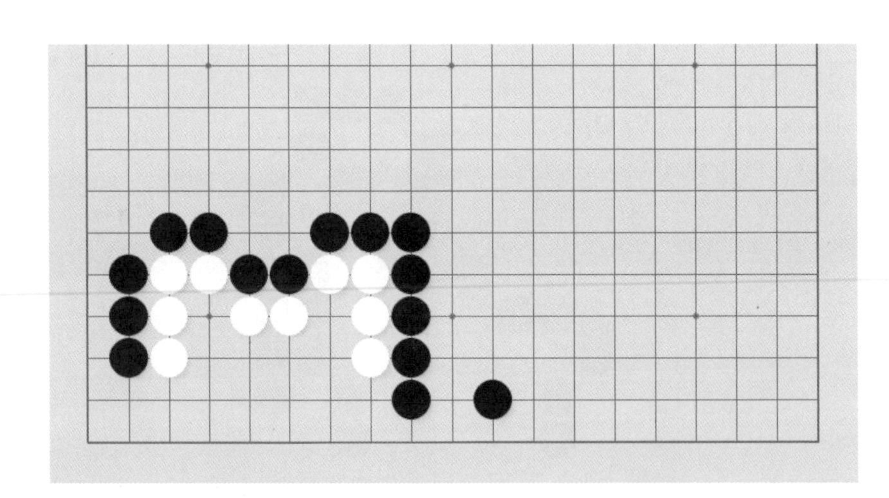

检查

9880

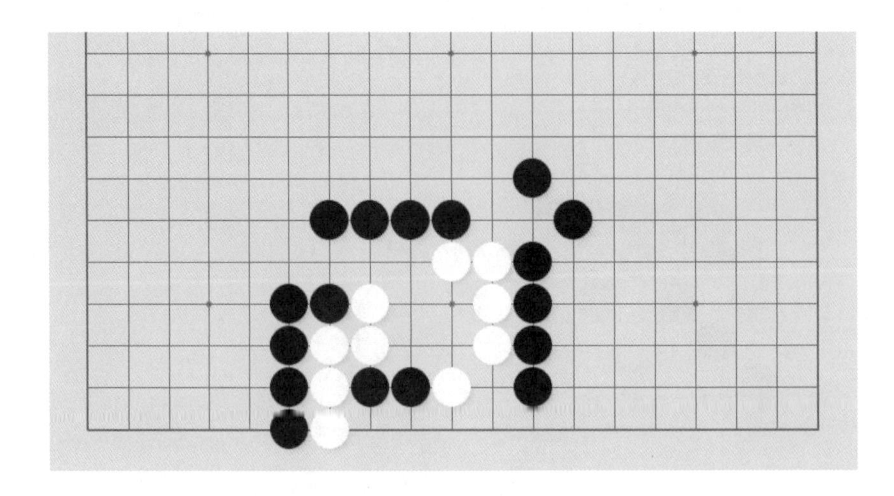

检查

9881

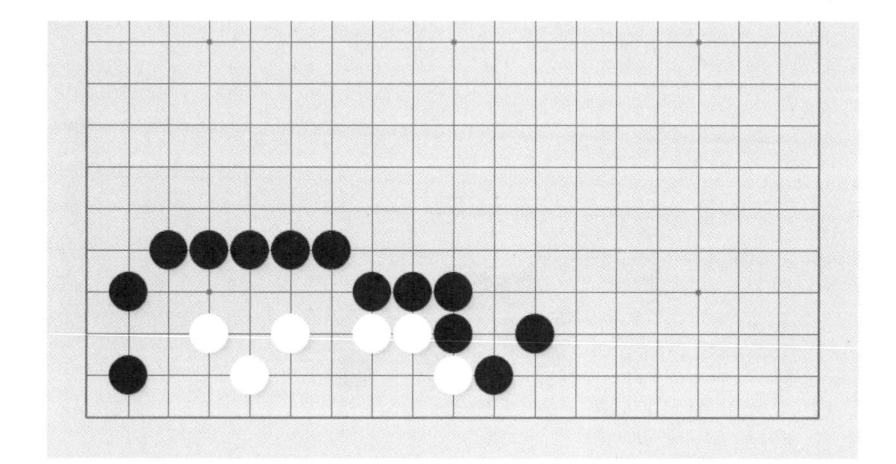

检查

9882

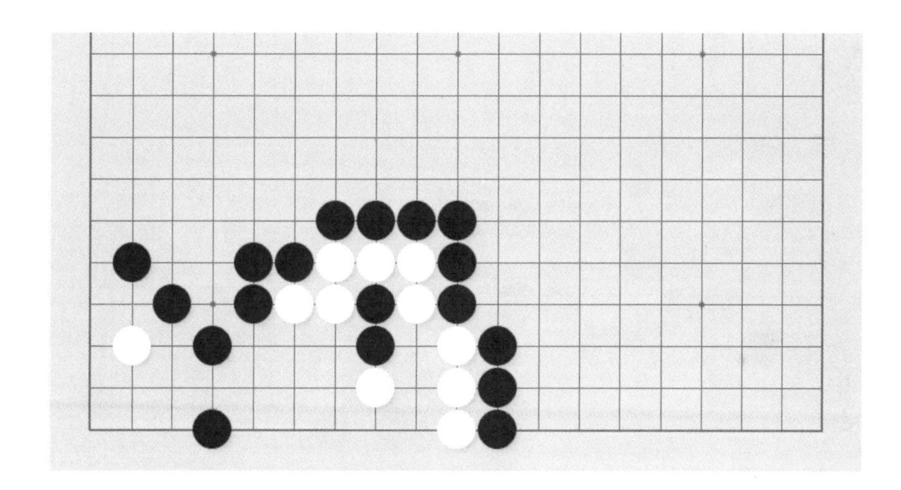

检查

9883

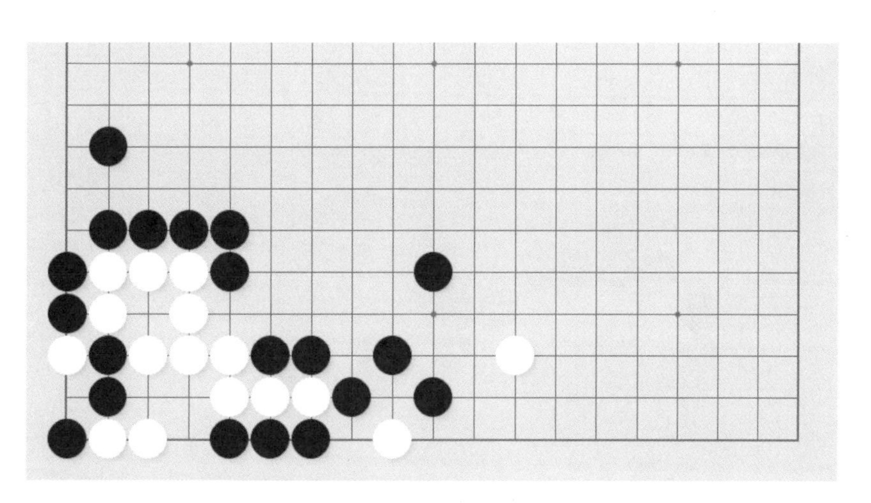

检查

9884

检查

9885

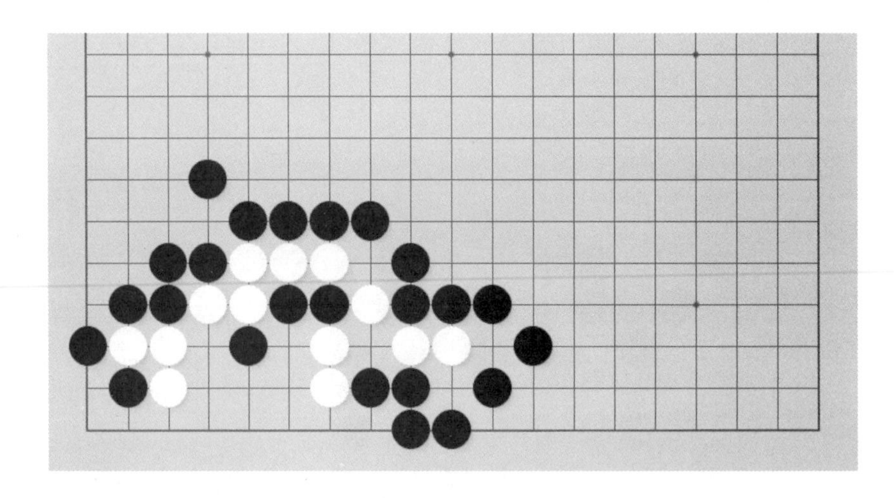

检查

9886

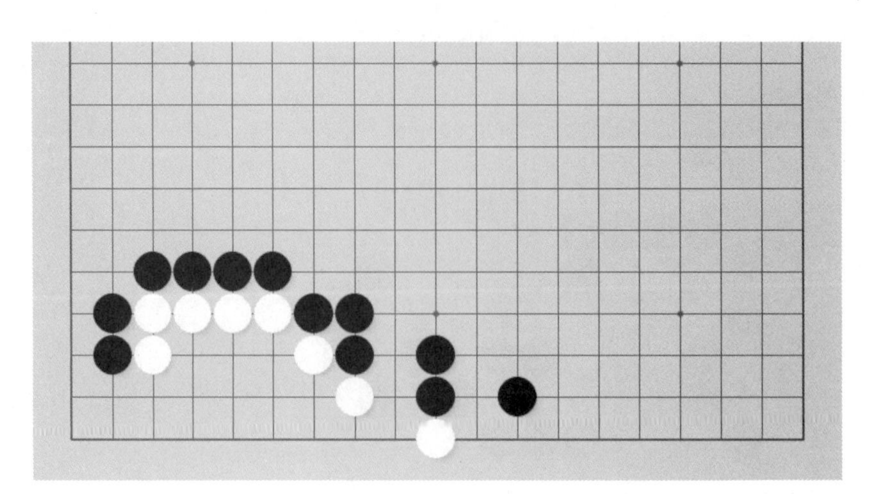

检查

9887

检查 □

9888

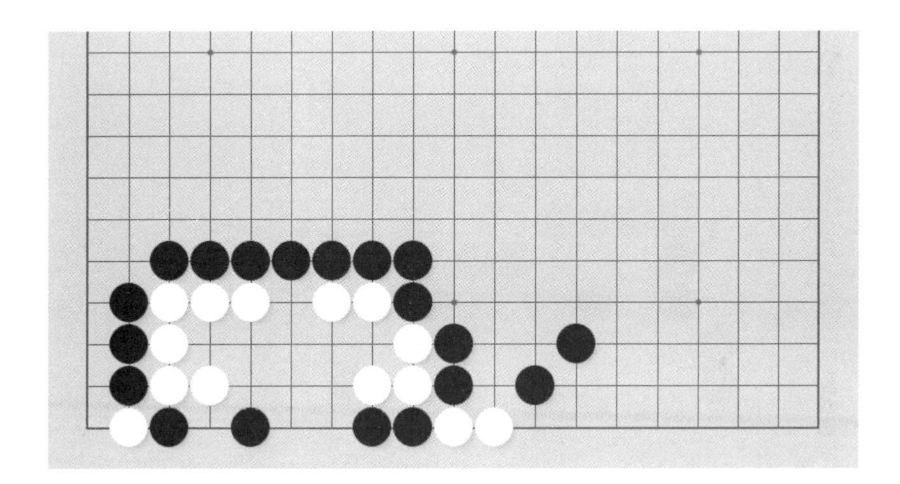

检查 □

9889

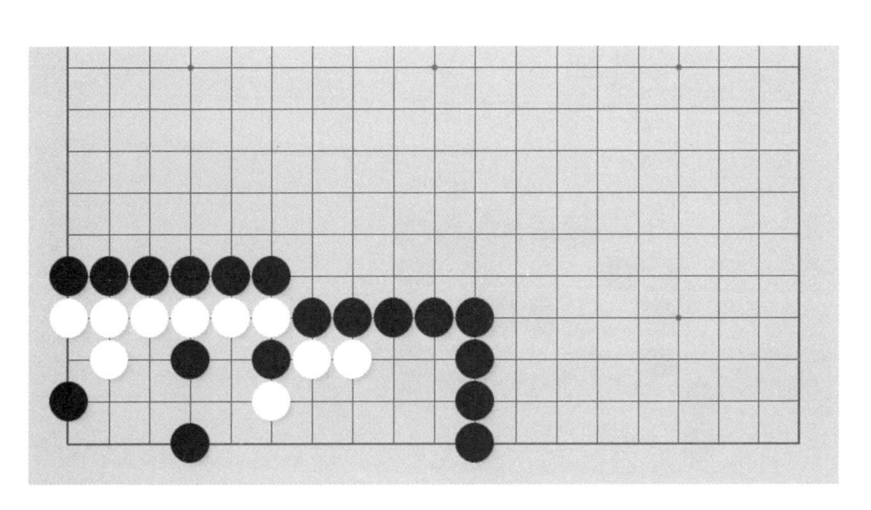

检查 □

9890

检查

9891

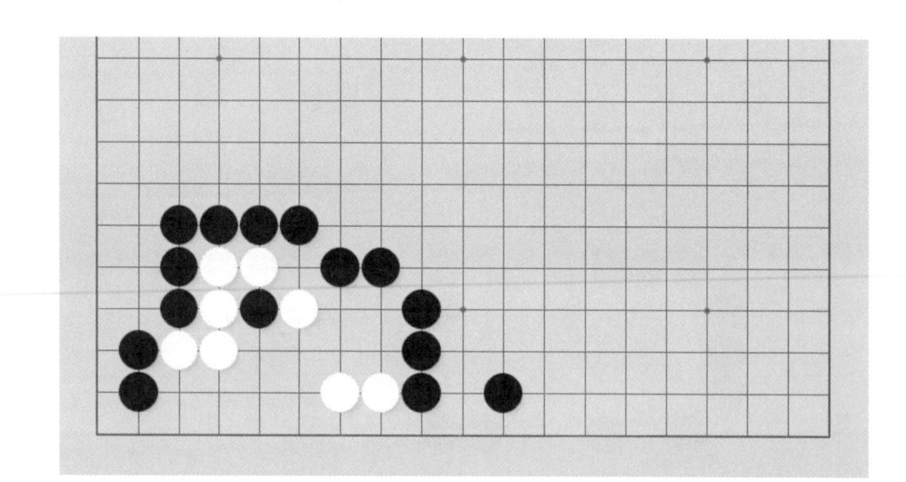

检查

9892

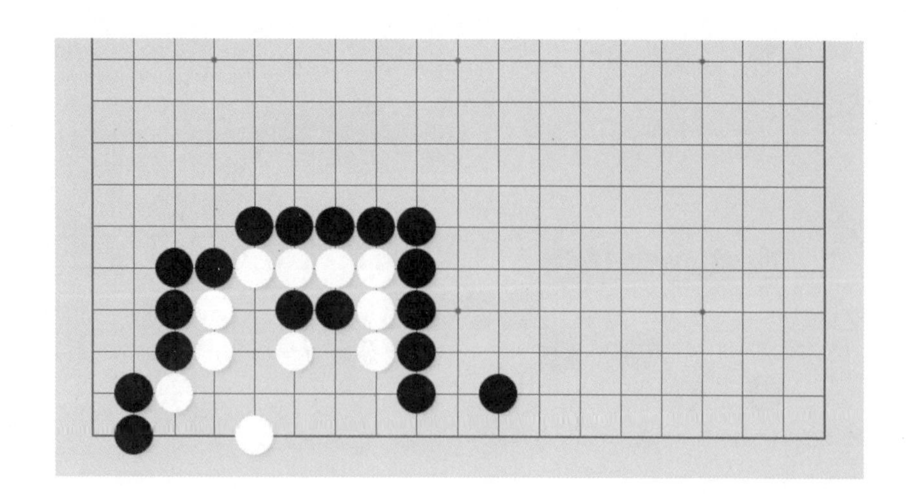

检查

9893

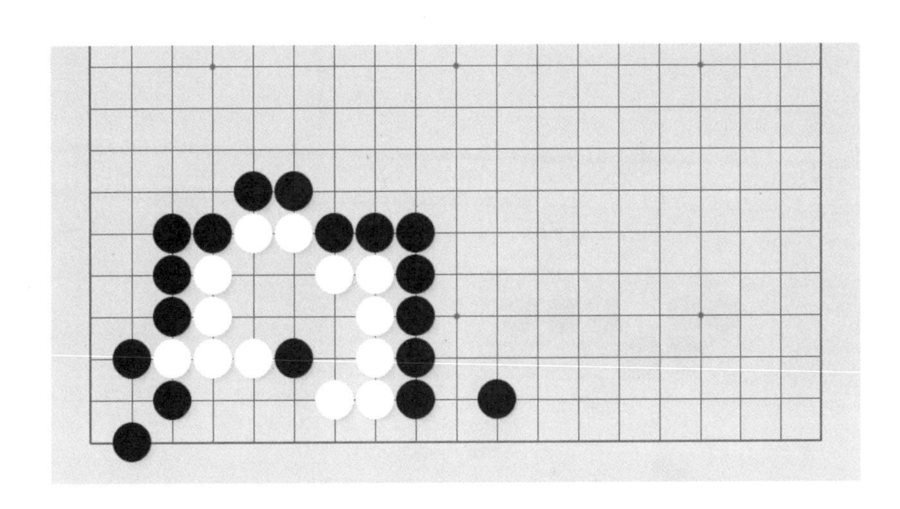

检查

9894

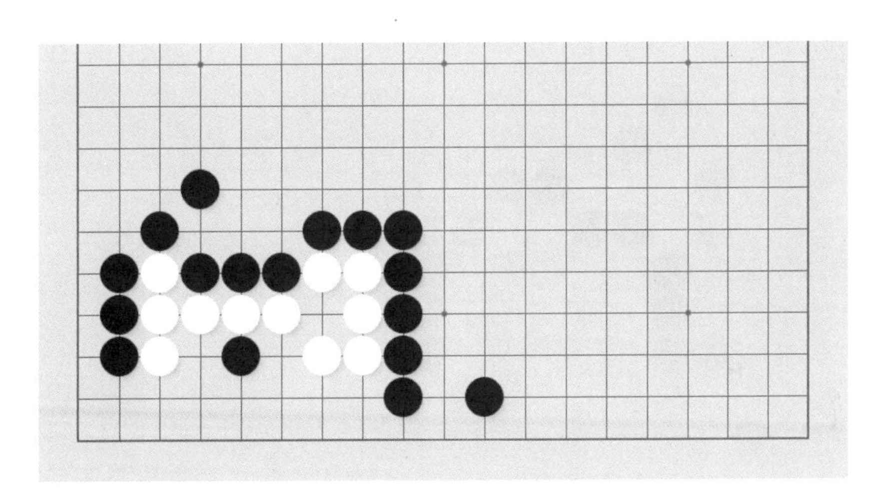

检查

9895

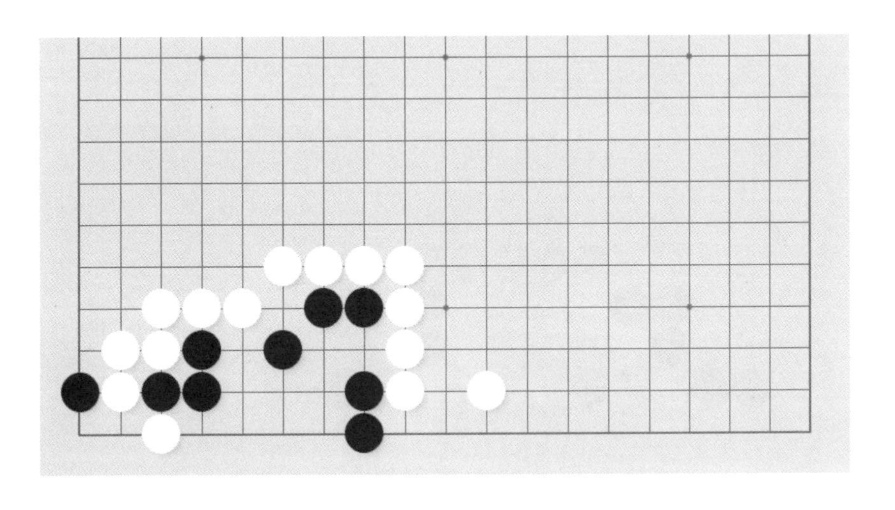

检查

9896

检查

9897

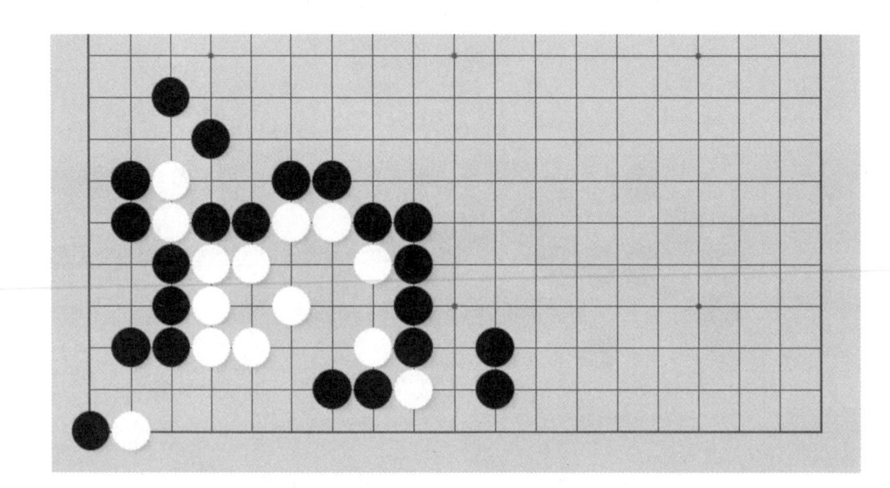

检查

9898

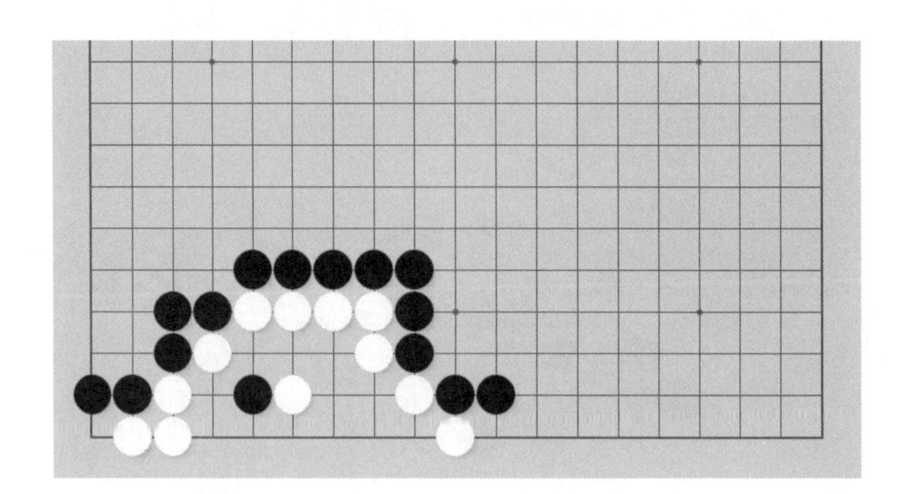

检查

9899

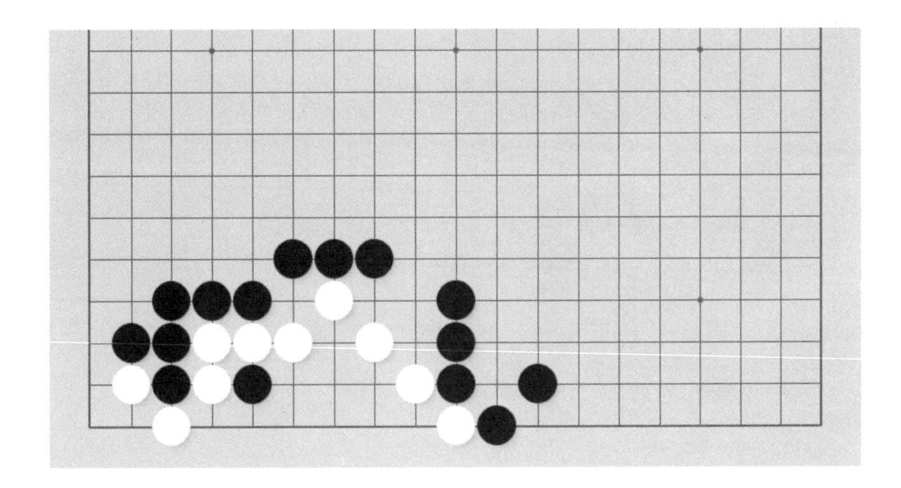

检查

9900

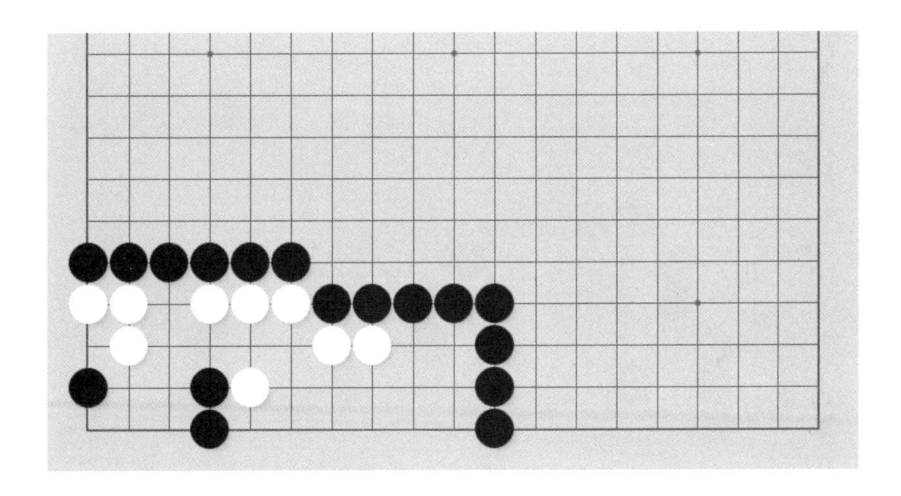

检查

9901

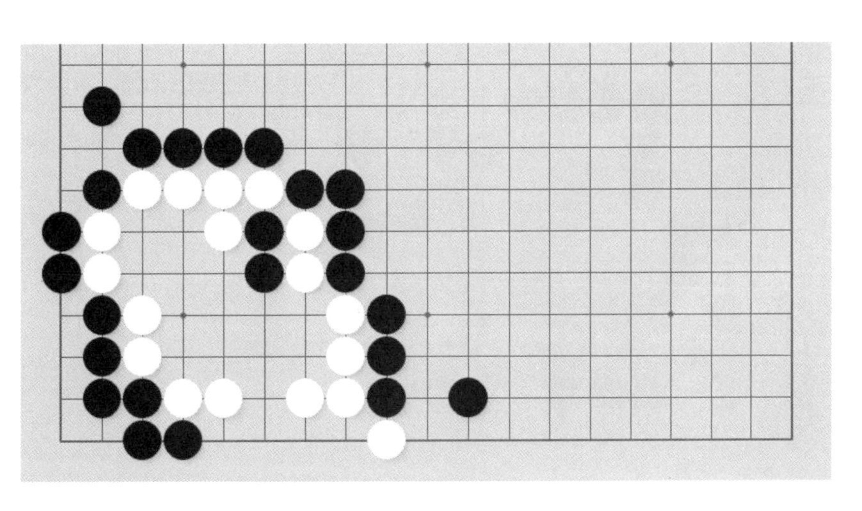

检查

9902

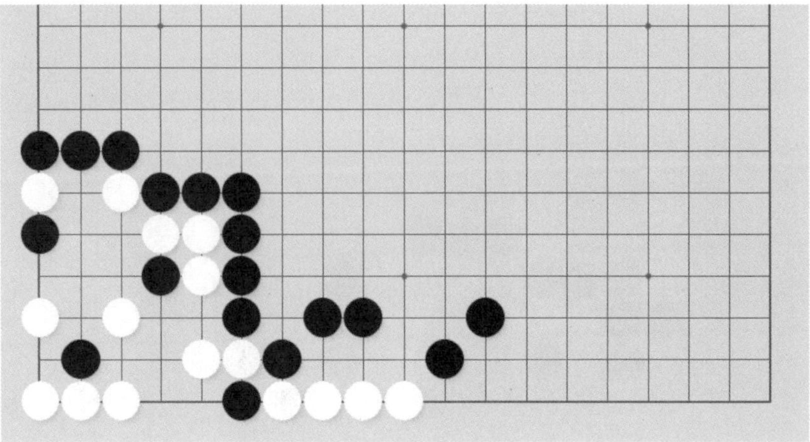

检查

9903

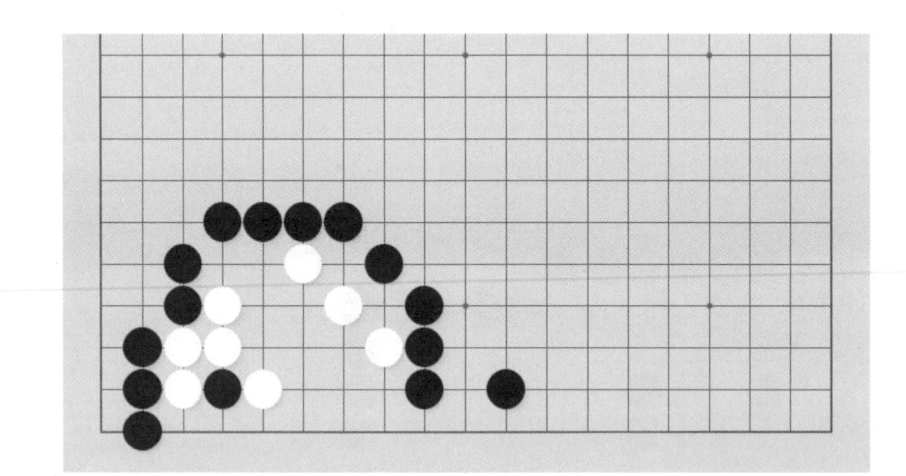

检查

9904

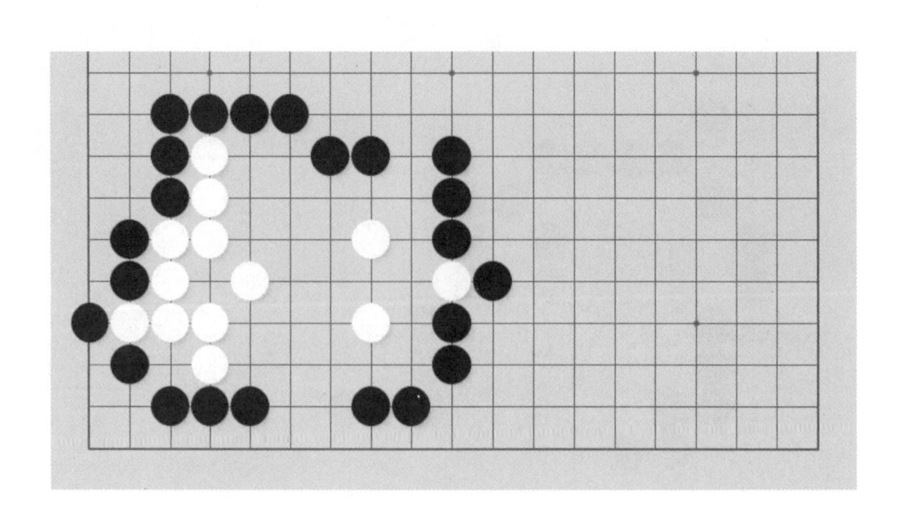

检查

9905

检查

9906

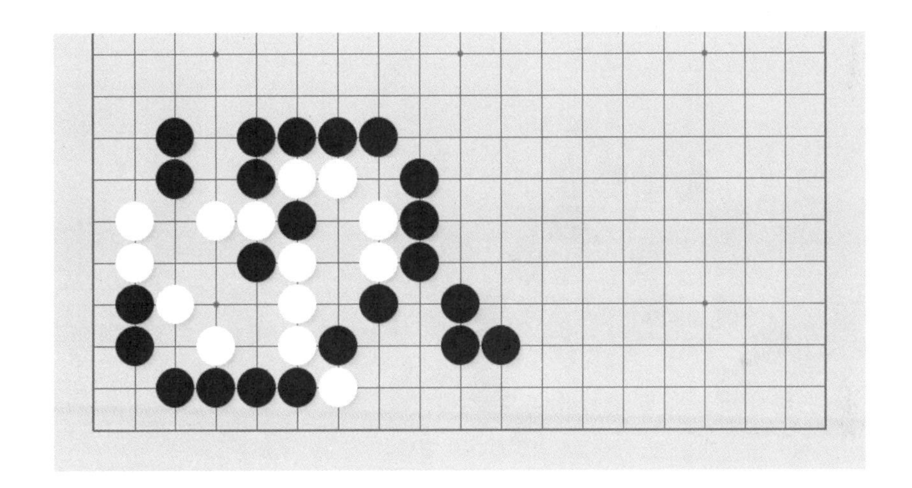

检查

9907

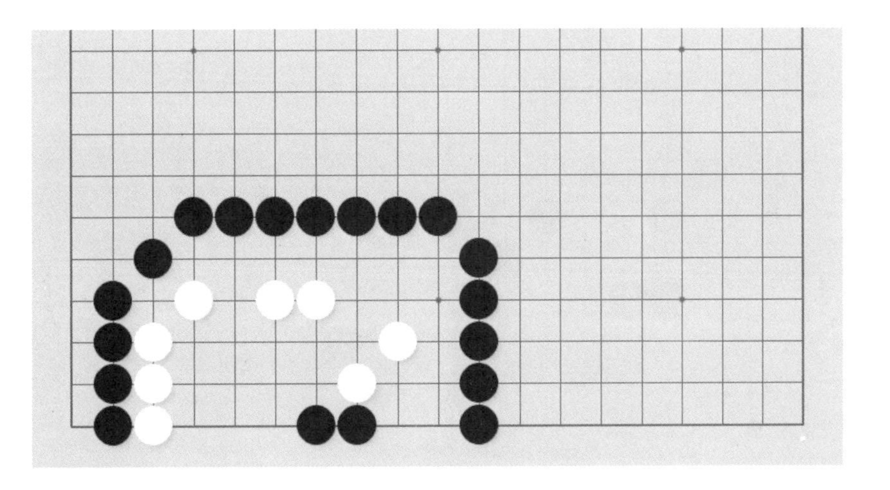

检查

9908

检查

9909

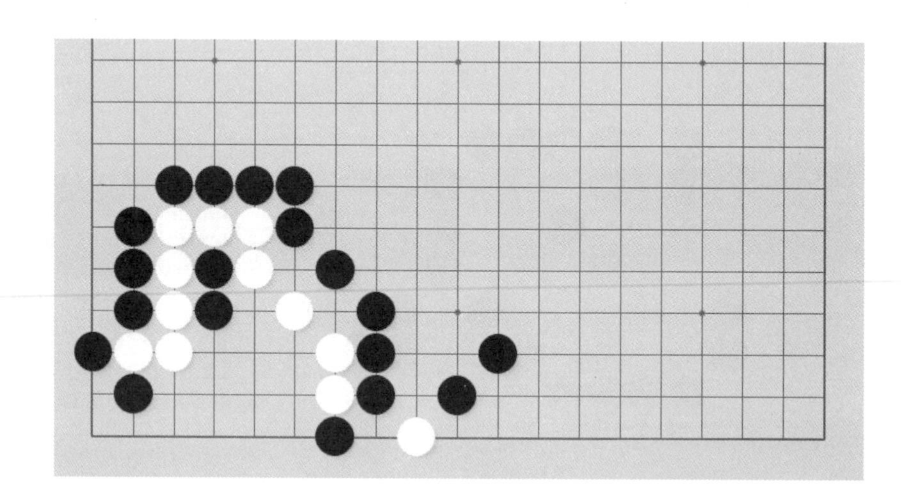

检查

9910

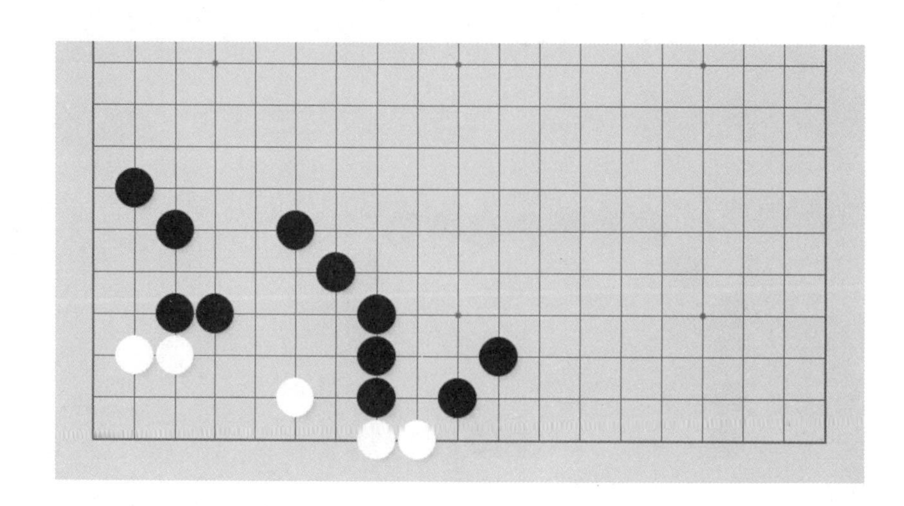

检查

9911

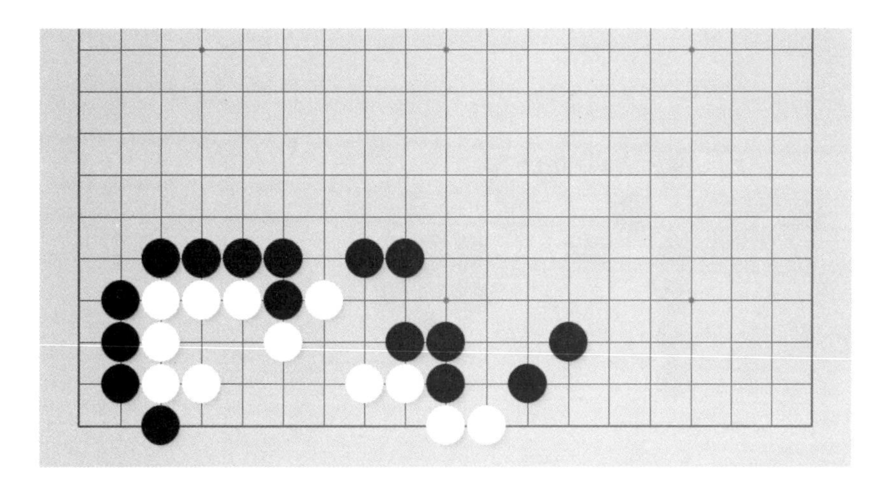

检查

9912

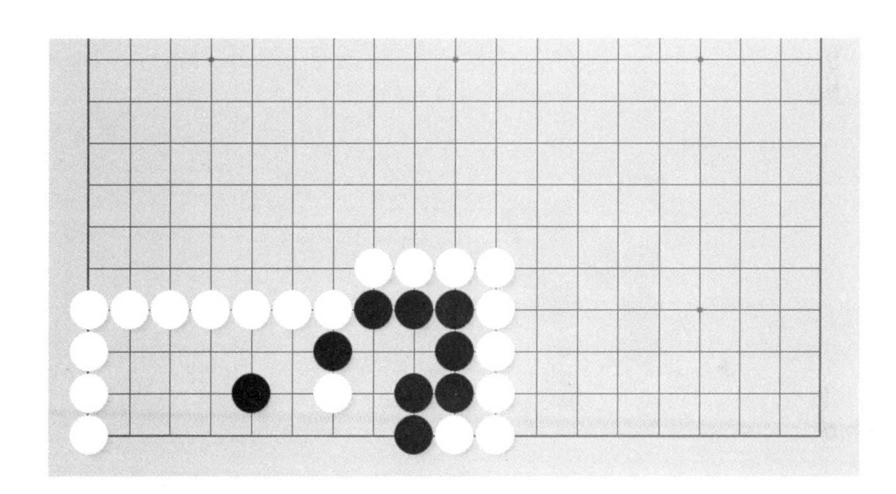

检查

9913

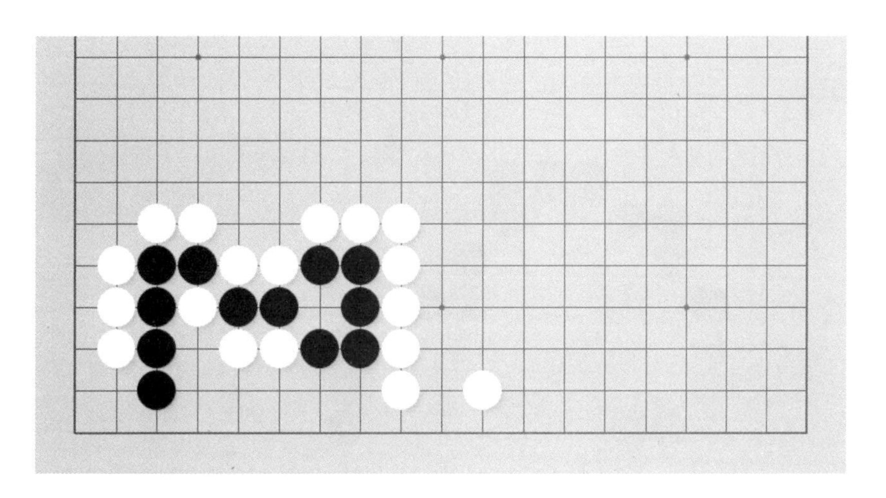

检查

9914

检查

9915

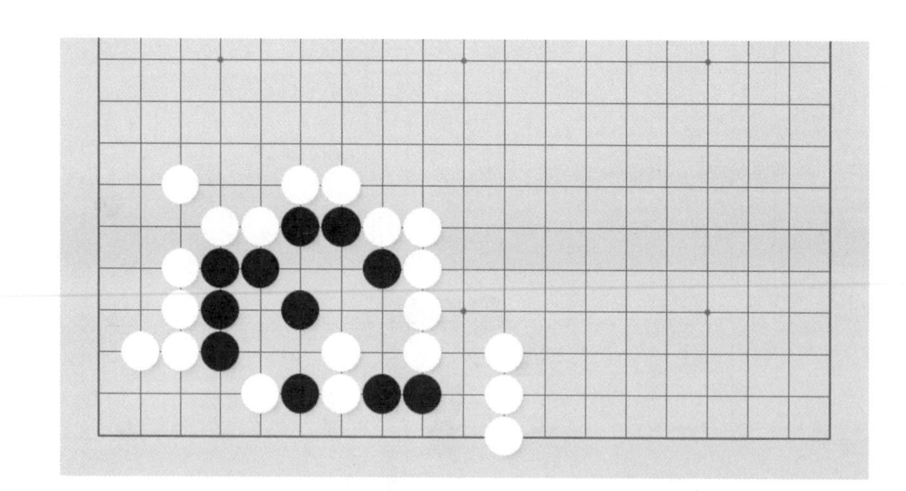

检查

9916

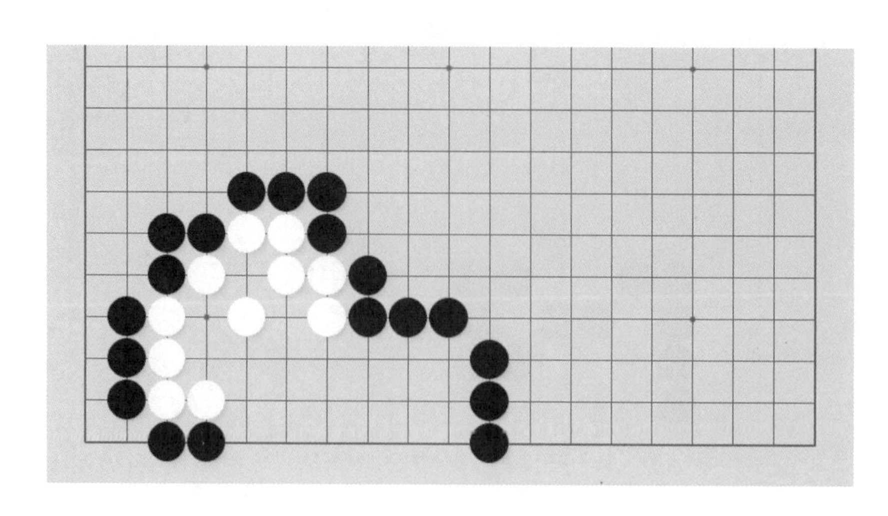

检查

9917

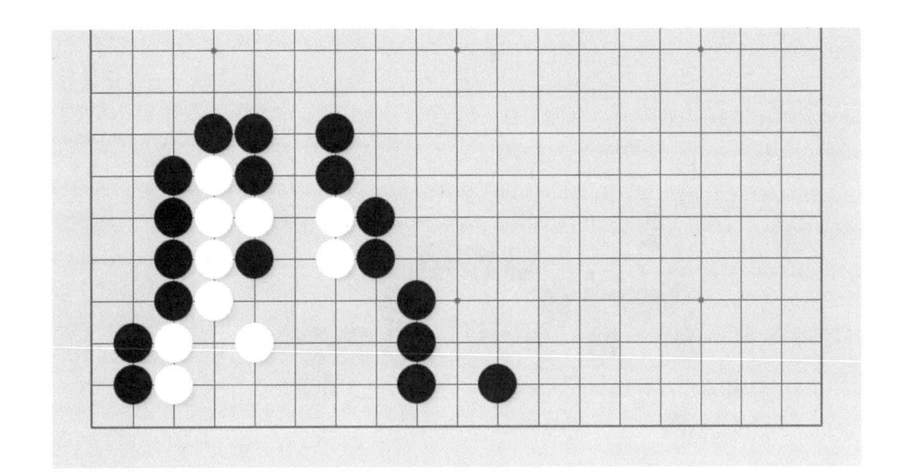

检查

9918

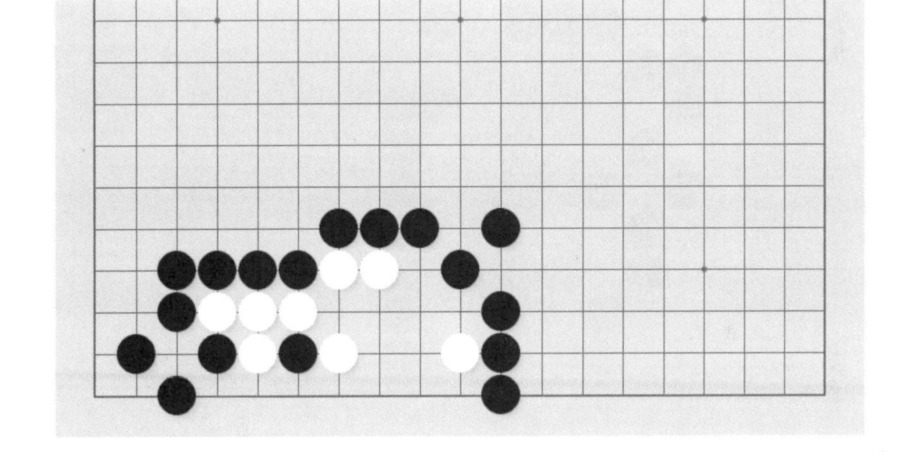

检查

9919

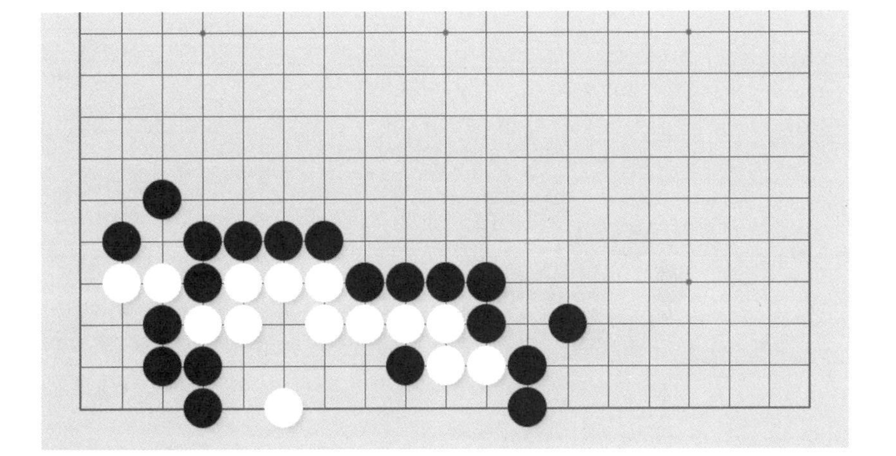

检查

9920

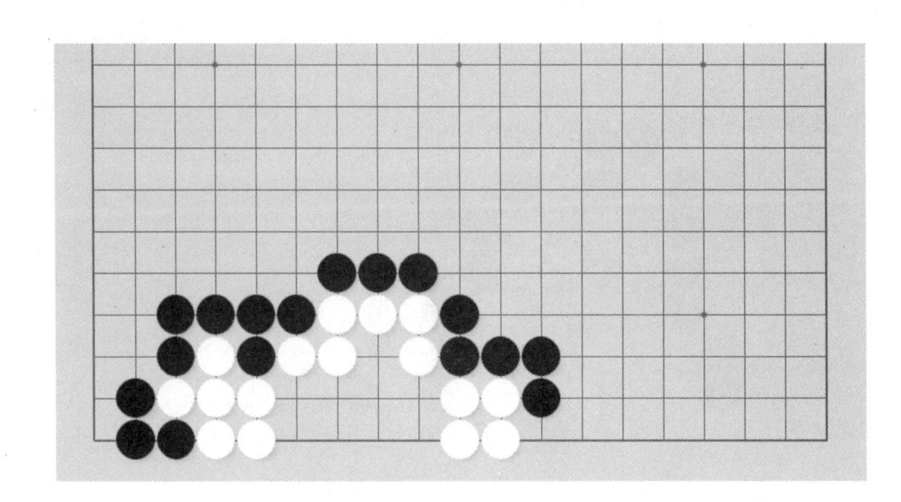

检查

9921

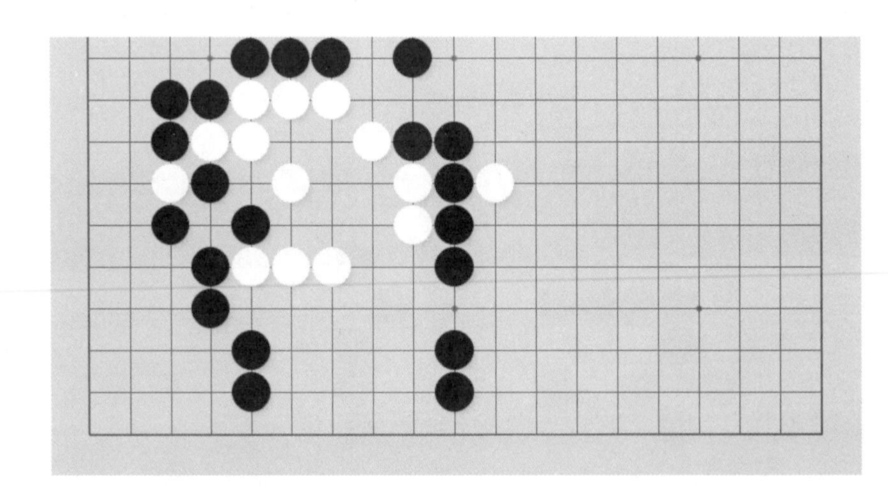

检查

9922

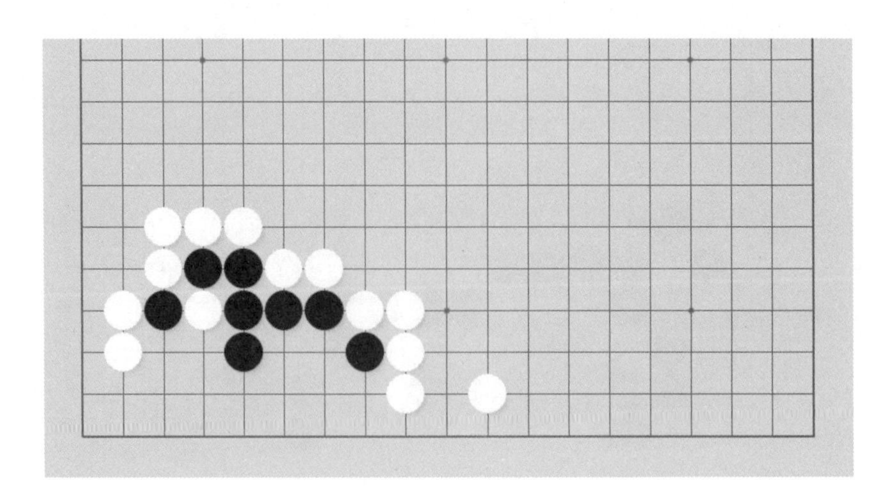

检查

9923

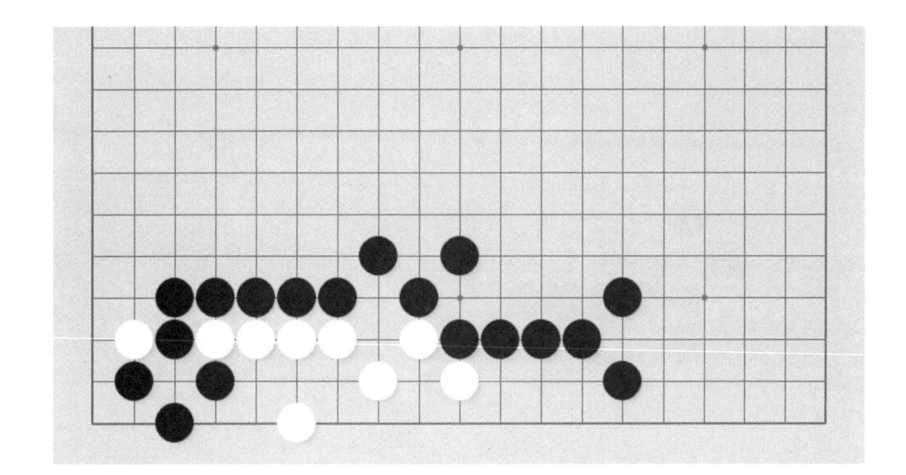

检查

9924

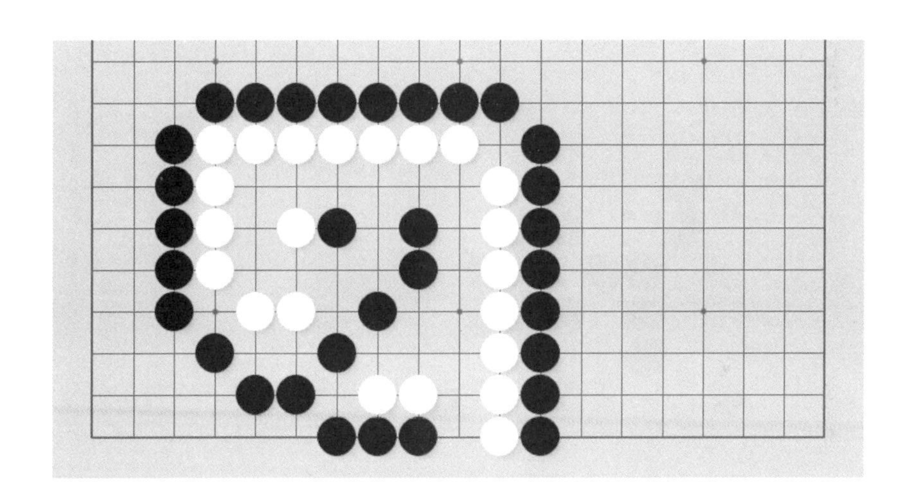

检查

9925

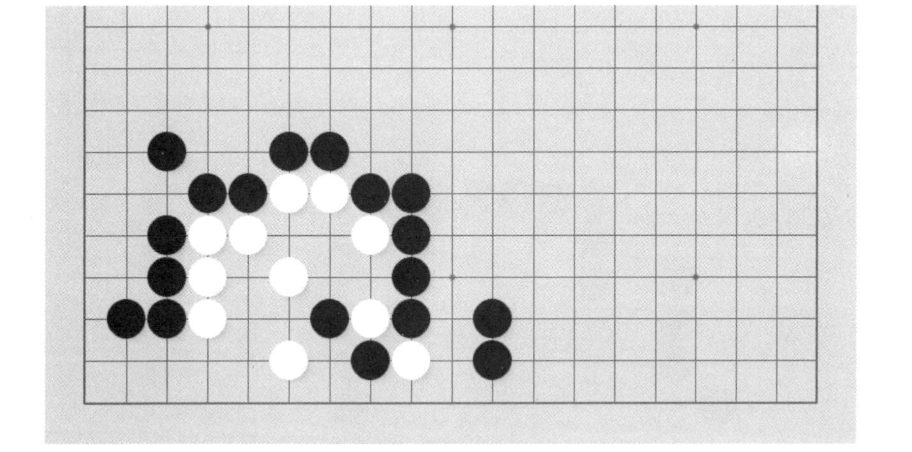

检查

9926

检查

9927

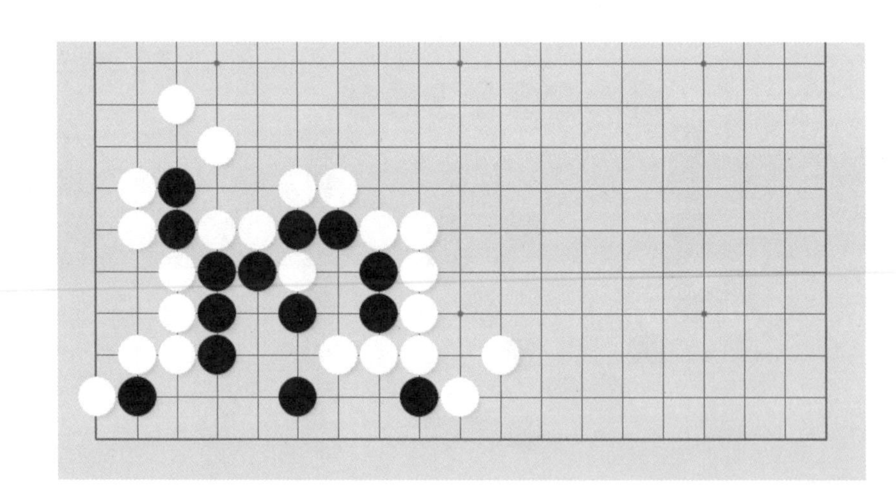

检查

9928

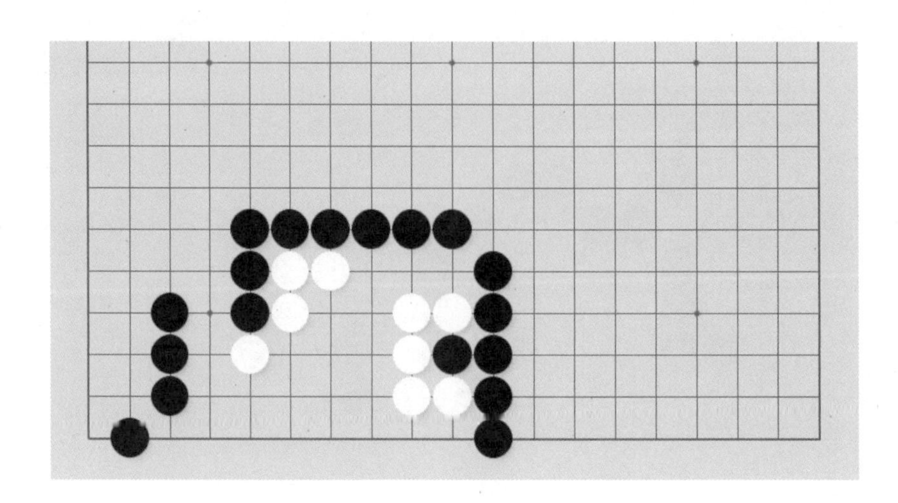

检查

9929

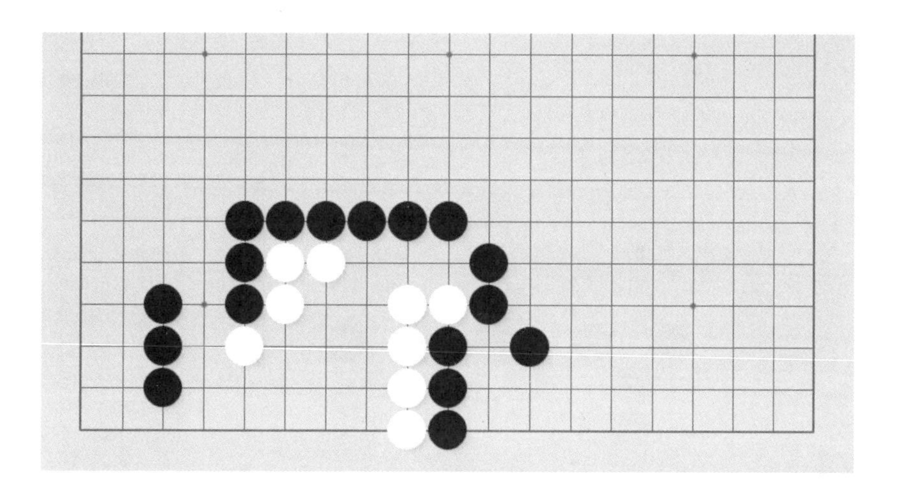

检查

9930

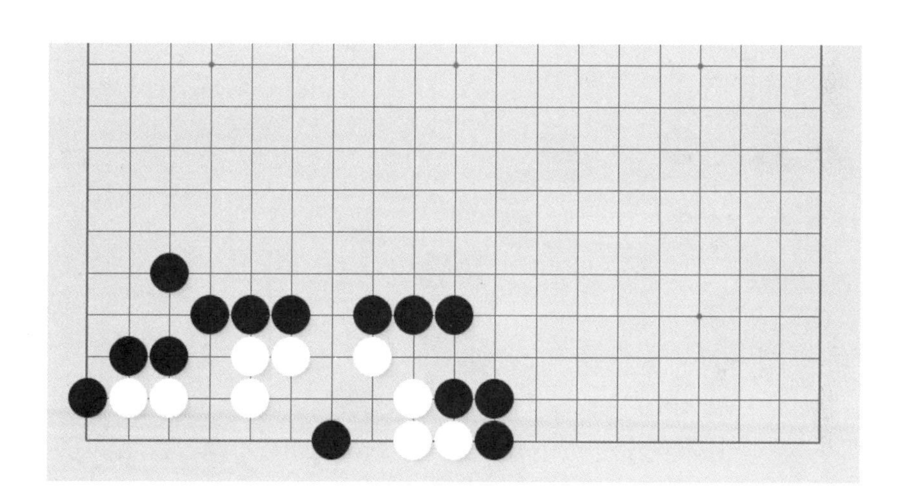

检查

9931

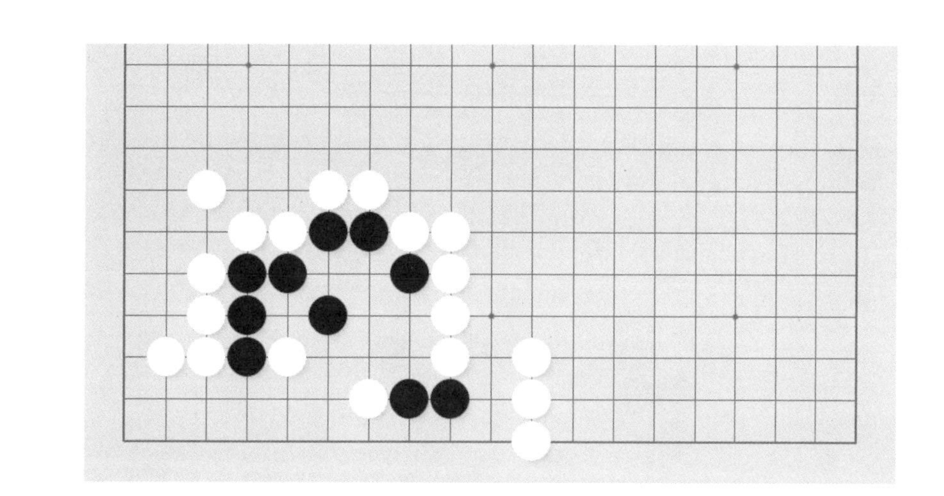

检查

9932

检查

9933

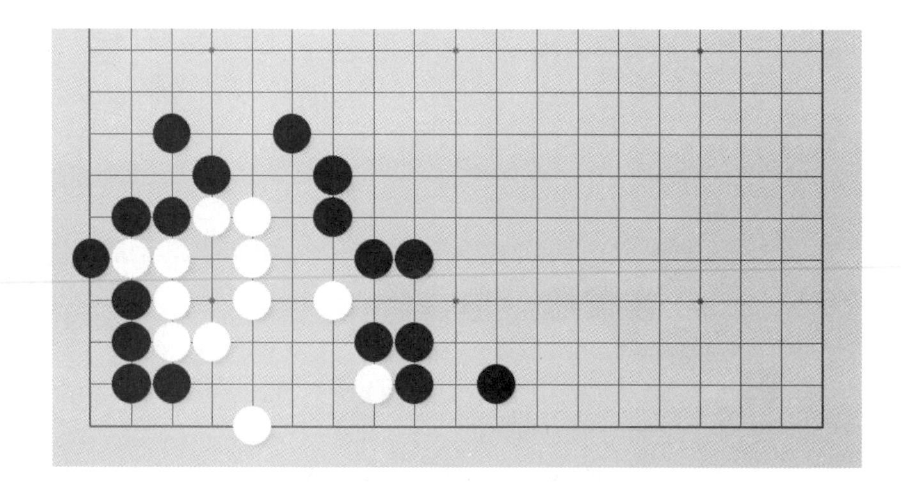

检查

9934

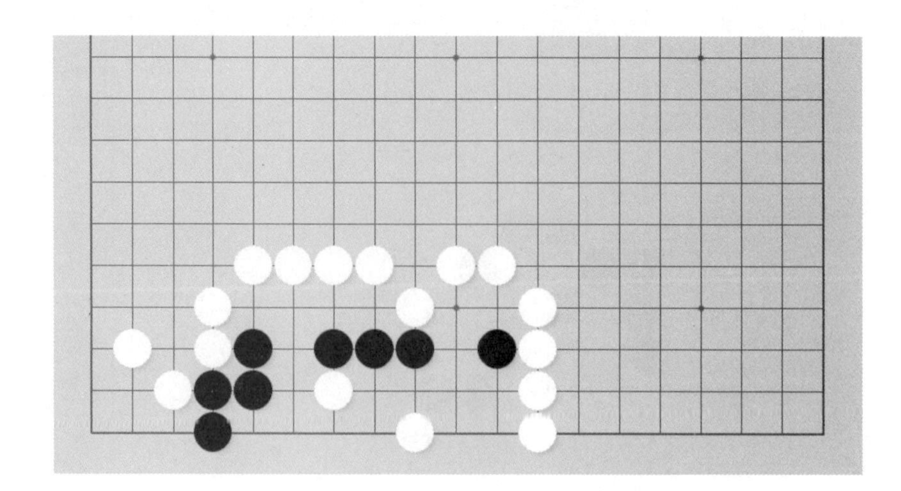

检查

9935

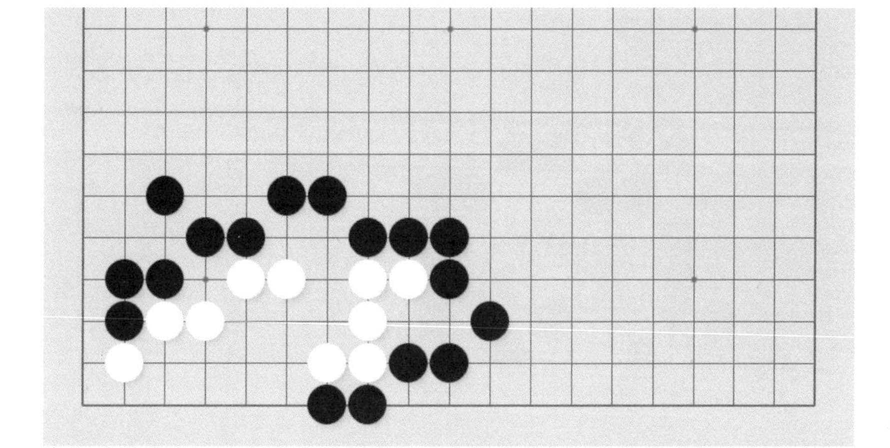

检查

9936

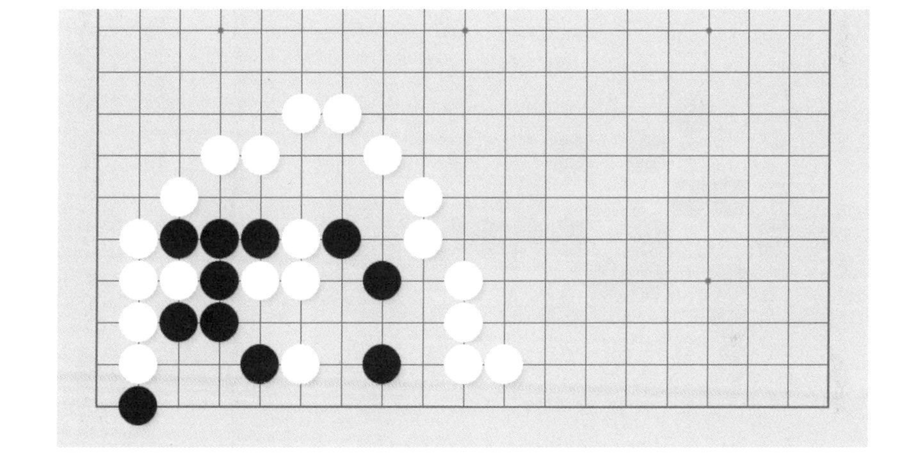

检查

9937

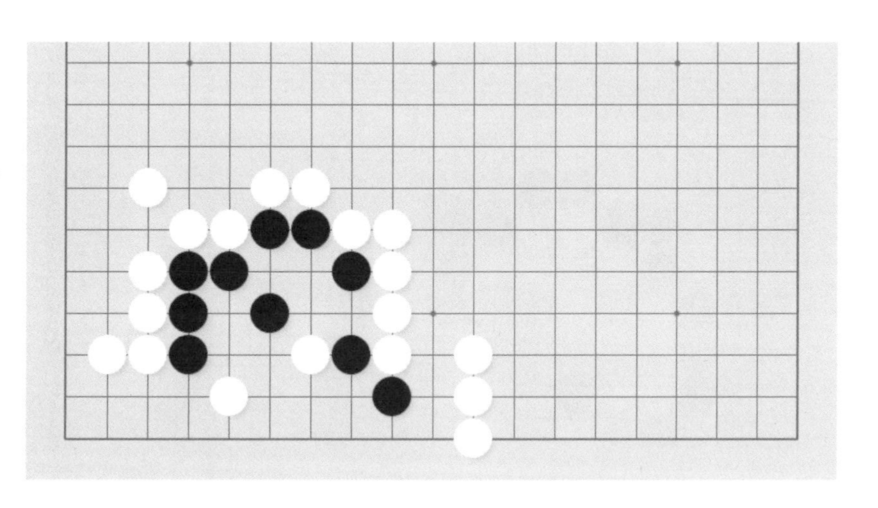

检查

9938

检查

9939

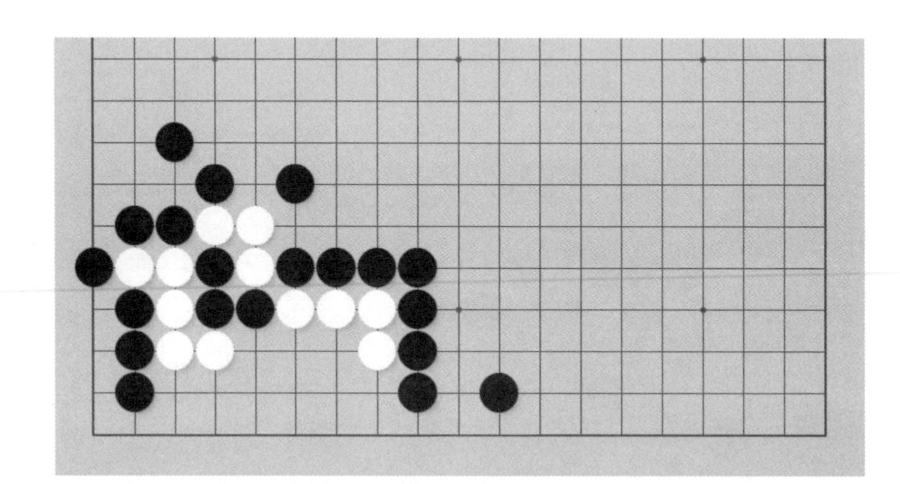

检查

9940

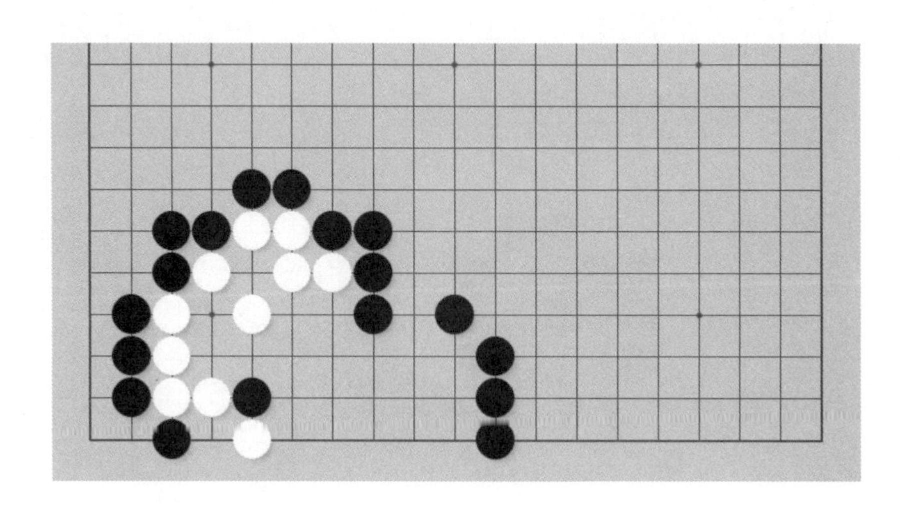

检查

9941

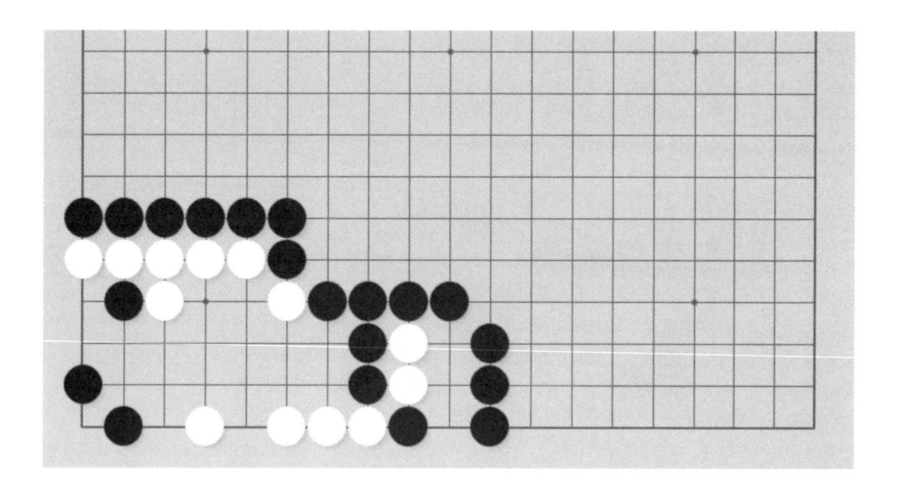

检查

9942

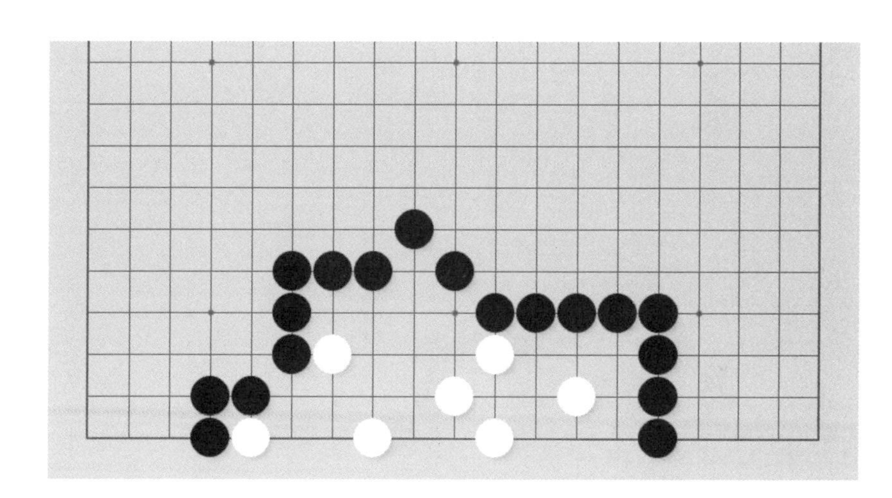

检查

9943

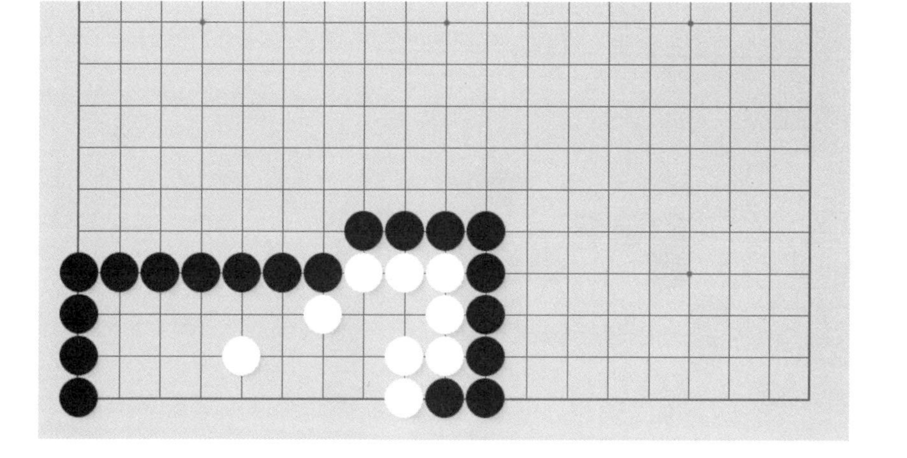

检查

9944

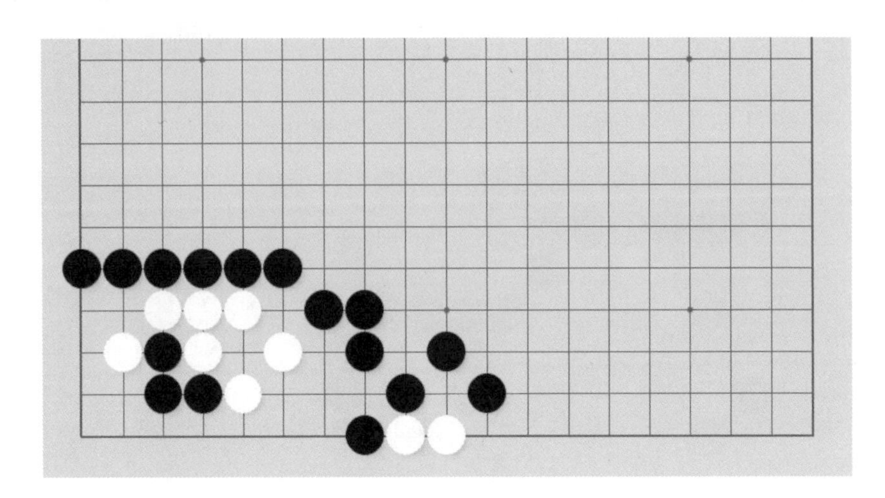

检查

9945

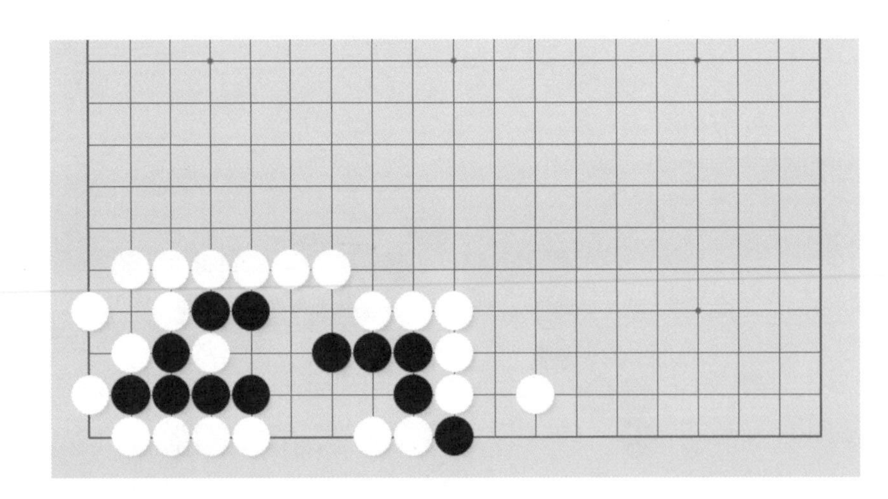

检查

9946

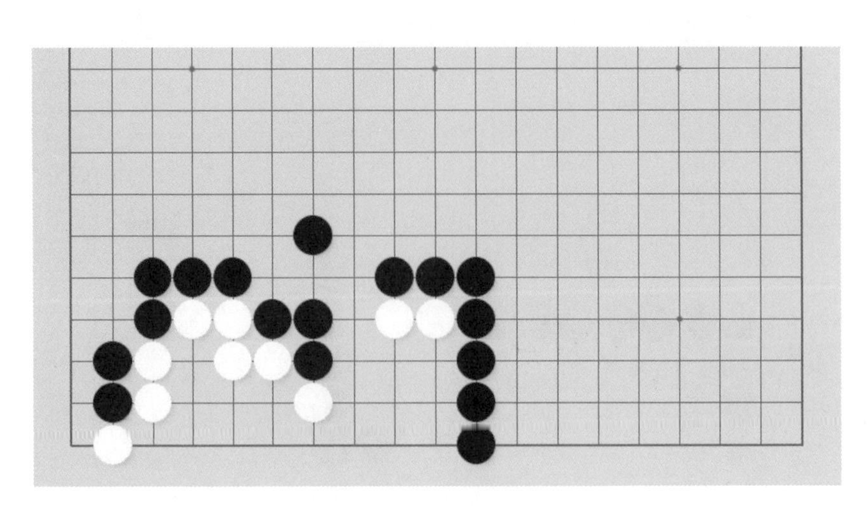

检查

9947

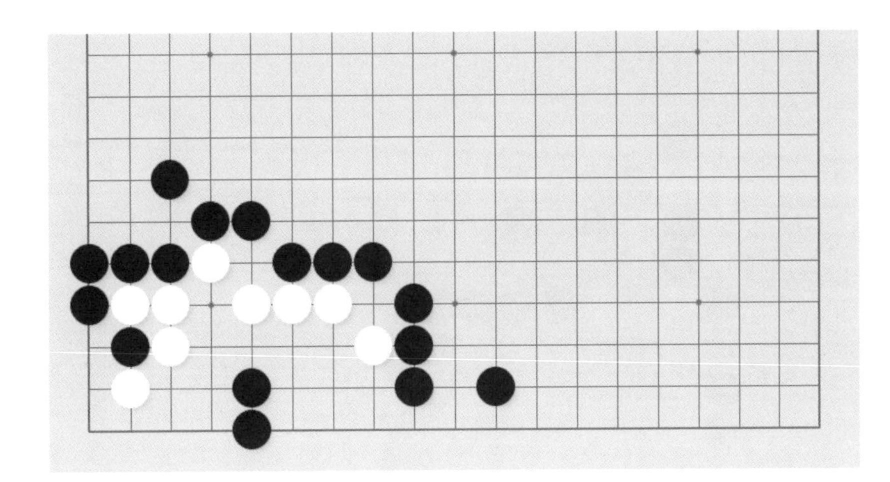

检查

9948

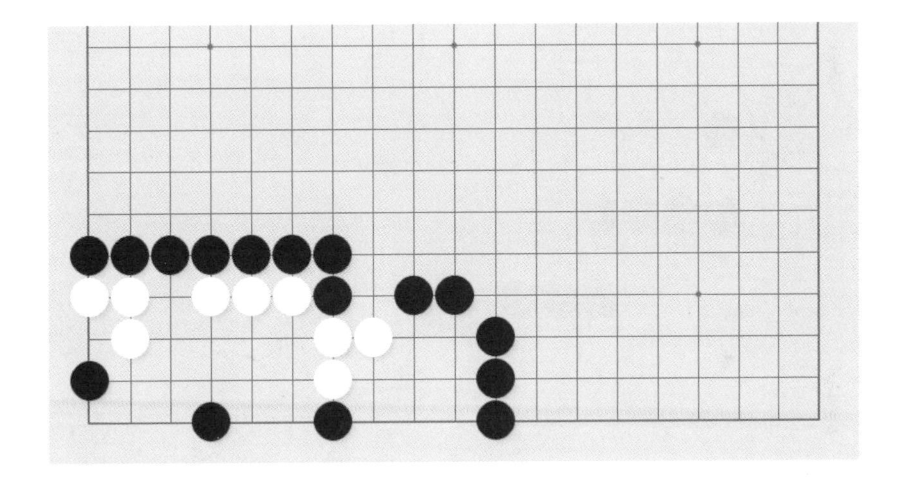

检查

9949

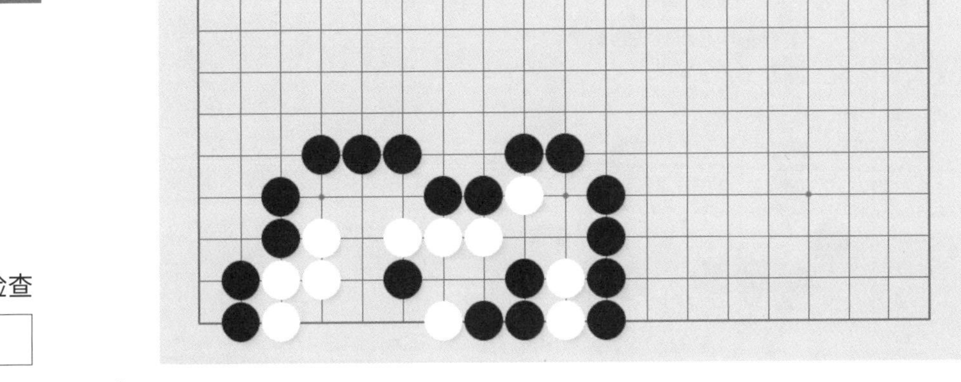

检查

9950

检查

9951

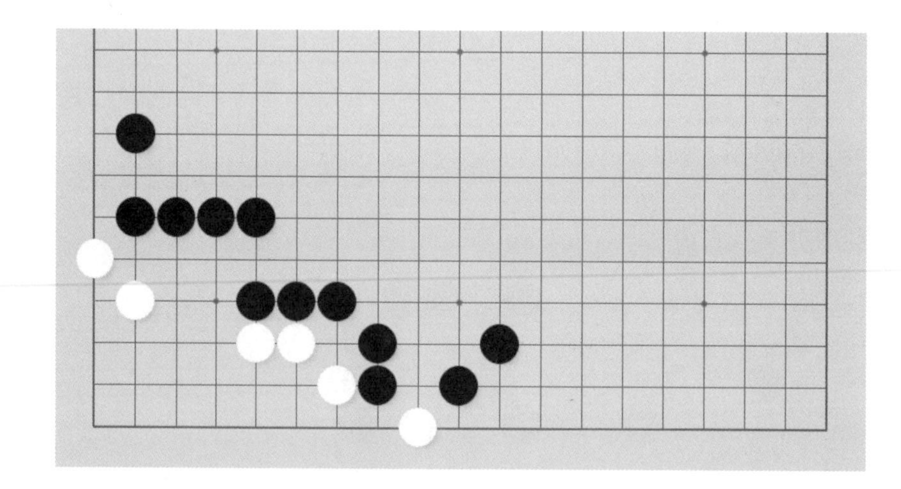

检查

9952

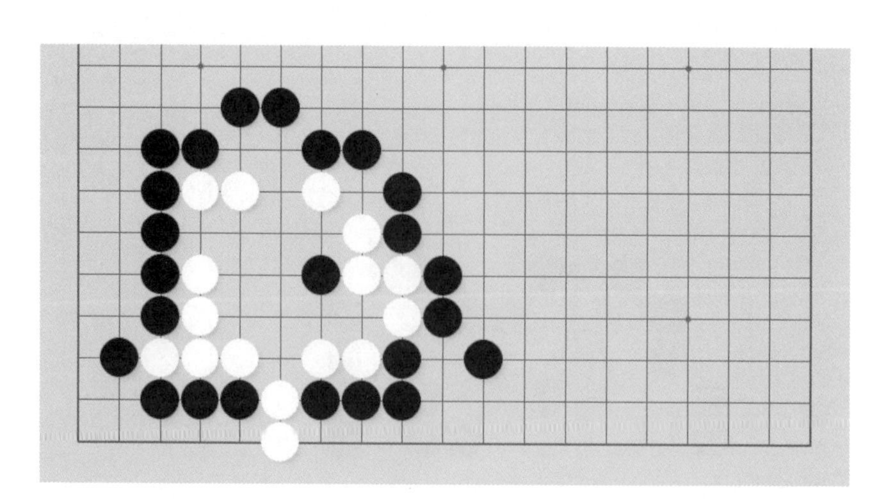

检查

9953

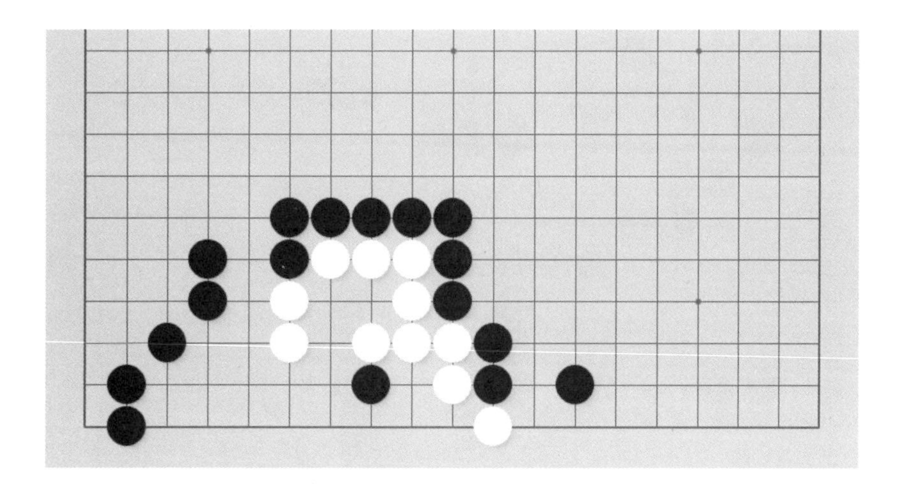

检查

9954

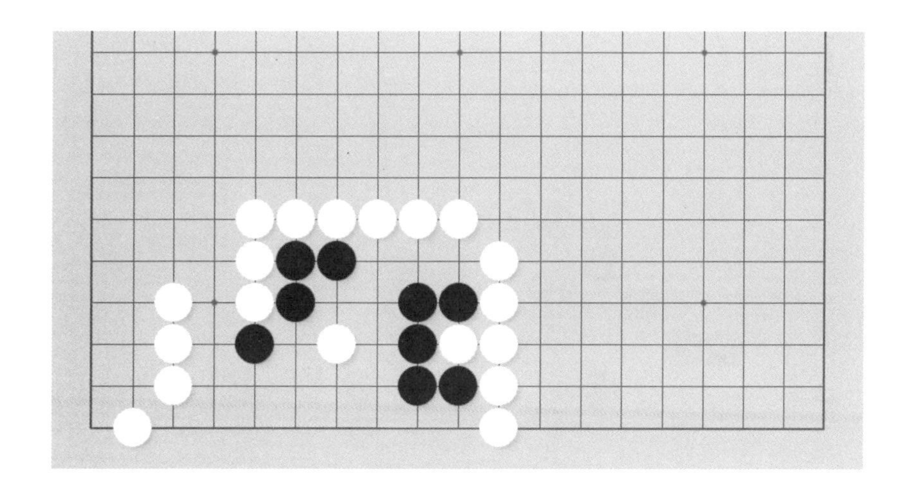

检查

9955

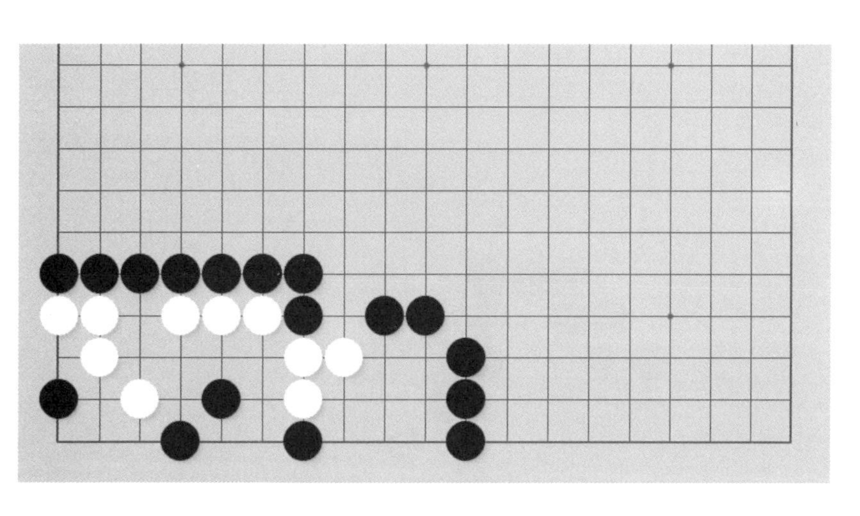

检查

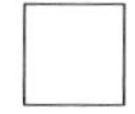

9956

检查

9957

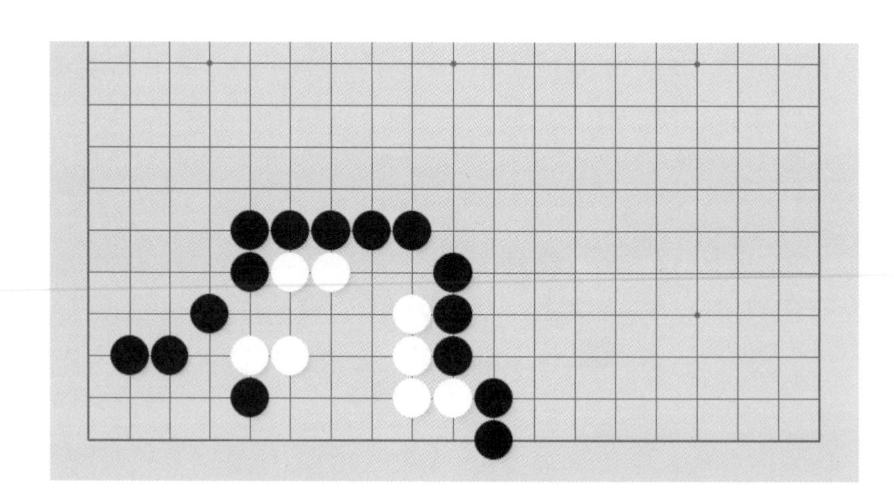

检查

9958

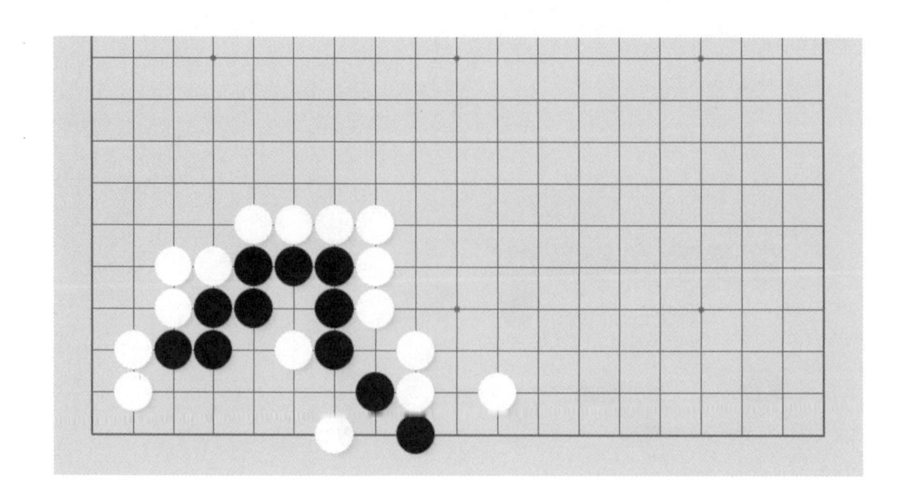

检查

9959

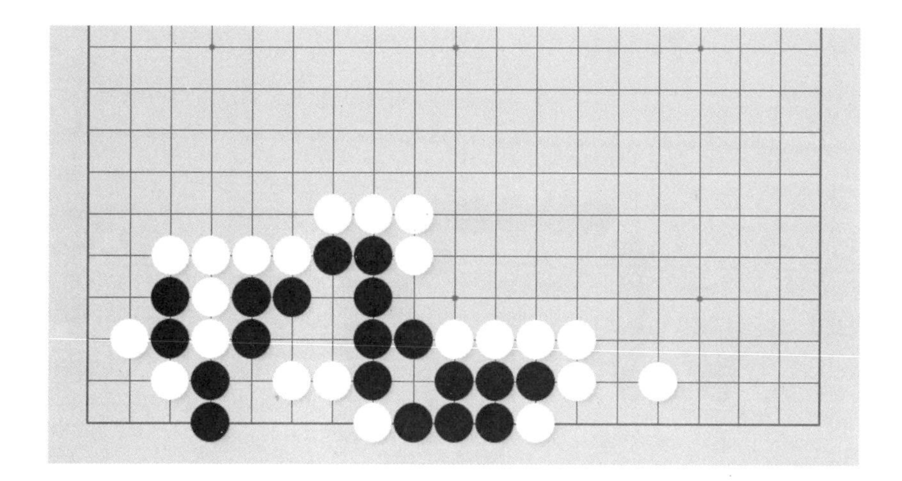

检查

9960

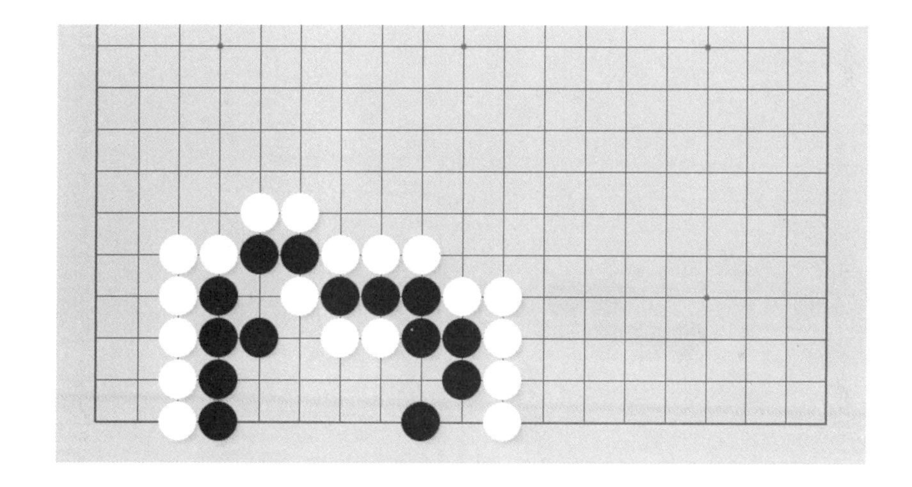

检查

9961

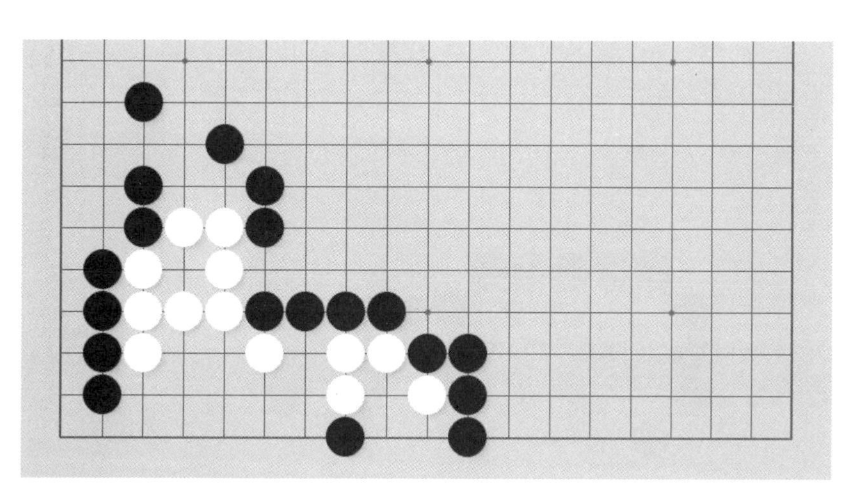

检查

9962

检查 □

9963

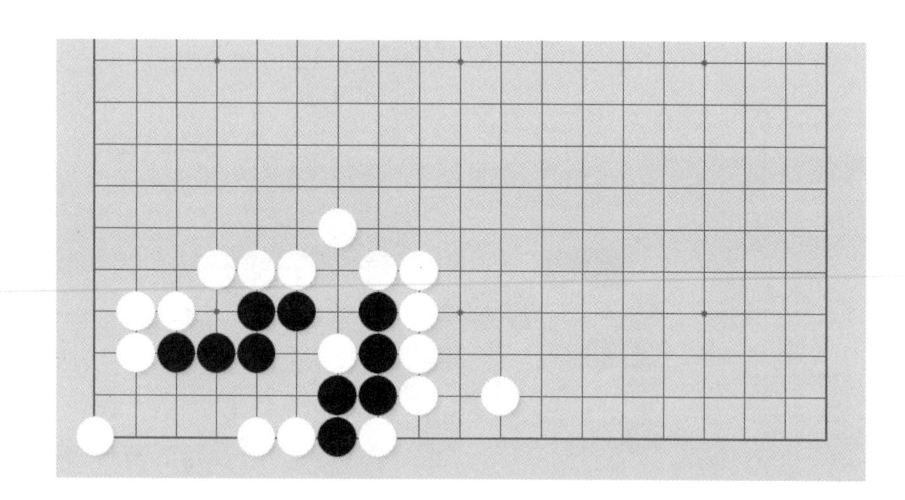

检查 □

9964

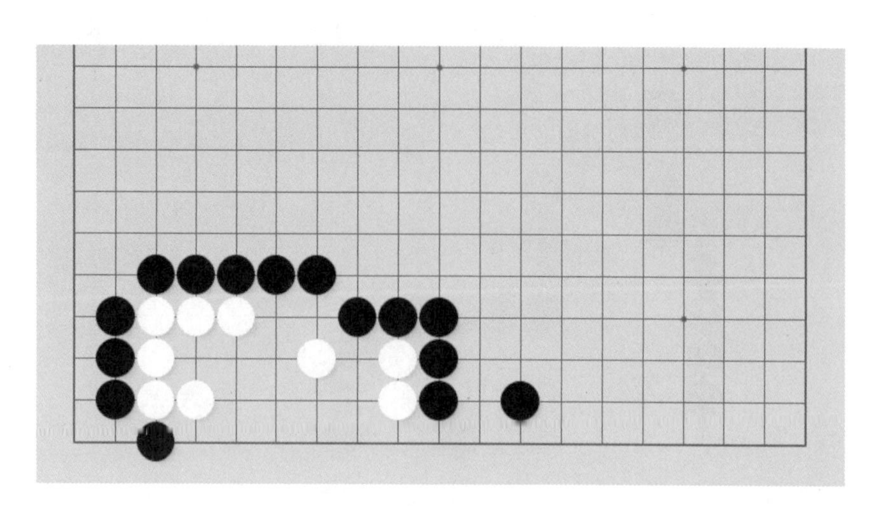

检查 □

9965

检查

9966

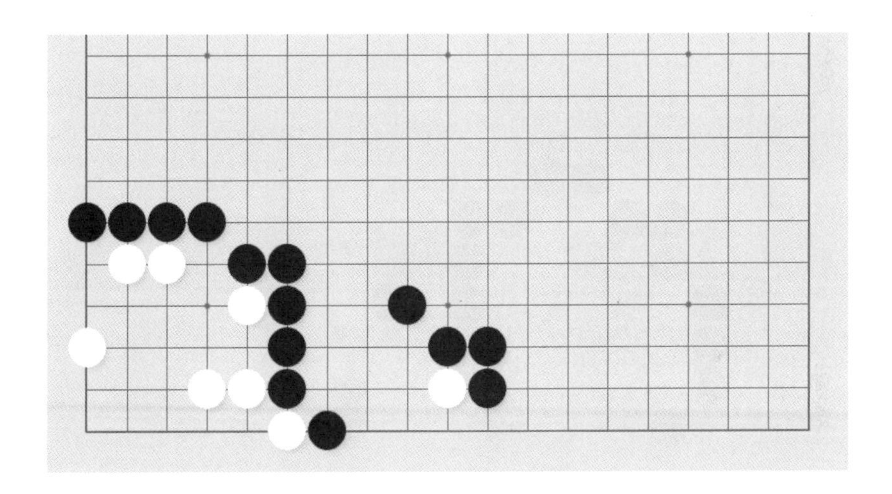

检查

9967

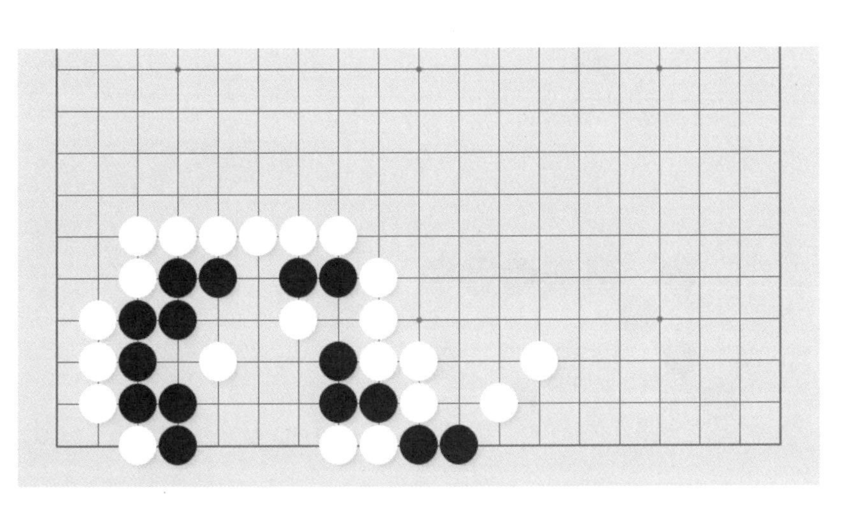

检查

9968

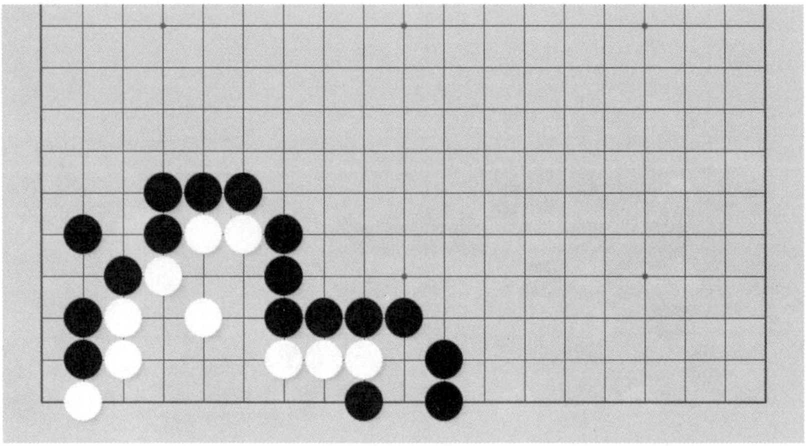

检查

9969

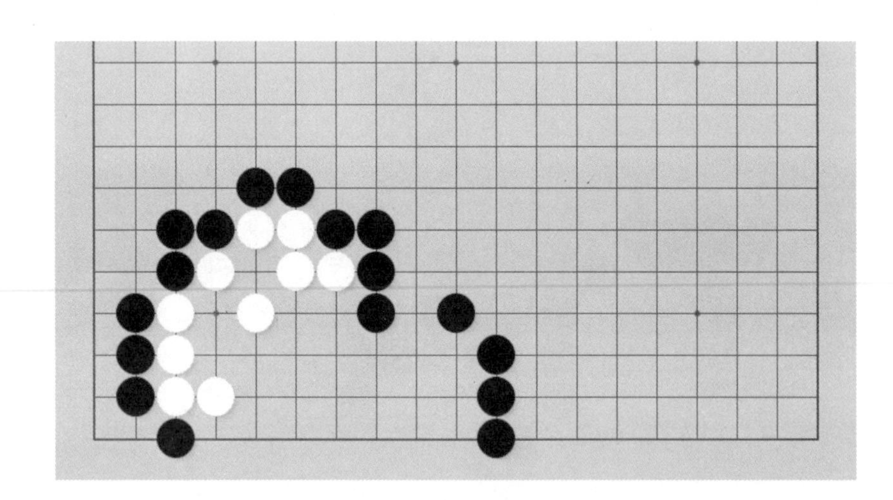

检查

9970

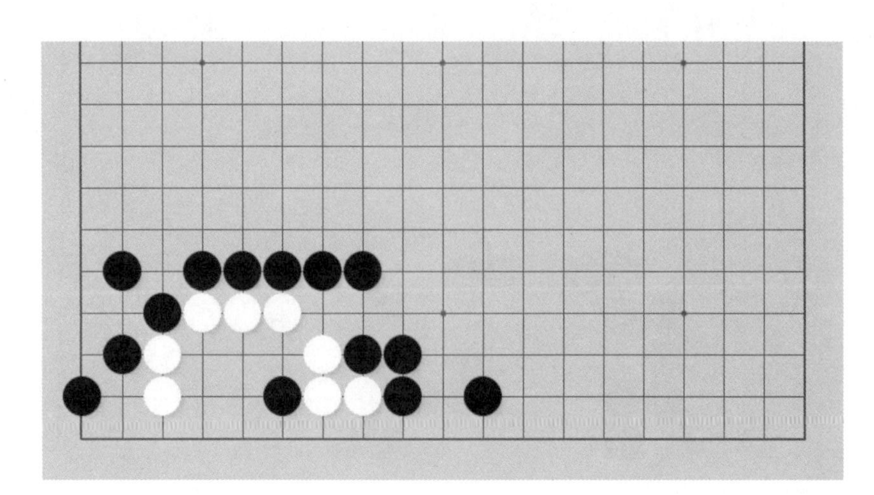

检查

9971

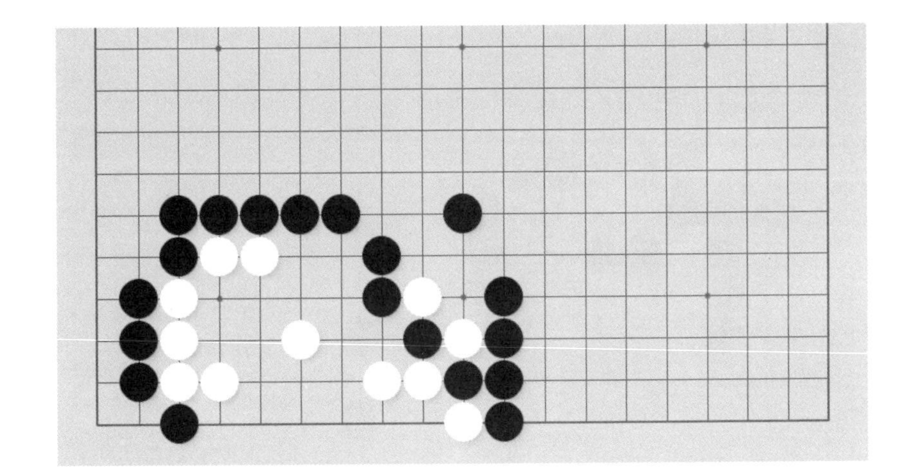

检查

9972

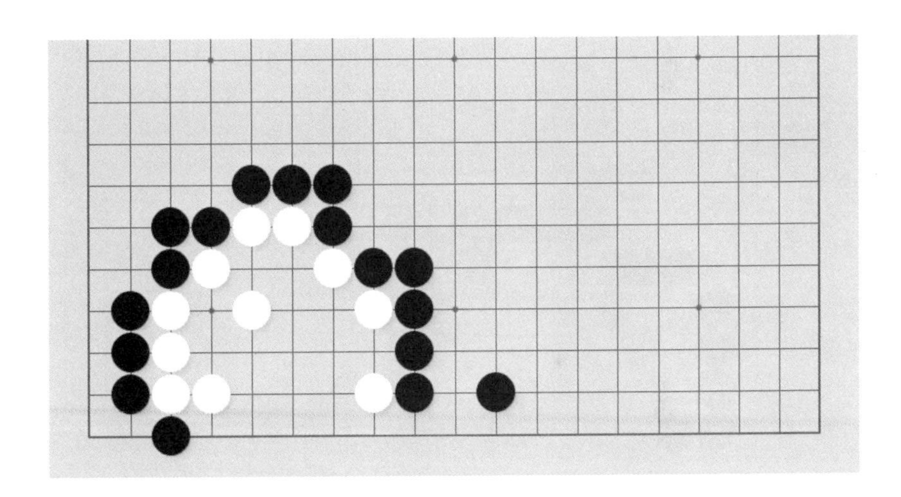

检查

9973

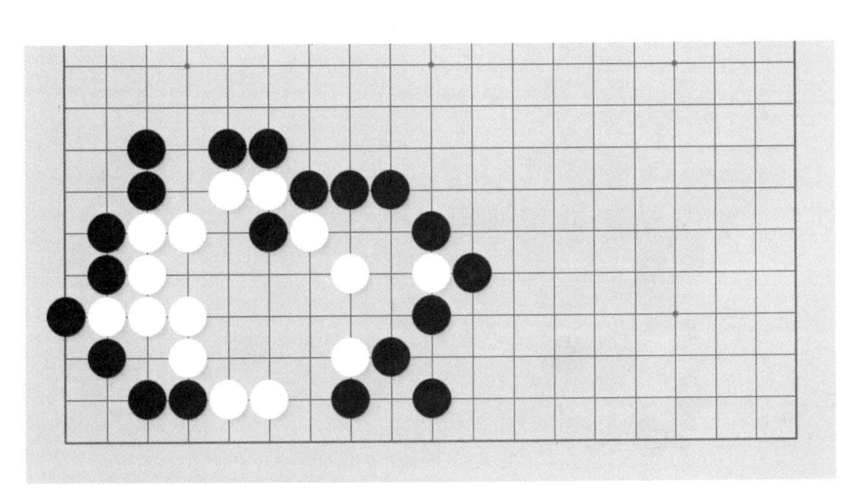

检查

9974

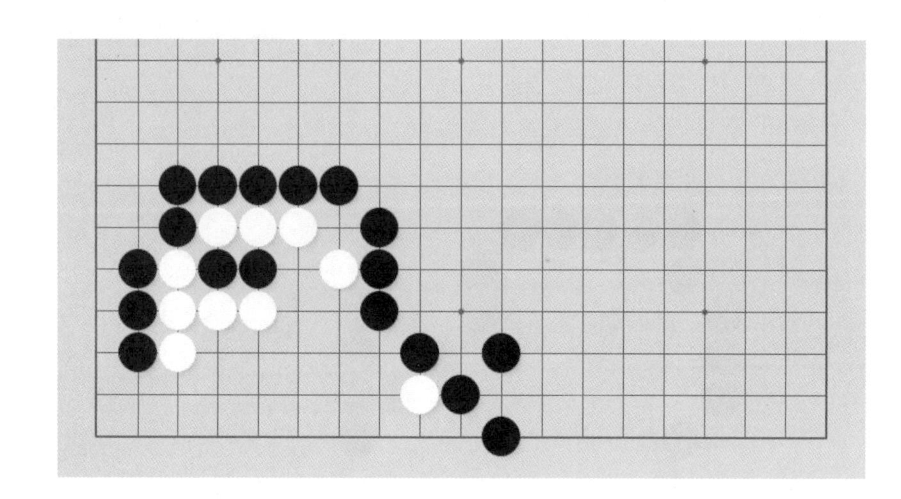

检查

9975

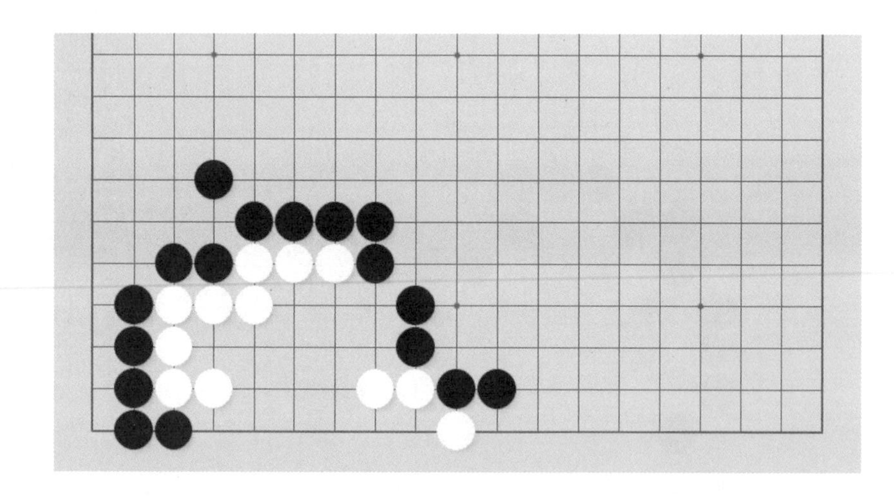

检查

9976

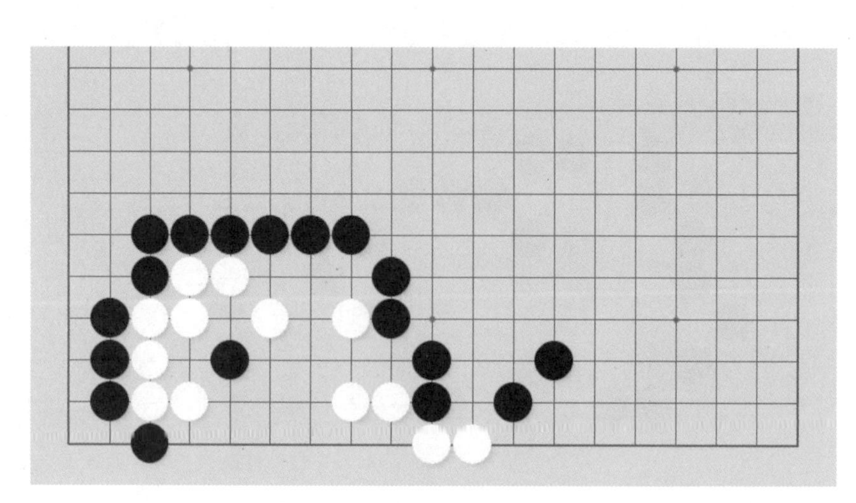

检查

9977

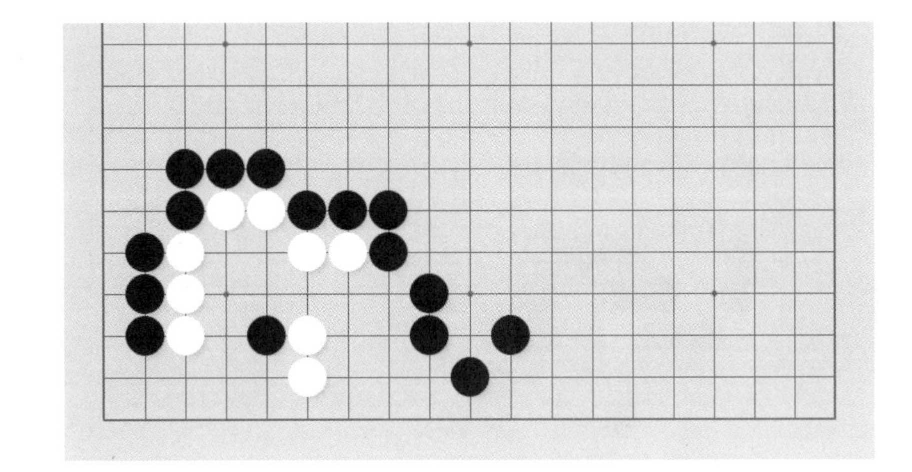

检查

9978

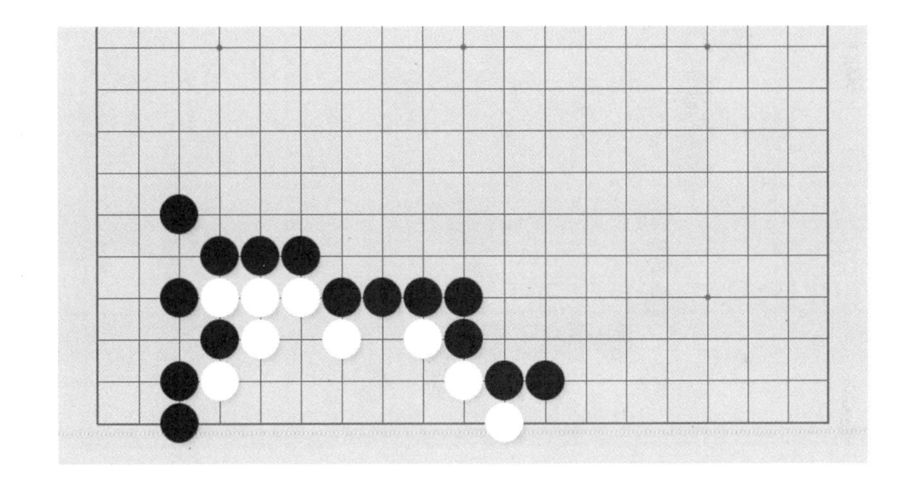

检查

9979

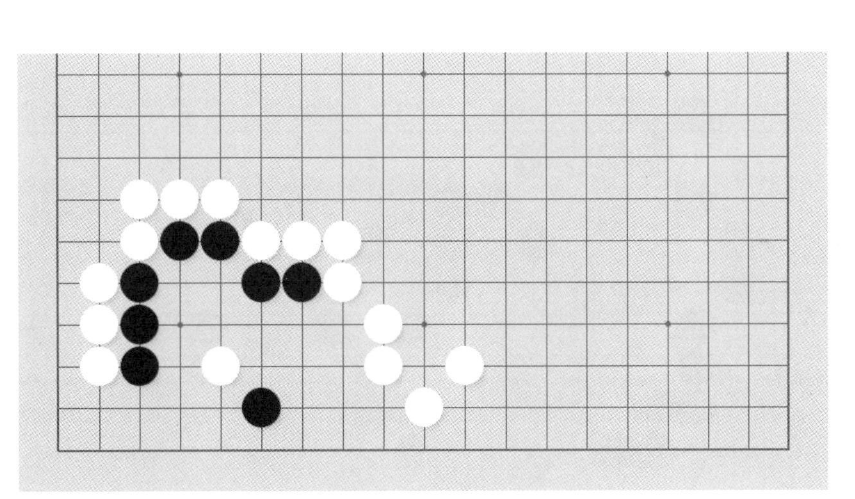

检查

9980

检查

9981

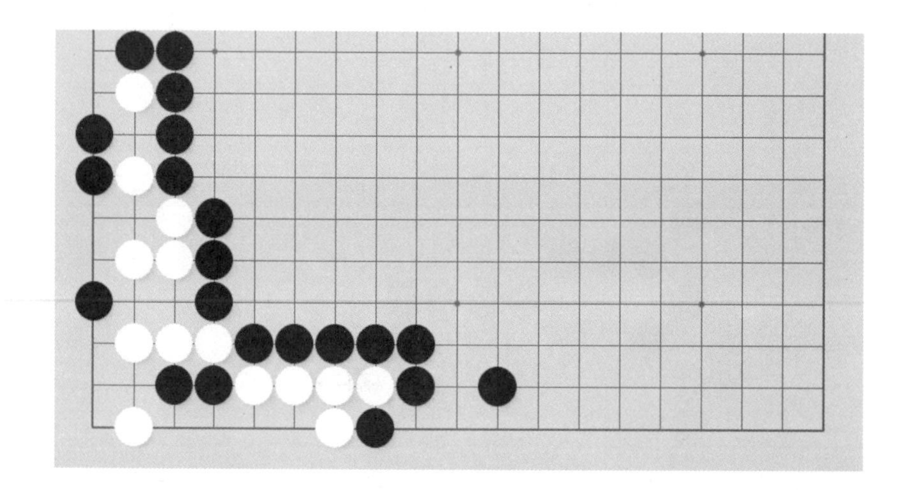

检查

9982

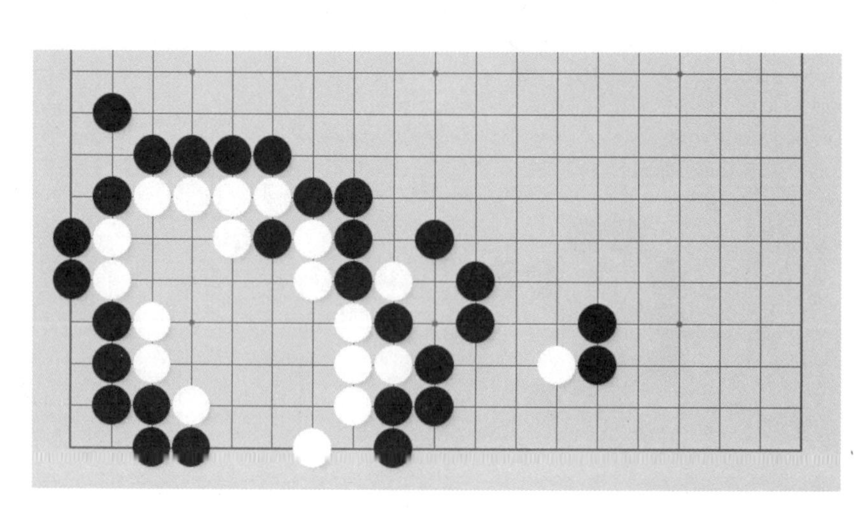

检查

9983

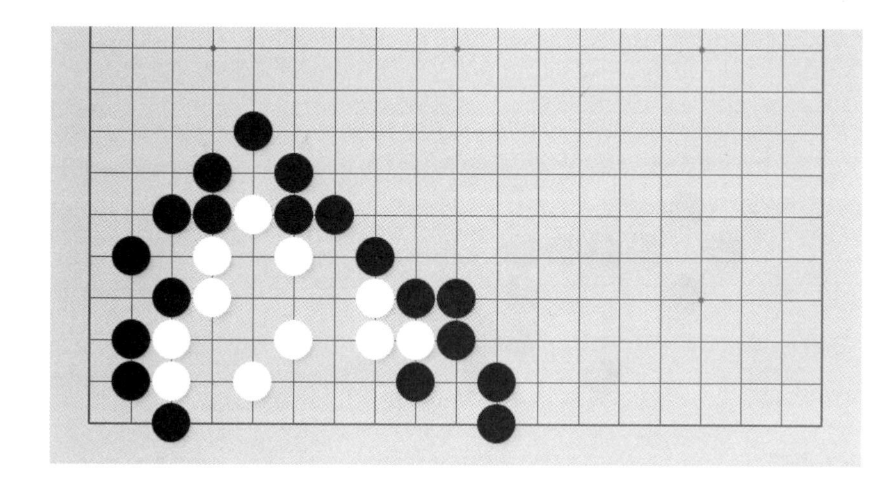

检查

9984

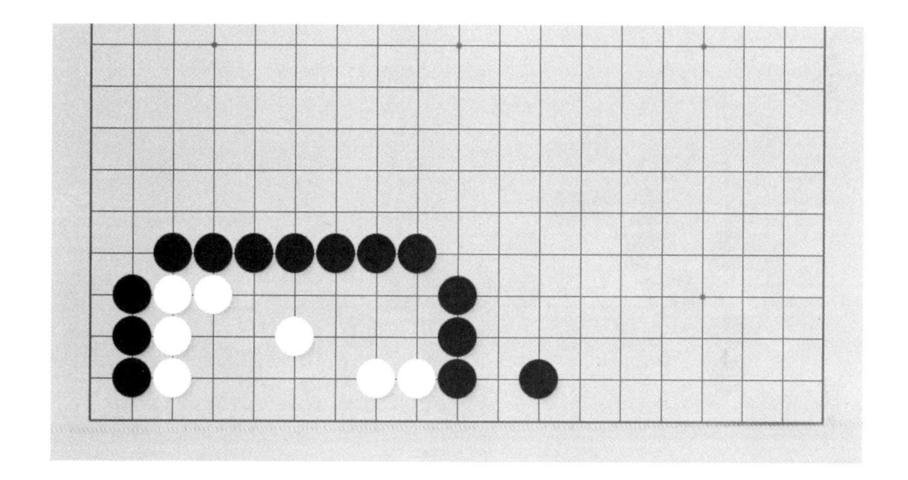

检查

9985

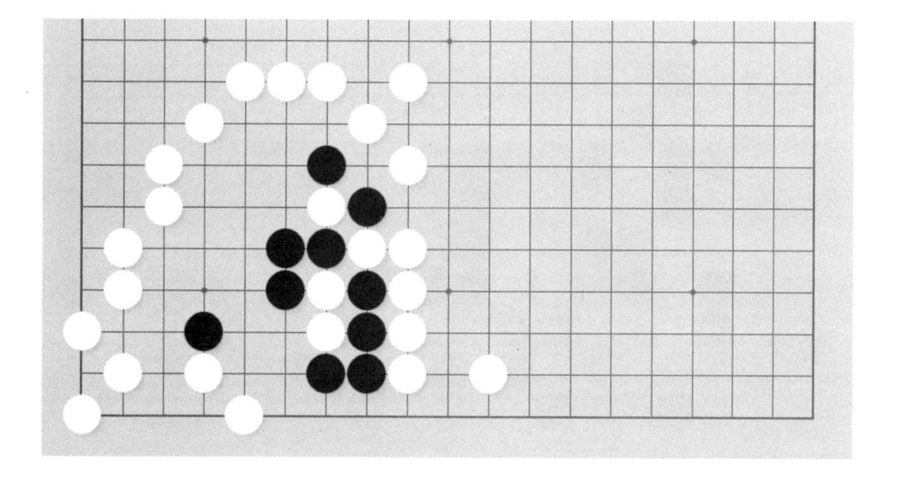

检查

9986

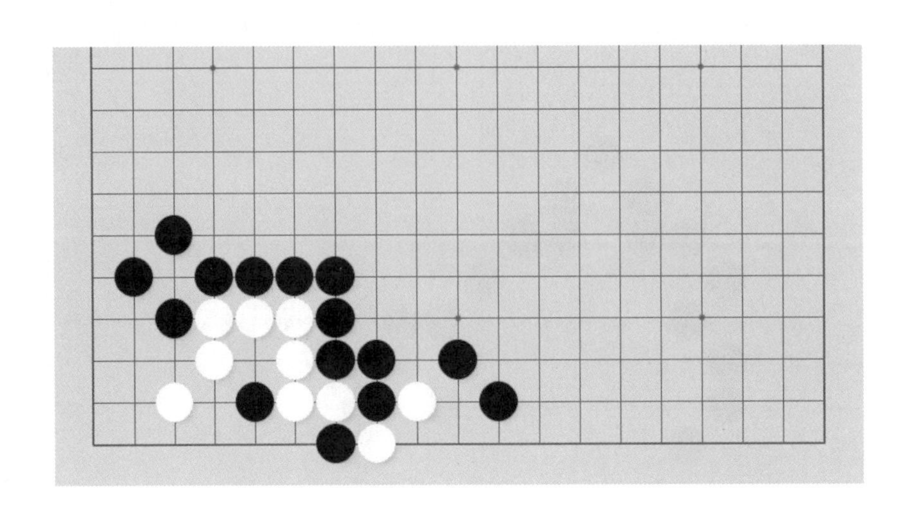

检查 □

9987

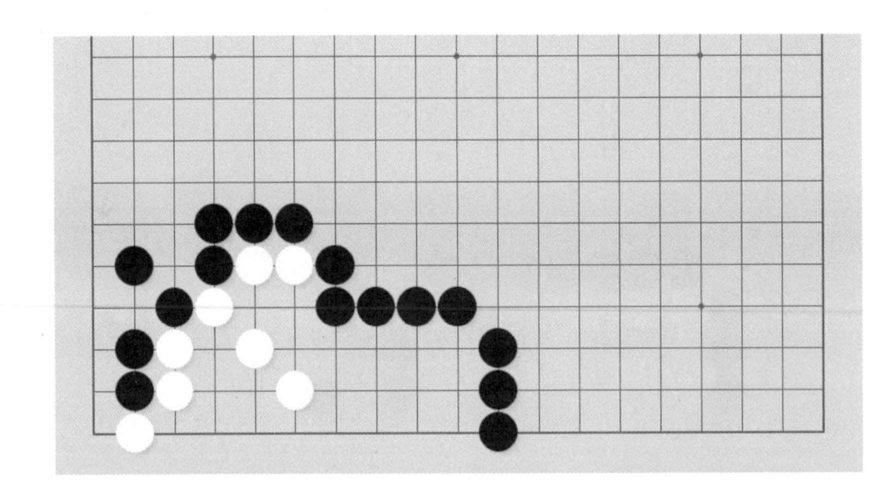

检查 □

9988

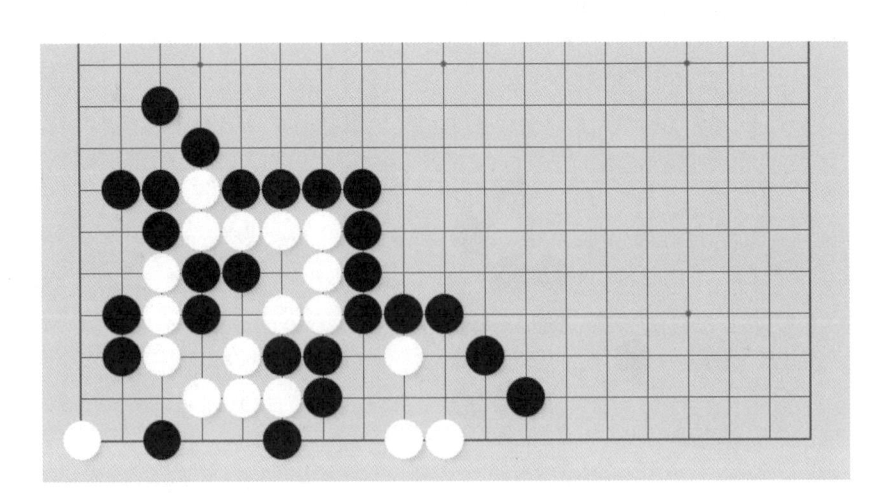

检查 □

9989

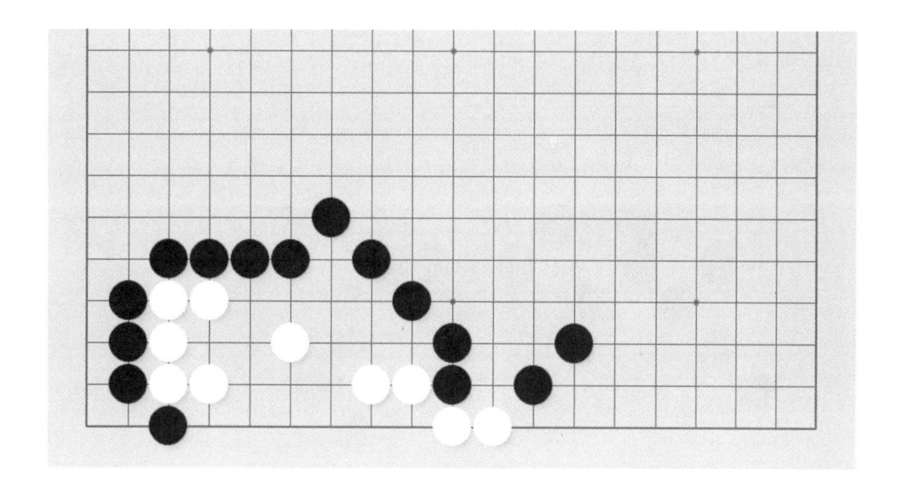

检查

9990

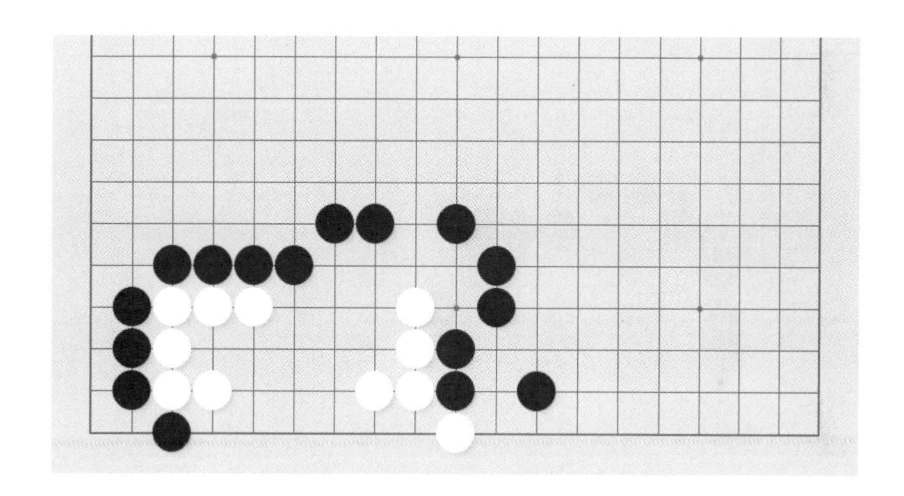

检查

9991

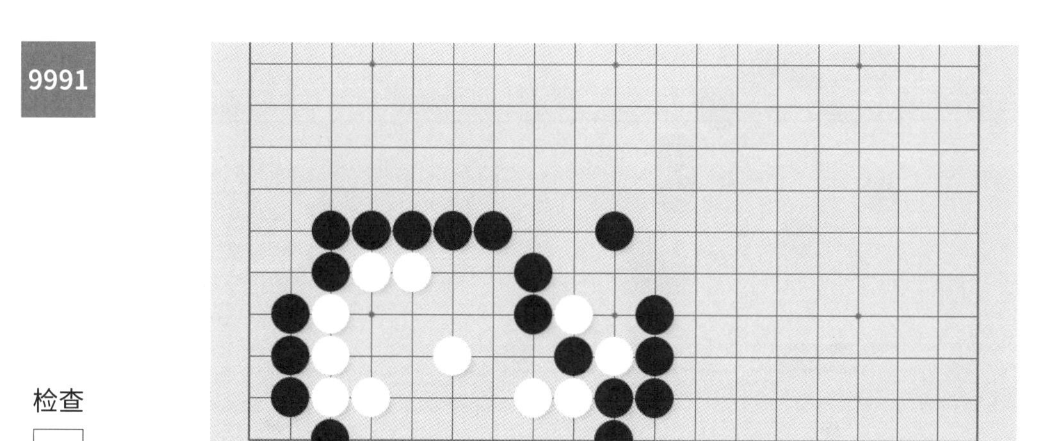

检查

9992

检查

9993

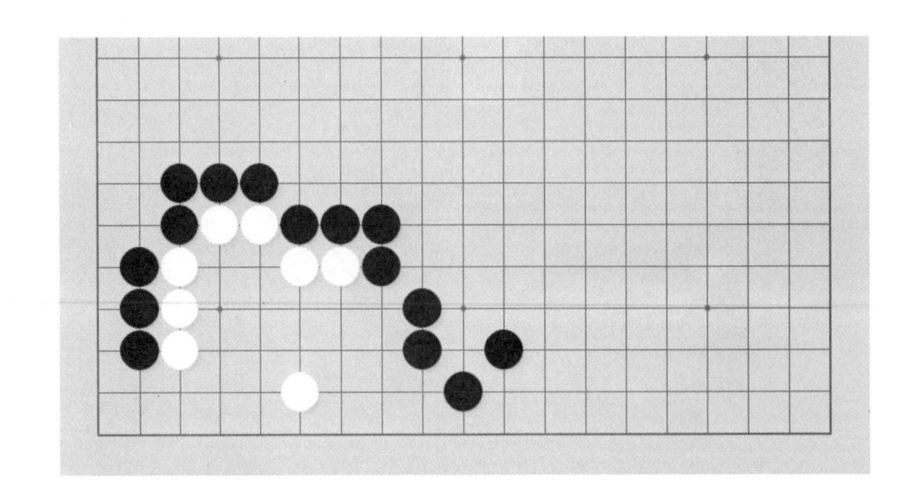

检查

9994

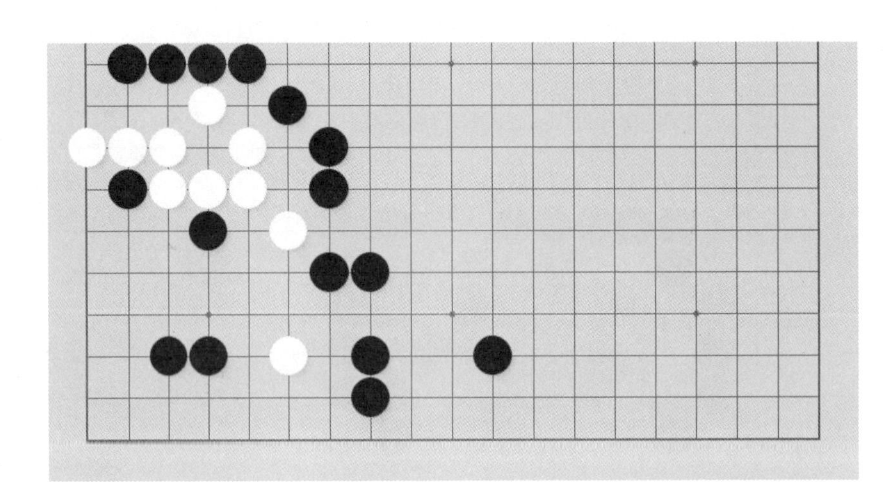

检查

9995

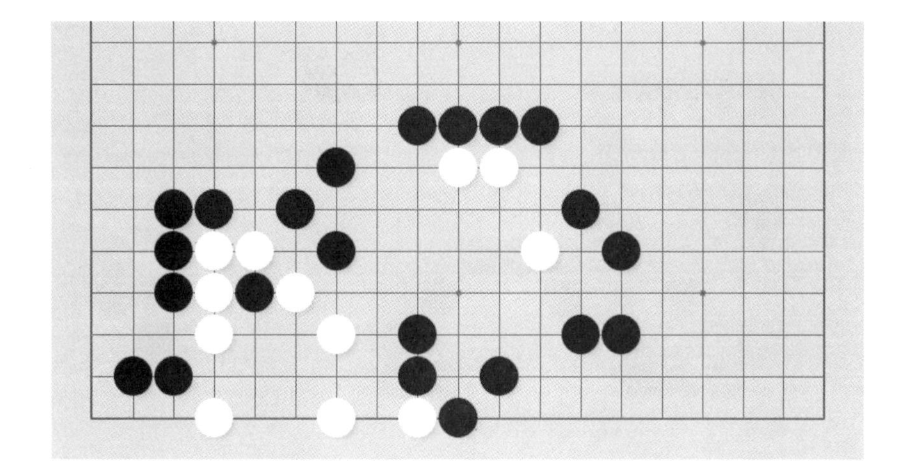

检查

9996

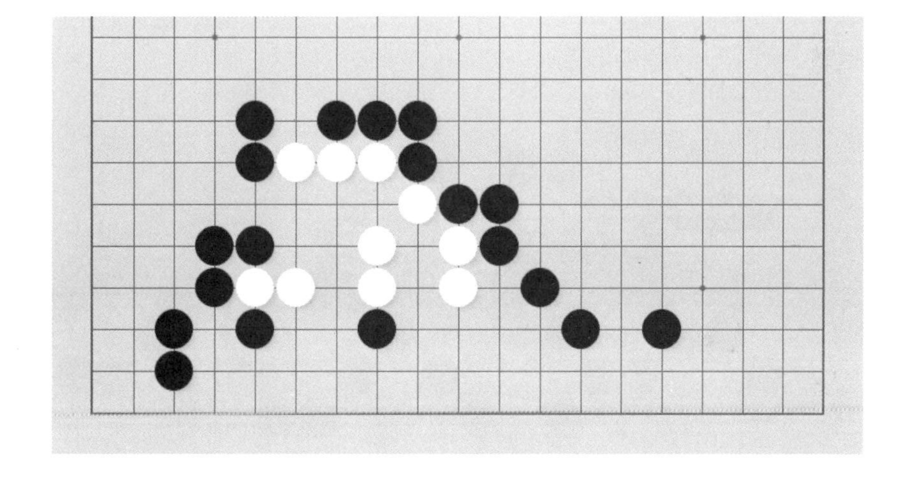

检查

9997

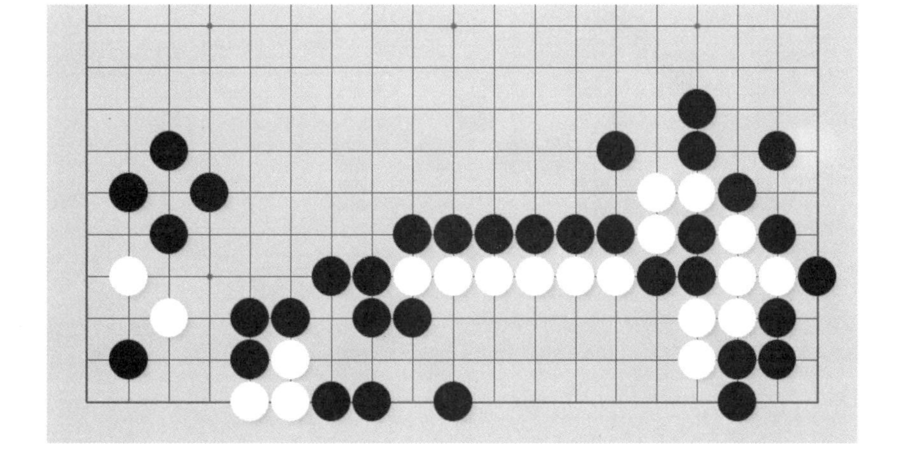

检查

9998

检查

9999

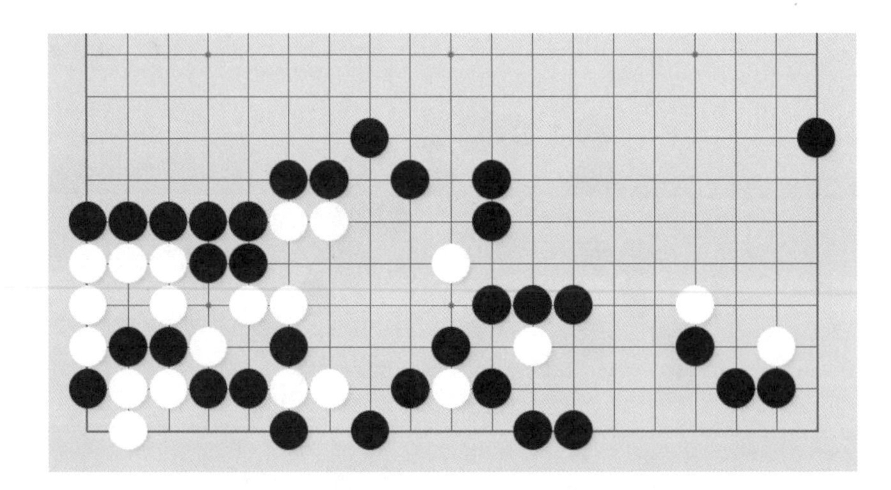

检查

10000

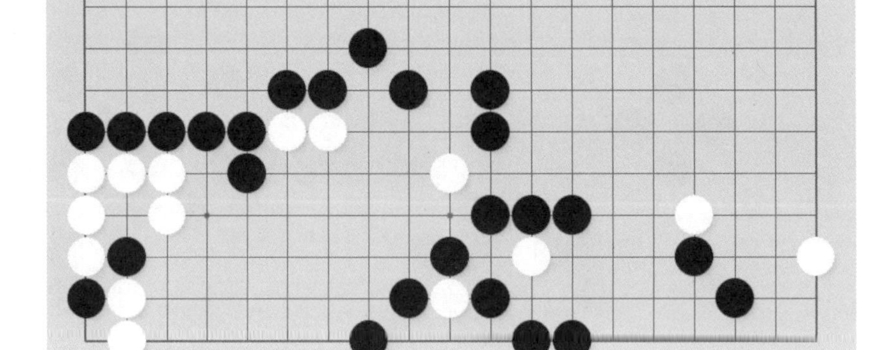

检查

后记一

大家好，我是陈禧，职业五段。

诘棋，即由棋手精心设计的死活、攻杀等方面的专项训练题。诘棋训练有助于细算能力的培养，细算愈精确、快速，对实战的帮助愈大，对读秒的恐惧感也会大大降低。在我的想法中，诘棋实力与战斗力息息相关，这也是为何一般来说，诘棋好的人，对急所与手筋的所在也会更加敏锐，往往能下出一锤定音的好手，锁定胜局。

从小时候起，我就对诘棋有着发自内心的热爱，着迷于各种隐蔽的抵抗方式（通常是打劫），享受解谜过程带来的快乐。我一直对于所有诘棋创作爱好者满怀感激之情，要创作出那么多好作品着实不易。

渐渐地，经过大量诘棋训练后，我惊奇地发现自己开始会有一些题目创作的灵感，并努力地将灵感化成一道道题目。在累积一定数量后，集结成本套书。希望读者能够通过系统性的诘棋训练，培养出对围棋的计算力，提升实战的战斗力。对我来说，能将自己的心血结晶与棋迷朋友们共享，是再开心不过的事情了。

最后，感谢所有成就本套书的同行们！

陳禧

2022 年 8 月 18 日

后记二

第一次了解陈禧老师的诘棋作品，还要从 2019 年 10 月的一次偶然聊天说起。那时陈禧老师就已经创作了数以万计的训练题目，不仅有适合初学者的入门级练习，也有连世界冠军都需苦苦思索的超大型难题，非常希望找机会集结成册。在这样的机缘巧合下，我们一拍即合，“围棋从入门到九段”的思路随之诞生。

本套书 10000 道题循序渐进，每一册都按照难度和知识点进行排序、整理，旨在为读者提供渐入佳境的阶梯。为了最大限度追求所有题目及其正解、变化图的准确性、完整性，我们在近两年的制作过程中对书中内容进行了多次审阅和修订。虽然尽心竭力终难完美无瑕，但我们相信这些细节处的努力是值得的。

每一个时代都会浮现出众多的杰作，而围棋界亦不例外。我们现在熟悉并且从小做到大的诘棋题目，都是古往今来无数中外名家以毕生之追求完成的原创精品，凝聚了棋手自身的计算力、创意和对弈体验。站在巨人的肩膀上，我们要向这些棋界前辈表达最崇高的敬意，也希望这套书可以秉承他们的求道精神，将原创诘棋的艺术传承下去。

在这套书的制作过程中，我负责编纂图文内容，宁小敬对整套书的版式进行设计并不断优化。之后我们还请到人大美院的张春影绘制了以围棋故事为主题的插图，为本套书的美术形象增色不少。为了给读者提供便捷而舒适的电子化交互答题体验，我们邀请众多大学生棋手为题目补充了将近 10 万个变化图，在此要特别感谢丰子超、许真浩、陈怡丹、蔡明奥，以及人大围棋社的尹航、庞俊戈、陶宇、谢宸桐、司彬杉。

最后感谢大家，非常荣幸成为本套书作者团队中的一员，也希望这套书可以为您的围棋成长之路助一臂之力！

2022 年 8 月